第18辑 下卷 宋晓 主编

中德法学论坛

Jahrbuch des Deutsch-Chinesischen
Instituts für Rechtswissenschaft der Universitäten
Göttingen und Nanjing

南京大学出版社

中德法学论坛

第 18 辑·下卷(2021 年)

Jahrbuch des Deutsch-Chinesischen Instituts für Rechtswissenschaft der Universitäten Göttingen und Nanjing

Band 18 Heft 2 Jahr 2021

Herausgeber
SONG Xiao

感谢德意志学术交流中心
对《中德法学论坛》的支持
Gefördert vom Deutschen Akademischen Austauschdienst (DAAD)
aus Mitteln des Auswärtigen Amtes (AA)

Jahrbuch des Deutsch-Chinesischen
Instituts für Rechtswissenschaft der Universitäten
Göttingen und Nanjing
Band 18 Heft 2
Inhaltsverzeichnis

• Forschung zu Chinas Recht •

中国法研究

［德］迈克尔·考特 著　王轶 译
新《中国民法典》分则以及《德国民法典》中的动产善意取得
——法律比较

［德］方旭天 著　徐博翰 译
《民法典》中的准合同：无因管理和不当得利

［德］玛蒂娜·本尼克 著　黄麟啸 译
德国人格权保护规定的基本原则
——与新编纂的《中华人民共和国民法典》相比较

［德］卡门·弗莱勒 著　李昊、王文娜 译
德国婚姻家庭法的基本原则与《中国民法典》婚姻家庭编的比较

［德］彼得·A·温德尔 著　雷巍巍 译
中国民法典继承编：继承法改革前的法典化

［德］沃夫冈·乌姆勒斯特 著　李金镂 译
《中华人民共和国民法典》侵权责任编评析

中德法学论坛
第 18 辑·下卷,第 3～31 页

新《中国民法典》分则以及《德国民法典》中的动产善意取得
——法律比较

[德] 迈克尔·考特* 著

王 轶** 译

摘 要：随着《中国民法典》在 2020 年通过,一部规范化的物权法也随之产生,该法与 2007 年首次在中国被规范化的物权法基本一致,但也包含了一些创新与澄清。与《德国民法典》的物权法规定相比,引人注目的是,中国物权法——除了没有分离原则和相关的抽象原则外——与德国法有许多共同之处。但是,《中国民法典》分则中的物权法包含一个对动产物权和不动产物权同样适用的"总则"部分。动产物权与不动产物权如此深远的平等性也体现在从无权处分人处取得的规则上。与德国不同的是,中国的善意取得法在规则上并未得到明显地区分,而是总体上都包含在《中国民法典》分则第 311 条这一基本规范中。尽管如此,通过与德国法的法律比较可以看出,中国法上的善意取得法与德国法并无本质区别。

关键词：所有权保护；公示；分离原则；一体原则；所有权取得的形式；善意取得；善意取得时的合理价格；船舶、航空器和机动车；脱手物；无负担取得；时效取得

Abstract：The article deals with a comparison of the Law of Acquisition of Real Rights (Property) of movable goods in good faith in China and in Germany. In 2020, with the Special Provisions of the Chinese Civil Code, inter alia a new statutory Real Rights (Property) Law has been established, which is in large parts iden-

---

* 迈克尔·考特(Michael Kort)：德国奥格斯堡大学法学院民法、经济法、工业产权保护与劳动法教席教授,法学博士。

** 王轶：慕尼黑大学法学院,经济法博士生。

tical with the statutory Real Rights (Property) Law standardized for the first time in China in 2007, but also contains some new aspects and clarifications. Compared with the Real Rights (Property) Law provisions of the German Civil Code (BGB), it is striking that Chinese Real Rights (Property) Law has many similarities with the German Law, apart from the absence of the German principle of separation between the contractual obligation (causa) as such and the material transfer agreement. However, in contrast to the German Law, the Real Rights (Property) Law of the new Chinese Civil Code contains a kind of "general part", which applies equally to movable goods and to immovable goods. Such a far-reaching equalization of Real Rights (Property) Law concerning movable goods and immovable goods exists in Chines Law also on the field of the Law concerning good faith-acquisition of property from a non-authorized non-owner of the good. In contrast to the German Law, the Chinese right of the acquisition in good faith is not very strongly differentiated, but is contained essentially in only one provision, § 311 of the new Chinese Civil Code. Nevertheless, a comparison of the main structure of the Chinese Law on good faith-acquisition of property with the respective German Law structure shows that the structures are quite similar.

Key words: Protection of Real Rights (Property) in China and Germany; Publicity Principle; Principle of Separation between the Contractual Obligation (causa) as such and the Material Transfer Agreement; Principle of Unity of the Contractual Obligation and the Material Transfer Agreement; Forms of Acquisition of Real Rights (Property) in China and Germany; Acquisition of Real Rights (Property) in Good Faith in China and Germany; The Requirement of a Reasonable Price for Acquisition of Real Rights (Property) in Good Faith in China and Germany; Real Rights (Property) of Ships, Aircraft and Motor Vehicles in China and Germany; Lost Property in China and Germany; Good-Faith Unencumbered Acquisition of Real Rights (Property) in China and Germany; Acquisition of Real Rights (Property) by Prescription in China and Germany

一、引言

(一) 德、中物权法在民法法典编纂中的嵌入

目前,中国和德国的物权法都嵌入到了各自的民法法典编纂中,并在那里作为

规范得到全面的规定。[1]中国物权法目前在新的《中华人民共和国民法典》(以下简称《中国民法典》)中占有重要地位,即作为《中国民法典》分则的第二编。

德国物权法 120 多年以来,一直是自 1900 年生效的《德国民法典》的第三编,具体而言,即在《德国民法典》总则编和债编之后,在第四编和第五编的家庭法和继承法之前。

《德国民法典》是在二十多年的大量前期工作[2]的基础上,直至 19 世纪末才制定而成,与之相类,新的中国物权法也有较长的筹备史。现《中国民法典》分则部分所规范的中国物权法的规定与 2007 年 10 月 1 日生效的《中华人民共和国物权法》(以下简称 2007 年《物权法》)的规定尽管不是面面俱同,但也大体一致。[3] 在 2007 年《物权法》问世之前,中国已经进行了 14 年的讨论,并且对该法起草了数个草案,[4]因此,总体而言,中、德两国在物权"编"上的准备工作都可以说是长达数十年的。

----

〔1〕　关于中国民法典的发展,见 Wang Liming, The Modernization of Chinese Civil Law over Four Decades, Frontiers of Law in China 14 (2019), No. 1, 39, 44 ff; Eberl-Borges, Einführung in das chinesische Recht, 1. Aufl. 2018, Rn. 247 ff.从法制史的角度来看,中国民法典的起草早在清朝的时候就开始了,见 Zhang Sheng, A Research on Making up the Draft of China Civil Code, China Legal Science(2016), Vol. 4, S. 33 ff.

〔2〕　Palandt/Grüneberg, BGB, 79. Aufl. 2020, Einleitung Rn. 5.

〔3〕　关于 2007 年《物权法》与《中国民法典》分则中的物权法规定的类似性,见 Bu, Hintergrund, Bestandsaufnahme und Anmerkungen zum BT ZGB-mit dem Vertrags-und Erbrecht im Fokus, in: Bu, Der Besondere Teil der chinesischen Zivilrechtskodifikation, 2019, S. 3, 7; Stürner, Der Stand der Entwicklung des Chinesischen Sachenrechts und die Kodifikation des Chinesischen Sachenrechtsbuches im künftigen Zivilgesetzbuch, in: Bu, Der Besondere Teil der chinesischen Zivilrechtskodifikation, 2019, S. 47.关于《物权法》,见 Julius/Rehm, Das chinesische Sachenrechtsgesetz tritt in Kraft: Revolution oder viel Lärm um Nichts?, ZVglRWiss 2007, 367; Eberl-Borges, Einführung in das chinesische Recht, 1. Aufl. 2018, Rn. 364 ff.; Ding/Jäckle, Das neue chinesische Sachenrechtsgesetz, RIW 2007, 807; Degen/Liu, Das chinesische Sachenrechtsgesetz - Übersetzung mit einer kurzen Einführung, RIW Spezial 1 zu Heft 11, 2007, S. 2 ff.关于新的中国物权法的专著,见 Baumann, Das neue chinesische Sachenrecht, 2006.

〔4〕　Werthwein, in: Bu, Chinese Civil Law, 2013, chap. 13, Rn. 1 ff.; Lohsse/Yin, in: Binding/Pißler/Xu, Chinesisches Zivil-und Wirtschaftsrecht, 2015, Kap. 5, Rn. 5 ff.; Bu, Einführung in das chinesische Recht, 2. Aufl. 2017, § 14 Rn. 1 ff.; Julius/Rehm, Das chinesische Sachenrechtsgesetz tritt in Kraft: Revolution oder viel Lärm um Nichts?, ZVglRWiss 2007, 367, 370 ff.; Ding/Jäckle, Das neue chinesische Sachenrechtsgesetz, RIW 2007, 807 f.此外还有 Wang Liming, Frontiers of Law in China 14 (2019), No. 1, S. 39, 43 f.; Liang Huixing, Some Issues about the Codification of the Chinese Civil Code, China Law Review(2005), No. 1, S. 27, 28.

(二) 德国与中国物权法规范的解释

在德国法中,与债法相比(也与家庭法相比),物权的内容很大程度上是"静态"的,这种静态体现在调整德国物权法的《德国民法典》第 854 条至 1296 条的规范结构上。然而,德国现代经济生活的发展、大量的判例以及 120 年间对《德国民法典》中的物权法的密集教学,促使德国物权法规范出现了"动态解释",如对所有权保留(Eigentumsvorbehalt)或期待权(Anwartschaftsrecht)等担保物权而言,法律充其量只是"暗指",而没有全面调整。

在中国法上也存在像德国法那样的,对《中国民法典》分则的物权法进行的以法律原文为导向,又补充法律原文的解释。因此,与中国现代民法的其他领域一样,物权法的规范——到目前为止主要是 2007 年《物权法》的规范,受中国最高人民法院的解释的影响非常大。[5]

此外,中国物权法的解释明显受到《中国民法典》分则第二编,以及自 2017 年起生效的《中华人民共和国民法总则》(以下简称《民法总则》)(ZGB - AT)的共同影响。[6]《民法总则》强调平等对待各种形式的所有权[另见下文二、(一)]。[7]

(三) 中、德物权法在结构上的相似性

从结构上看,中国物权法除了受法国法、日本法和英美法的影响外,[8]还与德国物权法有许多相似之处。虽然中国物权法在某些方面与德国法不同,例如在拒绝债权合同与物权合同的(严格)分离方面,但是德国物权法在其他许多方面对中国物权法产生了很大影响。例如,德国物权法在 2007 年通过德国技术合作有限公司(GTZ)(当时还这么称呼的)的广泛咨询工作而对中国的《物权法》产生影响。[9]

---

〔5〕 见 Stürner, Der Stand der Entwicklung des Chinesischen Sachenrechts und die Kodifikation des Chinesischen Sachenrechtsbuches im künftigen Zivilgesetzbuch, in: Bu, Der Besondere Teil der Chinesischen Zivilrechtskodifikation, 2019, S. 47, 62 ff.

〔6〕 Bu, Einführung in das chinesische Recht, 2. Aufl. 2017, § 14 Rn. 11 ff.; Wang Liming, The Modernization of Chinese Civil Law over Four Decades, Frontiers of Law in China 14 (2019), No. 1, 39, 52.

〔7〕 Wang Liming, The Modernization of Chinese Civil Law over Four Decades, Frontiers of Law in China 14 (2019), No. 1, 39, 44 f., 50, 52, 65.

〔8〕 Werthwein, in: Bu, Chinese Civil Law, 2013, chap. 13, Rn. 5.

〔9〕 Julius/Rehm, Das chinesische Sachenrechtsgesetz tritt in Kraft: Revolution oder viel Lärm um Nichts?, ZVglRWiss 2007, 367, 373.

特别是在动产善意取得方面,德国法与中国法有明显的相似之处,[10]下文将详细说明。

二、《中国民法典》分则中的物权法

(一)《中国民法典》分则中的物权法结构以及与德国法的比较

《中国民法典》分则中的物权法结构在很大程度上是以 2007 年《物权法》的相应规定为蓝本的。

1. 对所有权的一般性保护

《中国民法典》分则中的物权法是从一般规定(《中国民法典》分则第 205 至 239 条)开始,依次分为几章。与 2007 年《物权法》一样,以一般规定(《中国民法典》分则第 205 至 208 条)作为"开篇"部分,这是对自 2004 年通过的《中华人民共和国宪法修正案》承认的私人所有权的一种表达。[11]

《中国民法典》分则第 207 条比 2007 年《物权法》第 4 条[12]更明确地强调了中国法律对三种所有权形式——国家所有权、集体所有权和私人所有权——平等保护的原则。[13]

---

〔10〕 Bu, Der gutgläubige Erwerb im Chinesischen Sachenrecht-ein Beispiel für die Rechtsrezeption in China, ZVglRWiss 2009, 307.

〔11〕 见 Julius/Rehm, Das chinesische Sachenrechtsgesetz tritt in Kraft: Revolution oder viel Lärm um Nichts?, ZVglRWiss 2007, 367, 374.

〔12〕 关于 2007 年《物权法》第 4 条,见 Lohsse/Yin, in: Binding/Pißler/Xu, Chinesisches Zivil-und Wirtschaftsrecht, 2015, Kap. 5, Rn. 35 ff.; Werthwein, in: Bu, Chinese Civil Law, 2013, chap. 13, Rn. 32; Bu, Einführung in das chinesische Recht, 2. Aufl. 2017, § 14 Rn. 14; Julius/Rehm, Das chinesische Sachenrechtsgesetz tritt in Kraft: Revolution oder viel Lärm um Nichts?, ZVglRWiss 2007, 367, 377.

〔13〕 关于中国法中所有权形式的一般性介绍,见 Lohsse/Yin, in: Binding/Pißler/Xu, Chinesisches Zivil-und Wirtschaftsrecht, 2015, Kap. 5, Rn. 35 ff.; Bu, Einführung in das chinesische Recht, 2. Aufl. 2017, § 14 Rn. 36 ff.; Julius/Rehm, Das Chinesische Sachenrechtsgesetz tritt in Kraft: Revolution oder viel Lärm um Nichts?, ZVglRWiss 2007, 367, 380 ff.关于中国法中所有权保护的一般性介绍,见 Eberl-Borges, Einführung in das Chinesische Recht, 1. Aufl. 2018, Rn. 359 ff.; zum Eigentumsschutz im SRG als Vorgänger des Sachenrechts des ZGB-BT Wang Liming, The Modernization of Chinese Civil Law over Four Decades, Frontiers of Law in China 14 (2019), No. 1, 39, 44; Degen/Liu, Das chinesische Sachenrechtsgesetz -Übersetzung mit einer kurzen Einführung, RIW Spezial 1 zu Heft 11, 2007, 2; Ding/Jäckle, Das neue chinesische Sachenrechtsgesetz, RIW 2007, 807, 808; Eberl-Borges, Einführung in das Chinesische Recht, 1. Aufl. 2018, Rn. 370 ff.

德国物权法没有这种物权保护的一般规定,在《德国民法典》第三编一开始就是关于占有的规定,相反在现代中国物权法中,这些规定恰好被放在中国《民法典》分则第二编的末尾(第 458 至 462 条)。

《波恩宪法》——1949 年《德意志联邦共和国基本法》(以下简称《基本法》)(GG)——第 14 条强调的对所有权的特殊保护,[14]也体现在《德国民法典》的实体法规定中,特别是《德国民法典》第 903 条。《德国民法典》第 903 条规定,在法律或第三方权利不与之冲突的情况下,物之所有权人可以按照自己的意愿处理该物,并排除他人的所有影响。[15]

诚然,1949 年德国现代宪法——《基本法》生效时,《德国民法典》已经有近半个世纪的历史。但《基本法》第 14 条对所有权仍然有很大的保护力度。

鉴于(西)欧洲国家的资本主义经济秩序对所有权提供的有力保护,在《德国民法典》1900 年生效前,所有权保护也已经得到了全面保障。但是,自《基本法》生效以来,《德国民法典》的规定一直按照《基本法》进行解释(合宪性解释)。

2. 处分形式

《中国民法典》分则第二编(物权编)第一分编的第二章(第 209 至 232 条)涉及的是对不同处分形式——物权的设立、变更、转让和消灭——的物权法规则的平等对待。

这种针对物权法上的不同处分形式在规范调整上的广泛的平等对待,在《德国民法典》中并不存在,尽管德国物权法也承认了统一的物权处分行为概念,即物权的设立、转让、内容变更和消灭。[16]在德国物权法规范中,(物权)处分概念并没有像在中国法中那样得到强烈的体现。

3. 公示形式

《中国民法典》分则第 209 至 228 条区分了不动产的登记和动产的交付。与德国法一样,中国法上的物权转让公示也因此以登记或交付为基础。[17]

4. 对所有权以及其他物权的特别保护

《中国民法典》分则第 233 条至 239 条构成了《中国民法典》分则第二编第一分编第三章,与 2007 年《物权法》第 32 至 38 条一样,其涉及的是中国法对不同类型所有权的平等保护(依《中国民法典》分则第 207 条有国家所有权、集体所有权和私人所有权三种类型)。《中国民法典》分则第 233 条至 239 条保护所有这三种类型的所有权,

---

〔14〕　见 Palandt/Herrler, BGB, 79. Aufl. 2020, Überblick vor §903, Rn. 3.

〔15〕　见 Palandt/Herrler, BGB, 79. Aufl. 2020, §903 Rn. 5 ff.

〔16〕　见 Palandt/Herrler, BGB, 79. Aufl. 2020, Einl. vor §854, Rn. 10.

〔17〕　Julius/Rehm, Das chinesische Sachenrechtsgesetz tritt in Kraft: Revolution oder viel Lärm um Nichts?, ZVglRWiss 2007, 367, 377 ff.

也保护其他的物权。

像德国法一样，[18]在中国法中，物权原则上是针对所有人的绝对权利。仅在某些方面就一定情形下的船舶、航空器和机动车辆的物权存在例外（见下文六）。

然后，《中国民法典》分则第二编第二分编（第 240 至 322 条）详细规定了对最重要的物权——所有权的（绝对）保护。

5. 中国所有权保护的特别之处

值得注意的是，中国物权法与德国物权法关于物权保护的范围及其具体特征在结构上表现出广泛的相似性。中国物权法较之德国物权法的特别之处明显在于，中国物权法对国家所有权保护作了详尽规定并对集体所有权作了规定（《中国民法典》分则第 246 至 265 条）。

德国物权法与中国物权法的另一个区别出现在不动产物权方面，尽管两国法律制度的规制结构基本相似，但在中国，私人不能取得土地所有权，而只能取得建筑物的私人所有权。

这些差异是基于德国《基本法》对所有权的各种宪法上的规定和中国宪法对所有权规定的不同，以及德国法和《德国民法典》在所有权概念和所有权保护上与中国有不同的历史发展而形成的。德国法完全聚焦于私人所有权。

（二）动产物权与不动产物权的区别程度以及与德国法的比较

此外，值得注意的是，从整体上看，新的中国物权法在动产与不动产的规则区分上不及德国法。

当然，德国和中国的物权法的规范性条款中都有特别的规定，这些规定要么只适用于动产，要么只适用于不动产。但在现代的中国物权法中，包含动产和不动产共同规则的物权法"总则"的倾向比《德国民法典》更为明显。《德国民法典》仅在债这一"编"上分为两部分，即总则和分则。而《德国民法典》第三编的物权法则没有这样一个总则部分来包含对所有物（无论是动产还是不动产）上的物权的一般规定。

与德国物权法不同，现代中国物权法中总则建构的趋势也可以在从无权处分人处善意取得的规则中找到，[19]即《中国民法典》分则第 311 至 313 条，以及第 314 至 322 条中规定的非基于法律行为取得所有权的规则。

德国法严格区分了《德国民法典》第 932 至 935 条规定的从无权处分人处善意取得动产以及第 892 条规定的基于公共登记簿（土地登记簿）的法律表象从无权处分人

---

〔18〕　Prütting, Sachenrecht，30. Aufl. 2017, Rn. 18 und 19.

〔19〕　关于上述条款的前身——2007 年《物权法》第 106 至 108 条，见 Bu, Einführung in das chinesische Recht, 2. Aufl. 2017, § 14 Rn. 46 ff.; Ding/Jäckle, Das neue chinesische Sachenrechtsgesetz, RIW 2007, 807, 818.

处善意取得不动产，下文六将详细讨论。

（三）中国物权法对船舶、航空器和机动车的特殊处理

德国物权法与中国物权法的另一个区别是，中国物权法对船舶、航空器和机动车有特殊的规定。这一点从《中国民法典》分则第 225 条中可以看出，该条涉及船舶、航空器和机动车的登记。[20]

中国关于船舶、航空器和机动车能否登记的特别规定应被这样理解：这些动产上未被登记的物权只具有相对效力，[21]即在船舶、航空器和机动车上，存在着对中国物权法所适用的物权绝对性原则的背离。

船舶、航空器、机动车的登记对善意保护也有影响，即会影响这几类动产在中国法下善意取得的可能性（见下文八）。

三、《德国民法典》中的物权法

（一）德国物权法的架构

尽管《德国民法典》中的物权法在内容上与中国物权法有一些相似之处，但与中国物权法的结构还是有一定的区别。《德国民法典》中的物权法分为八章，包括占有的规定（《德国民法典》第 854 至 872 条）、土地物权通则（《德国民法典》第 873 至 902 条）、所有权的规定（《德国民法典》第 903 至 1017 条）、地役权（《德国民法典》第 1018 至 1093 条），物的先买权（《德国民法典》第 1094 至 1104 条）、物上负担（《德国民法典》第 1105 至 1112 条）、抵押权、土地债务和定期土地债务（《德国民法典》第 1113 至 1203 条）以及动产质权和权利质权（《德国民法典》第 1204 至 1296 条）。

如果人们在这些章之外，还关注《德国民法典》中被称为"Titel"的节，就会注意到，在整体上，德国法与动产有关的规范群和仅与不动产有关的规范群之间的区别

---

〔20〕 关于作为《中国民法典》分则第 225 条前身的 2007 年《物权法》第 24 条，见 Lohsse/Yin, in: Binding/Pißler/Xu, Chinesisches Zivil-und Wirtschaftsrecht, 2015, Kap. 5, Rn. 67; Bu, Der gutgläubige Erwerb im chinesischen Sachenrecht-ein Beispiel für die Rechtsrezeption in China, ZVglRWiss 2009，307，319; Ding/Jäckle, Das neue chinesische Sachenrechtsgesetz, RIW 2007, 807，817 f.部分批判，见 Bu, Der gutgläubige Erwerb im chinesischen Sachenrecht-ein Beispiel für die Rechtsrezeption in China, ZVglRWiss 2009，307，323 ff.中国法中关于船舶、航空器和机动车的一般登记义务，见 Baumann, Das neue chinesische Sachenrecht, 2006, S. 90 f.

〔21〕 Lohsse/Yin, in: Binding/Pißler/Xu, Chinesisches Zivil-und Wirtschaftsrecht, 2015, Kap. 5，Rn. 28 und 67.

相较于中国法更为明确。如上所述,这也体现在从无权处分人处善意取得的可能性上(具体见下文六)。

(二)德国物权法中的转介技术以及与中国物权法的比较

《德国民法典》中的物权法的另一个特征便是转介技术,不过这种技术在《德国民法典》的其他部分也可以找到。许多《德国民法典》的规则指向的是《德国民法典》的其他规则。这使得德国的物权法规则明显区别于中国的物权法规则。在《中国民法典》分则的新物权法中,很少能找到明确地转介至其他的《中国民法典》分则规则的条款。这使得从德国的角度理解中国物权法变得更加困难。

《德国民法典》的转介技术对动产的善意取得法具有重要意义。在德国的从无权处分人处取得动产的法律中(《德国民法典》第 932 条至 935 条),可以找到转介至规范从权利人处以不同形式取得的条款(《德国民法典》第 929 条至 931 条),这对善意取得规则的明确作出了重要贡献。

中国法中的善意取得制度(《中国民法典》分则第 311 至 313 条)没有相应的转介条款,因此,评价中国法中的善意取得规范比解释相应的德国规范更为困难。

四、中、德物权法基本原则比较

对《中国民法典》分则和《德国民法典》的观察表明,两国法律体系中的物权法在很大程度上都基于相同的基本原则。

(一)物权法定(类型强制)

在两国的法律体系中,都存在着物权法定原则,这一原则也可以被称为类型强制。[22]在这两个法律体系中,都不允许当事人之间通过合意(如合同)或以任何其他

---

〔22〕　关于德国法和中国法,见 Stürner, Der Stand der Entwicklung des Chinesischen Sachenrechts und die Kodifikation des Chinesischen Sachenrechtsbuches im künftigen Zivilgesetzbuch, in: Bu, Der Besondere Teil der chinesischen Zivilrechtskodifikation, 2019, S. 47, 56 ff.; Stürner, Das neue chinesische Sachenrecht aus deutscher Sicht, in: Bu, Chinesisches Zivil-und Wirtschaftsrecht, 2008, S. 3, 9 ff. 关于中国法,见 Lohsse/Yin, in: Binding/Pißler/Xu, Chinesisches Zivil-und Wirtschaftsrecht, 2015, Kap. 5, Rn. 21 ff.; Werthwein, in: Bu, Chinese Civil Law, 2013, chap. 13, Rn. 34 ff.; Bu, *Einf*ührung in das chinesische Recht, 2. Aufl. 2017, § 14 Rn. 17 ff.; Wang Liming, The Modernization of Chinese Civil Law over Four Decades, Frontiers of Law in China 14 (2019), No. 1, 39, 53; Ding/Jäckle, Das neue chinesische Sachenrechtsgesetz, RIW 2007, 807, 809. 关于德国法,见 Berger, in: Jauernig, BGB, 17. Aufl. 2018, vor § 854 Rn. 3; Wellenhofer, Sachenrecht, 34. Aufl. 2019, § 3 Rn. 2 ff.

方式,在法定的物权之外,创造额外的新物权。

（二）物权的绝对效力

与物权法定或物权类型强制相关联的物权绝对原则,即相对任何人具有绝对的效力,原则上在两国的法律体系中也适用。[23] 在中国法中对该原则的突破(个案中存在争议),出现在物权法对未登记的船舶、航空器以及机动车的处理上(详见下文七)。

（三）公示原则

此外,在两国均得适用的公示原则对德、中法律体系中的善意取得具有重要意义[24]:物权的设立和转让必须对外公示。[25] 例如,在中国法和德国法中,不动产物权的设立和转让都以在相应的公共登记簿(在德国为"土地登记簿")上登记为前提。[26]动产的取得和转让在中国法和德国法上,都要求交付或替代交付(Übergabesurrogate)。

（四）确定原则

另外,在德国法和中国法中均有适用的还有物权确定原则。一方面,这一原则规定,物权必须与完全确定的物发生关系,另一方面,物权的内容必须得到充

----

〔23〕 关于德国法和中国法,见 Stürner, Der Stand der Entwicklung des Chinesischen Sachen-rechts und die Kodifikation des Chinesischen Sachenrechtsbuches im künftigen Zivilgesetzbuch, in: Bu, Der Besondere Teil der chinesischen Zivilrechtskodifikation, 2019, S. 47, 55; Stürner, Das neue chinesische Sachenrecht aus deutscher Sicht, in: Bu, Chinesisches Zivil-und Wirtschaftsrecht, 2008, S. 3, 8. 关于中国法,见 Lohsse/Yin, in: Binding/Pißler/Xu, Chinesisches Zivil-und Wirtschaftsrecht, 2015, Kap. 5, Rn. 18 ff.; Werthwein, in: Bu, Chinese Civil Law, 2013, chap. 13, Rn. 33.关于德国法,见 Berger, in: Jauernig, BGB, 17. Aufl. 2018, vor § 854 Rn. 2; Wellen-hofer, Sachenrecht, 34. Aufl. 2019, § 1 Rn. 4 ff.

〔24〕 关于德国法与中国法,见 Stürner, Das neue chinesische Sachenrecht aus deutscher Sicht, in: Bu, Chinesisches Zivil-und Wirtschaftsrecht, 2008, S. 3, 11 ff.关于中国法,见 Lohsse/Yin, in: Binding/Pißler/Xu, Chinesisches Zivil-und Wirtschaftsrecht, 2015, Kap. 5, Rn. 26 ff.; Werthwein, in: Bu, Chinese Civil Law, 2013, chap. 13, Rn. 38. 关于德国法,见 Berger, in: Jauernig, BGB, 17. Aufl. 2018, vor § 854 Rn. 4; Wellenhofer, Sachenrecht, 34. Aufl. 2019, § 1 Rn. 4 ff.

〔25〕 Bu, Einführung in das chinesische Recht, 2. Aufl. 2017, § 14 Rn. 19 ff.; Baumann, Das neue chinesische Sachenrecht, 2006, S. 84 ff.关于德国法,见 Wellenhofer, Sachenrecht, 34. Aufl. 2019, § 3 Rn. 5.

〔26〕 关于中国的登记制度,见 Bu, Einführung in das chinesische Recht, 2. Aufl. 2017, § 14 Rn. 30 ff.

分的界定。[27] 作为确定原则的体现,物权必须被充分确定的要求与上文[四、(一)]提到的两国法律体系中均适用的物权类型强制或物权法定原则相交叉。

(五) 特定原则

在中国法和德国法中都可以找到物权特定原则,其与确定性原则也有重叠:物权总是与某一具体的物有关,其命运也独立于其他个体物。[28]

(六) 债法合同(原因)与物权行为的分离

在论述了中国物权法与德国物权法在结构原则上如此多的相似之处之后,现在有必要谈谈德国法与中国法的一个区别,这个区别对物权的善意取得问题也有影响:德国物权法将债法合同,即原因行为或负担行为,与物权合同,即处分行为,作了鲜明的区分。[29]

(七) 抽象原则

抽象原则[30]源于德国的分离原则[31]:债法行为(原因)与物权行为的命运基本上是相互独立的。原因行为的缺失或瑕疵并不导致物权行为的无效或失效,只是在必要时,允许当事人根据德国的不当得利法(《德国民法典》第 812 条至 822 条)请求不当得利返还。德国的抽象原则服务于法的安定性和交易保护的需要。[32]

---

〔27〕 "确定原则"在中国法中的有限意义,见 Stürner, Das neue Chinesische Sachenrecht aus deutscher Sicht, in: Bu, Chinesisches Zivil-und Wirtschaftsrecht, 2008, S. 3, 13; Lohsse/Yin, in: Binding/Pißler/Xu, Chinesisches Zivil-und Wirtschaftsrecht, 2015, Kap. 5, Rn. 34.关于确定原则在德国法中的意义,见 Berger, in: Jauernig, BGB, 17. Aufl. 2018, vor § 854 Rn. 4; Wellenhofer, Sachenrecht, 34. Aufl. 2019, § 3 Rn. 9.

〔28〕 关于中国法,见 Werthwein, in: Bu, Chinese Civil Law, 2013, chap. 13, Rn. 37.关于德国法,见 Wellenhofer, Sachenrecht, 34. Aufl. 2019, § 3 Rn. 10.

〔29〕 Stürner, Der Stand der Entwicklung des Chinesischen Sachenrechts und die Kodifikation des Chinesischen Sachenrechtsbuches im künftigen Zivilgesetzbuch, in: Bu, Der Besondere Teil der chinesischen Zivilrechtskodifikation, 2019, S. 47, 51.

〔30〕 关于德国法,见 Berger, in: Jauernig, BGB, 17. Aufl. 2018, vor § 854 Rn. 13.抽象原则在中国法学中的讨论,见 Bu, Verfügung und Verpflichtung im Chinesischen Zivil-und Immaterialgüterrecht, JZ 2010, 26, 32.

〔31〕 见 Berger, in: Jauernig, BGB, 17. Aufl. 2018, vor § 854 Rn. 12; Eberl-Borges, Einführung in das Chinesische Recht, 1. Aufl. 2018, Rn. 377.

〔32〕 Wellenhofer, Sachenrecht, 34. Aufl. 2019, § 3 Rn. 12.

与之相反,抽象原则在中国法中并未得到适用。[33]

(八) 一体原则

尽管德国法对中国物权法具有深远的影响,但中国法并未采用分离原则,因而也没有采用抽象原则。[34]

相反,中国法深受一体原则的影响。[35] 中国物权法对债法上的行为(作为原因)以及与之严格分离的物权行为并没有作真正的区分。[36] 一种极具争议的观点认为,中国法中并不存在(真正的)物权行为。[37]

但同样的,中国物权法中,为使通过第三人取得的物权有效,还需要在债权行为这里额外加上一个(强烈的事实性与非合同形成的)交付行为。[38]

(九)"跛脚的"分离原则

此外,在中国法中,还必须在概念上对负担行为和处分行为进行区分。[39] 斯蒂尔纳将具有物权作用的要素与债权行为的叠加描述为中国法上的"跛脚的分

---

[33] Stürner, Der Stand der Entwicklung des Chinesischen Sachenrechts und die Kodifikation des Chinesischen Sachenrechtsbuches im künftigen Zivilgesetzbuch, in: Bu, Der Besondere Teil der chinesischen Zivilrechtskodifikation, 2019, S. 47, 53.

[34] Julius/Rehm, Das Chinesische Sachenrechtsgesetz tritt in Kraft: Revolution oder Viel Lärm um Nichts?, ZVglRWiss 2007, 367, 383.

[35] Stürner, Der Stand der Entwicklung des Chinesischen Sachenrechts und die Kodifikation des Chinesischen Sachenrechtsbuches im künftigen Zivilgesetzbuch, in: Bu, Der Besondere Teil der Chinesischen Zivilrechtskodifikation, 2019, S. 47, 51; Stürner, Das neue Chinesische Sachenrecht aus deutscher Sicht, in: Bu, Chinesisches Zivil-und Wirtschaftsrecht, 2008, S. 3, 7; Lohsse/Yin, in: Binding/Pißler/Xu, Chinesisches Zivil-und Wirtschaftsrecht, 2015, Kap. 5, Rn. 24.

[36] Bu, Der gutgläubige Erwerb im Chinesischen Sachenrecht-ein Beispiel für die Rechtsrezeption in China, ZVglRWiss 2009, 307, 310; Ding/Jäckle, Das neue Chinesische Sachenrechtsgesetz, RIW 2007, 807, 811; Lohsse/Yin, in: Binding/Pißler/Xu, Chinesisches Zivil-und Wirtschaftsrecht, 2015, Kap. 5, Rn. 59 ff.

[37] Bu, Einführung in das chinesische Recht, 2. Aufl. 2017, § 14 Rn. 25 ff.

[38] Lohsse/Yin, in: Binding/Pißler/Xu, Chinesisches Zivil-und Wirtschaftsrecht, 2015, Kap. 5, Rn. 24; Lohsse/Yin, in: Binding/Pißler/Xu, Chinesisches Zivil-und Wirtschaftsrecht, 2015, Kap. 5, Rn. 5 ff.; Bu, Der gutgläubige Erwerb im Chinesischen Sachenrecht-ein Beispiel für die Rechtsrezeption in China, ZVglRWiss 2009, 307, 309.

[39] Bu, Verfügung und Verpflichtung im Chinesischen Zivil-und Immaterialgüterrecht, JZ 2010, 26, 27 ff.

离原则"。[40] 也可以说,中国法中的是有限的或部分的分离原则。[41]

五、中国法与德国法中从权利人处取得动产所有权的形式

接下来,本文将根据《中国民法典》分则中新的法律规定,以比较法的方式阐述从权利人处取得动产的问题,因为这对于真正的问题——从无权处分人处的取得,是至关重要的。

(一) 通过合意与交付的取得

《中国民法典》分则第 224 条规定,动产物权的设立和转让"在交付时"生效,但法律另有规定的除外。如前文所述[四、(三)],交付尤其是对动产所有权的取得具有重要的作用。在与所有权取得有关的合同合意之外,如上文[四、(八)]所述,交付作为事实上的时刻应在一体论的意义上加以理解。

《德国民法典》第 929 条第 1 句中的类似规定与《中国民法典》分则第 224 条的不同之处在于,除了债法行为,即原因外,德国的规范还要求有物权行为,它存在于所有权让与合意及物的交付时的合意(Einigsein)中。此外,就像中国法一样,德国法还要求有交付这一事实行为以及出卖人有资格。

除了中国法中没有分离原则外,在涉及通过合意和交付从权利人那里取得动产所有权的基本形式方面,中国法和德国法之间存在明显的相似之处。

(二) 基于简易交付(brevi manu traditio)的取得

《中国民法典》分则第 226 条,和德国法(《德国民法典》第 929 条第 2 句)一样,也规定了简易交付[42]:动产物权设立或者交付时,受让人已经是物权人的,该物权自

---

[40] Stürner, Der Stand der Entwicklung des Chinesischen Sachenrechts und die Kodifikation des Chinesischen Sachenrechtsbuches im künftigen Zivilgesetzbuch, in: Bu, Der Besondere Teil der Chinesischen Zivilrechtskodifikation, 2019, S. 47, 51 ff.

[41] 有这个倾向的,见 Lohsse/Yin, in: Binding/Pißler/Xu, Chinesisches Zivil-und Wirtschaftsrecht, 2015, Kap. 5, Rn. 25; Bu, Einführung in das Chinesische Recht, 2. Aufl. 2017, § 14 Rn. 26; Julius/Rehm, Das Chinesische Sachenrechtsgesetz tritt in Kraft: Revolution oder Viel Lärm um Nichts?, ZVglRWiss 2007, 367, 412 f.; Bu, Verfügung und Verpflichtung im Chinesischen Zivil-und Immaterialgüterrecht, JZ 2010, 26, 32; Eberl-Borges, Einführung in das Chinesische Recht, 1. Aufl. 2018, Rn. 383 ff.

[42] 在 2007 年《物权法》中已经有了关于简易交付的规定,见 Werthwein, in: Bu, Chinese Civil Law, 2013, chap. 14, Rn. 11; Bu, Einführung in das Chinesische Recht, 2. Aufl. 2017, § 14 Rn. 35.

法律行为生效时发生效力。

从德国的角度来看,中国的规范,即《中国民法典》分则第 226 条,表述得不是很清楚。从德国的角度来看,与之类似的德国简易交付规范,即《德国民法典》第 929 条第 2 句,表述得更为明确。在受让人已经是占有人的情况下,不需要《德国民法典》第 929 条第 1 句规定的从权利人处取得所有权的先决条件(见上文六),而只需要有权的所有权人与占有人之间就所有权转让达成"物上的"合意(从德国的角度看)。

从德国的角度来看,《中国民法典》分则第 226 条并没有明确说明"法律行为生效的时间点"的实际含义。它可能(仅仅)是一体论意义上"一体契约"生效的时间点。

(三)通过让与返还请求权的取得

此外,中国法还规定了,物权法上从权利人处取得动产权利的基本形式(《中国民法典》分则第 224 条)之替代,根据《中国民法典》分则第 227 条的规定,在动产权利设立或转让时,第三人占有该财产的情况下,可以以替代方式(Surrogat)代替交付,即转让对第三人的返还请求权。[43]

相应地,德国物权法——《德国民法典》第 931 条规定,动产的移让可以通过让予返还请求权完成。根据德国的分离原则,就像《德国民法典》第 929 条第 1 句中规定的移转的基本形式一样,《德国民法典》第 931 条要求,当事人需就所有权转移、返还请求权行使时间点、出卖人的权利,以及作为交付行为的替代——返还请求权的让与达成合意(这点同中国法一样)。

(四)通过约定占有媒介关系的取得(占有改定)

德国法中从权利人处取得动产所有权的第四种形式,即《德国民法典》第 930 条的规定,在中国法中也有对应,即《中国民法典》(分则)第 228 条。[44]

德国法在《德国民法典》第 930 条中,对这种从权利人处取得动产所有权的第四种形式,规定了如下的前提条件:所有权移转的合意、在约定占有媒介关系(占有改

---

[43]　作为《中国民法典》分则第 227 条前身的 2007 年《物权法》第 26 条,见 Lohsse/Yin, in: Binding/Pißler/Xu, Chinesisches Zivil-und Wirtschaftsrecht, 2015, Kap. 5, Rn. 66;Werthwein, in: Bu, Chinese Civil Law, 2013, chap. 14, Rn. 12;Bu, Einführung in das chinesische Recht, 2. Aufl. 2017, § 14 Rn. 35.

[44]　作为《中国民法典》分则第 228 条前身的 2007 年《物权法》第 27 条,见 Lohsse/Yin, in: Binding/Pißler/Xu, Chinesisches Zivil-und Wirtschaftsrecht, 2015, Kap. 5, Rn. 65;Werthwein, in: Bu, Chinese Civil Law, 2013, chap. 14, Rn. 13;Ding/Jäckle, Das neue chinesische Sachenrechtsgesetz, RIW 2007, 807, 818.此外还有 Bu, Einführung in das chinesische Recht, 2. Aufl. 2017, § 14 Rn. 35.

定)时存在合意、出卖人的权利以及最后——占有媒介关系(占有改定)的约定,出卖人保留直接占有的,受让人因债法上的关系成为出卖人的间接占有人。

中国法(《中国民法典》分则第 228 条)对以占有改定的方式转移所有权的要求是,须约定所有权的转移,并额外地约定出卖人保留动产的所有权。物权,尤其是所有权的转移,在约定出卖人保留占有时生效。《中国民法典》分则第 228 条中的规定大致与《德国民法典》第 930 条对应。

(五)小结

总体来看,可以看出中国法和德国法存在相似之处,[45]但也可以看出二者因德国法上的分离原则和抽象原则而在从权利人处取得动产所有权(和其他物权)方面存在一定的差异。

六、中国法和德国法中对从无权处分人处善意取得动产的要求

(一)完全权利的取得

关于善意取得的规定,可以在《中国民法典》分则的"所有权"这一分编的"关于所有权取得的特别规定"一章(第 311 至 322 条)中找到。本章标题自身就表明,如同德国法,基于善意从无权处分人处取得所有权,是在真正的权利人丧失所有权的情况下取得的完全权利。[46]

(二)所有权人的返还请求权

《中国民法典》分则第 311 条第 1 款第 1 分句规定,在无权处分人转让动产或不动产的"一般情况下",所有权人可向占有人提出返还请求,此时是假定占有人缺乏占有权,因为《中国民法典》分则第 311 条第 1 款第 1 分句没有进一步说明无权处分人转让的法律后果。

德国法在《德国民法典》第 985 和 986 条中,也承认了所有权人对无权占有人的返还请求权(所有物返还之诉,拉丁语:rei vindicatio),与中国物权法一样,这种请求权延伸到无权占有的动产和不动产。

中国法在《中国民法典》分则第 235 条规定了所有权人对无权占有人的一般返还请求权,并在《中国民法典》分则第 311 条第 1 款第 1 分句以特别规范的形式间接地

---

〔45〕 见 Ding/Jäckle, Das neue chinesische Sachrechtsgesetz, RIW 2007, 807, 811.

〔46〕 Palandt/Herrler, BGB, 79. Aufl. 2020, § 932 Rn. 16; Berger, in: Jauernig, BGB, 17. Aufl. 2018, § 932 Rn. 1 f.; Wellenhofer, Sachenrecht, 34. Aufl. 2019, § 8 Rn. 1.

阐明了,在一般情况下,于无权处分人处的受让并不导致受让人取得所有权,因而也不会使受让人之占有合法。与中国法不同的是,在德国法中,对于从无权处分人处受让失败的情况下的返还请求权,则没有这样的特别规定,但在这些情况下,任何可能存在的返还请求权都可以依据一般规定——《德国民法典》第 985、986 条,得到支持。

(三) 受让人之善意

《中国民法典》分则第 311 条第 1 款第 2 分句,类似于其先前规定——2007 年《物权法》第 106 条,[47]规定了从无权处分人处善意取得所需满足的三项累积的要求,[48]与德国法律不同的是,中国法原则上不区分动产的善意取得和不动产的善意取得。[49]

1. 中国法对受让人善意的规定并不明确

《中国民法典》分则第 311 条第 1 款第 2 分句第 1 项要求受让人具有善意。

在德国法中(《德国民法典》第 932 条),买受人的善意必须毫无争议地与出卖人的所有权相关,[50]而在中国法中,善意是否必须与出卖人的所有权有关,或者对出卖人的(其他的)处分权的善意是否足够,并不明确。[51]

但在中国法中,无可置疑的是,受让人善意的依据——与德国法一样,对于动产,原则上出卖人要占有该动产,对于不动产,出卖人须登记在簿。

---

[47] 见 Werthwein, in: Bu, Chinese Civil Law, 2013, chap. 14, Rn. 35 ff.; Bu, Der gutgläubige Erwerb im Chinesischen Sachenrecht-ein Beispiel für die Rechtsrezeption in China, ZVglRWiss 2009, 307, 308 ff.; Ding/Jäckle, Das neue Chinesische Sachenrechtsgesetz, RIW 2007, 807, 812; Krauss, Gutgläubiger Erwerb gem. §§ 106 f. SachenRG der Volksrepublik China, in: FS Wolfsteiner, 2008, S. 85.

[48] 关于作为《中国民法典》分则第 311 条前身的 2007 年《物权法》第 106 条,见 Bu, Einführung in das Chinesische Recht, 2. Aufl. 2017, § 14 Rn. 47.

[49] Stürner, Der Stand der Entwicklung des Chinesischen Sachenrechts und die Kodifikation des Chinesischen Sachenrechtsbuches im künftigen Zivilgesetzbuch, in: Bu, Der Besondere Teil der chinesischen Zivilrechtskodifikation, 2019, S. 47, 60; Lohsse/Yin, in: Binding/Pißler/Xu, Chinesisches Zivil-und Wirtschaftsrecht, 2015, Kap. 5, Rn. 91; Bu, Der gutgläubige Erwerb im Chinesischen Sachenrecht-ein Beispiel für die Rechtsrezeption in China, ZVglRWiss 2009, 307, 308.

[50] Palandt/Herrler, BGB, 79. Aufl. 2020, § 932 Rn. 8; Berger, in: Jauernig, BGB, 17. Aufl. 2018, § 932 Rn. 14; Wellenhofer, Sachenrecht, 34. Aufl. 2019, § 3 Rn. 9.

[51] Stürner, Der Stand der Entwicklung des Chinesischen Sachenrechts und die Kodifikation des Chinesischen Sachenrechtsbuches im künftigen Zivilgesetzbuch, in: Bu, Der Besondere Teil der Chinesischen Zivilrechtskodifikation, 2019, S. 47, 61.

　　在中国法中,善意的标准也存在争议。[52] 究竟只是对出卖人没有正当性的积极认识妨碍了"善意",[53]还是重大过失妨碍了善意的取得,抑或是善意在受让人任何形式的过失下都能被排除,都是值得商榷的[对此详见下文六、(三)、3]。

　　2. 德国法对受让人善意的明确规定

　　《德国民法典》中的物权法相较于中国物权法更为分明地区分动产物权和不动产物权而制定了不同的规则。因此并不奇怪的是,德国法中的善意取得规则与中国物权法不同,也被分别制定,即《德国民法典》第932条至第935条中的动产物权善意取得和《德国民法典》第892条和第893条中的不动产物权善意取得。

　　德国法上,各种形式的动产善意取得中的善意标准问题,在《德国民法典》第932条第2款中得到了解答:受让人明知或者因重大过失而不知道该物不属于出卖人的,不属于善意。

　　德国法上一致认为,《德国民法典》第932条第2款关于善意标准的规定不仅适用于《德国民法典》第932条规定的取得形式,而且适用于《德国民法典》第933条和第934条规定的动产善意取得形式,即使《德国民法典》第933条和第934条没有相应的规定,也没有明确规定转介至《德国民法典》第932条第2款。[54]

　　对于不动产物权的善意取得,《德国民法典》第892条第1款规定了与动产物权善意取得不同的善意标准,这与不动产公示簿,即土地登记簿的强大公示效力有关:只有在知道出卖人没有资格的情况下,才会排除善意取得的可能性。[55]

　　因此,从德国法,即《德国民法典》第932条第2款作为一面,第892条第1款作为另一面,可以看出,动产的取得比不动产的取得有更严格的善意标准。

　　3. 中国法对排除善意的规定

　　在中国法下,涉及动产物权取得时,善意不仅会在明知的情况下被排除,与德国

---

　　[52]　见 Julius/Rehm, Das chinesische Sachenrechtsgesetz tritt in Kraft: Revolution oder viel Lärm um Nichts?, ZVglRWiss 2007, 367, 385 ff.

　　[53]　关于作为《中国民法典》分则第311条前身的2007年《物权法》第106条,见 Wang Liming, The Modernization of Chinese Civil Law over Four Decades, Frontiers of Law in China 14 (2019), No. 1, 39, 57; Ding/Jäckle, Das neue chinesische Sachenrechtsgesetz, RIW 2007, 807, 812,818.

　　[54]　Palandt/Herrler, BGB, 79. Aufl. 2020, § 933 Rn. 5, § 934 Rn. 5; Berger, in: Jauernig, BGB, 17. Aufl. 2018, § 933 Rn. 3, § 934 Rn. 2.

　　[55]　Palandt/Herrler, BGB, 79. Aufl. 2020, § 892 Rn. 24; Berger, in: Jauernig, BGB, 17. Aufl. 2018, § 982 Rn. 17.

法相同，在因重大过失而未知晓出卖人没有资格时，善意也会被排除。[56]

尚不清楚的是，在涉及动产善意取得时，调查义务在中国法中的范围有多大。[57] 从整体上看，中国法即使在动产善意取得的情况下，也不会规定调查义务。[58]

在中国法上——在德国法上也一样，所有权转移的时点作为完成所有取得要求的时点，被视为判断善意的重要时点。[59]

尽管《中国民法典》分则第 209 条至 223 条尤为重视中国物权法中的不动产登记，但中国法与德国法不同，不仅在明知出卖人无处分权，而且在买受人因重大过失而不知情的情况下，也不发生不动产善意取得。[60]

4. 小结

综上所述，可以看出，德国法对动产和不动产的善意取得，规定了不同的善意标准（《德国民法典》第 932 条第 2 款，第 892 条第 1 款），而中国法在新《中国民法典》分则中，对动产和不动产的善意取得，并没有像德国的规范那样，设不同的善意标准。

（四）事实行为作为公示方法的要求

《中国民法典》分则第 311 条第 1 款第 2 分句第 3 项规定，除了受让人的善意外，还须有从无权处分人处善意受让的事实行为，即在动产善意取得的情况下，交付标的物，在不动产善意取得的情况下，受让人登记在簿。

这与德国的规范完全对应，即在动产善意取得的情况下，根据《德国民法典》第 932 条第 1 款的规定转介至《德国民法典》第 929 条，在不动产善意取得的情况下，《德国民法典》第 873、925 和 892 条相互作用。

---

〔56〕 见《最高人民法院关于适用〈中华人民共和国物权法〉若干问题的解释（一）》第 15 条。对《中国民法典》分则第 311 条的前身——2007 年《物权法》第 106 条的理解，见 Lohsse/Yin, in: Binding/Pißler/Xu, Chinesisches Zivil-und Wirtschaftsrecht，2015，Kap. 5，Rn. 90；Werthwein, in: Bu, Chinese Civil Law, 2013, chap. 14, Rn. 37；Bu, Einführung in das chinesische Recht, 2. Aufl. 2017, § 14 Rn. 47.

〔57〕 见 Julius/Rehm, Das chinesische Sachenrechtsgesetz tritt in Kraft: Revolution oder viel Lärm um Nichts?, ZVglRWiss 2007, 367, 385 f.

〔58〕 Bu, Der gutgläubige Erwerb im chinesischen Sachenrecht-ein Beispiel für die Rechtsrezeption in China, ZVglRWiss 2009, 307, 318.

〔59〕 Lohsse/Yin, in: Binding/Pißler/Xu, Chinesisches Zivil-und Wirtschaftsrecht, 2015, Kap. 5, Rn. 92；Werthwein, in: Bu, Chinese Civil Law, 2013, chap. 14, Rn. 40；Julius/Rehm, Das chinesische Sachenrechtsgesetz tritt in Kraft: Revolution oder viel Lärm um Nichts?, ZVglR-Wiss 2007, 367, 386.

〔60〕 作为《中国民法典》第 311 条的前身 2007 年《物权法》第 106 条就是这样，见 Werthwein, in: Bu, Chinese Civil Law, 2013, chap. 14, Rn. 39.

这种对事实行为要求,归根结底涉及的是公示要求。[61]

(五)合理价格的要求

1. 中国法

《中国民法典》分则第 311 条第 1 款第 2 分句第 2 项包含了一项德国法所没有的善意取得动产和不动产的要求。该规范要求,以合理的价格出售标的物。

中国法中,与之措辞相似的前身规范——2007 年《物权法》第 106 条第 1 款第 2 分句第 2 项,[62]已经引起了广泛的讨论。这里涉及的一个问题就是,什么是“合理的”价格,尤其是以低于物品通常市场价格的价格出售时,是否就已经排除了善意取得的可能性。

然而,《中国民法典》分则第 311 条第 1 款第 2 分句第 2 项不应作后一种理解。相反,在“合理价格”的要求中,必须考虑到这一规定的前后关系,即《中国民法典》分则第 311 条中所规定的善意保护。

因此,“合理价格”的要求归根结底更可能是上述善意标准的一个要素[六、(三)]。[63]在以不合理的价格出售的情况下,未曾知悉出卖人是无权处分的,是受让人存在重大过失的确凿证据。[64]

无论如何,根据中国法的规定,仅以象征性的价格或与市场价格相比完全不合理的低价出售,应排除善意。反之,仅以略低于市场价的价格出售,则不应排除善意取得之可能。总的来说,中国法律对“合理的”价格的要求可能很低。[65]

---

[61]　这在中国法上,见 Werthwein, in: Bu, Chinese Civil Law, 2013, chap. 14, Rn. 46.

[62]　见 Werthwein, in: Bu, Chinese Civil Law, 2013, chap. 14, Rn. 42 ff.; Julius/Rehm, Das chinesische Sachenrechtsgesetz tritt in Kraft: Revolution oder viel Lärm um Nichts?, ZVglRWiss 2007, 367, 386 f.

[63]　Bu, Der gutgläubige Erwerb im chinesischen Sachenrecht-ein Beispiel für die Rechtsrezeption in China, ZVglRWiss 2009, 307, 317 f.; Krauss, Gutgläubiger Erwerb gem. §§ 106 f. SachenRG der Volksrepublik China, in: FS Wolfsteiner, 2008, S. 85, 92.其他观点,见 Lohsse/Yin, in: Binding/Pißler/Xu, Chinesisches Zivil-und Wirtschaftsrecht, 2015, Kap. 5, Rn. 94; Julius/Rehm, Das chinesische Sachenrechtsgesetz tritt in Kraft: Revolution oder viel Lärm um Nichts?, ZVglRWiss 2007, 367, 386.合理的价格作为善意要求之外的一个独立要素。

[64]　Stürner, Der Stand der Entwicklung des Chinesischen Sachenrechts und die Kodifikation des Chinesischen Sachenrechtsbuches im künftigen Zivilgesetzbuch, in: Bu, Der Besondere Teil der chinesischen Zivilrechtskodifikation, 2019, S. 47, 61.类似的,见 Werthwein, in: Bu, Chinese Civil Law, 2013, chap. 14, Rn. 45.

[65]　Bu, Der gutgläubige Erwerb im chinesischen Sachenrecht-ein Beispiel für die Rechtsrezeption in China, ZVglRWiss 2009, 307, 316.

2. 与德国法的不同

《中国民法典》分则第 311 条第 1 款第 2 分句第 2 项,从德国的角度看,似乎有些特殊。毕竟,其与德国法的不同之处就在于,德国法并没有对善意取得之可能提出合理的价格的要求,这可能主要是由德国法上分离原则和抽象原则造成的[见上文四、(六),四、(七)]。因为在德国法上,有效的物权行为(独立于债权行为)是善意取得的基础,而中国法上的从权利人处取得标的物,从德国的角度来看,可以归入到债权行为。

德国法中,对处分行为是否有偿的考虑,仅在不当得利法方面发挥作用:根据《德国民法典》第 816 条第 1 款第 2 句,如果无权处分人的处分是无偿的,那么从该处分中获得法律上的利益的人,例如善意地取得某一物品所有权的人,就有义务将因该处分行为获得的法律上的利益,返还给原权利所有人。因此,无偿的善意"取得人"必须将物品返还给原所有权人,即使这样的具有物权效力的处分行为导致了所有权的变动。

从某种角度来说,《德国民法典》第 816 条第 1 款第 2 句这一不当得利法上的规定与《中国民法典》分则第 311 条第 1 款第 2 分句相似:善意取得人的无偿取得在结果上是被排除的。[66]

此外,《德国民法典》第 816 条第 1 款第 2 句却不能与《中国民法典》分则第 311 条第 1 款第 2 分句第 2 项对善意取得的合理价格要求相比较。[67]

(六) 简易交付时的善意取得

根据中国法和德国法,即使是在简易交付的情况下,也可以从无权处分人处善意取得。[68]德国法在《德国民法典》第 932 条第 1 款第 2 句中明确表达了这一点:以"简易交付"形式善意取得的要求是,受让人从出卖人而不是从其他的第三人那里取得占有。

---

〔66〕 关于这一相似性,见 Stürner, Der Stand der Entwicklung des Chinesischen Sachenrechts und die Kodifikation des Chinesischen Sachenrechtsbuches im künftigen Zivilgesetzbuch, in: Bu, Der Besondere Teil der chinesischen Zivilrechtskodifikation, 2019, S. 47, 61.

〔67〕 和本文同的观点,见 Lohsse/Yin, in: Binding/Pißler/Xu, Chinesisches Zivil-und Wirtschaftsrecht, 2015, Kap. 5, Rn. 93 f.其他观点,见 Baumann, Das neue chinesische Sachenrecht, 2006, S. 147.

〔68〕 从权利人处取得时的简易交付,见上文五、(二)。

中国法上,关于简易交付时善意取得的规定并没有这么明确。[69] 但是,在中国法中,善意取得可以采用简易交付,这是无可争议的。[70]

如上文[五、(二)]所解释的,以简易交付的取得形式从权利人处取得标的物的,由《中国民法典》分则第 226 条规定。尽管,《中国民法典》分则第 311 条并没有转介至这一规范,也没有以任何方式提及以简易交付的方式取得。然而,根据《中国民法典》分则第 311 条第 1 款第 2 分句第 3 项,以及其所包含的标的物必须交付的要求,可得出,善意取得在中国法上也可能以简易交付的形式发生。对于以简易交付形式的取得,就像德国法一样,《中国民法典》分则第 311 条第 1 款第 2 分句第 3 项可能会要求标的物得是从出卖人处,而不是从第三人那里取得。当然,从《中国民法典》分则的规定来看,这并不非常明确。

(七) 通过让与返还请求权的善意取得

如上所述[五、(三)],中国法允许通过让与对第三人的返还请求权的方式,从权利人处取得标的物(《中国民法典》分则第 227 条)。可以认为,通过让与返还请求权的方式——即《中国民法典》分则第 227 条所谈及的从权利人处取得的情况——从无权处分人处善意取得也是可能的。[71]

虽然《中国民法典》分则第 311 条并没有涉及这种情况,正如它没有涉及简易交付时的善意取得一样,但如果符合《中国民法典》分则第 311 条第 1 款第 2 分句第 1 项的前提条件,那么无权处分人让与返还请求权,也有可能导致中国法所规定的善意取得的发生。因此,受让人在取得所有权的时点(指在有交付义务的第三人向买受人交付物品时点)必须对出卖人的所有权存在善意。此外,交付必须根据《中国民法典》分则第 311 条第 1 款第 2 分句第 3 项的规定进行。当然,从德国法的角度来看,不同寻常的是,还须额外地满足合理价格的要求(《中国民法典》分则第 311 条第 1 款第 2 分句第 2 项)。

通过与德国法比较表明,在让与对第三人的返还请求权的情况下,善意取得也是可能的。《德国民法典》第 934 条规定,如果受让人在取得占有时(仍然)是善意的,那么他就可通过让与返还请求权的方式从无权处分人处善意取得动产。

---

[69] Stürner, Der Stand der Entwicklung des Chinesischen Sachenrechts und die Kodifikation des Chinesischen Sachenrechtsbuches im künftigen Zivilgesetzbuch, in: Bu, Der Besondere Teil der chinesischen Zivil-rechtskodifikation, 2019, S. 47, 61.

[70] Bu, Der gutgläubige Erwerb im chinesischen Sachenrecht-ein Beispiel für die Rechtsrezeption in China, ZVglRWiss 2009, 307, 318.

[71] 对中国法持开放态度的,见 Lohsse/Yin, in: Binding/Pißler/Xu, Chinesisches Zivil-und Wirtschaftsrecht, 2015, Kap. 5, Rn. 83.

如果说,由于有明确的规范性规定,中国法和德国法都可以通过让与返还请求权的方式从权利人处取得标的物,那么既然德国法存在通过让与返还请求权的方式从无权处分人处善意取得的规范性规定(《德国民法典》第 934 条),就说明中国法也可以通过让与返还请求权的方式从无权处分人处善意取得。[72]

(八) 通过约定占有媒介关系(占有改定)的善意取得

德国法上,从权利人处取得动产物权的第 4 种方式——通过与作为间接占有人的受让人约定占有媒介关系[《德国民法典》第 930 条;见上文五、(四)],可以相应地适用到从无权处分人处善意取得标的物的情形,即《德国民法典》第 933 条的规定。但是,该条款只规定了出卖人丧失任何形式的直接或间接占有时的善意取得。

中国法中,根据《中国民法典》分则第 228 条,从权利人处取得标的物,也可以是通过约定保留出卖人对动产的占有的方式[见上文五、(四)]。

与德国法进行的比较表明,约定出卖人保留占有,在中国法上也可发生善意取得。[73]《德国民法典》第 933 条规定,如果买受人在订立协议时仍然是善意的,则通过约定占有改定,也可从无权处分人处善意取得动产。

如果说在中国法和德国法中,通过明确的规范性条文规定,受让人可通过约定出卖人保留占有的方式而从权利人处取得标的物,那么既然德国法中存在通过约定占有媒介关系而从无权处分人处善意取得的规范性规定(《德国民法典》第 933 条),就说明在中国法中,通过约定出卖人保留占有的方式而从无权处分人处善意取得标的物也是可以的。[74]

七、关于遗失物以及其他脱手物(abhanden gekommene Sache)的特别规定

(一) 中国法

《中国民法典》分则第 312 条规定了若干关于遗失物的特殊规则,这些规则一起

[72] 结果上如此的还有 Bu, Der gutgläubige Erwerb im chinesischen Sachenrecht-ein Beispiel für die Rechtsrezeption in China, ZVglRWiss 2009, 307, 318.

[73] 对中国法持开放的态度,见 Lohsse/Yin, in: Binding/Pißler/Xu, Chinesisches Zivil-und Wirtschaftsrecht, 2015, Kap. 5, Rn. 83.

[74] 在结果上也是这样的,见 Bu, Der gutgläubige Erwerb im chinesischen Sachenrecht-ein Beispiel für die Rechtsrezeption in China, ZVglRWiss 2009, 307, 318.

明确了,遗失物的善意取得在中国法律上是不可能的。[75] 相反,所有权人可以根据《中国民法典》分则第 312 条第 2 句,在遗失物被转让的情况下,要求受让人返还。但是,《中国民法典》分则第 312 条所规定的,针对遗失物受让人的返还请求权的时效为两年。[76]

(二)德国法

德国法在《德国民法典》第 935 条中的规定[77]超越了《中国民法典》分则第 312 条的文义:一方面,与《中国民法典》分则第 312 条不同,《德国民法典》第 935 条明确排除了对脱手物的善意取得,因此,善意取得的排除并不仅仅是出于对善意标准的解释。另一方面,德国法不仅排除了遗失物善意取得的可能性,而且还排除了善意取得盗赃物以及其他那些权利人非自愿放弃占有的物的可能性。[78]

(三)对《中国民法典》分则第 311、312 条的总体观察

但中国法的争议在于,从《中国民法典》分则第 311 条和第 312 条的整体来看,善意取得的成立不仅在《中国民法典》分则第 312 条明确提到的遗失物的情况下被排除,而且如德国法那样,在任何一种权利人非自愿丧失占有的情况下,也被排除。[79]依当然

---

〔75〕 作为《中国民法典》分则第 312 条前身的 2007 年《物权法》第 107 条,见 Lohsse/Yin, in: Binding/Pißler/Xu, Chinesisches Zivil-und Wirtschaftsrecht, 2015, Kap. 5, Rn. 97; Bu, Der gutgläubige Erwerb im chinesischen Sachenrecht-ein Beispiel für die Rechtsrezeption in China, ZVglRWiss 2009, 307, 327 ff.; Ding/Jäckle, Das neue chinesische Sachenrechtsgesetz, RIW 2007, 807, 818; Julius/Rehm, Das chinesische Sachenrechtsgesetz tritt in Kraft: Revolution oder viel Lärm um Nichts?, ZVglRWiss 2007, 367, 387 f. 此外还有 Baumann, Das neue chinesische Sachenrecht, 2006, S. 150 f. 其他观点,见 Werthwein, in: Bu, Chinese Civil Law, 2013, chap. 14, Rn. 57 (2007 年《物权法》第 107 条允许在有限的情况下善意取得遗失物).

〔76〕 作为《中国民法典》分则第 312 条第 2 句前身的 2007 年《物权法》第 107 条,见 Lohsse/Yin, in: Binding/Pißler/Xu, Chinesisches Zivil-und Wirtschaftsrecht, 2015, Kap. 5, Rn. 97; Krauss, Gutgläubiger Erwerb gem. §§ 106 f. SachenRG der Volksrepublik China, in: FS Wolfsteiner, 2008, S. 85, 95.

〔77〕 见 Krauss, Gutgläubiger Erwerb gem. §§ 106 f. SachenRG der Volksrepublik China, in: FS Wolfsteiner, 2008, S. 85, 92.

〔78〕 Palandt/Herrler, BGB, 79. Aufl. 2020, § 935 Rn. 3 f; Berger, in: Jauernig, BGB, 17. Aufl. 2018, § 935 Rn. 2.

〔79〕 就此而言,2007 年《物权法》第 107 条是《中国民法典》分则第 312 条的前身,如见 Lohsse/Yin, in: Binding/Pißler/Xu, Chinesisches Zivil-und Wirtschaftsrecht, 2015, Kap. 5, Rn. 95; Bu, Der gutgläubige Erwerb im chinesischen Sachenrecht-ein Beispiel für die Rechtsrezeption in China, ZVglRWiss 2009, 307, 329.

推论(Erst-recht-Schluss)可得,《中国民法典》分则第 311 条、312 条也排除了善意取得盗赃物的情况。[80]

(四) 在特殊情况下善意取得遗失物或其他的脱手物

1. 中国法

《中国民法典》分则第 312 条第 3 句对遗失物的取得作了特别规定:如果表面上的受让人在公开拍卖中或根据合同从具有经营资格的经营者那里取得了该遗失物,则尽管受让人不能善意取得该遗失物,但如果所有权人要求受让人返还该物,则应当支付受让人所付的费用。[81] 权利人向受让人支付所付费用后,有权向无权处分人追偿。

2. 德国法

德国法对于遗失物及其他脱手的动产,如被盗的,与中国法的做法略有不同。对于金钱、无记名证券或公开拍卖的物品,《德国民法典》第 935 条第 2 款允许善意取得,这与中国法不同。[82]

在德国法中,与其他动产善意取得的情况一样,只有根据《德国民法典》第 812 条和第 816 条的不当得利法的规定,才能向无权处分人和受让人要求不当得利返还。

八、中国法关于善意取得船舶、航空器以及机动车的特别规定

(一) 中国法

1. 善意取得之可能

在中国法中,《中国民法典》分则第 225 条对于某些类型动产的善意取得规则,与

---

〔80〕　因此,认为 2007 年《物权法》第 107 条是《中国民法典》分则第 312 条前身的,见 Bu, Der gutgläubige Erwerb im chinesischen Sachenrecht-ein Beispiel für die Rechtsrezeption in China, ZVglRWiss 2009, 307, 329.类似的,见 Werthwein, in: Bu, Chinese Civil Law, 2013, chap. 14, Rn. 48.

〔81〕　对此,部分批评观点,见 Bu, Der gutgläubige Erwerb im chinesischen Sachenrecht-ein Beispiel für die Rechtsrezeption in China, ZVglRWiss 2009, 307, 328.此外还有 Lohsse/Yin, in: Binding/Pißler/Xu, Chinesisches Zivil-und Wirtschaftsrecht, 2015, Kap. 5, Rn. 98; Julius/Rehm, Das chinesische Sachenrechtsgesetz tritt in Kraft: Revolution oder viel Lärm um Nichts?, ZVglR-Wiss 2007, 367, 388.

〔82〕　Palandt/Herrler, BGB, 79. Aufl. 2020, § 935 Rn. 11; Berger, in: Jauernig, BGB, 17. Aufl. 2018, § 935 Rn. 12; Krauss, Gutgläubiger Erwerb gem. § § 106 f.; SachenRG der Volksrepublik China, in: FS Wolfsteiner, 2008, S. 85, 93 f.

德国法和其他大多数国家的法律体系存在明显的区别。这一规范涉及的是船舶、航空器和机动车(尤其是汽车)的善意取得。

《中国民法典》分则第 225 条间接表明了,善意取得这些动产的可能性和条件。《中国民法典》分则第 225 条是这么规定的,即这些"未登记"的动产上的物权设立、变更、转让和消灭,不能"对抗"善意第三人。

因此,从《中国民法典》分则第 225 条可以(尽管只是间接地)看出:首先,这类动产与其他类的动产不同,可以在登记簿上登记;其次,登记对这类动产的善意取得会产生某些法律后果。

鉴于中国物权法的基本原则,可从《中国民法典》分则第 225 条间接得出,船舶、航空器和机动车上的物权与其他物权不同,在缺乏登记的情况下,可以取得相对的而不是绝对的效力。这使得中国物权法区别于德国物权法,德国物权法由于严格适用物权的绝对效力而没有这种仅仅是相对效力的物权。[83]

2. 出卖人在登记簿上登记的重要性

如果出卖人未登记在簿,则不能善意取得船舶、航空器和机动车。[84] 反之,船舶、航空器、机动车的出卖人在登记簿上的登记本身并不足以证明买受人的善意,因为中国物权法并没有规定,船舶、航空器、机动车的登记具有积极的登记公示效力。[85] 更确切地说,原则上出卖人的登记和出卖人的占有必须同时具备,才能成立善意。[86]

因此,中国法在结果上,不允许在出卖人在没有登记的情况下善意取得船舶、航空器和机动车,就像在没有卖方登记的情况下也不允许善意取得不动产物权一样。

3. 受让人在登记簿上登记的重要性

另外,必须回答这样一个问题,即善意取得船舶、航空器和机动车,是否需要善意取得人进行登记。事实上并不需要如此。相反,只要交付了,就可以善意取得船舶、航空器和机动车。但是,善意取得的所有权在一开始只具有相对的效力,只有在

---

〔83〕 Bu，Der gutgläubige Erwerb im chinesischen Sachenrecht-ein Beispiel für die Rechtsrezeption in China，ZVglRWiss 2009，307，319.

〔84〕 Bu，Der gutgläubige Erwerb im chinesischen Sachenrecht-ein Beispiel für die Rechtsrezeption in China，ZVglRWiss 2009，307，320 f.

〔85〕 Bu，Der gutgläubige Erwerb im chinesischen Sachenrecht-ein Beispiel für die Rechtsrezeption in China，ZVglRWiss 2009，307，322.

〔86〕 Bu，Der gutgläubige Erwerb im chinesischen Sachenrecht-ein Beispiel für die Rechtsrezeption in China，ZVglRWiss 2009，307，322.

买受人登记后,才具有绝对的效力。[87]

(二) 德国法

1. 船舶

在德国法中,某些船舶须根据《德国船舶登记法》(SchiffsRG)进行登记。在船舶被登记了的情况下,《德国船舶登记法》第 15 条适用于善意取得,因此在这一点上,大致与中国法相同——取决于船舶登记的公信力。[88]

对于未登记的船舶,适用德国法中动产善意取得的一般规则,即《德国民法典》第 932 条及以下条款。[89]

2. 航空器

根据德国法,航空器没有公开的登记簿,但根据《德国空中交通法》(Luftver-ke-hrsgesetz)第 2 条第 1 款和《德国空中交通许可条例》(Luftverkehrszulassungsornung)第 14 条第 1 款,航空器必须在一种登记簿中登记,即所谓的航空器名册(Luftfahr-zeugrolle)。

德国航空法与针对船舶的《德国船舶登记法》不同,不包含任何从无权处分人处善意取得的规范性规则。因此,善意取得航空器适用动产善意取得的一般规则(《德国民法典》第 932 至 935 条)。如果航空器真正的所有权人被登记到航空器名册上,则其通常就不可能被善意取得,因为受让人通常存在《德国民法典》第 932 条第 2 款意义上的重大过失。[90]

3. 机动车

对于机动车,特别是汽车,根据德国法律的规定,登记对于从无权处分人处善意取得只起到间接的作用。就新车而言,所谓的二代许可证(Zulassungsbescheinigung II)在善意取得中的作用并不突出。不过,对于二手车来说,情况就不同了。尽管二代许可证并非公开的文件,但如果机动车买受人未经查验二代许可证就确信卖方有权处分车辆,则可被视为是恶意的。[91]

4. 小结

因此,总的来说,《中国民法典》分则中关于船舶、航空器和机动车善意取得的规

---

〔87〕 Bu, Der gutgläubige Erwerb im chinesischen Sachenrecht-ein Beispiel für die Rechtsrezeption in China, ZVglRWiss 2009, 307, 322 f.; Lohsse/Yin, in: Binding/Pißler/Xu, Chinesisches Zivil-und Wirtschaftsrecht, 2015, Kap. 5, Rn.85.

〔88〕 Palandt/Herrler, BGB, 79. Aufl. 2020, § 932a Rn. 1.

〔89〕 Palandt/Herrler, BGB, 79. Aufl. 2020, § 932a Rn. 2.

〔90〕 Schladebach/Kraft, Das Registerpfandrecht an Luftfahrzeugen, BKR 2012, 270, 271.

〔91〕 Palandt/Herrler, BGB, 79. Aufl. 2020, § 932 Rn. 13.

范性规定只是中国法上的一个特例,德国法最多与其只有初步的相似。特别是德国法以物权的绝对效力为普遍适用的原则,船舶、航空器和机动车上的物权相对取得并不存在。

九、善意的无负担取得动产

《中国民法典》分则第 313 条允许善意的动产所有权无负担取得。[92] 该物之上权利的消灭前提是,善意的受让人在受让该物时,不知道也不应当知道该权利。因此,知道和任何形式的过失造成的不知道都是不可以的。

通过对《中国民法典》分则第 313 条与《德国民法典》第 936 条的比较可以看出,与中国法不同的是,在德国法中,根据《德国民法典》第 936 条第 2 款的规定,只有在知道和因重大过失而不知道这些权利的存在时,才会排除善意的无负担取得。[93]

德国法中一致的观点是,《德国民法典》第 936 条规定的善意的无负担取得,既可能发生在从权利人处取得所有权的情况下,即根据《德国民法典》第 929 条至 932 条的取得,也可能发生在从无权处分人处善意取得所有权的情况下,即《德国民法典》第 932 条至 934 条规定的取得行为。[94]

与之相对,《中国民法典》分则第 313 条的措辞就不那么明确了。从《中国民法典》分则第 313 条在法律体系中的地位以及《中国民法典》分则第 313 条的措辞("善意受让人取得动产后…")可以看出,《中国民法典》分则第 313 条只是想规范,从无权处分人处善意的无负担取得的可能性,而不是规范从权利人处善意的所有权无负担取得的可能性。

但当然推论的结果表明:既然在中国法中,根据《中国民法典》分则第 313 条规定,从无权处分人处善意的无负担取得是可能的,那么从权利人处善意的无负担取得在中国法中也是可以的。

---

[92] 关于先前规范——2007 年《物权法》第 108 条,见 Lohsse/Yin, in:Binding/Pißler/Xu, Chinesisches Zivil- und Wirtschaftsrecht, 2015, Kap. 5, Rn. 99;Bu, Der gutgläubige Erwerb im chinesischen Sachenrecht-ein Beispiel für die Rechtsrezeption in China, ZVglRWiss 2009,307,329 f.;Julius/Rehm, Das chinesische Sachenrechtsgesetz tritt in Kraft:Revolution oder viel Lärm um Nichts?, ZVglRWiss 2007,367,388.

[93] Palandt/Herrler, BGB, 79. Aufl. 2020, § 936 Rn. 3; *Berger*, in:Jauernig, BGB, 17. Aufl. 2018, § 936 Rn. 4.

[94] Palandt/Herrler, BGB, 79. Aufl. 2020, § 936 Rn. 2; *Berger*, in:Jauernig, BGB, 17. Aufl. 2018, § 936 Rn. 2.

十、善意取得法与侵权法的关系

(一)中国法

《中国民法典》分则第 311 条第 2 款对 2007 年《物权法》第 106 条第 2 款[95]稍做修改,规定在善意取得所有权的情况下,原所有权人可向无权处分人要求损害赔偿(原表述为"赔偿损失")。

(二)德国法

相反的,在原物之所有权人因受让人从无权处分人处善意取得而丧失权利时,德国法没有以侵权损害赔偿请求权作为补偿的规定,而只承认根据《德国民法典》第 812 条对无权处分的出卖人和根据《德国民法典》第 816 条对所有权的善意取得人请求不当得利法上的补偿。

但从实质上看,中国法中存在的损害赔偿请求权和德国法中规定的不当得利(返还)权,反而在很多情况下可能是同一种东西。

十、德国法中的通过长期自主占有而取得所有权 (时效取得)以及与中国法的比较

根据《德国民法典》第 937 条,所有权在德国法上可通过长期的善意的自主占有(时效取得)而善意取得。[96]这种所有权取得之可能与下面的情形息息相关,即除所有权缺失以外的其他缺陷阻碍了所有权的取得,例如出卖人无行为能力,或标的物已经丢失,或者没有交付行为,或者占有的取得是在没有转让行为的情况下发生,例如将无主物占为己有。[97]

在德国法中,通过时效善意取得动产的前提是,时效取得人根据《德国民法典》第 872 条取得自主占有,并持续十年之久。此外,根据《德国民法典》第 937 条第 2 款

---

〔95〕 见 Lohsse/Yin, in: Binding/Pißler/Xu, Chinesisches Zivil- und Wirtschaftsrecht, 2015, Kap. 5, Rn. 100; Bu, Der gutgläubige Erwerb im chinesischen Sachenrecht-ein Beispiel für die Rechtsrezeption in China, ZVglRWiss 2009, 307, 329.

〔96〕 见 Krauss, Gutgläubiger Erwerb gem. §§ 106 f. SachenRG der Volksrepublik China, in: FS Wolfsteiner, 2008, S. 85, 96.

〔97〕 见 Krauss, Gutgläubiger Erwerb gem. §§ 106 f. SachenRG der Volksrepublik China, in: FS Wolfsteiner, 2008, S. 85, 95 f.

选项 1 和选项 2,善意也是必要的。

如果某人在取得占有时知道或由于重大过失而不知道自己不是所有权人,或通过取得占有而成为所有权人,但之后才认识到这一点,则不存在善意。[98]

如果上述条件得到满足,则根据《德国民法典》第 938 条及其后的规定,占有取得人在十年的时效取得期限后,取得所有权。

反之,在《中国民法典》分则中——与 2007 年《物权法》一样,[99]不存在通过时效善意取得动产的可能。[100] 这让人感到惊讶,因为在中国法中,也有以时效取得的方式善意取得的需求,[101]例如在无权处分人无偿转让动产的情况下,根据《中国民法典》分则第 311 条第 1 款第 2 分句第 2 项是不可能发生善意取得的。[102]

十一、结语

《中国民法典》分则中的动产善意取得,和 2007 年《物权法》中的规范所规定的一样,[103]部分地沿循了德国法,但也存在(如前文所述)与德国法不同的情况。[104]

---

[98] Palandt/Herrler, BGB, 79. Aufl. 2020, § 937 Rn. 1.

[99] 见 Bu, Der gutgläubige Erwerb im chinesischen Sachenrecht-ein Beispiel für die Rechtsrezeption in China, ZVglRWiss 2009, 307, 330; Krauss, Gutgläubiger Erwerb gem. § § 106 f. SachenRG der Volksrepublik China, in: FS Wolfsteiner, 2008, S. 96.

[100] Lohsse/Yin, in: Binding/Pißler/Xu, Chinesisches Zivil-und Wirtschaftsrecht, 2015, Kap. 5, Rn. 106.

[101] Bu, Der gutgläubige Erwerb im chinesischen Sachenrecht-ein Beispiel für die Rechtsrezeption in China, ZVglRWiss 2009, 307, 330.

[102] Krauss, Gutgläubiger Erwerb gem. § § 106 f. SachenRG der Volksrepublik China, in: FS Wolfsteiner, 2008, S. 85, 96 f.

[103] 见 Krauss, Gutgläubiger Erwerb gem. § § 106 f. SachenRG der Volksrepublik China, in: FS Wolfsteiner, 2008, S. 85.

[104] Bu, Der gutgläubige Erwerb im chinesischen Sachenrecht-ein Beispiel für die Rechtsrezeption in China, ZVglRWiss 2009, 307, 330 f.; Julius/Rehm, Das chinesische Sachenrechtsgesetz tritt in Kraft: Revolution oder viel Lärm um Nichts?, ZVglRWiss 2007, 367, 414.

中德法学论坛

第 18 辑·下卷,第 32~52 页

《民法典》中的准合同：无因管理和不当得利

[德] 方旭天* 著

徐博翰** 译

摘 要:《民法典》在合同编第三分编中包含有关准合同的规定,这是关于无因管理和不当得利的规定,而侵权法则独立为另一编。该体系遵从罗马法传统,区分合同、侵权和准合同。与之前法律相比,《民法典》对这两个法律制度进行了更为详细的规定。就内容而言,无因管理与德国法上的规定特别相似。相比之下,不当得利尽管包含比以前更多的具体规定,但还是延续了先前单一的、概括性的不当得利构成要件。这种规定似乎不能完全适用于解决可能出现的适用问题,因此在法律实践中需要进一步类型化。总体而言,无论在内容上还是在体系上,准合同都是一项成功的立法。

关键词:法定之债;非合同债之关系;准合同;无因管理;合同法;不当得利;不当得利的返还;法律继受;罗马法

Abstract: The new Chinese Civil Code contains provisions on so-called quasi-contracts in sub-book 3 of the book on Contract Law, dealing with the law of agency without due authority and unjust enrichment. The law of torts, however, is codified in a separate book. This system stands in the tradition of Roman law, which also distinguished between contract, torts and quasi-contracts. Compared to the

* 方旭天(Matthias Veicht):德国慕尼黑大学博士研究生,主要研究方向为中国法与中德私法比较研究。

** 徐博翰:德国帕绍大学博士研究生。本译文受国家留学基金委"国家建设高水平大学公派研究生项目"(项目编号 201808080198)资助。本文之翻译应感谢李昊教授的信任与厚爱,使译者有机会参与到中德法学交流论文的翻译工作中来。另外,慕尼黑大学的方旭天博士持续关注中国民法,就中国《民法典》提出许多洞见,对于他慷慨授权翻译此文,在此表示由衷的谢意。

previous law，the two legal institutions examined in this paper are subject to a more detailed regulation in the new Chinese Civil Code. In terms of content，especially the law of agency without due authority shows great similarities to German law. In contrast，the law of unjust enrichment maintains the previous statutory conception of a single, all-encompassing provision to deal with unjust enrichment，even though the new (auxiliary) provisions are more concrete than previously. This regulatory technique does not seem to be fully suitable for addressing all the conceivable problems that could arise while applying the law，and thus further typification by legal practice is required. Nonetheless，the law of quasi-contracts in the Chinese Civil Code can still be assessed as a successful codification in terms of both content and system.

Key words：Statutory obligations；Non-contractual Obligations；Quasi-contract；Agency without Due Authority；Contract Law；Unjust Enrichment；Action for Restitution；Reception of Law；Roman Law.

一、相关制度的罗马法背景及现代继受

无因管理和不当得利源于罗马法。罗马法中主要分有合同之债和侵权之债，[1]但也承认其他债之发生原因。[2]《法学阶梯》第 3 卷第 27 篇（论准合同之债）提及所谓的准合同债之关系，其中包括两个制度 negotiorum gestio（"事务管理"）[3]和 indebitum solutum（"非债清偿"），[4]后者对应于非债清偿财产返还之诉（condictio indebiti）。[5]

这种系统的区分以各种形式存在于现代欧洲大陆国家编纂的法典中。例如，《瑞士债法》[6]遵循罗马法的体系安排将关于债之发生的一节分为三个部分，即基

---

〔1〕 Vgl. *Zimmermann*，The Law of Obligations，1992 (revidierter Nachdruck der 1. Aufl. 1990)，S. 1 ff.，10 ff.

〔2〕 S. *Zimmermann*，The Law of Obligations，1992 (revidierter Nachdruck der 1. Aufl. 1990)，S. 14 ff.

〔3〕 Inst. Ⅲ，27，1.

〔4〕 Inst. Ⅲ，27，6.

〔5〕 以上观点，参见 *Zimmermann*，The Law of Obligations，1992 (revidierter Nachdruck der 1. Aufl. 1990)，S. 15 f.，433 f.，837 f.；*Meincke*，Römisches Privatrecht auf Grundlage der Institutionen Iustinians，3. Aufl. 2019，S. 113 f.

〔6〕 Bundesgesetz betreffend die Ergänzung des Schweizerischen Zivilgesetzbuches (Fünfter Teil：Obligationenrecht) (OR) v. 30.3.1911，AS 27 317 und BS 2 199 (Stand 1.4.2020).

于合同发生债之关系（《瑞士债法》第 1 条及以下）；基于不法行为而发生债之关系（《瑞士债法》第 41 条及以下）；最后是基于不当得利而发生债之关系（《瑞士债法》第 62 条及以下）。无因管理则由债法分则规定（《瑞士债法》第 419 条及以下）。因此，不当得利在瑞士法中具有相对突出的地位。[7]

　　相反，德国《民法典》[8]在债法分则中则缺乏一致的体系，它以 27 节将合同之债和非合同之债排列在一起，而没有根据债之发生原因进行系统的分组。[9] 无因管理介于委托合同和保管合同条款之间，而不当得利和侵权法则在债之关系编的末尾。

　　与此相对的是，法国《民法典》[10]自 2016 年改革后在第 1300 条及以下的"债之关系发生的其他原因"（autres sources d'obligations）中包含了关于无因管理（la gestion d'affaires）以及不当得利（l'enrichissement injustifié）的两章，并明确把这些制度称为准合同（quasi-contrats）。[11] 特别是在将不当得利归为准合同这一做法上，《法国民法典》继承了罗马法的传统。[12]

　　但是上述法律有一个共同点，那就是无因管理和不当得利这两个制度应该平衡债权人和债务人之间的利益。就无因管理而言，一方面，没有法律根据而无私照顾他人事务的人（管理人）的善良意图应该得到法律的保护；另一方面，应保护另一方（本人）免受对自己事务的违背其本意的干扰。[13] 就不当得利而言，其目的是退回财产的不当转移，即去除根据法律的总体评价不应获得财产的债务人所获得的利益。[14]

　　本文讨论的问题是，最近颁布的《中华人民共和国民法典》（以下简称《民法典》，该法典也是一项遵循欧洲大陆体系而编纂的法典）如何规范无因管理和不当得利。

---

〔7〕 认为该突出地位是无法证成的批评，参见 Zimmermann, The Law of Obligations, 1992 (revidierter Nachdruck der 1. Aufl. 1990), S. 21。

〔8〕 Bürgerliches Gesetzbuch in der Fassung der Bekanntmachung v. 2.1.2002, BGBl. I, S. 42, ber. S. 2909 und 2003 I, S. 738, zuletzt geändert durch Art. 1 des Gesetzes v. 12.6.2020, BGBl. I, S. 1245.

〔9〕 对这种做法的概括和批评，参见 Zimmermann, The Law of Obligations, 1992 (revidierter Nachdruck der 1. Aufl. 1990), S. 21。

〔10〕 Code civil-Dernière modification le 14 février 2020.

〔11〕 在 2016 年改革之前相应规定包含在旧法第 1371 条以下。

〔12〕 Zimmermann, The Law of Obligations, 1992 (revidierter Nachdruck der 1. Aufl. 1990), S. 837 f.

〔13〕 Vgl. ausführlich Wandt, Gesetzliche Schuldverhältnisse, 9. Aufl. 2019, § 2 Rn. 4 f. m. w. Nachw.

〔14〕 Wandt, Gesetzliche Schuldverhältnisse, 9. Aufl. 2019, § 9 Rn. 1, 3.

本文首先讨论之前法律的主要特征（本文第二部分），然后澄清《民法典》如何系统地对法定之债进行分类（本文第三部分）。在此之后，本文对中国法律中的新规定进行了阐释，并与德国法进行了比较研究，首先探讨无因管理（本文第四部分），然后是不当得利（本文第五部分）。文章最后是总结部分（本文第六部分）。附录中有三个对照表，表1展示中国《民法典》与之前法律之间的相似规定，表2展示中国《民法典》和《德国民法典》中关于无因管理之相似规定，表3展示中国《民法典》和《德国民法典》中关于不当得利之相似规定。

二、《民法典》之前的中国法中的非合同债之关系

本文首先简单地探讨以《中华人民共和国民法通则》（以下简称《民法通则》）形式存在的民法规范。该项法律以及《合同法》根据《民法典》第1260条的规定于2021年1月1日《民法典》生效时失去效力。《民法通则》第84条将债之关系描述为一种按照合同的约定或者依照法律的规定，在当事人之间产生的特定的权利义务关系，从而区分了合同之债和法定之债。[15] 但是，《民法通则》仅包含两个关于法定之债的条款，即第92条关于不当得利的规定，以及第93条关于无因管理的规定。[16]

《民法通则》第92条规定，没有合法根据，取得不当利益，造成他人损失的，应当将取得的不当利益返还受损失的人。该请求权仅以债务人没有法律根据而获得不合理的利益以及债权人遭受了相应的损害为前提，而没有进一步区分是通过给付还是以其他方式获得利益。[17] 根据《最高人民法院关于贯彻执行〈中华人民共和国民法通则〉若干问题的意见（试行）》第131条，返还义务除包括物本身外还包括孳息。[18] 但是，还必须注意《合同法》第58条第1款，根据该条款，因合同取得的财产，在该合同无效或者被撤销后，应当予以返还；不能返还或者没有必要返还的，应当折价补偿。因此，《合同法》第58条第1款是一项特殊规则，适用于因无效或已撤

---

〔15〕 Bu，Einführung in das Recht Chinas，2. Aufl. 2017，§ 10 Rn. 37.

〔16〕 S. Bu，Einführung in das Recht Chinas，2. Aufl. 2017，§ 10 Rn. 37；Eberl-Borges，Einführung in das chinesische Recht，2018，Rn. 275；关于之前有关不当得利的规则短缺问题，参见 Fu，Das chinesische Zivilgesetzbuch und die ungerechtfertigte Bereicherung，in：Möllers/Li，The General Rules of Chinese Civil Law，2018，S. 223，226 f。

〔17〕 具体情况参见 Seibert/Wu，4. Kapitel "Gesetzliche Schuldverhältnisse"，in：Binding/Pißler/Xu，Chinesisches Zivil-und Wirtschaftsrecht，2015，S. 163，Rn. 9，17 ff。

〔18〕 关于该规则及学界批评，参见 Fu，Das chinesische Zivilgesetzbuch und die ungerechtfertigte Bereicherung，in：Möllers/Li，The General Rules of Chinese Civil Law，2018，S. 223，232 m. w. Nachw. in Fn. 19。

销合同的给付而引起的没有合法根据的财产移转。[19] 由于中国法上不承认抽象原则，因此文献中多认为这种返还请求权是返还原物请求权。[20] 因此，该规定引发了关于《民法通则》第 92 条是否也应涵盖给付型不当得利或应仅涵盖不能归入《合同法》第 58 条的非给付型不当得利的讨论。[21] 还有观点认为由于中国法上缺乏抽象原则，因此不当得利的适用范围非常有限，并且应当优先考虑返还原物请求权。[22] 该问题还说明了，将民法分为众多单行法将会给法律适用带来困难，而该问题涉及的法律包括《民法通则》《合同法》《物权法》和《侵权责任法》。

就无因管理而言，《民法典》之前的法律也仅在《民法通则》第 93 条包含一项规定。根据该条规定，没有法定的或者约定的义务，为避免他人利益受损失进行管理或者服务的，有权要求受益人偿付由此而支付的必要费用。据此，无因管理之构成要件为：(1) 管理他人事务；(2) 管理人有意为他人的利益管理事务；(3) 管理人没有管理他人事务的义务。[23] 作为法律后果，管理人有权向本人要求补偿其在管理过程中发生的必要费用。[24] 根据《最高人民法院关于贯彻执行〈中华人民共和国民法通则〉若干问题的意见（试行）》第 132 条，该必要费用包括在管理或服务中支付的费用以及在此过程中遭受的损害。

总体而言，可以看出，关于无因管理以及不当得利，在《民法典》之前的法律中只有很少的规定。

---

[19]　Vgl. Seibert/Wu, 4. Kapitel "Gesetzliche Schuldverhältnisse", in: Binding/Pißler/Xu, Chinesisches Zivil-und Wirtschaftsrecht, 2015, S. 163, Rn. 11 f.对关于该请求权及其法律性质的中文文献的引证，参见 *Fu*, Das chinesische Zivilgesetzbuch und die ungerechtfertigte Bereicherung, in: Möllers/Li, The General Rules of Chinese Civil Law, 2018, S. 223, 242 f.。

[20]　S. Seibert/Wu, 4. Kapitel "Gesetzliche Schuldverhältnisse", in: Binding/Pißler/Xu, Chinesisches Zivil-und Wirtschaftsrecht, 2015, S. 163, Rn. 13 m.w.Nachw.关于在没有抽象原则前提下不当得利的功能的讨论，参见 *Fu*, Das chinesische Zivilgesetzbuch und die ungerechtfertigte Bereicherung, in: Möllers/Li, The General Rules of Chinese Civil Law, 2018, S. 223, 240 f. m.w. Nachw.。

[21]　Vgl. Seibert/Wu, 4. Kapitel "Gesetzliche Schuldverhältnisse", in: Binding/Pißler/Xu, Chinesisches Zivil-und Wirtschaftsrecht, 2015, S. 163, Rn. 13, 25.

[22]　关于此点，参见 Fu, Das chinesische Zivilgesetzbuch und die ungerechtfertigte Bereicherung, in: Möllers/Li, The General Rules of Chinese Civil Law, 2018, S. 223, 240。

[23]　具体情形参见 Seibert/Wu, 4. Kapitel "Gesetzliche Schuldverhältnisse", in: Binding/Pißler/Xu, Chinesisches Zivil-und Wirtschaftsrecht, 2015, S. 163, Rn. 174 ff. m.w.Nachw.

[24]　Seibert/Wu, 4. Kapitel "Gesetzliche Schuldverhältnisse", in: Binding/Pißler/Xu, Chinesisches Zivil-und Wirtschaftsrecht, 2015, S. 163, Rn. 188.

三、《民法典》中关于准合同的体系构造

本文接下来讨论《民法典》中关于准合同的体系构造，并分析学界对该体系构造的建议。

（一）立法准备阶段学界对细化规定的要求

在审议《民法典》过程中，中国法学界主张对无因管理和不当得利进行更为详细的规定。在作为《民法典》整体编纂计划之先行部分的《中华人民共和国民法总则》（以下简称《民法总则》）于 2017 年被通过后，王利明教授认为，《民法总则》中关于无因管理和不当得利的规定[25]过于简单，并且不适用于解决纠纷。[26] 还有学者指出，学界和实践普遍期望民法典的编纂将细化对不当得利的规定。[27]

王利明教授还在几篇论文中提到，应当将这两个法律制度在未来的《民法典》分则中规定在一个称为"准合同"的单独部分中，[28]并且还提交了相应的修改《民法典分编（草案）》的建议，根据该建议，立法机关就该问题应当以法国法为范例。[29] 在已经放弃了对债法总则部分的编纂计划后，这种体系安排将有助于合同编的内在一致性。相反，不宜直接将无因管理和不当得利归入关于各类合同的规定中，因为显然它们不属于这类规定。[30] 就不当得利而言，王利明教授还主张引入类型化的、界定更为精确的不当得利构成要件，而不是承继先前单一的、概括的规定。[31]

但是，有人提出反对准合同方案的意见，根据该观点，准合同内在是不一致的：不当得利除了包括准合同类型的给付型不当得利以外，还包括权益侵害型不当得利

---

〔25〕　关于此点，参见后文关于《民法典》第 121 条及第 122 条的详细论述。

〔26〕　王利明：《民法分则合同编立法研究》，载《中国法学》2017 年第 2 期。

〔27〕　Fu, Das Chinesische Zivilgesetzbuch und die Ungerechtfertigte Bereicherung, in：Möllers/Li, The General Rules of Chinese Civil Law, 2018, S. 223, 227.

〔28〕　王利明：《民法分则合同编立法研究》，载《中国法学》2017 年第 2 期；王利明：《准合同与债法总则的设立》，载《法学家》2018 年第 1 期。其他关于这两项制度的体系位置特别是关于不当得利的建议，参见 Fu, Das chinesische Zivilgesetzbuch und die Ungerechtfertigte Bereicherung, in：Möllers/Li, The General Rules of Chinese Civil Law, 2018, S. 223, 239 f. m.w.Nachw.

〔29〕　王利明：《关于〈民法典分编（草案）·合同编〉的意见》，意见一，访问地址：https://civil-law.com.cn/zt/t/? id＝34837（访问日期：2020 年 7 月 15 日）。

〔30〕　王利明：《民法典合同编通则中的重大疑难问题研究》，载《云南社会科学》2020 年第 1 期。

〔31〕　王利明：《准合同与债法总则的设立》，载《法学家》2018 年第 1 期。

即准侵权类型,[32]而后者不应在准合同部分中被规定,而进一步的类型化则应留给司法判决和学术研究来解决。[33]

(二) 条款的体系位置

在下文中,本文将对有关非合同债之关系的体系构造进行探讨,并且还将审视《民法典》总则编和《民法典》分则条款之间的关系。

1.《民法典》总则编中的规定

《民法典》总则编第五章首先包含有关"民事权利"的基本规定。[34] 在《民法典》第 118 条中,列出了各类债之发生原因:"民事主体依法享有债权。债权是因合同、侵权行为、无因管理、不当得利以及法律的其他规定,权利人请求特定义务人为或者不为一定行为的权利。"与此相反,《德国民法典》则没有关于债之关系发生原因的列举。

《民法典》第 119 条至第 122 条则分别包含有关合同、侵权行为、无因管理和不当得利的一般规定,即将三种非合同之债与合同之债并列。[35]《民法典》关于无因管理的第 121 条几乎是对《民法通则》第 93 条的承继;仅在"没有法定的或者约定的义务,为避免他人利益受损失进行管理或者服务的……"部分删除了"服务"。关于不当得利的《民法典》第 122 条以《民法通则》第 92 条为蓝本,其规范内容也没有任何变化,只有文字编辑方面的变化,即《民法典》的条款是从债权人的角度来讲的——债权人可以请求返还不当得利,而《民法通则》第 92 条(类似于《德国民法典》第 812 条第 1 款第 1 句)则表述为债务人有返还之义务。[36]

《民法典》第 157 条还包含一项内容,其内容与《合同法》第 58 条相似,该条规定,在法律行为无效或被撤销的情况下,应返还由于法律行为而获得的财产。[37] 但是,由于该条款不在合同编中,并且其表述更为宽泛,因此按照立法者的观点,应当优先考虑适用(准)合同法中的具体规定。[38]

---

[32] Fu, Das chinesische Zivilgesetzbuch und die ungerechtfertigte Bereicherung, in: Möllers/Li, The General Rules of Chinese Civil Law, 2018, S. 223, 248.

[33] Fu, Das chinesische Zivilgesetzbuch und die ungerechtfertigte Bereicherung, in: Möllers/Li, The General Rules of Chinese Civil Law, 2018, S. 223, 249.

[34] 关于这一章,参见 Bu, Die Kodifikation des chinesischen Zivilgesetzbuches -ausgewählte Fragen, ZChinR 2017, 183, 189 f.

[35] 在这一点上《民法通则》和《民法典》的系统性区别和共同点,参见 Eberl-Borges, Einführung in das chinesische Recht, 2018, Rn. 275。

[36] 关于这些修改,还可参见 Fu, Das chinesische Zivilgesetzbuch und die ungerechtfertigte Bereicherung, in: Möllers/Li, The General Rules of Chinese Civil Law, 2018, S. 223, 233 f.

[37] 关于该问题,参见上文脚注 21—23。

[38] 关于《民法典》第 157 条与第 985 条的不当得利请求权之间的关系,参见崔建远:《不当得利规则的细化及其解释》,载《现代法学》2020 年第 3 期。

2. 合同编中的准合同分编

另一方面，《民法典》将准合同的相关内容纳入合同编第三分编，其中第 979 条及以下——与学界的要求相一致——包含了有关所谓准合同的相对详细的规定。准合同在以前的《合同法》中没有出现过，在 2018 年以来的合同编初稿中也没有出现，[39]但却被引入《民法典》中。该分编在合同编末尾，并位于通则（第一分编）和典型合同（第二分编）之后。它包含两章，一章是关于无因管理的第 28 章（《民法典》第 979 条及以下），另一章是关于不当得利的第 29 章（《民法典》第 985 条及以下），它们是《民法典》总则编中相关规定的具体化。根据在 2018 年出台了第一份官方《民法典》分编草案的全国人大常委会法制工作委员会的说法，完善债法的规定是立法的目标；因此，关于无因管理和不当得利的法律规定在《民法典》总则编的基础上被细化了，[40]并制定了更为具体的规定。然而鉴于《民法典》分则中已经对无因管理和不当得利进行了详细规定，总则编中对无因管理和不当得利的两项规定（即《民法典》第 121 条和第 122 条）的作用就值得怀疑了，因为只需要在《民法典》第 118 条指出这两个制度为债之关系发生原因，并且在准合同分编中进行后续规定就足够了。[41]

3. 侵权法的独立成编

另一方面，将侵权法独立成编，而不与无因管理和不当得利一起规定在法定之债[42]部分，这从立法史的角度来看是合理的。《民法通则》在侵权法之外规定其他两种法定之债即无因管理和不当得利，[43]而民事责任却构成了《民法通则》中的单独一章，[44]并且从 2009 年起还制定了独立的《侵权责任法》。由于侵权责任是独立规定的，因此其重要性应予强调。[45]《侵权责任法》的内容也已纳入《民法典》第七

---

[39] 王利明：《民法典合同编通则中的重大疑难问题研究》，载《云南社会科学》2020 年第 1 期。

[40] 全国人大常委会法制工作委员：《关于〈民法典各分编（草案）〉的说明》，访问地址：http://www.dffyw.com/fazhixinwen/lifa/201809/44727.html（访问日期：2020 年 7 月 15 日）。

[41] 对《民法典》总则编中关于不当得利一般条款的批评，参见 Fu, Das Chinesische Zivilgesetzbuch und die Ungerechtfertigte Bereicherung, in: Möllers/Li, The General Rules of Chinese Civil Law, 2018, S. 223, 249.

[42] 关于德国法上"法定之债"的概念，参见 Jansen, Gesetzliche Schuldverhältnisse, AcP 216 (2016), 112, 117 ff.

[43] 关于这点，参见上文脚注 16。

[44] S. Bu, Part III Tort, Chapter 10 "Overview", in: dies., Chinese Civil Law, 2013, S. 117, Rn. 3.

[45] 对《民法通则》的讨论，参见 Bu, Einführung in das Recht Chinas, 2. Aufl. 2017, § 10 Rn. 42.

编,也是最后一编,因此侵权法继续其相对独立的地位。[46]该体系类似于罗马法,后者也区分合同、侵权和准合同,法国法也是如此。[47]

4.《民法典》第 468 条的引致条款

最后分析的是《民法典》合同编中的第 468 条,其中对非因合同产生的债之关系引致其他相关法律法规（例如无因管理、不当得利和侵权责任编中的规定）,并且仅在没有关于非合同之债的特殊规定情况下,才（类推）适用合同编通则（第一分编）的一般规定,但是根据债之关系的性质不能适用的除外。[48]因此,《民法典》的合同编还包含债法总则的要素,但是,立法机构并未将债法总则编纂成单独一编。[49]立法机关也没有将合同编的正式名称更改为“债与合同编”,[50]而关于准合同的规定则获得了学界的认可。[51]

（三）对准合同之体系构造的综合评价

中国立法者选择的准合同模式在原则上是令人信服的,因为尽管缺乏独立的债法编,却可以将无因管理和不当得利归入合同法中。这两个制度具有类似于合同的要素,或者至少在某种程度上接近合同关系,这种做法既符合罗马法传统,又在当今的法律中不乏其例。例如,在《德国民法典》中,无因管理在内容上和体系位置上都

---

〔46〕 对此的详尽分析,参见 Bu, Neuerungen und unterbliebene Verbesserungen im Deliktsrecht, in: dies., Der Besondere Teil der chinesischen Zivilrechtskodifikation, 2019, S. 213 ff.关于分割合同法或债法与侵权法所带来的法律适用上的困难,参见王利明:《论民法典合同编发挥债法总则的功能》,载《法学论坛》2020 年第 4 期。

〔47〕 将中国法明确置于这种历史和现实语境下的观点,参见王利明:《民法典合同编通则中的重大疑难问题研究》,载《云南社会科学》2020 年第 1 期。关于罗马法的体系,参见上文脚注〔5〕。

〔48〕 关于该条,详见王利明:《论民法典合同编发挥债法总则的功能》,载《法学论坛》2020 年第 4 期。

〔49〕 Vgl. Bu, Hintergrund, Bestandsaufnahme und Anmerkungen zum BT ZGB-mit dem Vertrags-und Erbrecht im Fokus, in: dies., Der Besondere Teil der chinesischen Zivilrechtskodifikation, 2019, S. 3, 9 f.以及王利明:《论民法典合同编发挥债法总则的功能》,载《法学论坛》2020 年第 4 期;张鸣起:《民法典分编的编纂》,载《中国法学》2020 年第 3 期。

〔50〕 王利明:《关于〈民法典分编（草案）·合同编〉的意见》,意见一,访问地址:https://civil-law.com.cn/zt/t/? id＝34837（访问日期:2020 年 7 月 15 日）。关于此建议还可参见 Bu, Hintergrund, Bestandsaufnahme und Anmerkungen zum BT ZGB-mit dem Vertrags-und Erbrecht im Fokus, in: dies., Der Besondere Teil der Chinesischen Zivilrechtskodifikation, 2019, S. 3, 10。

〔51〕 在《民法典》通过后的相关观点,参见王利明:《论民法典合同编发挥债法总则的功能》,载《法学论坛》2020 年第 4 期;张鸣起:《民法典分编的编纂》,载《中国法学》2020 年第 3 期;杨立新:《我国〈民法典〉对类法典化立法的规则创新》,载《中外法学》2020 年第 4 期。

接近委托合同，而给付型不当得利则被称为"合同法之附件"。〔52〕

但是，如果为所有债之关系（除了独立规定的侵权法之外）制定一般条款，而不是简单地类推适用合同编通则的话，那么法律适用会更方便。对此可以参考《民法典》第468条的规定。该规定会在法律适用中导致困难的界分问题，因为根据该条款，首先必须检讨《民法典》有关（非合同）债之关系是否有特殊规定；如果没有，则要检查合同法通则的规则是否可以类推适用，抑或由于债之关系的性质而不得类推适用；最后要检查是否适用《民法典》总则编的一般规定，例如其中第八章关于民事责任的规定。不过尽管如此，中国立法者选择的立法模式也是可行的。

四、《民法典》第979条及以下的无因管理

在下文中将按照《民法典》的顺序，首先讨论有关无因管理的法律规定。首先，在更详细地解释无因管理的基本构成要件之前，本文将先粗略地概述其内容。在此过程中，也会参考德国法的相关规定。

（一）无因管理概述

《民法典》第979条第1款第1句几乎完全重复了总则编中第121条的规定。〔53〕除了第979条第1款第1句中的支出费用偿还请求权之外，第979条第1款第2句首次明确引入了管理人对本人享有的因管理造成管理人损害的"适当补偿"请求权，即基本上承继了《最高人民法院关于贯彻执行〈中华人民共和国民法通则〉若干问题的意见（试行）》第132条所规定的补偿范围。但是，《民法典》第979条第2款规定了一种新的例外情形，即如果管理事务与本人的真实意思相抵触，则管理人不享有第979条第1款的请求权。详情参见后文四、（二）、5。

如果未满足《民法典》第979条的要件（例如在所谓的不真正或不适法无因管理情形下），并且本人从事务管理中受益，则《民法典》第980条规定，本人仍应履行第979条的偿还义务，但仅以其获益范围为限。〔54〕该规定相当于《德国民法典》第684条第1句，但根据《民法典》第980条以及第979条第1款的文义，本人应返还管理人

---

〔52〕　Wandt, Gesetzliche Schuldverhältnisse, 9. Aufl. 2019, § 9 Rn. 10.

〔53〕　关于这点，参见上文脚注〔23〕（关于《民法通则》第93条）以及脚注37（关于《民法典》第121条）。

〔54〕　关于该请求权，参见 Bu, Hintergrund, Bestandsaufnahme und Anmerkungen zum BT ZGB-mit dem Vertrags-und Erbrecht im Fokus, in: *dies.*, Der Besondere Teil der Chinesischen Zivilrechtskodifikation, 2019, S. 3, 33. 关于该案型，参见崔建远：《无因管理规则的丰富及其解释》，载《当代法学》2020年第3期。

的支出费用或者赔偿其遭受的损失，而这就与德国法规定不同，德国法规定本人应将获得的收益返还。但是，由于本人的收益主要在于节省自己的费用，而这与管理人的支出费用相同，因此两者并没有太大的区别。[55]

管理人通常有义务[56]以对本人有利的方式实施事务管理（《民法典》第 981 条第 1 句，类似条款参见《德国民法典》第 677 条第 2 分句），并且如果终止管理会给本人带来不利的话，则不得无故终止事务管理（《民法典》第 981 条第 2 句）。管理人必须及时通知本人有关事务管理的信息，并等待本人的指示（《民法典》第 982 条，类似条款参见《德国民法典》第 681 条第 1 句）。在事务管理之后，管理人必须向本人报告，并及时返还从事务管理中获得的财产（《民法典》第 983 条，类似规定参见《德国民法典》第 681 条第 2 句以及第 667 条）。本人事后追认的，则溯及既往地适用关于委托合同的相关规定（《民法典》第 979 条及以下），管理人另有意思表示的除外（《民法典》第 984 条）。另一方面，在德国法中，根据《德国民法典》第 684 条第 2 句，经追认的不适法无因管理仅适用第 683 条第 1 句以及第 670 条，而非整个委托合同之规定，即本人追认并不能产生《德国民法典》第 662 条中的委托关系。[57]

如果管理人违反了其根据《民法典》第 979 条以下应承担的义务，例如在所谓的管理过错情况下，其行为与第 981 条第 1 句的要求相违背，则根据《民法典》第 468 条的征引，应适用关于违反合同义务的一般条款，即第 577 条及以下，包括第 577 条所规定的损害赔偿责任。[58]但是，如果存在相应的法益侵害，也可以考虑根据《民法典》第七编承担侵权责任。此外，在所谓的紧急救助案件中必须遵守《民法典》第 184 条的规定，该条使救助者免于承担任何民事责任。因此，这种责任豁免远远超出了《德国民法典》第 680 条所定的范围，后者仅排除了为避免危险而采取的具有轻过失的管理行为的责任。因此，《民法典》第 184 条要进行目的性限缩，这样管理人仍应根据具体情况，对其故意或严重过失造成的严重损害负责。[59]

---

〔55〕 关于德国法上的规定，参见 Wandt, Gesetzliche Schuldverhältnisse, 9. Aufl. 2019, § 5 Rn. 51。

〔56〕 关于管理人义务，详见崔建远：《无因管理规则的丰富及其解释》，载《当代法学》2020 年第 3 期。还可参见 Bu, Hintergrund, Bestandsaufnahme und Anmerkungen zum BT ZGB-mit dem Vertrags-und Erbrecht im Fokus, in: *dies.*, Der Besondere Teil der chinesischen Zivilrechtskodifikation, 2019, S. 3, 33 f.

〔57〕 BeckOK-BGB/Gehrlein, 54. Edition 01.05.2020, § 684 Rn. 2。

〔58〕 关于管理过失情形中《民法典》第 577 条的适用，参见崔建远：《无因管理规则的丰富及其解释》，载《当代法学》2020 年第 3 期。德国法上关于管理过失的赔偿责任，参见 Wandt, Gesetzliche Schuldverhältnisse, 9. Aufl. 2019, § 5 Rn. 57 ff。

〔59〕 详细讨论，参见崔建远：《无因管理规则的丰富及其解释》，载《当代法学》2020 年第 3 期。

(二)无因管理的构成要件

根据《民法典》第979条第1款的构成要件,没有法定或者约定的义务,为避免他人损失而管理他人事务的,管理人可以请求受益人偿还因管理而支出的必要费用。但是,该请求权可能根据《民法典》第979条第2款的规定被排除,即如果事务管理与本人的真实意思相抵触,则根据第979条第2款的规定,管理人无权要求偿付费用。

1. 事务管理

"事务"这个概念(在《民法典》第979条及以下的部分以"管理事务"形式出现)所指的同德国法中相应的概念一样宽泛。[60] 它包括各类事实上和法律上的积极行为。[61]

2. 管理他人事务

该事务还必须是"他人的"事务,即对管理人而言是别人的事务。这意味着管理人自身的事务不符合其要件。根据之前的解释(将来可能还会继续如此),只要其中至少有部分事务为他人之事务即为已足;学理上还进一步区分客观上和主观上的他人事务。[62] 对于主观上的他人事务,重要的是管理人的意思,容后详述。

3. 为他人管理事务的意思

根据《民法典》第979条第1款的规定,管理人必须自愿以如下意思行为,即以避免他人利益之损害为目的。[63] 学说中将此自愿性要素称为"有意管理他人事务"[64],"避免第三人损害之意图"[65]或"利他意思"[66]。大体而言,这些要素在德

---

〔60〕 关于德国法对事务的理解,参见 Wandt, Gesetzliche Schuldverhältnisse, 9. Aufl. 2019, § 4 Rn. 1。

〔61〕 相关事例,参见 Seibert/Wu, 4. Kapitel "Gesetzliche Schuldverhältnisse", in: Binding/Pißler/Xu, Chinesisches Zivil-und Wirtschaftsrecht, 2015, S. 163, Rn. 176 f. m.w.Nachw。

〔62〕 Seibert/Wu, 4. Kapitel "Gesetzliche Schuldverhältnisse", in: Binding/Pißler/Xu, Chinesisches Zivil-und Wirtschaftsrecht, 2015, S. 163, Rn. 178 m.w.Nachw.

〔63〕 文义:"为避免他人利益受损失而管理他人事务的。"

〔64〕 关于包含了(与新法)相同表述的旧法,参见 Seibert/Wu, 4. Kapitel "Gesetzliche Schuldverhältnisse", in: Binding/Pißler/Xu, Chinesisches Zivil-und Wirtschaftsrecht, 2015, S. 163, Rn. 180.

〔65〕 Bu, Hintergrund, Bestandsaufnahme und Anmerkungen zum BT ZGB-mit dem Vertrags-und Erbrecht im Fokus, in: dies., Der Besondere Teil der chinesischen Zivilrechtskodifikation, 2019, S. 3, 33.

〔66〕 Bu, Hintergrund, Bestandsaufnahme und Anmerkungen zum BT ZGB-mit dem Vertrags-und Erbrecht im Fokus, in: dies., Der Besondere Teil der chinesischen Zivilrechtskodifikation, 2019, S. 3, 35.

国法上是围绕"管理他人事务之意思"的概念而展开讨论的。[67] 在中国法上有学说认为,管理人必须以"管理意思"行事,即主观上认为事务管理所产生的利益应归于他人。[68] 客观上的他人事务可以推定管理意思的存在,而中性事务只能通过表现于外部的管理意思才能成为他人事务。[69] 显然,就此界分问题,中国法承继了德国法上的学说。[70]

管理人之管理意思的存在(这里也与德国法上的学说一样)[71] 区别了真正无因管理和不真正无因管理,[72] 而本人的意思是区分所谓适当和不适当无因管理之准据。[73] 这类似于德国法将真正无因管理区分为适法无因管理和不适法无因管理的做法。[74]

4. 没有法定或约定的义务

此外,管理人在事务管理时没有法定或约定的义务。该义务可能来自公法、私法抑或是当事人之间的协议。[75] 决定是否有法定或约定义务的时点是管理事务开始之时。[76]

在这一点上,应该指出的是,无因管理的中文名称可以按字面意思翻译为"无根据的事务管理",这比德文"无委托的事务管理"(也就是《德国民法典》那一节的标题)更为精确,后者初看之下仅涉及"无委托"而发生的管理。然而,察看《德国民法典》第 677 条的规定,便可以发现,它既包括未经委托、也包括没有其他根据而发生的事务管理。

5. 符合本人的真实意思

《民法典》第 979 条第 2 款规定了之前法律没有规定的要件,[77] 即要求管理人

---

〔67〕　Vgl. *Wandt*, Gesetzliche Schuldverhältnisse, 9. Aufl. 2019, § 4 Rn. 26 ff.

〔68〕　崔建远:《无因管理规则的丰富及其解释》,载《当代法学》2020 年第 3 期。

〔69〕　崔建远:《无因管理规则的丰富及其解释》,载《当代法学》2020 年第 3 期。

〔70〕　关于德国法上的相关学说,参见 *Wandt*, Gesetzliche Schuldverhältnisse, 9. Aufl. 2019, § 4 Rn. 32 ff.

〔71〕　关于这点,参见 *Wandt*, Gesetzliche Schuldverhältnisse, 9. Aufl. 2019, § 2 Rn. 7。

〔72〕　关于不真正无因管理,详见崔建远:《无因管理规则的丰富及其解释》,载《当代法学》2020 年第 3 期。

〔73〕　崔建远:《无因管理规则的丰富及其解释》,载《当代法学》2020 年第 3 期。

〔74〕　关于这点,参见 *Wandt*, Gesetzliche Schuldverhältnisse, 9. Aufl. 2019, § 2 Rn. 10 f.

〔75〕　有关事例参见 *Seibert/Wu*, 4. Kapitel "Gesetzliche Schuldverhältnisse", in: Binding/Pißler/Xu, Chinesisches Zivil-und Wirtschaftsrecht, 2015, S. 163 Rn. 183 ff.

〔76〕　*Seibert/Wu*, 4. Kapitel "Gesetzliche Schuldverhältnisse", in: Binding/Pißler/Xu, Chinesisches Zivil-und Wirtschaftsrecht, 2015, S. 163 Rn. 185.

〔77〕　然而有关之前法律的学说中已有持类似见解者,参见 *Seibert/Wu*, 4. Kapitel "Gesetzliche Schuldverhältnisse", in: Binding/Pißler/Xu, Chinesisches Zivil-und Wirtschaftsrecht, 2015, S. 163 Rn. 187 m.w.Nachw.

不得违反本人的真实意思，[78]除非该真实意思违反了公序良俗。但是，在较早的草案中，却有这样的建议，即如果管理人违反本人真实意思，则管理人无权获得费用偿还，除非事务管理是为维护公序良俗而进行。[79] 这种方案（与最终立法选择的表述不同）尽管未对本人的意思施加任何直接限制，但会导致根据道德准则来衡量管理人之行为。因此，更好的选择是，无因管理应取决于本人的意思，并且考虑本人意思是否符合公序良俗的要求。《民法典》最终在第 979 条第 2 款接受了这一方案。

尽管法律本身只明确提及本人之"真实意思"，但有学者认为，也可以考虑本人的推定意思。[80] 真实意思是明示的，而推定意思则必须首先从客观、明智和熟悉法律的观察者的角度来确定。以这种方式确定的意思永远不会违反公序良俗。准此以言，推定意思将不会因违反公序良俗（《民法典》第 979 条第 2 款）而不被考虑。另一方面，根据其推论，真实意思却完全可能违反公序良俗，这将导致真实意思不被考虑。这样一来，管理人必须依据"客观规律、社会常识"来实施管理。[81] 这也符合《民法典》第 981 条第 1 句的要求，即管理人必须以对受益人有利的方式管理事务。

因此，《民法典》的规定，就如同德国学理上关于《德国民法典》第 683 条第 1 句的通说[82]那样，认为事务管理与本人的真实意思相符是无因管理的决定性标准，只要该真实意思没有出于法律规定的原因而不予考虑（《德国民法典》第 679 条），即使该管理在客观上不合理也不例外。而中国学说中的观点，即一个违反社会共识的、违背常识的、客观上不合理的意思应当不予考虑，就过于严格了，因为它不能充分保护本人的自由意思。[83] 相反，本人真实意思之不合理，必须超过一定的严重性，才能不予考虑。适当无因管理本身主要不是为了保护客观利益，而是本人的意思：与《德国民法典》第 683 条第 1 句不同，《民法典》第 979 条第 2 款规定的恰恰不是"符合本人的利益和意思"，而是仅以本人意思为准。但是，如果本人意思之不合理超出一定的严重性，例如在本人意思违反公序良俗情况下，则不予考虑本人意思就是正确的。如果事务管理与本人不被考虑的真实意思相违背，则管理人保留其根据《民法典》第 979 条第 1 款享有的费用偿还请求权（同样参见《德国民法典》第 683 条第 2 句）。在

---

〔78〕 关于该观点及其批评，即《民法通则》和《民法典》总则编并未提出此项要件，参见崔建远：《无因管理规则的丰富及其解释》，载《当代法学》2020 年第 3 期。

〔79〕 参见《民法典各分编（草案）》（一审稿）第 763 条第 2 款文义："管理行为不符合受益人真实意思的，管理人不享有前款规定的权利，但是为维护公序良俗的除外。"关于此点，参见 Bu, Hintergrund, Bestandsaufnahme und Anmerkungen zum BT ZGB-mit dem Vertrags-und Erbrecht im Fokus, in: *dies.*, Der Besondere Teil der Chinesischen Zivilrechtskodifikation, 2019, S. 3, 33。

〔80〕 崔建远：《无因管理规则的丰富及其解释》，载《当代法学》2020 年第 3 期。

〔81〕 崔建远：《无因管理规则的丰富及其解释》，载《当代法学》2020 年第 3 期。

〔82〕 S. Wandt, Gesetzliche Schuldverhältnisse, 9. Aufl. 2019, §5 Rn. 17 mit Umfangreichen Nachweisen.

〔83〕 参见崔建远：《无因管理规则的丰富及其解释》，载《当代法学》2020 年第 3 期。

这种情况下，本人意思不受法律保护。

关于本人意思的举证责任问题，在这里限于篇幅，就不能展开讨论了。

（三）对无因管理之规定的综合评估

中国《民法典》对无因管理的规定与德国法大致相同。中国法条文的解释也展现出与德国教义学的很大相似之处。与德国法相比，应该强调的积极方面是，中国法中以包含无因管理的基本构成要件的第 979 条来引领无因管理一章，而法典中的位置强调了管理人这一核心请求权的重要性。与此相对的是，在德国法中，费用补偿请求权的构成要件分布在多个条款中，并且该请求权本身在《德国民法典》第 683 条第 1 句中，即它不在无因管理这节的开头。在《德国民法典》中，无因管理与不当得利和侵权行为不同，在后面两个制度里，核心法条引领了相应的小节（请参见《德国民法典》第 812 条和第 823 条）。[84] 因此总体而言，中国《民法典》中的无因管理比德国法中的相应规范更加清晰，可以说中国对无因管理之规定的法典编纂获得了成功.

五、《民法典》第 985 条及以下的不当得利

最后，本文讨论《民法典》第 985 条及以下的不当得利，这部分在合同编的末尾。在讨论中，也会参考德国法的相关规定。

（一）《民法典》第 985 条的基本构成要件

《民法典》第 985 条规定，受到损害的人（"受损失的人"或债权人）可以从没有法律根据而获得利益的人（"得利人"或债务人）处请求返还所获利益。

1. 构成要件

不当得利返还请求权需要如下构成要件：（1）一方受有财产损失，（2）另一方受有利益，并且（3）此获益没有法律根据。[85] 法律根据可能自始不存在，但也可能嗣后消灭。[86] 之前的法律（《民法通则》第 92 条）要求一方受有利益与另一方财产损失之间必须存在因果关系。但是，是否需要单一事件意义上的直接因果关系，抑或一个间接因果关系即为已足，则是有争议的。[87]

---

〔84〕 此项批评，参见 Wandt, Gesetzliche Schuldverhältnisse, 9. Aufl. 2019，§ 2 Rn. 14。

〔85〕 关于这些构成要件，参见 Seibert/Wu, 4. Kapitel "Gesetzliche Schuldverhältnisse", in: Binding/Pißler/Xu, Chinesisches Zivil-und Wirtschaftsrecht, 2015, S. 163 Rn. 17 ff.

〔86〕 关于此点，参见 Seibert/Wu, 4. Kapitel "Gesetzliche Schuldverhältnisse", in: Binding/Pißler/Xu, Chinesisches Zivil-und Wirtschaftsrecht, 2015, S. 163 Rn. 30 ff。

〔87〕 关于此项争议，参见 Seibert/Wu, 4. Kapitel "Gesetzliche Schuldverhältnisse", in: Binding/Pißler/Xu, Chinesisches Zivil-und Wirtschaftsrecht, 2015, S. 163 Rn. 21 f. m.w.Nachw。

　　因果关系的要素现在也包括在《民法典》第 122 条的措辞中。[88] 先前的争议主要是由于在多人关系场合对因果关系的不同要求导致了不同的法律后果，[89] 而由于《民法典》在此场合下承认了第三人返还义务（即《民法典》第 988 条规定的无偿受让不当得利之人的返还义务，以下将对此展开讨论），因此先前关于因果关系的争论已经部分失去意义。结合《民法典》第 985 条之宽泛构成要件的价值判断以及第 988 条的第三人返还义务，可以认为，立法者以间接因果关系为已足。

　　2. 排除要件

　　但是，不当得利请求权之成立还要求《民法典》第 985 条新引入的三个排除要件不得具备，它们包括：（1）给付是为了履行道德义务；（2）在债务未到期之前清偿；（3）明知无给付义务而进行债务清偿。这些排除要件都与给付型不当得利有关。[90] 它们类似于《德国民法典》的相应规定：关于提前履行到期债务的第 813 条第 2 款，以及第 814 条中的两个抗辩。[91] 但是，尽管有来自学界的相应建议，中国立法者也并没有引入相当于《德国民法典》第 817 条第 2 句的条款。[92] 还应该指出的是，早在《民法典》颁布之前，中国法学界对于排除要件问题就已经在参照德国法了。[93]

　　3. 作为概括要件的《民法典》第 985 条

　　尽管上述排除要件都只与给付型不当得利有关，但是《民法典》第 122 条和第 985 条所规定的却是涵盖广泛的不当得利的概括构成要件，其中既包括给付型不当得利，也包括非给付型不当得利。[94] 《德国民法典》的情形则与此完全不同，《德国民法典》区分出许多不同的不当得利类型，并分别加以规定。[95] 对于中国《民法典》

---

　　〔88〕 《民法典》第 122 条原文是"因他人没有法律根据，取得不当利益，受损失的人有权……"，此表述说明，法律要求一方受损失与对方得利之间有因果关系。

　　〔89〕 关于该观点及实例，参见 Seibert/Wu, 4. Kapitel "Gesetzliche Schuldverhältnisse", in: Binding/Pißler/Xu, Chinesisches Zivil-und Wirtschaftsrecht, 2015, S. 163 Rn. 23.

　　〔90〕 Bu, Hintergrund, Bestandsaufnahme und Anmerkungen zum BT ZGB-mit dem Vertrags-und Erbrecht im Fokus, in: *dies.*, Der Besondere Teil der Chinesischen Zivilrechtskodifikation, 2019, S. 3, 34；崔建远：《不当得利规则的细化及其解释》，载《现代法学》2020 年第 3 期。

　　〔91〕 关于清偿未到期之债务及其与《德国民法典》第 813 条第 2 款的相似性，参见崔建远：《不当得利规则的细化及其解释》，载《现代法学》2020 年第 3 期。

　　〔92〕 参见崔建远：《不当得利规则的细化及其解释》，载《现代法学》2020 年第 3 期。

　　〔93〕 Fu, Das Chinesische Zivilgesetzbuch und die Ungerechtfertigte Bereicherung, in: Möllers/Li, The General Rules of Chinese Civil Law, 2018, S. 223, 235.

　　〔94〕 参见崔建远：《不当得利规则的细化及其解释》，载《现代法学》2020 年第 3 期。关于德国法上过去占支配地位的概括理论以及如今的区分理论，参见 Wandt, Gesetzliche Schuldverhältnisse, 9. Aufl. 2019, § 9 Rn. 6 ff.

　　〔95〕 概况可参见 Wandt, Gesetzliche Schuldverhältnisse, 9. Aufl. 2019, § 9 Rn. 15 ff.

而言,是否必须区分不同的不当得利类型,以及如果必须区分的话,它们分别有什么不同的适用条件,仍然存在疑问。[96] 这可能会导致法律适用方面的困难。

(二)不当得利返还范围:《民法典》第 986 条及以下

《民法典》第 986 条涉及得利人返还义务的范围。如果得利人是在不知道也不应当知道他是在没有法律根据的情况下而获得利益的,并且如果这种利益已经不复存在(即得利人已经失去利益),则他没有义务返还该利益。[97]

另一方面,如果得利人是恶意的,即他知道或者应当知道得利没有法律上的根据,则他除了负返还义务外,还必须赔偿损失(《民法典》第 987 条)。[98] 该损害赔偿义务是根据条文中"依法赔偿损失"的措辞而来。[99] 在法典编纂的准备阶段,有人建议应当通过插入"侵权"一词表明它是对侵权责任法的引致。[100] 但是,立法机关最终仅使用"依法"一词,该措辞在合同编第一稿中尚未被纳入,其性质界定问题应当依《民法典》第 468 条的规定来解决。[101]

(三)《民法典》第 988 条的第三人返还义务

作为不当得利的最后一条规定,《民法典》第 988 条确定了第三人的返还义务:如果最初得利人将所获得的利益无偿转让给第三人,则受损失的人可以请求第三人在相应范围内返还得利。《民法典》第 988 条的措辞在法典编纂准备阶段即受到批评,其认为,"在相应范围内"的表述含糊不清,而根据国外立法例,它最好由"以最初得利人的义务因此而被排除为限"这样的表述来代替,[102]因此该建议与《德国民法典》

---

〔96〕 对不当得利进行类型化区分虽然在中国法上被提及,但是其并没有得到广泛适用和承认,参见 Fu, Das Chinesische Zivilgesetzbuch und die Ungerechtfertigte Bereicherung, in: Möllers/Li, The General Rules of Chinese Civil Law, 2018, S. 223, 249。

〔97〕 关于取得利益已不存在要件的进一步解释和类型化,参见崔建远:《不当得利规则的细化及其解释》,载《现代法学》2020 年第 3 期。

〔98〕 关于这两个条款,参见 Bu, Hintergrund, Bestandsaufnahme und Anmerkungen zum BT ZGB-mit dem Vertrags-und Erbrecht im Fokus, in: *dies.*, Der Besondere Teil der chinesischen Zivilrechtskodifikation, 2019, S. 3, 35. 然而那里以《民法典各分编(草案)》(一审稿)第 769 条以及第 770 条为根据。

〔99〕 参见《民法典》第 987 条的条文:"……并依法赔偿损失。"

〔100〕 王利明:《关于〈民法典分编(草案)·合同编〉的意见》,意见七十五,访问地址:https://civillaw.com.cn/zt/t/? id=34837(访问日期:2020 年 7 月 15 日)。

〔101〕 关于这点,参见脚注 48。

〔102〕 对其条文的建议为"在得利人因此免责的范围内",参见王利明:《关于〈民法典分编(草案)·合同编〉的意见》,意见七十六,对此还有另一批评意见,访问地址:https://civillaw.com.cn/zt/t/? id=34837(访问日期:2020 年 7 月 15 日)。

第822条类似。此外，出于保护交易安全的理由，有学者认为应当对该条款作限缩解释。[103]

与《德国民法典》的相应规定即第816条第1款第2句和第822条的第三人返还义务不同的是，[104]在《民法典》第988条里没有根据转让人的处分权来进一步区分。然而根据抽象原则被中国法上的通说所拒斥的背景，这种区分似乎并不是绝对必要的，因为合同的存在与物上的处分权并不能分开。[105] 相反，例如在无效或被撤销的、以所有权转移为目的的买卖合同中，买受人进一步转让标的物时通常都没有德国法意义上的处分权，因为他没有获得所有权。

但是，第988条与物权编的规定，尤其是其中关于善意取得的规定的相互作用则值得怀疑。与之前的《物权法》第106条的规定相同，《民法典》第311条第1款规定，如果无处分权人将物转让给受让人，则所有权人有权追回，只要该受让人没有善意取得该物的所有权。善意取得物的所有权，根据《民法典》第311条第1款的规定，必须满足以下全部要求：首先，受让人对于处分权须有善意，因重大过失而不知没有处分权的会被排除善意；其次，转让必须以合理的费用进行；最后，必须根据法律要求进行了登记或者交付。[106] 根据该条款，无偿的善意取得原则上是不可能的。[107] 在这种无效的无偿处分中，只要占有被转移，则《民法典》第988条，作为特殊规则的第311条第1款所包含的追回权，或者可能是作为请求权竞合的第235条的返还原物请求权都可能适用。另一方面，《民法典》第988条在无偿转让不涉及所有权的财产对象方面，具有其独立的适用范围，因为此时没有物权法中的特殊规则的适用。

在有偿善意取得案件中，根据《民法典》第311条第1款无处分权人的处分是有效的，而由于转让是有偿的，因此第988条将不再适用。相反，《民法典》第311条第2款则是适用的，根据该条款，除非有优先适用的其他合同上的请求权，否则原所有权人对无处分权人有损害赔偿请求权[108]。这就与《德国民法典》第816条第1款第

---

[103]　崔建远：《不当得利规则的细化及其解释》，载《现代法学》2020年第3期。

[104]　关于这两个条款的区别，参见 Wandt, Gesetzliche Schuldverhältnisse, 9. Aufl. 2019，§ 11 Rn. 48。

[105]　Vgl. Seibert/Wu, 4. Kapitel "Gesetzliche Schuldverhältnisse", in: Binding/Pißler/Xu, Chinesisches Zivil-und Wirtschaftsrecht, 2015, S. 163, Rn. 13；不同意见参见 *Bu*, Verfügung und Verpflichtung im Chinesischen Zivil-und Immaterialgüterrecht, JZ 2010, 26；关于不同观点，参见 Eberl-Borges, Einführung in das Chinesische Recht, 2018, Rn. 386。

[106]　以上诸要件，参见 Bu, Einführung in das Recht Chinas, 2. Aufl. 2017, § 14 Rn. 46 f.。

[107]　关于合理价格的要求，参见 Werthwein, Part IV Property, Chapter 14 "Acquisition of Ownership", in: Bu, Chinese Civil Law, 2013, S. 199 Rn. 42 ff.。

[108]　Vgl. Werthwein, Part IV Property, Chapter 14 "Acquisition of Ownership", in: Bu, Chinese Civil Law, 2013, S. 199 Rn. 35.

1 句中所表达的价值相同:在有偿并且对原权利人有效的处分中,出于保护交易安全的原因,原权利人不应该向善意第三人,而是应该向无处分权人主张权利。[109] 在有偿,但是恶意并且无效的取得中第三人并不值得保护,因而针对他有返还请求权。[110]

(四) 不当得利与其他条文之间的关系

根据《民法典分编(草案)》第 772 条最初规定的条款,如果明知或错误地进行了不真正无因管理(即缺乏为他人管理事务之意思的情形),则应当适用不当得利之规定,[111]然而《民法典》最终未采纳该条款。因为针对该条款存在如下批评,即明知的不真正无因管理属于侵权行为,不应当按照不当得利的规定来处理。[112]

在没有特殊规定情况下,无因管理、不当得利和侵权行为之间的界分应遵循一般原则。在法典编纂准备阶段,学说中有主张以立法方式澄清不当得利与其他返还请求权之间关系的观点,[113]然而这样的规定并不存在。不当得利并非当然是辅助性的。[114] 无因管理构成了《民法典》第 985 条意义上的法律根据。[115]

在无权占有情况下,不当得利返还请求权是否适用于物的返还,占有是否构成《民法典》第 985 条意义上的利益,都存在争议。一种观点认为,占有不构成得利,因此物之返还被保留给了《民法典》第 235 条规定的物权法上的返还原物请求权;另一种观点认为,在《民法典》第 985 条和第 235 条之间存在请求权竞合。[116]

(五) 对不当得利之规定的综合评估

《民法典》第 122 条以及第 985 条未区分给付型不当得利和非给付型不当得利,

---

[109]　关于该价值,参见 Wandt, Gesetzliche Schuldverhältnisse, 9. Aufl. 2019, § 11 Rn. 25, 30。

[110]　德国法中的规定,参见 Wandt, Gesetzliche Schuldverhältnisse, 9. Aufl. 2019, § 11 Rn. 30。

[111]　关于《民法典各分编(草案)》(一审稿)第 772 条,参见 Bu, Hintergrund, Bestandsaufnahme und Anmerkungen zum BT ZGB-mit dem Vertrags-und Erbrecht im Fokus, in: *dies.*, Der Besondere Teil der chinesischen Zivilrechtskodifikation, 2019, S. 3, 35.

[112]　王利明:《关于〈民法典分编(草案)・合同编〉的意见》,意见七十七,访问地址:https://civillaw.com.cn/zt/t/? id=34837 (访问日期:2020 年 7 月 15 日)。

[113]　Fu, Das chinesische Zivilgesetzbuch und die ungerechtfertigte Bereicherung, in: Möllers/Li, The General Rules of Chinese Civil Law, 2018, S. 223, 250.

[114]　详见崔建远:《不当得利规则的细化及其解释》,载《现代法学》2020 年第 3 期。

[115]　崔建远:《不当得利规则的细化及其解释》,载《现代法学》2020 年第 3 期。

[116]　以上诸观点,参见崔建远:《不当得利规则的细化及其解释》,载《现代法学》2020 年第 3 期,作者赞同请求权竞合说。

而是对各类可能的案型保持开放。具体来讲，司法判决和学说理论是否会发展出足够精确的案型以处理各种不当得利情形，或者将来是否还需要立法机关进一步具体规定，还有待观察。根据中国法中学说的观点，一方面人们希望把这项任务留待法学研究解决；[117]另一方面，也有人主张需要更详细的规定，至少应当对给付型不当得利和非给付型不当得利进行区分。[118]

六、总结与展望

从体系角度来看，令人信服的是，《民法典》的立法者并未按原定计划将无因管理和不当得利编入典型合同分编中，而是将这些条款转移到了单独的准合同分编中。但是，应该批评的是，无因管理和不当得利的基本构成要件在总则编第 121 条和第 122 条也有提及，然而实际上只需要在《民法典》第 118 条中的债之发生原因的列举中提及这两个制度即可，而详细的规定则可以全部放在准合同分编中。这可能与以下事实有关，即《民法总则》先行颁布，而《民法典》各分编却是在三年后才颁布；即使如此，也应该在颁布整个法典时纠正该缺漏，以避免重复和法律适用中的冗繁。

除此之外还可以提出如下建议，即遵循学术界的提议，将合同编按照其规范内容，命名为"债与合同编"。循此路径，则本可以将一些提取出的公因式，即对所有债之关系同等适用的规定前置。但是，必须承认，中国的民法制定者与学术界合作找到了一种解决方案，它一方面不完全与中国法之前的民事单行法体系决裂；另一方面也是成功的发展，对罗马法的相关范畴加以传承。

就关于无因管理和不当得利的规范内容方面而言，则既有积极方面，也有消极方面。与以前的法律相比，《民法典》之相关规则的密度明显更高，这是积极的方面。特别是无因管理之规定结构清晰，这使得法律适用更为容易。相反，不当得利之规定尽管包含比以前更多的具体规范，但它延续了以前的单一的、概括的不当得利要件，这种规定需要在法律实践中进一步类型化。除此之外，在将来也可能出现不当得利与《民法典》中其他的返还请求权或法律制度之间的界分问题。

总体而言，无论在内容上还是在体系上，准合同都是一次非常成功的法律编纂。

---

[117] So. Fu, Das chinesische Zivilgesetzbuch und die ungerechtfertigte Bereicherung, in: Möllers/Li, The General Rules of Chinese Civil Law, 2018, S. 223, 249.还可参见崔建远：《不当得利规则的细化及其解释》，载《现代法学》2020 年第 3 期。

[118] 王利明：《准合同与债法总则的设立》，载《法学家》2018 年第 1 期。批评观点参见 Bu, Hintergrund, Bestandsaufnahme und Anmerkungen zum BT ZGB-mit dem Vertrags-und Erbrecht im Fokus, in: dies., Der Besondere Teil der chinesischen Zivilrechtskodifikation, 2019, S. 3, 34.

然而,为了确保在法律适用方面有更大的法的安定性,可能需要根据学界建议对不当得利构成要件进行进一步具体化。

附表:

表1 中国法新旧对照表

《民法典》条文	旧法相应条文
《民法典》第 118 条	《民法通则》第 84 条
《民法典》第 121 条	《民法通则》第 93 条
《民法典》第 122 条	《民法通则》第 92 条
《民法典》第 157 条	《民法通则》第 61 条/《合同法》第 58 条
《民法典》第 979 条第 1 款	《民法通则》第 93 条/《最高人民法院关于贯彻执行〈中华人民共和国民法通则〉若干问题的意见》第 132 条
《民法典》第 985 条	《民法通则》第 92 条

表2 《民法典》和《德国民法典》(BGB)中的无因管理条文对照表

《民法典》条文	《德国民法典》(BGB)相应条文
《民法典》第 979 条第 1 款	§§ 683 S. 1, 677 BGB
《民法典》第 979 条第 2 款	§ 683 S. 1 BGB bzw. §§ 683 S. 2, 679 BGB
《民法典》第 980 条	§ 684 S. 1 BGB
《民法典》第 981 条第 1 句	§ 677 Hs. 2 BGB
《民法典》第 982 条	§ 681 S. 1 BGB
《民法典》第 983 条	§ 681 S. 2 BGB i.V.m. § 667 BGB
《民法典》第 984 条	§§ 684 S. 2, 683 S. 1 BGB i.V.m. § 670 BGB

表3 《民法典》与《德国民法典》(BGB)中的不当得利条文对照表

《民法典》条文	《德国民法典》(BGB)相应条文
《民法典》第 985 条(基本要件)	§ 812 Abs. 1 BGB
《民法典》第 985 条第 1 项(排除要件)	§ 814 Alt. 2 BGB
《民法典》第 985 条第 2 项(排除要件)	§ 813 Abs. 2 BGB
《民法典》第 985 条第 3 项(排除要件)	§ 814 Alt. 1 BGB
《民法典》第 986 条	§ 818 Abs. 3, Abs. 4 BGB
《民法典》第 987 条	§§ 819 Abs. 1, 818 Abs. 4, 292, 989 BGB
《民法典》第 988 条	§ 816 Abs. 1 S. 2 BGB bzw. § 822 BGB

中德法学论坛
第 18 辑·下卷,第 53～75 页

德国人格权保护规定的基本原则

——与新编纂的《中华人民共和国民法典》相比较

〔德〕玛蒂娜·本尼克* 著

黄麟啸** 译

摘 要:在中国民法典起草的过程中,人格权法的新修始终是一个重要且令人热议的亮点。目前,与人格权相关的规定已独立成编(《中华人民共和国民法典》第四编),并特别规定了生命权、身体权、健康权、姓名权、名称权、肖像权、名誉权、荣誉权以及隐私权等(见《中华人民共和国民法典》第 990 条)。在德国,人格权法同样是一个令人热议的话题。它部分被规定于《德国民法典》之中,部分则以特别法的形式呈现,而这些特别法又往往来源于欧盟法律。这使得中德人格权法之间存在丰富的可比内容和比较意义。该比较展示了在漫长历史进程中逐渐成长的人格权法与经历了现代法典化的人格权法之间的区别。内容上,本文既从法益评价的角度也从法律后果的角度比较了二者的差异。总体而言,与现行的德国法律相比,《中华人民共和国民法典》更加开放,也更着眼于预防。

关键词:人格权;法益;生命、身体和健康权;姓名和名称权;名誉权;肖像权;个人名誉保护;个人信息保护

Abstract:One of the essential and much-discussed features of the draft for the new codification of the Chinese Civil Code was and is the reorganization of the law of personality rights. These regulations stand programmatically in its own Book Ⅳ of the code now and concern in particular life and health, the right of name, the right of portrait, reputation and honor as well as privacy (see Article 990 of the

---

* 玛蒂娜·本尼克(Martina Benecke):奥格斯堡大学法学院民法、商法、劳动法和经济法教席教授,法学博士。

** 黄麟啸:慕尼黑大学法学硕士,慕尼黑大学法学院博士研究生。

Civil Code of the People's Republic of China). These areas of law are also much discussed in Germany, but are only partly regulated in the BGB (German Civil Code), the other part is often found in special laws of European origin. This makes a comparison of laws productive and meaningful. The comparison shows the differences between a law that has grown in a long historical process and a modern recodification. In terms of content, there are differences in the valuation of legal interests, but also in the legal consequences. Overall, the Civil Code of the People's Republic of China is more openly formulated and more strongly oriented toward prevention than current German law.

Key words：Personality Rights；Legal Interests；Right of Body，Life and Health；Right of Name；Reputation；Right of Portrait；Protection of Personal Reputation；Data Protection

一、人格权保护在法律体系中的地位

（一）中国新规

"人格权"（"Personenrecht"或"Persönlichkeitsrecht"）并没有一个固定的概念，不同的法律制度中的表述和定义也不尽相同。在比较法研究的框架下，对其进行统一定义并不可行，强行如此只会导致这一概念的外延过于宽泛地延展。《中华人民共和国民法典》（后文简称《中国民法典》）第 990 条中的规定与国际通行的定义相符，[1] 故而，笔者将第 990 条中的规定作为本文的依据。根据此条文的规定，人格权是一种不得放弃、转让或者继承的权利。

法律比较应从《中国民法典》关于人格权的前置规定出发。《中国民法典》第 990 条明确地规定了，人格权涉及生命权、身体权和健康权、姓名权和名称权、肖像权、名誉权和荣誉权以及隐私权（并未穷举）。然而，之前归属于人格权的"身份权"（如"成员权"和"亲属权"）在《中国民法典》中却不再属于"人格权"的范畴。[2]

在法典化改革之前，关于人格权侵权的法律后果之规定非常分散，这使得系统性地确定其法律地位变得十分困难。但在民法典的立法过程中，其在体系中的位置

---

〔1〕　*Lei*，Debating Personality Rights Protection in China：A Comparative Outlook，26 European Review of Private Law，33 (2018).

〔2〕　*Bu*，Einführung in das Recht Chinas，2. Aufl.，2017，Rn. 39，41.

也颇具争议。统一规定的反对者主张,对人格权的评价应存在优先级。[3]此外,也有人认为,独立成编违背了"法典化"的思想,因为仅那些已经得到认可的权利被纳入法典之中。[4]

目前,支持独立成编的观点占据主流。支持者们认为,独立成编凸显了人身性权利的重要性以及权利保护的价值,同时也使得该法律领域的体系化成为可能。[5]此外,对该权利的独立评价使区别化保护体系的建立成为可能,同时,这也为自身的新发展保持了开放性和灵活性。[6]与之前的草案相比,正式出台的《中国民法典》拥有更加抽象的规则,因此也更符合法典化的思想。

《中国民法典》第四编的第一章是人格权的一般规定,正如前文所提到的那样,一般规定中阐明和列举了归属于人格权的权利,但这些一般规定的作用却并不仅仅如此。第二章是对生命权、身体权和健康权的特别规定,第三章是对姓名权和名称权的特别规定,第四章是对肖像权的特别规定,第五章的对象是"名誉和荣誉",隐私权以及个人信息保护则被规定在第六章中。

(二)德国的法律现状

在德国,关于人格权保护的立法至今仍然很分散。这种状况的出现,部分是历史原因造成的,部分是习惯法和司法判例(尤其是关于合宪性解释的判例)造成的。需要特别指出的是,欧盟法在这一法律领域占据主导地位尤其导致了国内这一领域立法的分散性。有一些欧盟指令被融入了《德国民法典(BGB)》或其他法律之中,还有一些欧盟指令则直接转化成了独立的国内法。

《德国民法典》首先通过侵权法对人身法益进行保护。《德国民法典》第823条第1款将生命、身体、健康、自由、财产以及"其他权利"列为受保护法益。其他权利源自对法律的合宪性解释,是指对已成立和运营的营业所享有的权利以及所谓的一般人格权,后者为其他权利的主要所指。一般人格权所涵盖的范围与《中国民法典》第990条第2款所指的权益范围大致相当,即基于人身自由和人格尊严产生的人格权

---

[3] 相关讨论参见 *Lei*,Debating Personality Rights Protection in China:A Comparative Outlook,26 European Review of Private Law,42(2018)(该文献亦引用其他文献作为佐证).

[4] *Bu*,Der besondere Teil der Chinesischen Zivilrechtskodifikation,2019,S. 35.

[5] *Wang*,Highlights and Perfection of the Draft of Personality Rights Section of the Civil Code,1 China L,97(2019).

[6] *Lei*,Debating Personality Rights Protection in China:A Comparative Outlook,26 European Review of Private Law,42 et seq.,especially 44(2018).

益,此外,一般人格权还涵盖对名誉、荣誉以及隐私的保护。[7]

　　《德国民法典》第 12 条规定了对自然人姓名权和企业名称权的保护,对商业名称(即所谓的"商号(Firma)"),《德国商法典(HGB)》第 17 条及后续相关条款,以及竞争法和商标法也提供了保护。与此不同的是,肖像权从 1907 年开始便被纳入《德国艺术作品著作权法(KUG)》第 22 条和第 23 条进行保护,然而关于个人信息保护的规定,则见诸各数据保护法,在近两年,随着德国国内的《联邦数据保护法(BDSG)》以及欧盟范围内适用的《欧盟一般数据保护条例(DSGVO)》的生效,关于个人信息保护的规定再度被分散。[8]此外,从其他角度出发的人格权保护,尤其是以反歧视和反性骚扰为视角的人格权保护,自 2006 年起被纳入《德国普遍平等待遇法(AGG)》的保护范畴(该法的形成源于对多个欧盟指令的转化)。

二、规定的法律效力问题

(一) 主体范围 ——《中国民法典》的规定

1. 自然人和法人

　　限定主体范围是需要对人格权法作出的基础性决断之一。它既涉及对人在社会中的"定位"问题,也涉及对自然人和法人的区别对待问题。[9]《中国民法典》出台前的中国法律体系将法人纳入了名誉权保护体系之中。[10]这种对法人和自然人不加区分的状况受到了很多批评,因为它混淆了民法和经济法的边界,也未充分考虑到自然人的特别保护需求。[11]

　　《中国民法典》则不同。《中国民法典》中绝大多数规定的法律用语都是中性的,即只对人格权加以规定而不对权利主体(Rechtsträger)进行明确定义。而在另一部

---

　　[7]　关于一般人格权的定义,参见 *Teichmann*,in：Jauernig,BGB,17. Aufl. 2018,§ 823 Rn. 12 ff.

　　[8]　关于《欧盟一般数据保护条例》出台前的德国法律状况,参见 *Benecke/Groß*,Das Recht am eigenen Bild im Arbeitsverhältnis,Voraussetzungen und rechtliche Probleme einer Einwilligung durch den Arbeitnehmer,NZA 2015,833.

　　[9]　详见 *Xue Jun*,Protection of the Person：Value Cornerstone of the Chinese Civil Code under Compilation,Vol. 28 No. 1 Social Sciences in China,29 et seq.

　　[10]　关于批评,参见 *Bu*,Einführung in das Recht Chinas,2. Aufl.,2017,Rn. 40.

　　[11]　更多佐证参见 *Xue Jun*,Protection of the Person：Value Cornerstone of the Chinese Civil Code under Compilation,Vol. 28 No. 1 Social Sciences in China,30 et seq.,34 et seq.；*Wang*,Highlights and Perfection of the Draft of Personality Rights Section of the Civil Code,1 China L 99 (2019).

分规定中,《中国民法典》使用了"民事主体"这一概念。使用这一概念时,主体范围既包含法人也包含自然人,如有一些规定欲将主体范围限定为自然人,则只需单独使用自然人这一概念。《中国民法典》中的基础性规定——第990条就是一个典型的例子。第990条第1款列举了受保护的法益,第2款则额外规定了仅自然人享有的来源于人身自由和人格尊严的其他人格权和权益。

此类特殊规定的法益包括生命权、身体权和健康权(第1002条及后续相关条款),它们均与自然人特有的性质相关;肖像权(第1018条及后续相关条款)亦如此。姓名权和名称权(第1012条及后续条款)也是按照主体性质进行规定的,即自然人享有姓名权,法人和非法人组织享有名称权。与此相对,名誉权和荣誉权(第1024条及后续相关条款)的规定则是中性的,其权利主体并未被限定为自然人。然而,隐私权和个人信息保护(第1032条及后续相关条款)的主体范围却被明确限定为自然人。

2. 对自然人保护的起止时间

对自然人保护的起止时间,是需要对人格权法作出的另一个基础性决断。然而,与德国法(详见下文)不同的是,《中国民法典》并未对此作出规定。因此,对自然人这一概念的解释,或更确切地说,对民事权利能力起止的定义,决定了对自然人保护的起止时间。

《中国民法典》虽未规定起止时间,但却明确规定了人格权的死后保护。根据《中国民法典》第994条的规定,死者的配偶、子女、父母,或在适当的情况下其他近亲属有权因死者姓名、肖像、荣誉或其他法益受到侵害而请求行为人承担民事责任。但该规定过于宽泛,并未从时间层面对死后人格权保护加以限制。这使得该规定的适用非常灵活,但可能会导致权利的不确定性。笔者认为,此处应以生者的权利为重,其次再考虑死者的问题。[12]

(二) 主体范围——德国的法律现状

1. 自然人和法人

德国民法中,适用于不同领域的法律有各自不同的主体适用范围。《德国民法典》中对生命权、身体权和健康权的侵权保护规定因其性质仅适用于自然人;在此范畴内的一般人格权保护自然也仅及于自然人。但是,《德国民法典》将企业名誉权(Ruf des Unternehmens)作为特别法益单独提取出来,规定在第823条第1款中,以保护企业利益。[13]

---

〔12〕 关于中国的法律传统,参见 *Lei*,Debating Personality Rights Protection in China:A Comparative Outlook,26 European Review of Private Law,47 et seq. (2018).

〔13〕 *Koreng*,Das „Unternehmenspersönlichkeitsrecht"als Element des gewerblichen Reputationsschutzes,GRUR 2010,1065.

　　有关姓名权和名称权的保护规定非常分散。《德国民法典》第 12 条规定，未经许可不得使用他人姓名（或名称），该规定既针对自然人的姓名，也针对法人的名称。[14]《德国商法典》第 17 条及后续相关条款规定了商业名称（Geschäftsname）权，即所谓的商号（Handelsfirma）。商号是指商主体（Kaufmann）在商业登记时所登记的名称，其既可以是自然人，也可以是法人。《德国商法典》第 37 条中就有对商号的保护性规定，以防止他人对商号的滥用。另外，《德国反不正当竞争法（UWG）》从竞争法的角度出发，也对防止名称滥用进行了一些规定。此外，如果商号这种商业标识被注册成商标，则也会受到《德国商标法（MarkenG）》的保护。

　　根据《德国艺术作品著作权法》的规定，肖像权的保护仅适用于自然人［"肖像人物"（"Abgebildte"）］；个人信息保护的规定亦仅适用于自然人。通过法官法，荣誉保护的规定随着历史的演进逐渐发展，但存在很大的争议。不存在争议的是，《德国反不正当竞争法》第 4 条第 1 项和第 2 项规制了损害企业名誉的语言行为，以防止企业的不正当竞争。但是，除前述的保护性规定外，是否还存在应予保护的类比于一般人格权的企业人格权，是一个存在争议的问题。对于个人信息保护而言，德国目前的数据保护法仅针对自然人[15]；但这并不意味着商业秘密不受保护，窃取商业秘密的行为自然会受到严厉的制裁，但相关规定并不属于人格权领域。

　　2. 对自然人保护的起止时间

　　《德国民法典》第 1 条明确规定了自然人受保护的起始时间；根据该规定，自然人的民事权利能力始于出生。胎儿的生命权和健康权则受到刑法保护，但这种保护有时也可产生民事请求；此外，根据《德国民法典》第 1923 条第 2 款之规定，胎儿拥有继承能力。就胎儿而言，因其性质，德国并没有对其荣誉权或类似权利的保护性规定；对胎儿的肖像权（超声影像）保护则存在争议。[16]

　　在德国，并不存在针对死后人格权保护的统一性规定，且就该主题而言，存在着很大的争议。《德国刑法典》第 189 条规定，诋毁死者（Verunglimpfung des Andenkens Verstorbener）属于犯罪行为，同时，该行为也可能导致民事请求。很多观点认为，一般人格权止于死亡。但有时，司法也会基于《基本法（GG）》第 1 条——保障人权之规定，认定对一般人格权的保护在死者死后仍然持续，即主体的权利能力止于主体的死亡，但主体的人格权在主体死后仍具有保护价值；随着死亡时间不断变长，该保护的力度将逐渐减弱。[17]如果死者是一位著名的画家，则至其死后 30 年，对该画家的

---

〔14〕　*Mansel*，in：Jauernig, BGB, 17. Aufl. 2018，§ 12 Rn. 2 ff.

〔15〕　*Ernst*，in：Paal/Pauly, DS - GVO, 2. Aufl. 2018，DS - GVO Art. 4 Rn. 4.

〔16〕　关于个人信息保护，参见 BeckOK-Datenschutzrecht/*Schild*，32. Ed. 1.5.2020，DS - GVO Art. 4 Rn. 9.

〔17〕　BGH，Urt. v. 20.3.1968，I ZR 44/66，NJW 1968，1773-Mephisto.

人格权保护仍未结束[18]；与之相对的是，根据另一个判决，对该画家财产性权利的保护在其死亡 10 年后便不复存在。[19] 这一判决以肖像权相关规定为依据，即根据《德国艺术作品著作权法》第 22 条第 3 句和第 4 句之规定，肖像权在权利人死后存续 10 年。此外，德国并没有死后个人信息保护的相关规定。[20]

（三）适用范围

《中国民法典》采用了介于一般人格权条款和明确人格权规定之间的一种折中性规定，即在一般性条款中先行明确列举具体的人格权，但同时明确表示该列举并非穷举（《中国民法典》第 990 条）。但人格权是否包含前文[一、（一）]所提及的身份权，则需要进一步讨论。[21]

适用范围的开放性凸显了对人格权领域的立法性保护，以使其能够适应未来的新发展，例如互联网对隐私的威胁等新的危险。[22]总之，通过这种方法可以避免人格权保护的规则漏洞。[23]同时，《中国民法典》还将不同类型的人格权保护进行了区分，将它们划分为绝对保护（如生命权）和与其他受保护法益进行比较权衡后的相对保护（如荣誉权）。[24]

德国法中不存在相应的一般性条款，特别是诸如《德国艺术作品著作权法》和《联邦数据保护法》一类的特别法，其适用范围十分固定。但《德国民法典》中的侵权行为的基础性规定（《德国民法典》第 823 条第 1 款）与前文所述的中国式规定相类似，该规定除对生命权、身体权、健康权、自由权和财产权进行了列举外，还提及了"其他权利"。"其他权利"属于司法裁量的范畴，它指"任何人都应绝对享有的类同

---

[18]　BGH, Urt. v. 8.6.1989, I ZR 135/87, NJW 1990, 1986-Emil Nolde.

[19]　BGH, Urt. v. 5.10.2006, I ZR 277/03, GRUR 2007, 168-Klaus Kinski.

[20]　关于对互联网所造成的危险的批评，参见 Kritisch aufgrund der Gefahren des Internet *Martini*, Der digitale Nachlass und die Herausforderung postmortalen Persönlichkeitsschutzes im Internet, JZ 2012, 1145. 关于《欧盟一般数据保护条例》，参见 *Ernst*, in: Paal/Pauly, DGSVO, 2. Aufl. 2018, Art. 4 Rn. 4.

[21]　*Bu*, Einführung in das Recht Chinas, 2. Aufl. 2017, Rn. 41.

[22]　*Wang*, Highlights and Perfection of the Draft of Personality Rights Section of the Civil Code, 1 China L, 98 et seq. (2019)；*Lei*, Debating Personality Rights Protection in China: A Comparative Outlook, 26 European Review of Private Law, 34 et seq. (2018).

[23]　*Lei*, Debating Personality Rights Protection in China: A Comparative Outlook, 26 European Review of Private Law, 38 et seq. (2018).

[24]　*Lei*, Debating Personality Rights Protection in China: A Comparative Outlook, 26 European Review of Private Law, 41 et seq. (2018).

于前述列举权利的具有意义重大的权利"。[25] 一般人格权 [26] 及已成立和运营的营业所享有的权利就公认属于"其他权利"，因为它们构成了《基本法》第 1 条、第 2 条和第 14 条所载基本权利的民事法律后果。

三、侵害人格权的一般法律后果

《中国民法典》中的一般规定，即第 989 条及后续相关条款，规定了一般法律后果，该规定因其在体系中所处的位置适用于所有类型的人格权。类似的总则性内容在德国法中并不存在，但因侵害《德国民法典》第 823 条第 1 款规定之法益所造成的法律后果可以视为类似的一般性规定。本章节的后续将对上述中德规定进行比较。非一般性的法律后果将会在后文论述中德某一具体权利时进行阐明。

（一）《中国民法典》的法律状况

《中国民法典》具有特色的一点是，其法律后果体系兼具预防性和赔偿性；但这也意味着，针对不同的被侵害法益，法律应规定不同的法律后果。例如，针对通过互联网侵害隐私权的问题，法律应制定有针对性的预防性规则并将回应（Gegendarstellung）作为一种救济途径。[27] 但如前文所述，《中国民法典》第 995 条及后续相关条款主要用于规定一般性条款，除一般性条款外，其仅规定了部分具体法律后果。具体法律后果主要规定在各法益的分章之中。

《中国民法典》第 995 条第 1 款仅一般性地规定了侵权后果，即承担"民事责任"；第 2 款则规定了关于诉讼时效的问题。但之前的草案却具体列举了法律后果；[28] 可见，当前版本的修订方向是扩大灵活性。第 996 条是对非物质损害（immaterielle Schädigung）和精神损害（emotionale Schädigung）的一般性规定。值得注意的是第 997 条，它规定了人格权受到侵害时的一般性不作为请求权（Unterlassungsanspruch）和排除请求权（Beseitigungsanspruch）。

《中国民法典》第 998 条的规定同样值得注意，它规定了侵权法律后果的一般标准，但也明确排除了侵害生命、身体和健康权情况下的适用。该规定将行为人和受

---

〔25〕 BGH, Urt. v. 18.1.2012, I ZR 187/10, NJW 2012, 2034, Rn. 23.

〔26〕 关于一般人格权的规定，亦参见 *Lei*, Debating Personality Rights Protection in China: A Comparative Outlook, 26 European Review of Private Law, 38 (2018).

〔27〕 *Wang*, Highlights and Perfection of the Draft of Personality Rights Section of the Civil Code, 1 China L, 99 (2019).

〔28〕 *Wang*, Highlights and Perfection of the Draft of Personality Rights Section of the Civil Code, 1 China L, 100 (2019).

害人双方的职业情况、侵权程度、过错程度以及侵权的整体情况纳入了考量范畴,以确保各相关利益都得以被综合考量。[29]

　　紧随其后的《中国民法典》第 999 条及本章后续相关条款列举了侵害不同法益所导致的一般法律后果,并规定了承担这些后果的比例标准。[30] 另外,《中国民法典》还规定了包括临时法律保护(einstweiliger Rechtsschutz)在内的一些强制措施。侵权预防是《中国民法典》的主要目标之一。[31]临时的法律保护的救济措施则参考借鉴了德国法关于侵害人格权的相关规定。[32]

(二)《德国民法典》的法律现状

　　《德国民法典》第 823 条规定,过错侵害第 1 款列举的受保护的法益以及违反相关保护性法律的法律后果首先应是损害赔偿。关于损害赔偿的具体规定则见诸《德国民法典》第 249 条以及后续相关条款。其中,第 249 条规定了损害赔偿的原则(Prinzip der Schadenskompensation),第 250 条及后续相关条款是对金钱损害赔偿(Schadensersatz in Geld)的具体规定。根据《德国民法典》第 254 条之规定,在确定损害赔偿数额时,还应考虑侵权受害人的过错,因此可能导致侵权受害人自行承担一部分损害。

　　《德国民法典》第 253 条第 1 款将非物质损害赔偿限定于法律规定的几种情况。第 253 条第 2 款仅规定了侵害身体权、健康权、自由权和性自主权(sexuelle Selbst-bestimmung),但通常来说,侵权人应存在过错,除非物质损害赔偿外,在这几种情况下,受害人仍然有权主张普通损害赔偿。但德国法在此处存在一个法律漏洞,即《德国民法典》第 253 条第 2 款并未提及一般人格权,然而这一受宪法保护的法益却是非物质损害的高发对象。因此,判例对此进行了填补:起初是通过"公平"的金钱赔偿(billige"Entschädigung in Geld")进行救济[33],现在则发展为通过"基于《基本法》第 1 条和第 2 条之保护委托(Schutzauftrag)而产生的独立法律救济形

---

　　[29]　*Wang*,Highlights and Perfection of the Draft of Personality Rights Section of the Civil Code,1 China L,102 (2019).

　　[30]　相关讨论参见 *Wang*,Highlights and Perfection of the Draft of Personality Rights Section of the Civil Code,1 China L,105 (2019).

　　[31]　*Wang*,Highlights and Perfection of the Draft of Personality Rights Section of the Civil Code,1 China L,100 et seq. (2019).

　　[32]　*Wang*,Highlights and Perfection of the Draft of Personality Rights Section of the Civil Code,1 China L,101 (2019).

　　[33]　BGH,Urt. v. 14.2.1958,I ZR 151/56,NJW 1958,827-Herrenreiter.

式"进行救济。[34]

《德国民法典》也未根据人格权侵权规定不作为请求权和排除请求权。这样的规定存在于《德国民法典》第 1004 条,但仅针对侵害所有权的情况。但该规定可以类推适用于几乎所有绝对受保护的法益(absolut geschützte Rechtsgüter),且这两种请求权基本上不以过错的存在为前提。[35]《德国民法典》第 823 条第 1 款所指的法益以及许多具有财产价值的对象均属可类推适用的范畴。《德国民法典》第 823 条搭配第 1004 条可推导出,一般人格权也属于可类推适用的范畴。其中,删除请求权、撤回陈述请求权(Anspruch auf Widerruf)和不作为请求权特别具有实践意义,尤其是在媒体和互联网侵权案件当中。[36]

四、对生命权、身体权和健康权的保护

人格权编的第二章,即《中国民法典》第 1002 条及相关后续条款是关于生命权、身体完整权和健康权保护的特别规定。这几项人格权在第 990 条中列于其他人格权之前,足以说明其重要性。这也使本章节的中德比较变得较为轻松,因为《德国民法典》第 823 条第 1 款亦把这几项法益放在首位,并按照同样的次序进行排列。

(一)《中国民法典》的法律状况

人格权编第二章始于第 1002 条,这几个条款是对生命权(第 1002 条)、身体完整权(第 1003 条)和健康权(第 1004 条)的总体性规定,并强调了任何人或组织均不得侵害这些权利。上述条文是宪法权利保障在民法中的体现。[37]第 1005 条着重规定了在以一般性预防为导向的《中国民法典》框架下对这些权利进行维护和保障的权利。第 1011 条则从自由角度出发,将对自由的保障纳入人格权保护体系。

第 1006 条至第 1009 条则规定对人体的医学处置。如满足第 1006 条中的前提,完全民事行为能力人可以捐献自己的器官、细胞等相关身体构成,但按照第 1007 条的规定,人体器官、组织和遗体的买卖是被禁止的。第 1008 条和第 1009 条则对人体

---

〔34〕 关于基本内容,参见 BGH, Urt. v. 17.12.2013, VI ZR 211/12, NJW 2014, 2029;关于其发展历程,参见 *Teichmann*, in: Jauernig, BGB, 17. Aufl. 2018, § 253 Rn. 10 ff.;关于法律比较,参见 *Lei*, Debating Personality Rights Protection in China: A Comparative Outlook, 26 European Review of Private Law, 49 et seq. (2018).

〔35〕 BeckOK-BGB/*Fritzsche*, 54. Ed. 1.5.2020, § 1004 Rn. 4.

〔36〕 *Teichmann*, in: Jauernig, BGB, 17. Aufl. 2018, § 823 Rn. 85 ff.

〔37〕 *Wang*, Highlights and Perfection of the Draft of Personality Rights Section of the Civil Code, 1 China L. 100 (2019).

医学性试验进行了规定：允许进行合比例且符合伦理要求的试验，但禁止商业化性质的试验。

《中国民法典》第 1110 条中的一个规定是该法典的一大特色，即禁止性骚扰，且对此不仅有预防性规定还有赔偿性规定。性骚扰的构成需满足两个前提：该行为违背受害人的意愿，以及该行为具有性导向性，包括通过语言和文字表达性相关内容。[38]该条第 2 款展现了本规定的预防性特征，据此，机关、企业、学校等单位应当采取预防性措施以防止性骚扰的发生。

（二）德国的法律现状

前文提及，生命权、身体权、健康权和自由权属于《德国民法典》第 823 条第 1 款所列举的具有特别保护价值的法益。但这些规定的侵害法律后果仅限于损害赔偿中的金钱赔偿。如还满足前文［三、（二）］所述的《德国民法典》第 253 条所规定的前提，受害人还可寻求非物质损害赔偿之救济，即抚慰金（Schmerzensgeld）。这两种法律后果都要求侵权人存在过错，即根据《德国民法典》第 276 条之规定，行为人需要存在故意或过失。类似《中国民法典》第 1002 条至 1005 条的一般性规定，不存在于德国法之中。但德国法中仍有宪法性规定，即《德国基本法》第 2 条，对生命权、身体完整权以及人身自由权进行保障。民法通过合宪性解释将这些规定融入其中。

德国民法并未明确包含任何预防人格法益受侵害的规定。主流的观点认为，《德国民法典》物权编中用于保护所有权的规定——《德国民法典》第 1004 条——可以类推适用于此。不同于《德国民法典》第 823 条第 1 款之规定，该规定不考量过错问题，无论侵权人过错与否，受害人都有针对侵权行为的排除请求权和不作为请求权。

德国自 1997 年就通过一部特别法——《德国移植法（TPG）》，对人体器官、组织的捐献、提取和转移事宜进行了规定。该法将提取细分为从器官中提取器官组织、从遗体中提取器官和从存活的器官捐献者体内提取器官。根据《德国移植法》第 8 条之规定，从存活的器官捐献者体内提取器官和组织需满足的前提条件为：捐献者已成年，捐献者已事先同意以及已经过医生的释明（ärztliche Aufklärung）。

性骚扰可能构成对一般人格权的侵害。自 2006 年起，性骚扰被特别规定于《德国普遍平等待遇法》之中，用于规制性别歧视行为。该法第 2 条第 4 款对性骚扰进行

---

〔38〕 *Wang*，Highlights and Perfection of the Draft of Personality Rights Section of the Civil Code，1 China L，102 et seq.（2019）.

了定义；[39]根据《德国普遍平等待遇法》第 15 条之规定，性骚扰可导致物质损害赔偿和非物质损害赔偿（Entschädigung）的法律后果。《德国普遍平等待遇法》第 12 条规定，雇主有义务采取相应的预防措施以防止性骚扰的发生。

五、对姓名权或名称权的保护

《中国民法典》中关于姓名和名称权保护的章节初看上去非常详细，然而《德国民法典》则相反，对于姓名权或名称权的保护性规定仅限于第 12 条。细读之后，笔者认为，在《德国民法典》以外的其他德国法律中，可以找到与该章节各种规定相应的规定，而这些德国法律中，有些已经有超过 100 年的历史了。

（一）《中国民法典》的法律状况

《中国民法典》的特色之一是，它不仅规定和保护了自然人的姓名权，也规定和保护了名称权。[40]《中国民法典》第 1012 条和第 1013 条分别规定了对自然人姓名和法人、非法人组织名称的民事保障，且这种民事保障方式与上文提到的［四、（一）］对生命、身体和健康等法益相类似。根据这些规定，不仅命名权受到保护，改名权、名称转让权以及许可他人使用姓名或名称的权利也受到保护。第 1014 条是对该保障的补充，它明确禁止了侵害姓名权或名称权的行为。该条列举的行为包括：干涉、盗用和假冒等。

第 1015 条规定了自然人的姓氏权。原则上，自然人应当随父姓或随母姓。但在一些情况下，也存在例外：如选取其他血亲的姓氏、选取抚养人的姓氏、有其他正当理由不随父姓或母姓以及遵从少数民族传统文化和风俗习惯。第 1016 条具体规定了自然人和法人的改名事宜，并强调了自然人、法人或非法人组织无论改名与否，所有民事法律行为仍对其具有法律约束力。

第 1017 条的适用范围非常广，包括艺名、网名、字号以及具有显著性的简称

---

〔39〕　性骚扰是指《德国普遍平等待遇法》第 2 条第 1 款第 1 项至 4 项所针对的一种歧视行为，如果某种不受欢迎的带有性色彩的举止（包括不受欢迎的性行为或提出发生性行为的要求、带有性色彩的肢体接触、提及带有性色彩的内容、不受欢迎地展示或显露色情影片内容等行为）以侵害他人尊严为目的或达到了侵害他人尊严的效果，那么这种举止就属于性骚扰，尤其包括创造恐吓他人、对他人有敌意、贬低他人、有辱他人人格、侮辱他人的环境的行为。

〔40〕　相关讨论参见 *Wang*, Highlights and Perfection of the Draft of Personality Rights Section of the Civil Code, 1 China L, 100 et seq. (2019).

等。[41] 当这些名称具有显著性和可区分性时,对它们的保护应自动等效于对姓名权和名称权的保护,因此亦不得冒用或滥用这些名称。此外,对于姓名权和名称权的保护,还应注意《中国民法典》第 1023 条,即对姓名的(协议)许可使用应参照适用肖像许可使用的有关规定。[42]

(二)德国的法律现状

姓名权在德国因传统和习惯被规定得非常细致和复杂,对此,著名的比较法学家克格尔(Kegel)有一句著名的评论:"德国人都有姓名怪癖(Namens-Tick)。"[43]仅在《德国民法典》第 1355 条中,就可以找到 7 个详细的款用于规定婚后姓名的可能性。子女的姓名权事宜规定于《德国民法典》第 1616 条及其后续相关条款,其中与《中国民法典》第 1015 条内容相对应的条款就足足有 6 条之多,每一条的规定都十分细致;此外,对于收养子女还有两条额外的规定(《德国民法典》第 1757 条和第 1765条)。而且,关于姓名权的规定还存在于 1980 年《德国变性法》之中。

《德国民法典》第 12 条是关于姓名权保护的规定,与《中国民法典》第 1014 条相对应;与前述规定相比较,《德国民法典》第 12 条之规定相对较短。但由于传统上惯常对该规定进行扩张解释,其适用范围十分广泛。《德国民法典》第 12 条之规定除保护民法上的姓名外,也保护笔名、艺名、法人和商事合伙(Handelsgesellschaft)名称以及其他具有名称功能的称呼,名称的简称以及域名类的名称也属于此列。[44]该条与《中国民法典》第 1017 条的表达相似,故其适用范围的广度亦应与《中国民法典》相似。

对于且仅对于商业名称,德国法中有另外的保护性规定。正如上文所提及的,《德国反不正当竞争法》就从竞争法的角度出发对名称滥用的行为进行规制。此外,商业名称也受到《德国商标法》的保护,即商号可以作为商标进行登记。[45]

《德国商法典》自 1897 年起就对"商人的商号(Handelsfirma)"进行了特别规定,该规定早于《德国民法典》。《德国商法典》第 17 条定义了商人的商号,即自然人或商

---

[41] 相关含义参见 *Wang*, Highlights and Perfection of the Draft of Personality Rights Section of the Civil Code, 1 China L, 100 et seq. (2019).

[42] 有关规定请参见本文第六章。

[43] *Kegel*, Internationales Privatrecht (IPR) -Rechtsangleichung in Europa und deutsche Reform, Rpfleger 1987, 5.关于姓名权在德国的含义,亦参见 *Lei*, Debating Personality Rights Protection in China: A Comparative Outlook, 26 European Review of Private Law, 40(2018).

[44] 详见 *Säcker*, in: Münch Komm-BGB, 8. Aufl. 2018, § 12 Rn. 8 ff.

[45] 可参见 *Schricker*, Zum Schutz bildlicher Unternehmenskennzeichen, GRUR 1998, 310; *Fezer*, Markenrecht, 4. Aufl. 2009, MarkenG § 2 Rn. 84 ff.

事合伙以商人身份(《德国商法典》第 1—6 条)营业、签名以及起诉和应诉时使用的名称。根据《德国商法典》第 18 条和第 30 条之规定,商人的商号应具备可辨识性和可区分性(《中国民法典》第 1017 条也对此有相应的要求),第 24 条至第 28 条则规定了商事合伙的合伙人变更时,继续使用原商号的主要权利和责任后果。除《德国民法典》第 12 条外,《德国商法典》第 37 条也属于对名称的保护性规定;根据该规定,国家相关机构和商人的商号之所有人有权请求通过强制性措施使他人停止不法使用商号。

六、对肖像权的保护

肖像权是人格权法中的重要内容,其被特别规定于《中国民法典》第 1018 条及其后续相关条款之中。德国法中也有对肖像权的特别规定,这种规定有其存在的历史原因:《基本法》中的基本权利是演变出人格权的基础,但规定了肖像权的《德国艺术作品著作权法》颁布于 1907 年,早于《基本法》的颁布。同时,肖像权也属于个人信息保护的范畴,在《中国民法典》中,个人信息保护主要被规定于第 1032 条及其后续相关条款之中。

(一)《中国民法典》的法律状况

《中国民法典》选择专章规定肖像权事宜(第 1018 条至第 1023 条),使肖像权的规定独立于个人隐私保护相关章节(第 1032 条及其后续相关条款)。[46]与其他专章一样,第 1018 条第 1 款规定了对肖像权的一般性保障,包括使用、制作、公开以及许可他人使用肖像的权利。第 1018 条第 2 款对"肖像"的定义十分宽泛,包括影像、雕塑、绘画以及所有其他类型的图样,只要它能反映出特定自然人可以被识别的外部形象。就此可以看出,《中国民法典》明确限制了法人和企业享有此类相关权益。[47]

《中国民法典》第 1019 条是关于肖像权的禁止性规定。该规定列举了从复制、发表肖像到丑化肖像等多种类型的肖像使用形式,但亦明确表示该列举并未穷举。这些使用的合法性取决于法律规定或权利人的同意。

《中国民法典》第 1020 条列举了无须权利人同意即可公开肖像的例外情况。该条第 1 项规定了可以使用已经公开的肖像的情况,第 2、第 3 和第 4 项规定了基于公共利益,为进行新闻报道,或国家机关因知情需要,或为展示公共环境需要,可以不

---

〔46〕 关于之前的《草案》版本,参见 *Wang*, Highlights and Perfection of the Draft of Personality Rights Section of the Civil Code, 1 China L, 101 et seq.(2019).

〔47〕 相关讨论参见 *Wang*, Highlights and Perfection of the Draft of Personality Rights Section of the Civil Code, 1 China L, 102(2019).

经权利人同意公开肖像。第 5 项是兜底条款,针对在权衡公共利益和权利人利益后可以适用的其他情况。根据第 1021 条之规定,在利益权衡时若出现争议,则权利人利益应优先被保护。

《中国民法典》第 1022 条规定了一个对于肖像权来说较为棘手的问题,即肖像权保护期限问题。原则上,该期限可以通过协议进行自由约定。但该约定应在一个"合理"的限度内。另外,这类协议也可基于合理理由,在及时通知相对方后终止。如造成损失,相对方自然也有权请求终止方赔偿损失(Entschädigung)。根据《中国民法典》第 1023 条之规定,关于肖像权许可使用的规定也类推适用于对姓名等名称以及声音的使用[五、(一)]。

(二)德国法的法律现状

在德国,肖像权从出现开始就被视为宪法所保护的权利——一般人格权——的一部分。[48] 上文已经论述过,这些保护具体体现于《德国艺术作品著作权法》第 22 条至第 24 条以及数据保护法(《联邦数据保护法》和《欧盟一般数据保护条例》)之中,这些保护性规定都是其各自对肖像权保护的合宪性解释。如不遵守这些保护性法律规定,则可能招致《联邦数据保护法》第 7 条、第 8 条,《德国民法典》第 280 条第 1 款结合第 241 条第 2 款,《德国民法典》第 823 条第 1 款、第 824 条第 2 款、第 826 条和第 831 条所规定的损害赔偿责任,以及《德国民法典》第 823 条第 1 款结合第 1004 条所规定的不作为请求权、排除请求权和回应请求权的类推适用。

实际上,从体系上看,肖像权并不适宜被规定在《德国艺术作品著作权法》第 22 条和第 23 条之中,因为肖像权保护是从人格权的视角出发的,既与艺术无关,亦与著作权保护无关。如此规定仅是历史原因造成的:奥托·冯·俾斯麦(Otto v. Bismarck)死亡后,有摄影师闯入他的家中并拍摄了他尸体的照片,这件事影响甚大,以至于之后出台(于 1907 年)的《德国艺术作品著作权法》直接对肖像权进行了规定。[49]

与《中国民法典》第 1018 条及其后续相关条款类似,《德国艺术作品著作权法》亦是以禁止传播和展示肖像为原则,但保留私人许可或法律许可的可能性。该法对肖像进行保护的前提与《中国民法典》相同,均为肖像人物的可辨识性。[50] 该法对于经许可合法使用的相关规定的构架分为两级:根据《德国艺术作品著作权法》第 22 条

---

〔48〕 BVerfG,Urt. v. 5.6.1973,1 BvR 536/72,NJW 1973,1226-Lebach-Urteil.

〔49〕 *Fricke*,in:Wandtke/Bullinger,Urheberrecht,5. Aufl. 2019,§ 22 KUG Rn. 1.

〔50〕 已有判例 BGH,Urt. v. 14.2.1958,I ZR 151/56,NJW 1958,827-Herrenreiter;关于一般人格权作为补充性权利(Auffangrecht),参见 *Specht*,in:Dreier/Schulze,UrhG,6. Aufl. 2018,§ 22 KUG Rn. 3.

第 1 句之规定,肖像的传播或公开展示必须征得肖像人物的事先同意。根据该条第 2 句之规定,为免疑义,如肖像人物由于肖像被记录而获得了报酬,则应视为已获得肖像的使用许可。该法第 23 条第 1 款列举了所有不经肖像权人事先同意亦可记录肖像的情况。

事先同意的法律性质富有争议。[51]首要的争议点在于,这是一个事实行为还是一个具有法律行为效力的表示。而争议的现实意义在于合同的必要性问题。这其中最需要关注的一点是,如果事先同意被视为法律行为,存在合同约束力,那么这意味着同意人不得随意撤回这一表示。[52]这会对《中国民法典》第 1022 条规定的肖像权的使用期限产生影响。根据判例,事先同意的撤回基本上都要求存在重大事由。[53]对于且仅对于死者肖像权的保护,期限为 10 年[参见二、(一)、2]。

《德国艺术作品著作权法》第 23 条与《中国民法典》第 1020 条相对应,规定了未经肖像权人事先同意即可传播和展示肖像的情况。这些情况包括:当代史人物肖像[54](第 23 条第 1 款第 1 项)、只作为“次要组成部分”出现的人物肖像(第 2 项)、出现在集会中的人物肖像(第 3 项)以及“其传播和展示有利于更高的艺术利益的肖像”(第 4 项)。

《联邦数据保护法》从个人隐私保护的角度出发,将人物肖像的记录作为个人信息进行保护。根据该数据保护法,对个人信息进行处理原则上也应征得相关方的同意,但关于同意的规定(《联邦数据保护法》第 22 条)则与《德国艺术作品著作权法》中的规定不尽相同。2015 年,德国联邦劳动法院(BAG)认定,一般情况下,应优先适用《德国艺术作品著作权法》中的规定,但应按照当时现行的法律版本之规定。[55]但《欧盟一般数据保护条例》于 2018 年出台后,《德国艺术作品著作权法》在肖像权领域是否仍具有优先地位,目前仍存在争议,联邦层级的法院对此也尚未作出过任何决定性判决。[56]

---

〔51〕 关于具体观点,参见 *Benecke/Groß*, Das Recht am eigenen Bild im Arbeitsverhältnis, Voraussetzungen und rechtliche Probleme einer Einwilligung durch den Arbeitnehmer, NZA 2015, 833, 835.

〔52〕 *Fricke*, in: Wandtke/Bullinger, Urheberrecht, 5. Aufl. 2019, § 22 KUG Rn. 13, 19.

〔53〕 BGH, Urt. v. 14.10.1986, VI ZR 10/86, GRUR 1987, 128-Nena.

〔54〕 关于该规定的解释,参见 *Specht*, in: Dreier/Schulze, UrhG, 6. Aufl. 2018, § 23 KUG Rn. 3 ff.

〔55〕 BAG, Urt. v. 19.2.2015, 8 AZR 1011/13, MMR 2015, 544, Rn. 16 ff.

〔56〕 相关争议参见 *Gola/Klug*, Die Entwicklung des Datenschutzrechts im zweiten Halbjahr 2018, NJW 2019, 639, 640.

七、对名誉权和荣誉权的保护

名誉和荣誉保护无论在中国还是在德国都是宪法所保障的权利。[57]从民法上看,《中国民法典》第 1024 条至第 1031 条是名誉和荣誉保护的法典化。但在德国法中并不存在与此类似的明确规定。早在 20 世纪 50 年代,一般人格权的保护就通过合宪性解释被纳入了民法体系之中,即作为《德国民法典》第 823 条第 1 款所指的"其他权利"受到保护,如名誉法益受到侵害,权利人享有损害赔偿的权利和防御权(Abwehrrecht)。[58]此外,在德国法中,一些对应于《中国民法典》第 1024 条及其后续相关条款的保护性规定则见诸《德国民法典》以外的其他法律。

(一)《中国民法典》的法律状况

关于名誉权和荣誉权的章节与其他人格权章节结构类似,均始于一般性保障规定(《中国民法典》第 1024 条),但该条仅提及了名誉权;该条还将侮辱和诽谤视为首要的侵害行为。这实际说明了,此处的名誉权与个人的名誉相关,与商誉(geschäftlicher Ruf)等其他类型的名誉或荣誉无关。值得注意的是第 1024 条第 2 款中的定义,在该定义中,"名誉"被解释为对民事主体的品德、声望、才能、信用以及其他属性的社会评价。关于荣誉保障的相应规定则为《中国民法典》第 1031 条。它主要与荣誉称号相关,用于保障荣誉称号的享有和记载。

《中国民法典》第 1025 条规定了为公共利益进行新闻报道的特权。新闻报道仅在以下情况承担侵害名誉权的民事后果:新闻报道捏造、歪曲事实(本条第 1 项);对他人提供的严重失实内容未尽到合理核实义务(第 2 项);或使用侮辱性言辞等故意贬损他人名誉(第 3 项)。《中国民法典》第 1026 条的规定列举了用于判断行为人是否尽到言辞核实义务的考量因素,这些因素被视为判定行为人是否承担侵权责任的依据。另一个限制性规定是《中国民法典》第 1027 条,它用于规制依据真实事件创作的艺术作品。根据该规定,只有当描述对象指向特定人时,才会因侮辱性内容导致承担民事法律后果;描述仅与特定人的情况相似的,则不会因此导致民事法律后果。

名誉受侵害的相关方的特别权利规定于《中国民法典》第 1028 条及其后续相关条款之中。第 1028 条规定了在报刊、网络或其他媒体报道有侵害名誉权的陈述时被

---

〔57〕 *Lei*, Debating Personality Rights Protection in China: A Comparative Outlook, 26 European Review of Private Law, 36 (2018).关于德国的基本状况,参见 BVerfG, Beschl. v. 3.6. 1980, 1 BvR 185/77, NJW 1980, 2070 (该文献亦引用其他文献作为佐证).

〔58〕 关于法律比较,参见 *Lei*, Debating Personality Rights Protection in China: A Comparative Outlook, 26 European Review of Private Law 2018, 31, 38.

侵权人可以采取的对抗措施,如请求删除或更正等,且这些对抗措施都可通过司法途径确保施行。该条规定是一种创新,因为之前对于此类侵权的救济主要通过赔偿予以实现。[59]与此相对,《中国民法典》第 1029 条和第 1030 条均为对民事主体信用评价的特殊规定,其中也规定了更正请求权和及时采取措施的义务。根据第 1030 条之规定,有关个人信息保护的规定亦类推适用于征信机构。

(二) 德国的法律现状

正如上文所提及的那样,德国法将个人名誉作为一般人格权的一个组成部分予以保护,所以对其的过错侵害将会导致《德国民法典》第 823 条第 1 款所指的损害赔偿请求权的产生,即使是无过错侵权也会导致《德国民法典》第 1004 条所指的防御请求权(Abwehransprüch)的类推适用。[60]此外,新的司法实践创设了一种"基于《基本法》第 1 条和第 2 条之保护委托而产生的独立法律救济形式",这使得非物质损害赔偿请求权成为可能。[61]

一般人格权的特点在于,它与对已成立和运营的营业所享有的权利一样,是一种"开放性权利"。不同于《德国民法典》第 823 条第 1 款所列的其他法益,对一般人格权的侵害并不以违法性为前提,而是基于利益权衡。[62]比如,侵害名誉权的陈述实际是受言论自由权保护的,但原则上,言论应有一定的界限,即合理的批评是允许的,但纯粹的侮辱则侵害了人格权。[63]

媒体法中含有对批评性媒体新闻报道的特殊规定。在德国,媒体法的立法权属于各联邦州,因此各联邦州都有各自的媒体法,但它们的内容很大程度上都是相同的。关于新闻报道,各州基本都规定了"新闻的注意义务(publizistische Sorgfaltspflicht)"(如《巴伐利亚州媒体法(BayPrG)》第 3 条)[64],该义务大体与《中国民法典》第 1026 条中的要求相对应。此外,各州媒体法都规定了回应请求权(Anspruch auf Gegendarstellung)(如《巴伐利亚州媒体法(BayPrG)》第 10 条),该权利的享有通常

---

〔59〕 详见 *Lei*, Debating Personality Rights Protection in China: A Comparative Outlook, 26 European Review of Private Law, 45 et seq. (2018).

〔60〕 关于损害赔偿,参见 *Teichmann*, in: Jauernig, BGB, 17. Aufl. 2018, § 823 Rn. 85 ff. 关于防御请求权,参见 *Raff*, in: Münch Komm-BGB, 8. Aufl. 2020, § 1004 Rn. 37 ff.

〔61〕 关于基本内容,参见 BGH, Urt. v. 17.12.2013, VI ZR 211/12, NJW 2014, 2029.关于发展历程,参见 *Teichmann*, in: Jauernig, BGB, 17. Aufl. 2018, § 253 Rn. 10 ff.关于法律比较,参见 *Lei*, Debating Personality Rights Protection in China: A Comparative Outlook, 26 European Review of Private Law, 49 et seq. (2018).

〔62〕 详见 *Rixecker*, in: Münch Komm-BGB, 8. Auflage 2018, nach § 12 Rn. 169 ff.

〔63〕 关于言论界限,参见 BVerfG, Beschl. v. 14.6.2019, 1 BvR 2433/17, NJW 2019, 2600.

〔64〕 详见 *Peters*, Die publizistische Sorgfalt, NJW 1997, 1334.

不以报刊新闻报道以及回应的内容的真实性为前提（媒体绝大多数情况下都会明确表示其报道内容真实与否）。当然，如可以证明陈述不实，《德国民法典》第 1004 条所规定的撤回陈述请求权也可以在此适用并达到同样的效果。撤回陈述请求权的规定与《中国民法典》第 1028 条之规定相对应，但《中国民法典》中并不存在与回应请求权相对应的规定。

关于信用评价，中德法律之间可能存在文化差异。尽管信用评价在实践中发挥着重要作用，但其在德国法中并不能作为名誉而受到相应保护。在《德国民法典》的侵权法部分，第 824 条规定了一项核心规则。根据该规定，"妨害他人信用或对他人所得或前途造成其他不利影响"的不实陈述会招致损害赔偿责任。因此，这一条文构成了一项有别于人格权和营业保护的特别法，并且未明确包括价值判断。[65] 如前述不实陈述的对象为企业，则通常应优先适用《德国反不正当竞争法》中的规定。与信用报告（Bonitätsauskunft）相关的个人信息保护则被规定于《联邦数据保护法》第 31 条之中。

八、对隐私和个人信息的保护

《中国民法典》第四编中最详细的章节为第六章（第 1032 条至第 1039 条），它规定了与隐私权和个人信息保护相关的内容。[66] 德国关于这一领域的立法始于 1983 年：当时，联邦宪法法院（BVerfG）从一般人格权中派生出了信息自决权（Recht auf informationelle Selbstbestimmung）。[67] 现在，这一领域则全面由数据保护法进行规制。从主要内容来看，数据保护法属于公法，但也兼具一定的私法性质。《欧洲联盟基本权利宪章》（Die europäische Grundrechtecharta）第 8 条规定了保护个人相关数据的基本权利。除《联邦数据保护法》外，自 2018 年起，作为欧洲法的《欧盟一般数据保护条例》也直接适用于德国。

（一）《中国民法典》的法律状况

《中国民法典》通过第 1032 条和第 1033 条规定了隐私权的相关内容，通过第 1034 条及其后续相关条款更为狭义地规定了个人信息保护的相关内容。此外，第

---

〔65〕　BeckOGK-BGB/*Spindler*，Stand 1.5.2020，§ 824 Rn. 2.

〔66〕　关于本领域的其他法律机制，参见 *Lei*，Debating Personality Rights Protection in China：A Comparative Outlook，26 European Review of Private Law，36 et seq.（2018）.

〔67〕　BVerfG，Urt. v. 15.12.1983，1 BvR 209/83，1 BvR 269/83，1 BvR 362/83，1 BvR 420/83，1 BvR 440/83，1 BvR 484/83，BVerfGE 65，1-Volkszählungsurteil.

1032 条中的法律保障规定和定义还加大了对隐私权的保护力度。〔68〕第 1032 条第 2 款通过列举（但并未穷举）阐明了隐私的概念，其内涵包括私密空间、私密活动和私密信息。根据第 1032 条第 1 款之规定，隐私不得以刺探、侵扰、泄露、公开等方式受到侵害。综上，隐私权不再仅是一项免受侵害的被动权利，还成了一项"自由处置自身个人信息"的主动权利。〔69〕

第 1033 条保留了在当事人同意或法律另有规定的情况下通过搜查、影像、声音记录或信息收集以及其他类似方式获取隐私的合法性。值得注意的是，对私人生活的妨害（侵扰或跟踪）也属于对隐私权的侵害（见《中国民法典》第 1033 条第 1 项）。但在德国，前述侵害鲜少被视为人格权法调整的范畴。与此相对应的德国法律规定为 2007 年修订的《德国刑法典（StGB）》的第 238 条，根据该条规定，纠缠骚扰行为属于刑事犯罪，且可能导致民事赔偿责任和防御权的适用。

《中国民法典》第 1034 条是针对个人信息保护的一般性法律规定〔70〕，个人信息是指能够识别特定自然人的各种信息，该条对个人信息进行了宽泛但未穷尽的列举，其中亦包含了生物识别信息。这些信息的共同之处在于，它们都有助于对个人身份的识别。《中国民法典》第 1035 条是关于个人信息收集的规定，该条文同样为一般条款性质，其认可合法、正当且在必要的限度内的信息收集行为，但还应满足下列条件：一般情况下，应征得当事人同意（该条第 1 款第 1 项）；应遵守个人信息保护规则（第 1 款第 2 项）；应明示信息收集的目的和范围（第 1 款第 3 项）；以及应确保遵守相关规则（第 1 款第 4 项；并参见第 1037 条第 2 款）。个人相关信息的查阅权和更正权则被规定于《中国民法典》第 1037 条。

《中国民法典》第 1036 条列举规定了行为人使用和收集收据无须承担民事责任的情况，包括：当事人同意（第 1036 条第 1 项）；通常情况下，使用和收集已经公开的信息（第 2 项）；为维护其他更重要的利益（第 3 项）。第 1038 条规定了信息收集人的一般性义务：原则上，被收集的信息不得被篡改或提供给他人，且信息收集人应采取技术预防措施以保障信息安全。根据第 1039 条之规定，国家机关也应承担前述相应义务。

---

〔68〕　关于与旧法的比较，参见 *Wang*，Highlights and Perfection of the Draft of Personality Rights Section of the Civil Code，1 China L，103（2019）.

〔69〕　*Lei*，Debating Personality Rights Protection in China：A Comparative Outlook，26 European Review of Private Law，35（2018）.

〔70〕　关于权利范围的讨论，参见 *Wang*，Highlights and Perfection of the Draft of Personality Rights Section of the Civil Code，1 China L，104 et seq.（2019）.

（二）德国的法律现状

在德国法中，隐私权从属于一般人格权。[71]但在实践中，隐私权在绝大多数情况下都掩藏于信息自决权因而也掩藏于个人信息保护之中。当然，在一些涉及私人生活领域的情况下，也会直接与隐私权相关，例如对罪犯的控制措施[72]以及刑事侦查程序中的监视措施（Observation）[73]等。

在德国，针对个人信息保护的联邦层级立法为《联邦数据保护法》，该法规制了联邦公权力机关和非公领域［法人、企业、人合公司（Personenvereinigung）等］处理自然人个人信息的行为。各联邦州的数据保护法［如《巴伐利亚州数据保护法（BayDSG）》］则被用于规制州及地方公权力机关的相应行为。除《联邦数据保护法》外，自2018年5月25日起，某些情况下还应优先适用《欧盟一般数据保护条例》的有关规定。[74]此外，《德国电信法［Telekommunikationsgesetz（TKG）］》和《德国电信媒体法［Telemediengesetz（TMG）］》中也含有一些关于个人信息保护的规定，且在相应范围内，这些规定的适用应优先于《联邦数据保护法》。

用于规制国家行为的个人信息保护规定对应于《中国民法典》第1039条。《联邦数据保护法》第22条至第44条以及《欧盟一般数据保护条例》第5条至第11条全面地对个人信息保护进行了具体规定；《欧盟一般数据保护条例》第12条至第23条则具体规定了相关个人所享有的权利。《欧盟一般数据保护条例》第5条和《联邦数据保护法》第39条规定了个人信息处理的一般原则。在《欧盟一般数据保护条例》中，这些原则被总结为下列关键词：合法性（Rechtmäßigkeit）原则、善意处理（Verarbeitung nach Treu und Glauben）原则和透明（Transparenz）原则；目的限制（Zweckbindung）原则、数据最小化（Datenminimierung）原则、精确性（Richtigkeit）原则、存储限制（Speicherbegrenzung）原则、完整性（Integrität）原则、保密性（Vertraulichkeit）原则和权责一致性（Rechenschaftspflicht）原则。

个人信息处理的合法性原则，被规定于《欧盟一般数据保护条例》第6条之中，而散见于《联邦数据保护法》第23条至第31条之中。满足该原则最重要的要求为征得信息相关方的同意，这一要求被特别规定于《欧盟一般数据保护条例》第7条之中（亦

---

[71]　*Dreier*，in：Dreier，GG，3. Aufl. 2013，Art. 2 Abs. 1 Rn. 71.

[72]　如 BVerfG，Beschl. v. 12.9.1994，2 BvR 291/94，NJW 1995，1477.

[73]　如 BGH，Urt. v. 29.1.1998，1 StR 511/97，NStZ 1998，629.

[74]　关于《联邦数据保护法》与欧盟法律保持一致的疑虑，参见 *Gola/Heckmann*，in：Gola/Heckmann，BDSG，13. Auflage 2019，Einleitung Rn. 28 ff.关于重要的新规定，参见 *Kort*，Was ändert sich für Datenschutzbeauftragte，Aufsichtsbehörden und Betriebsrat mit der DS-GVO? Die zukünftige Rolle der Institutionen rund um den Beschäftigtendatenschutz，ZD 2017，3.

可见于《欧盟数据保护法》第 32 条、第 33 条、第 42 条和第 43 条)。此外,为维护更为重要的(公共)利益或根据法律要求获取个人信息也构成合法性的满足。

　　《欧盟一般数据保护条例》生效后,个人信息被分为两类:普通个人信息和特别敏感信息(besonders sensible Daten)。《欧盟一般数据保护条例》第 9 条(《联邦数据保护法》第 22 条)全面地列举了特别敏感信息[75]的判断标准。原则上,对特别敏感信息的处理是被禁止的,但如征得当事人同意或有其他正当理由,也存在合法处理此类信息的可能。根据《欧盟一般数据保护条例》第 11 条或《联邦数据保护法》第 57 条之规定,如信息处理人无须识别信息相关方的身份即可对相应信息进行处理,则其拥有处理该信息的特权。信息相关方所享有的权利被总结于《欧盟一般数据保护条例》的第 12 条之中,而在《联邦数据保护法》中,它们则被分散到了不同的条文之中。由于篇幅所限,对于《欧盟一般数据保护条例》中的其他部分,笔者仅在此处进行简要的介绍:《欧盟一般数据保护条例》第 12 条对信息与通信透明原则(Grundsatz der transparenten Information und Kommunikation)进行了规定;第 13 条至第 15 条对信息处理人的信息提供义务以及信息相关方要求信息处理人就个人信息相关问题进行答复的权利进行了规定;第 16 条至第 20 条对更正权(Recht auf Berichtigung)和删除权(Recht auf Löschung)进行了规定;第 21 条和第 22 条对拒绝权(Widerspruchsrecht)和自动化决策(automatisierte Entscheidung)进行了规定;第 23 条则对成员国的立法机关进行了限制。

　　本节仅为关于德国数据保护法状况的概要,但该领域的德国法律规定特别分散,远不是通过概要就能讲清的。但该领域的法律状况主要可以总结为,德国通过成文法规制国家收集和处理个人信息的行为(主要通过赋予防御权来实现规制),并为此制定民事法律规则(在这些民事法律规则中,特别强调利益权衡)。总体来看,德国和欧洲的个人信息保护被强有力地规则化和法律化了。但由于这些规定过于具体,在非公领域的信息交流上仍存在法律的不确定性。[76]《欧盟一般数据保护条例》的出台使这一问题更加突出,因为《联邦数据保护法》能否与《欧盟一般数据保护条例》良好兼容,一直以来都备受质疑。[77]

---

　　〔75〕　特别敏感信息是指,可从中获知某自然人种族、民族、政治观点、宗教信仰、世界观、所属工会、基因信息、能够明确辨识自然人身份的生物识别信息、健康信息、性生活内容或性取向的信息。

　　〔76〕　关于媒体的时下观点请参见 *van Lijnden*, Umdenken beim Datenschutz, FAZ v. 23.7. 2020, S. 1.

　　〔77〕　可参见 *Abrecht/Wybitul*, Brauchen wir neben der DS-GVO noch ein neues BDSG?, ZD 2016, 457; *Greve*, Das neue Bundesdatenschutzgesetz, NVwZ 2017, 737.

九、结论

笔者之所以能够进行充实的法律比较（尤其是有关德国法律演进的内容），特别仰赖于《中国民法典》第四编的成功编撰，且与各位著名的中国法律学者的努力是分不开的。[78] 相比于其他国家，从德国的视角出发对当前的《中国民法典》进行比较法研究，更加有意义。尽管在细节上有非常多的不同之处，但总体而言，中德人格权法有两大区别。

相较而言，德国的人格权规定分布更加广泛且分散。尽管在中国的非民事法领域中（诸如宪法或刑法）也可以找到关于人格权的规定，但关于人格权的民事法律规定却集中于《民法典》一处，而德国的人格权规定则不同，不仅见诸各非民事法律，也散见于不同的民事法律之中。这种状况的形成主要是历史原因所导致的，在关于肖像权、姓名和名称权以及一般人格权等内容的章节中，笔者就探讨过这一问题。大量的细节规定可能有助于法律发现（Rechtsfindung），但也可能会加重系统解释的难度。这一点尤其能说明个人信息保护法的状况。

从内容上讲，引起笔者注意的主要区别为，《中国民法典》非常重视预防。尽管德国法中也存在"防御请求权"这一预防性规定，再加之临时法律保护（einstweiliger Rechtsschutz）制度的配合，在大多数情况下，其都能实现很好的预防效果，但德国法仍主要以赔偿为宗旨。针对《德国民法典》第 823 条第 1 款所述主要法益的保护就很好地反映了这种状况，这些保护性规定仅就损害赔偿进行了规定，而防御请求权和排除请求权则类推适用自《德国民法典》第 1004 条这一物权法规定。

两国法律制度有差异也有许多惊人的相似之处，这使本文的讨论成果颇丰，也为两国的人格权制度发展带来了很多启发。

---

[78] 可参见 *Lei*，Debating Personality Rights Protection in China：A Comparative Outlook，European Review of Private Law，31（2018）；*Wang*，Highlights and Perfection of the Draft of Personality Rights Section of the Civil Code，1 China L，97（2019）.

中德法学论坛

第 18 辑·下卷,第 76~94 页

德国婚姻家庭法的基本原则与《中国民法典》婚姻家庭编的比较

［德］卡门·弗莱勒* 著

李昊、王文娜** 译

摘 要:《中国民法典》的法典化提供了以德国法视角对婚姻家庭法进行比较法审视的契机。此前,中国的家庭法被规定在独立的《婚姻法》和《收养法》中,如今则位于《中国民法典》的第五编。与之相对的是《德国民法典》第四编的德国家庭法。除了由社会和文化决定的不同之处外,(两国的婚姻家庭法)在规范目的和追求的规范目标方面存在共同之处。非常明确的是,无论在(何种)法律体系和文化形态中,家庭法都面临着困难的任务,即与变革中的生活现实和变化的价值观念保持步调的一致,与之伴随的便是对(家庭法)持续不断的调整需求。仅从这个角度来说,作为立法机遇的新法典化就是值得被欢迎并且值得被重视的。

关键词:家庭法;婚姻法;夫妻财产制;婚姻状况;离婚;家事代理制度;增益共同所有制;增益补偿;未命名的给予;婚后所得共同所有制;破裂原则;父母照顾;监护

Abstract:On the occasion of the new codification of the Civil Code of the People's Republic of China,it is advisable to take a comparative look at marriage and family law from a German perspective. The Chinese family law was previously

---

* 卡门·弗莱勒(Carmen Freyler):法学博士,玛蒂娜·本尼克(Martina Benecke)教授的短期学术委员。玛蒂娜·本尼克:奥格斯堡大学法学院民法、商法、劳动法和经济法教授。

** 李昊:北京航空航天大学人文与社会科学高等研究院暨法学院副教授。王文娜:德国法兰克福大学法学院博士研究生。

本文德语标题为 Grundprinzipien des deutschen Ehe-und Familienrechts imVergleich mit der Neukodifikation des Zivilgesetzbuchs der Volksrepublik China。本文的翻译和发表得到了作者的授权。

regulated in its own Marriage Law and Adoption Law, it can now be found in the fifth book of the Civil Code. This is compared to the German family law regulated in the fourth book of the BGB. In addition to the socially and culturally determined differences, there are also similarities regarding the purpose and the objective of the law. It becomes clear that family law, regardless of the legal and cultural sphere, has the difficult task of keeping pace with the changing life and values, which is accompanied by a need for adjustment. From this aspect, a new codification as a legislative opportunity is to be welcomed and appropriately appreciated.

Key words: Family Law; Marriage Law; Matrimonial Property Law; Marital Status; Divorce; Agency; Community of Accrued Gains; Equalization of Accrued Gains; Unnamed Disposition; Community of Achievement; Principle of Irretrievable Breakdown of A Marriage; Parental Custody; Guardianship

一、家庭的含义

生活现实的变化以一种特殊的方式影响了家庭的概念。[1] 在外部关系中,家庭并非法律统一体,但是在面对第三人时却也有其特殊性,比如责任和处分权限方面。[2] 在德国和中国法律中都没有对于家庭概念的法律定义,也不存在标准化家庭的典型模板。[3] 鉴于文化的差异也不会存在国际化的统一的概念理解。[4]

(一) 小家庭

如今,家庭概念首先让人联想到的是小家庭。传统上认为由男性、女性和孩子组成的稳定的婚姻共同体和共同的家政——现在也经常如此存在——是家庭,在德国也存在其他的生活形式,比如非婚生活共同体,同性伴侣关系,重组关系或者周末关系(Patchwork-oder Wochenendbeziehungen),分居的有共同照顾权(译者注:或可翻译为通说的"亲权")的父母或者单亲家庭。[5] 人们可以发现(在早前的社会中已

---

[1] *Gernhuber/Coester-Waltjen*, Familienrecht, 7. Aufl. 2020, § 1 Rn. 1.

[2] *Voppel*, in: Staudinger, BGB, 2018, Einl. § 1297 Rn. 1 f.

[3] *Koch*, in: Münch Komm-BGB, 8. Aufl. 2019, Einl. FamR Rn. 48;前引[2],*Voppel*, in: Staudinger, BGB, Einl. § 1297 Rn. 1;徐涤宇:《婚姻家庭法的入典再造:理念与细节》,载《中国法学》2019 年第 1 期,第 106 页。

[4] *Chi*, in: Bu, Chinese Civil Law, 2013, chap. 20 No. 26.

[5] *Muscheler*, Familienrecht, 3. Aufl. 2013, Rn. 44;*Wellenhofer*, Familienrecht, 5. Aufl. 2019, § 1 Rn. 3;前引[1],*Gernhuber/Coester-Waltjen* 书,§ 1 Rn. 4 ff.

经能够发现)个性化的多种多样的家庭形式。[6] 但是,即使是区别于传统概念的家庭也基于这样的内核,即"……内部的,和外界有区隔的共同体"。[7]

德国传统的家长制的家庭结构并非是男女平等、男女自决以及性别团结(Solidarität der Geschlechter)的。[8] 即使在今天的家庭中,被选择的家庭分工仍经常是,男性参加全职工作,女性参加半职工作或者只是料理家务(单人收入婚姻或者一方全职、一方兼职的婚姻 Alleinverdiener-oderZuverdienerehe)。[9] 如此的原因可能是不存在协调好家庭和工作的可能性。[10] 与家庭主妇角色相伴随的风险是离婚时的贫困或者由于扶养义务的有限和养老保险缺乏而导致的年老时的贫困。[11]

在中国,偏离于传统家庭模式的没有孩子的、双方都参加工作的伴侣也增多了(双收入丁克 double income no kids)。[12] 鉴于《中华人民共和国民法典》(后文简称《中国民法典》)第1041条和第1055条规定的男女平等,在料理家务和参加工作方面也可以观察到类似于德国的困境。[13] 通常,相比于男性,女性与家庭内的义务联系更强。[14]

(二) 大家庭

在现实生活中,人们对于大家庭或者多代同堂家庭的概念的理解并没有什么变化。[15] 但是在德国,相比于过去,大家庭在今天有了其他的意义并且处于次要地位。[16] 重要的不再是出生身份以及家庭成员的社会地位,而是家庭内部的团结和自愿的帮助,比如在扶养(外)祖父母或者抚养小辈子女方面。[17] 从法律角度来说,

---

〔6〕 前引〔5〕*Wellenhofer* 书,§ 1 Rn. 3;前引〔1〕,*Gernhuber/Coester-Waltjen* 书,§ 1 Rn. 5 f.

〔7〕 前引〔1〕,*Gernhuber/Coester-Waltjen* 书,§ 1 Rn. 4.

〔8〕 前引〔5〕,*Muscheler* 书,Rn. 71 ff.;前引〔1〕,*Gernhuber/Coester-Waltjen* 书,§ 1 Rn. 11.

〔9〕 前引〔5〕*Wellenhofer* 书,§ 9 Rn. 14;前引〔1〕,*Gernhuber/Coester-Waltjen* 书,§ 1 Rn. 11.

〔10〕 前引〔1〕,*Gernhuber/Coester-Waltjen* 书,§ 1 Rn. 11;这里涉及的是(至少也涉及)劳动市场政策的任务。

〔11〕 前引〔1〕,*Gernhuber/Coester-Waltjen* 书,§ 1 Rn. 11.

〔12〕 *Tao*,Anmerkungen zur Kodifikation des chinesischen Ehe-und Familienrechts, in: Bu, Der Besondere Teil der chinesischen Zivilrechtskodifikation, 2019, S. 153, 155.

〔13〕 前引〔12〕,*Bu* 主编书,S. 153, 157.

〔14〕 前引〔12〕,*Bu* 主编书,S. 153, 173 f.

〔15〕 前引〔1〕,*Gernhuber/Coester-Waltjen* 书,§ 1 Rn. 7.

〔16〕 前引〔2〕,*Voppel*,in: Staudinger, BGB, Einl. § 1297 Rn. 6;前引〔1〕,*Gernhuber/Coester-Waltjen* 书,§ 1 Rn. 7.

〔17〕 前引〔1〕,*Gernhuber/Coester-Waltjen* 书,§ 1 Rn. 7.

大家庭（除了继承法）尤其与扶养义务相关。[18]

在中国，大家庭的帮助对于抚养（外）孙子女和赡养老年人同样具有重要作用。[19] 许多年轻的父母要面对工作上极大的挑战，他们没有什么时间来照顾子女。[20] 协调家庭和职业经常是困难的。[21] 老年的父母同样也依赖子女的帮助，因为在中国并非所有公民都有养老金请求权。[22]

二、家庭法

（一）概念和体系

1. 德国法中的家庭法

广义上的家庭法包括"与家庭成员之间的法律关系以及家庭或其成员与外部的法律关系（包括应该适用的法律以及法律的实施等问题）"。[23] 与此同时，作为私法的家庭法（比如在扶养法领域）显示出与公法——尤其是与社会法——的交汇之处。[24]

符合潘德克顿体系的《德国民法典》（BGB）第四编的家庭法应被理解为狭义上的家庭法。[25] 其他的法律，比如《供养补偿法》，尤其是对其的补充。[26] 在《德国民法典》中，家庭法位于物权法（第三编）和继承法（第五编）之间。与继承法相似，家庭法同样是关于一个社会生活领域的债法、物权法和人身关系法律规则的总和。[27] 家庭法从《德国民法典》第 1297 条到第 1921 条，规定了各个家庭成员的法律地位，他们

---

〔18〕　前引〔2〕，*Voppel*，in：Staudinger，BGB，Einl. § 1297 Rn. 6.

〔19〕　前引〔12〕，*Bu* 主编书，S. 153，154 f.

〔20〕　前引〔12〕，*Bu* 主编书，S. 153，154.

〔21〕　*Eberl-Borges*，Einführung in das chinesische Recht，2018，Rn. 425.

〔22〕　前引〔12〕，*Bu* 主编书，2019，S. 153，155.

〔23〕　前引〔1〕，*Gernhuber/Coester-Waltjen* 书，§ 1 Rn. 22；相似观点，Palandt/*Brudermüller/Götz*，BGB，79. Aufl. 2020，Einl. v. § 1297 Rn. 1.

〔24〕　前引〔1〕，*Gernhuber/Coester-Waltjen* 书，§ 1 Rn. 22；前引〔3〕*Koch*，in：Münch Komm-BGB，Einl. FamR Rn. 58；批评（观点）前引〔23〕，Palandt/*Brudermüller/Götz* 书，Einl. v. § 1297 Rn. 1.

〔25〕　*Rauscher*，Familienrecht，2. Aufl. 2008，Rn. 60；前引〔3〕*Koch*，in：Münch Komm-BGB，Einl. FamR Rn. 41；前引〔1〕，*Gernhuber/Coester-Waltjen* 书，§ 1 Rn. 23；前引〔3〕，徐涤宇文，第 106 页.

〔26〕　前引〔2〕，*Voppel*，in：Staudinger，BGB，Einl. § 1297 BGB Rn. 35.

〔27〕　前引〔3〕*Koch*，in：Münch Komm-BGB，Einl. FamR Rn. 41，44.

之间的人身和财产关系以及由此引起的权利和义务。[28] 除了有关民事婚姻（第
1297 条及其以下）和亲属关系（第 1589 条及其以下）的条款外，《德国民法典》第四编
还包括有关监护、保佐和照管的规定（第 1773 条及其以下）。最后一章被置于第四编
之中被认为是值得讨论的，[29] 但这是基于历史而形成的。[30] 如果家庭法上没有特
殊规则，则适用《德国民法典》总则部分（第 1 条至第 240 条）。[31] 但是也还是要注
意没有被明确规定的家庭法的独特之处和特性。[32] 债法规则也同样适用，但是债
法的一部分规则已经被第四编修正了。[33]

2.《中国民法典》中的家庭法

在中国，在婚姻和家庭法法典化并进入《中国民法典》（ZGB）之前，家庭法由《婚
姻法》和《收养法》组合而成。[34] 在《中国民法典》中，婚姻和家庭的相关规定位于第
五编第 1040 到第 1118 条。第五编分为五章。家庭法通则考虑到了家庭法中的人身
关系和债法中的纯粹财产关系的不同以及中国文化的需求，被置于最前面。[35] 紧
随其后的是有关婚姻缔结、亲属关系、离婚和收养的规定。家庭法规则以婚姻为基
础，婚姻是家庭法律关系的起点。[36] 中国家庭法的长度比《德国民法典》第四编短
很多。[37]

（二）家庭法的任务和意义

家庭法的任务是反映生活实际并制定合适的规则。这个法律领域的规定与社
会观念有着特别紧密的联系。[38] 早在 1959 年，德国联邦宪法法院就已经明确指出

---

[28] 前引[1]，*Gernhuber/Coester-Waltjen* 书，§ 1 Rn. 24；前引[25]*Rauscher* 书，Rn. 58；s.
auch 前引[2]，*Voppel*，in：Staudinger，BGB，Einl. § 1297 Rn. 41.

[29] 前引[3]，*Koch*，in：Münch Komm-BGB，Einl. FamR Rn. 53 ff.，59；s. 前引[25]*Raus-cher* 书，Rn. 58.

[30] 前引[2]，*Voppel*，in：Staudinger，BGB，Einl. § 1297 Rn. 7.

[31] 前引[23]，Palandt/*Brudermüller/Götz* 书，Einl. v. § 1297 Rn. 2；前引[1]，*Gernhuber/Coester-Waltjen* 书，§ 1 Rn. 24.

[32] 前引[2]，*Voppel*，in：Staudinger，BGB，Einl. § 1297 Rn. 47；前引[3]*Koch*，in：Münch Komm-BGB，Einl. FamR Rn. 77.

[33] 前引[3]，*Koch*，in：Münch Komm-BGB，Einl. FamR Rn. 78.

[34] 前引[12]，*Bu* 主编书，S. 153，157.

[35] 前引[12]，*Bu* 主编书，S. 153，158；前引[3]，徐涤宇文，第 106 页。

[36] 前引[3]，徐涤宇文，第 107 页。

[37] 前引[3]，徐涤宇文，第 106 页，第 108 页。

[38] 前引[2]，*Voppel*，in：Staudinger，BGB，Einl. § 1297 Rn. 37.

家庭法的基本原则来自"法律之外的生活秩序"。[39] 中国的法学也是从同样的前提出发的,即"亲属间的一般生活关系规范是早于法律存在的人类伦理规范"。[40]

在德国私法中,家庭法规范——尤其是在夫妻法律关系领域——本质上被认为是建构家庭关系的指导性模板。[41] 家庭法规范首先要保障自治,国家由此完成其作为守卫者的义务。[42] 因此过去的强制性规范减少了。[43] 虽然除了夫妻法律关系之外的家庭法主要是强制性的。[44] 为了实现家庭法的开放性和灵活性,产生了需要具体化的一般规则、不确定法律概念和抽象的构成要件。[45] 为避免对一方不利的责任分担,夫妻财产制契约和有关离婚效果的约定需要经受《德国民法典》第138条第1款的法院审查。[46] "……如果离婚效果法中的核心领域的规则被协议完全地或者绝大部分地废除了,并且由此产生的对于夫妻一方的不利益并没有通过其他的利益而得到缓和,或者夫妻双方的关系、他们追求并安排的婚姻类型或者得利一方的其他的重要利益也不能得到合理化",根据联邦法院的判决可以认为这个协议是违反善良风俗的。[47] 为了与实际上的变化和不断发展的社会观念保持同步,德国的婚姻法就像其他地方的婚姻法一样,隶属于一个持续经历根本性改变和不断被改革的法律领域。[48]

---

〔39〕　BVerfG, Urt. v. 29.7.1959, 1 BvR 205/58 u.a., BVerfGE 10, 59, 66 = NJW 1959, 1483.

〔40〕　前引〔3〕,徐涤宇文,第106页及其以下。

〔41〕　前引〔1〕, *Gernhuber/Coester-Waltjen* 书, § 1 Rn. 18;前引〔3〕*Koch*, in: Münch Komm-BGB, Einl. FamR Rn. 62.

〔42〕　前引〔1〕, *Gernhuber/Coester-Waltjen* 书, § 1 Rn. 18 f.;前引〔2〕, *Voppel*, in: Staudinger, BGB,Einl. § 1297 Rn. 39 f.;前引〔3〕*Koch*, in: Münch Komm-BGB,Einl. FamR Rn. 248 f.

〔43〕　43 前引〔1〕, *Gernhuber/Coester-Waltjen* 书, § 1 Rn. 19.

〔44〕　前引〔3〕*Koch*, in: Münch Komm-BGB, Einl. FamR Rn. 61 f.;前引〔23〕,Palandt/ *Brudermüller/Götz* 书,Einl. v. § 1297 Rn. 2;前引〔2〕, *Voppel*, in: Staudinger, BGB, Einl. § 1297 Rn. 44.

〔45〕　前引〔1〕, *Gernhuber/Coester-Waltjen* 书, § 1 Rn. 32 f.

〔46〕　前引〔3〕*Koch*, in: Münch Komm-BGB, Einl. FamR Rn. 64.

〔47〕　BGH, Urt. v. 11.2.2004, XII ZR 265/02, BGHZ 158, 81, 100 = NJW 2004, 930, 935.

〔48〕　前引〔3〕,徐涤宇文,第106页,第110页;s. hierzu 前引〔5〕*Wellenhofer* 书, § 1 Rn. 3 f.; *Koch*, in: Münch Komm-BGB, 8. Aufl. 2019, Einl. FamR Rn. 79 ff.;前引〔2〕, *Voppel*, in: Staudinger, BGB, Einl. § 1297 Rn. 111 ff.

在中国,社会变革同样影响了家庭法。[49] 在中国社会中,家庭法拥有着很重要的位置;[50]鉴于中国经济的发展以及与之伴随的公民在经济领域的可能性,婚姻法变得更重要。[51] 从有关中国法典化的文献中可知,尽管相比于其他法律领域,婚姻和家庭法内容较少,公众的注意力和兴趣却在婚姻和家庭法的变化上。[52] 社会的发展使得对这个领域的调整显得更加迫切。[53]

(三) 家庭法的法律比较

由于法律和历史、社会、宗教以及文化条件的交融,家庭法领域的法律比较不仅对法学,对社会学同样也是有所裨益的。[54] 而且,不应仅仅局限在法律领域,而必须整体性地理解家庭的概念和含义。对于要取得的成果来说,相应的比较标准的运用是决定性的。[55] 因此必须要在文化和社会存在特殊性——规则反映的是文化和社会的特殊性——这一背景下,看待和评价这些规则。[56]

三、对基本原则和所选规则的比较

(一) 婚姻法

婚姻法被规定在《德国民法典》第四编第一章第 1297 条至第 1589 条,包括有关作为婚姻预备阶段的婚约[57]、婚姻缔结(结婚能力,禁止结婚,缔结婚姻)、婚姻的废止、婚姻的效力、夫妻财产制、离婚以及离婚法律效果的规则(尤其是离婚后的扶养)。在《中国民法典》中,除了收养一章之外,第五编的其他章节都包含有关婚姻法

---

〔49〕　*Pißler/Zhu*, in: Binding/Pißler/Xu, Chinesisches Zivil-und Wirtschaftsrecht, 2015, Kap. 7 Rn. 7; *Alford/Shen*, Have You Eaten? Have You Divorced? Debating the Meaning of Freedom in Marriage in China, in: Kirby, Realms of Freedom in Modern China, S. 234, 238 ff.; 前引〔3〕,徐涤宇文,第 106 页。

〔50〕　前引〔11〕,*Bu* 主编书,S. 153.

〔51〕　前引〔49〕,*Binding/Pißler/Xu* 主编书,Kap. 7 Rn. 7.

〔52〕　前引〔11〕,*Bu* 主编书,S. 153.

〔53〕　前引〔11〕,*Bu* 主编书,S. 153,181.

〔54〕　前引〔1〕,*Gernhuber/Coester-Waltjen* 书, § 2 Rn. 1.

〔55〕　前引〔1〕,*Gernhuber/Coester-Waltjen* 书, § 2 Rn. 1.

〔56〕　前引〔4〕,*Bu* 主编书,chap. 20 No. 11.

〔57〕　Scholz/Kleffmann/Doering-Striening/*von der Tann*, Praxishandbuch Familienrecht, Teil N Rn. 9; *Erbarth*, Ansprüche bei Beendigung eines Verlöbnisses, FPR 2011, 89, 90.

的规则。这是由于（家庭法的）法典化的框架是由《婚姻法》和《收养法》搭建起来的。[58]《中国民法典》中的家庭法主要致力于婚姻法，而《德国民法典》的家庭法包括其他部分。[59]

1. 结婚的法定年龄

缔结婚姻的前提条件是想要结婚的人具有结婚能力。《德国民法典》第 1303 条第 1 款规定了结婚的法定年龄。据此，在德国，（当事人）在成年以前不能缔结婚姻。这旨在保护未成年人免于强迫婚姻，[60]并且这符合大多数欧洲国家的规则，即缔结婚姻的当事人双方都必须满 18 岁。[61] 在此考虑的是缔结婚姻者必要的人身成熟，这份成熟被认为在成年的时候就是存在的。[62] 鉴于《基本法》确立的结婚自由和未成年人的自我决定权，将成年作为要件有时候遭到批评。[63]

在中国，根据《婚姻法》第 6 条第 1 句的规定，男子的结婚年龄不得早于 22 岁，女子不得早于 20 岁，这是旨在鼓励人们晚些缔结婚姻和组建家庭。[64]《中国民法典》第 1047 条保留了这一相比于德国较高的结婚年龄。与此同时，在新的法典中男子和女子的结婚年龄不同。鉴于《中国民法典》第 1041 条和第 1055 条规定了在婚姻中男女平等，上述规则遭到批评，因为担心（形成）男子的主导地位。[65] 但是这里要考虑的是，婚姻中可能的权力不平等并非一定是由于不同的年龄，而是实质上与其他的因素有关，比如性格、执行力、（经济上和社会上的）不独立或者受教育状况。生理上的成熟度被用来解释男子较高的结婚年龄，但是到了这个年龄生理上的成熟度仍发挥很大作用，是值得怀疑的。[66]

2. 法定财产制

德国婚姻法和中国婚姻法都规定了法定财产制。即使在夫妻双方对财产关系没有约定的情况下，基于法律而存在的财产制也保证了存在对夫妻财产关系的规

---

〔58〕　前引〔12〕，*Bu* 主编书，S. 153，158.

〔59〕　见下文三、（二）有关监护法的论述。

〔60〕　批评（观点）见 *Coester-Waltjen*，Kinderehen-Neue Sonderanknüpfungim EGBGB，IPRax 2017，429.

〔61〕　*Dethloff*，Familienrecht，32. Aufl. 2018，§ 3 Rn. 58.

〔62〕　前引〔61〕，*Dethloff* 书，§ 3 Rn. 22.

〔63〕　前引〔1〕，*Gernhuber/Coester-Waltjen* 书，§ 9 Rn. 7.

〔64〕　*Bu*，Einführung in das Recht Chinas，2. Aufl. 2017，§ 11 Rn. 2；前引〔21〕，*Eberl-Borges* 书，Rn. 420.

〔65〕　前引〔12〕，*Bu* 主编书，S. 153，159 f.

〔66〕　前引〔12〕，*Bu* 主编书，S. 153，160.

定。[67] 从这个意义上说法定财产制具有"补充功能"。[68] 立法者决定将哪种模式作为法定财产制取决于当以"模板式婚姻"为基础时，哪种财产制通常能够导出合理的并且最符合实际的财产法规则。[69] 如果现实生活中的婚姻模式与立法者所想象的不同，就会背道而驰。[70] 由于婚姻生活形态的多样性和各个家庭经济状况的极大差别，一个不加区分的对于所有人公平的统一化的体系是不可能的。[71] 在这种情况下，赋予夫妻合同自由并且保障他们可以构建不同的财产规则——尤其是通过选择财产制——就是有意义的。[72] 除此之外，也可以基于规则强度来区分不同的法定财产制。[73]

（1）德国的增益共同所有制

在德国，如果夫妻双方没有通过公证的夫妻财产制契约约定不同的财产制（《德国民法典》第 1408 条、第 1410 条），根据《德国民法典》第 1363 条第 1 款，就要适用作为法定财产制的增益共同所有制。根据第 1363 条第 2 款，这意味着夫妻任何一方的财产并不会因为婚姻的缔结而成为共同财产。这同样适用于缔结婚姻之后夫妻一方取得的财产。在增益共同所有制解体的时候，婚姻存续期间夫妻双方获得的增益要被平分。因此，夫妻双方在财产制解体时才参与另一方的财产增长，在婚姻存续期间即增益共同所有制期间，并不存在法律或者财产共同体。[74] 毋宁说增益共同体从根本上来说呈现的是财产分别所有的体系。[75] 增益补偿立足的思想是，婚姻存续期间取得的收益是基于夫妻双方的成果，这与在外工作和家务劳动的设置和分配无关。[76] 但是（夫妻一方获得的）受赠物和遗产并非由于婚姻经济共同体而产生，因此无论是婚前还是婚姻存续期间发生的受赠物和遗产，它们都不属于增益。[77] 根据《德国民法典》第 1374 条第 2 款的规定，它们都不会使得负担补偿义务的财产

---

〔67〕　前引〔25〕，*Rauscher* 书，Rn. 353.

〔68〕　前引〔25〕，*Rauscher* 书，Rn. 357.

〔69〕　前引〔25〕，*Rauscher* 书，Rn. 354，356；前引〔3〕*Koch*，in：Münch Komm-BGB，Rn. 8.

〔70〕　前引〔3〕，*Koch*，in：Münch Komm-BGB，Rn. 9 ff.；前引〔1〕，*Gernhuber/Coester-Waltjen* 书，§ 30 Rn. 4.

〔71〕　前引〔1〕，*Gernhuber/Coester-Waltjen* 书，§ 30 Rn. 11.

〔72〕　前引〔3〕，*Koch*，in：Münch Komm-BGB，Rn. 11.

〔73〕　前引〔1〕，*Gernhuber/Coester-Waltjen* 书，§ 30 Rn. 6.

〔74〕　前引〔3〕，*Koch*，in：Münch Komm-BGB，§ 1363 BGB Rn. 6.对于概念的批评参见前引〔1〕，*Gernhuber/Coester-Waltjen* 书，§ 33 Rn. 2.

〔75〕　BeckOGK-BGB/*Szalai*，Stand 1.5.2020，§ 1363 Rn. 13.另一种观点参见 *Braga*，Die „subjektive Theorie"oder was sonst?，FamRZ 1967，652，653 f.

〔76〕　前引〔5〕，*Wellenhofer* 书，§ 16 Rn. 1 f.

〔77〕　前引〔5〕，*Wellenhofer* 书，§ 16 Rn. 11.

增长。

　　根据《德国民法典》第 1364 条的规定,原则上来说,个人财产的管理由个人独自负责。然而,根据《德国民法典》第 1365 条和第 1369 条的规定,管理要受到一定程度的限制。根据《德国民法典》第 1365 条第 1 款第 1 句的规定,夫妻一方只有在另一方同意的情况下才能负担处分自己的全部财产的义务。根据《德国民法典》第 1369 条的规定,也只有在另一方同意的情况下,夫妻一方才能处分或者负担处分属于自己的家庭用具的义务。这些限制是绝对的让与禁止(此观点并非不存在争议)[78],从而导致了一种"归属被削弱的主观权利"。[79]但不能由此而导出一种理性的并且为了家庭利益而管理财产的一般化的义务。[80]并且,法定规则并不包含对交易的保护。[81]处分限制的适用基本上不取决于交易第三方对其适用的知情。[82]根据德国联邦最高法院的判决,在特定情况下,《德国民法典》第 1365 条的适用需要补充主观要件。[83]除此之外,《德国民法典》第 1362 条规定了有利于夫妻一方的债权人的所有权推定规则。根据《德国民法典》第 1362 条第 1 款第 1 句,为了夫妻一方的债权人,推定被配偶一方或配偶双方占有的动产属于作为债务人的配偶一方。根据《德国民法典》第 1362 条第 2 款的规定,专为配偶一方个人使用的物不适用上述规则。

　　《德国民法典》规定了作为选择财产制的分别所有制(《德国民法典》第 1414 条)和共同所有制(《德国民法典》第 1415 条及其以下)。夫妻双方也可以对上述的财产制进行修正或者约定一个其他的财产制模式。[84]根据《德国民法典》第 1408 条第 1

---

　　[78]　BGH, Urt. v. 13.11.1963, V ZR 56/62, BGHZ 40, 218 = NJW 1964, 347; *Dörr*, Ehewohnung, Hausrat, Schlüsselgewalt, Verfügungsbeschränkungen des gesetzlichen Güterstands und vermögensrechtliche Beziehungen der Ehegatten in der Entwicklung seit dem 1. EheRG, NJW 1989, 810, 814; *Brandt*, Die „klassischen"Modifikationen des gesetzlichen Güterstands, RNotZ 2015, 117, 121; BeckOK-BGB/*Siede/Cziupka*, 54. Ed. 1.5.2020, § 1365 Rn. 2; 前引[5], *Wellenhofer* 书, § 14 Rn. 1.另一种观点参见前引[3], *Koch*, in: Münch Komm-BGB, § 1365 Rn. 10; 前引[25], *Rauscher* 书, Rn. 382.

　　[79]　前引[1], *Gernhuber/Coester-Waltjen* 书, § 34 Rn. 6.

　　[80]　*Budzikiewicz*, in: Erman, BGB, 15. Aufl. 2017, § 1364 Rn. 3; *Thiele*, in: Staudinger, BGB, 2017, § 1364 Rn. 6;前引[1], *Gernhuber/Coester-Waltjen* 书, § 33 Rn. 5; a. A. *Gamillscheg*, in: Erman, BGB, 12. Aufl. 2008, § 1364 BGB Rn. 2.

　　[81]　前引[1], *Gernhuber/Coester-Waltjen* 书, § 34 Rn. 15.

　　[82]　前引[25], *Rauscher* 书, Rn. 386.

　　[83]　BGH, Urt. v. 26.2.1965, V ZR 227/62, BGHZ 43, 174 = NJW 1965, 909; BGH, Urt. v. 25.6.1993, V ZR 7/92, BGHZ 123, 93 = NJW 1993, 2441; BGH, Beschl. v. 21.2.2013, V ZB 15/12, DNotZ 2013, 686; s. hierzu auch *Liessem*, Guter Glaube beim Grundstückserwerb von einem durch seinen Güterstand verfügungsbeschränkten Ehegatten, NJW 1989, 497.

　　[84]　前引[25], *Rauscher* 书, Rn. 353.

款的规定,此时需要相应的夫妻财产制契约,夫妻财产制契约要满足公证形式(《德国民法典》第 1410 条)。然而,实践中夫妻财产制方面的合同自由很少被利用。[85] 这可能是因为夫妻双方并不知道他们享有建构(夫妻财产制)的机会,以及他们对此持有无所谓的态度。[86]

(2) 中国的婚后所得共同制

中国婚姻法的法定财产制是婚后所得共同制。[87]《中国民法典》第 1062 条所列的财产标的物属于夫妻双方的财产共同体。属于此类的是工资以及其他由夫妻双方在婚姻存续期间取得的收入。这些财产成为夫妻双方的共同财产。[88]《中国民法典》第 1063 条所明确的财产标的物,比如婚前财产或者一方专用的生活用品,属于夫妻一方的个人财产。根据《中国民法典》第 1062 条和第 1063 条的规定,遗嘱或赠与合同中确定只归一方的财产为个人财产,其他情形则为共同财产。由此,婚后所得共同制是部分或有限的共同所有制。[89] 婚后所得共同制处于共同所有制和分别所有制之间,财产共同体只是涉及特定的一部分财产,或者说特定的一部分财产不属于财产共同体。[90] 因此在中国,夫妻的财产被区分为共同财产和夫妻一方的个人财产。[91] 根据《中国民法典》第 1062 条的规定,夫妻对共同的财产有平等的处理权。对于个人财产的单独处分不受限制地属于该夫妻一方。[92]

在中国,虽然根据传统的理解,婚姻不仅仅是生活共同体,也是财产共同体,但是自 2001 年以来,夫妻双方可以决定不采取婚后所得共同制这一法定财产制,他们可以约定作为选择财产制的共同所有制或者分别所有制。[93] 新的法典保留了这一规定,该规定位于《中国民法典》第 1065 条。根据该规定,夫妻双方需要通过书面协议来实现对于财产制的选择。如果没有约定就适用作为法定财产制的婚后所得共同制。根据《中国民法典》第 1065 条的规定,只有在第三人知道夫妻双方之间存在相关约定时,分别财产制的效力才能对抗第三人。由此创造了在外部关系中的信赖保

〔85〕 前引〔1〕,*Gernhuber／Coester-Waltjen* 书,§ 30 Rn. 12.

〔86〕 前引〔1〕,*Gernhuber／Coester-Waltjen* 书,§ 30 Rn. 12.

〔87〕 前引〔64〕,*Bu* 书,§ 11 Rn. 5;前引〔21〕,*Eberl-Borges* 书,Rn. 423;前引〔12〕,*Bu* 主编书,S. 153,162;前引〔49〕,*Binding／Pißler／Xu* 主编书,Kap. 7 Rn. 21.

〔88〕 前引〔21〕,*Eberl-Borges* 书,Rn. 423;前引〔64〕,*Bu* 书,§ 11 Rn. 5.

〔89〕 前引〔64〕,*Bu* 书,§ 11 Rn. 5;前引〔21〕,*Eberl-Borges* 书,Rn. 423 Fn. 478;前引〔49〕,*Binding／Pißler／Xu* 主编书,Kap. 7 Rn. 21.

〔90〕 前引〔49〕,*Binding／Pißler／Xu* 主编书,Kap. 7 Rn. 21.

〔91〕 前引〔49〕,*Binding／Pißler／Xu* 主编书,Kap. 7 Rn. 21.

〔92〕 前引〔49〕,*Binding／Pißler／Xu* 主编书,Kap. 7 Rn. 21.

〔93〕 前引〔21〕,*Eberl-Borges* 书,2018,Rn. 423.

护。〔94〕适用选择财产制的决定在中国的实践中同样非常罕见,〔95〕虽然并不存在更高的形式要求。

（3）（岳）父母的给予

在适用中国的家庭法时,尤其与实践相关的是,在婚后所得共同制框架下父母赠与或者岳父母赠与时的财产归属问题。〔96〕首先,给予的时间点具有决定性意义。根据《中国民法典》第 1062 条的规定,只有在赠与发生在婚姻存续期间时,赠与物才属于共同财产。此时还要根据《中国民法典》第 1062 条和第 1063 条区分是否在赠与合同中已经明确财产只属于夫妻一方。在实践中最重要的不动产赠与中,这样的宣称可以通过（客观）情况来得出。〔97〕

在德国家庭法的法定财产制即增益共同所有制中,赠与一方的赠与物就像婚前或者婚姻存续期间取得的财产一样属于夫妻一方的个人财产。无论赠与发生在何时,赠与物都被排除在增益补偿之外（《德国民法典》第 1374 条第 2 款）。由此,既不会发生财产共同所有（的情形）,也不会导致另一方通过增益补偿来分享赠与物——前提是只要赠与人只想将财产标的物给予夫妻一方。如果赠与人旨在给予夫妻双方,此时双方按份取得财产标的物,通常是各方对半共有。〔98〕从结果上来说,此时对于赠与的解释也是决定性的。有疑义时被给予物只属于夫妻一方的推定是不存在的。〔99〕

3. 家事代理权

在德国,根据《德国民法典》第 1357 条第 1 款,夫妻任何一方都有权处理旨在适当满足家庭生活需要的事务,且效力及于夫妻另一方。这些事务使得夫妻双方都享有权利和承担义务,除非其他情况推出别的结果。借鉴在家庭主妇型婚姻框架下将钥匙交给妻子的早期含义,这些规则就被称为家事代理权。〔100〕这导致了对于债权

---

〔94〕　前引〔49〕,*Binding/Pißler/Xu* 主编书,Kap. 7 Rn. 26.

〔95〕　前引〔49〕,*Binding/Pißler/Xu* 主编书,Kap. 7 Rn. 26.

〔96〕　前引〔49〕,*Binding/Pißler/Xu* 主编书,Kap. 7 Rn. 23.

〔97〕　前引〔49〕,*Binding/Pißler/Xu* 主编书,Kap. 7 Rn. 23.

〔98〕　前引〔3〕,*Koch*, in: Münch Komm-BGB, § 1374 Rn. 29; s. 对于夫妻按份共有的论述参见前引〔25〕,*Rauscher* 书,Rn. 480.

〔99〕　OLG Düsseldorf, Urt. v. 9.2.1994, 5 UF 17/91, NJW-RR 1994, 1411; OLG Celle, Urt. v. 10.5.2002, 22 U 119/01, BeckRS 2002, 4237.

〔100〕　前引〔5〕,*Wellenhofer* 书, § 10 Rn. 1; 前引〔1〕,*Gernhuber/Coester-Waltjen* 书, § 19 Rn. 25.

人更高程度的保护,因此由于变迁的生活事实而广受批评。[101]《德国民法典》第 1357 条既不是债权人针对夫妻另一方的请求权基础,也不是法定代理的形式,它包含的最有可能是一种法定的负担授权。[102] 一般来说该条的教义学定位导致了很大的困境,导致它被称为"《德国民法典》的异物"。[103] 根据通说,《德国民法典》第 1357 条并不具有物权效力。[104] 根据《德国民法典》第 1357 条第 2 款,夫妻双方可以约定对另一方的家事代理权进行限制或者排除。但是,根据《德国民法典》第 1357 条第 2 款第 2 句和第 1412 条的规定,只有在夫妻财产制登记簿上存在对于上述排除或限制的登记时或者第三人知情时,对于家事代理权的限制或排除才可以对抗第三人。第三人并不需要知晓《德国民法典》第 1357 条第 1 款的成立要件;家事代理权的法律效果基于法律而发生,这并不取决于第三人究竟是否知晓与他交易的另一方是已婚人士。[105]《德国民法典》第 1357 条第 1 款引起《德国民法典》第 421 条意义上的夫妻双方的连带债务。[106] 根据《德国民法典》第 428 条的规定,债务人则可以随意向夫妻任何一方履行。[107]

《中国民法典》第 1060 条是与《德国民法典》第 1357 条相似的规则。[108] 由此为了满足日常生活需求而进行的法律行为所导致的债务是夫妻双方的共同债务,除非

---

[101] 仅参见前引〔1〕,*Gernhuber/Coester-Waltjen* 书,§ 19 Rn. 25 f.;*Luther*, Vom Ende der Schlüsselgewalt, FamRZ 2016, 271;*Zintl/Singbartl*, Tempora mutantur- § 1357 BGB ein Relikt aus vergangenen Tagen?, NJOZ 2015, 321;*Brudermüller*, Schlüsselgewalt und Telefonsex, NJW 2004, 2265, 2269 f.

[102] *Schwab*, Familienrecht, 27. Aufl. 2019, Rn. 169;前引〔5〕*Wellenhofer* 书,§ 10 Rn. 3;*Roth*, in: Münch Komm-BGB, 8. Aufl. 2019, § 1357 Rn. 10;*Diederichsen*, Die allgemeinen Ehewirkungen nach dem 1. EheRG und Ehevereinbarungen, NJW 1977, 217, 221.另一种观点参见前引〔5〕,*Muscheler* 书,Rn. 332 (法定代理);前引〔25〕,*Rauscher* 书,Rn. 275 (家庭法上的一般权限).

[103] 参见前引〔101〕,*Zintl/Singbart* 文,第 321、323 页.

[104] BGH, Urt. v. 13.3.1991, XII ZR 53/90, BGHZ 114, 74 = NJW 1991, 2283;*Budzikiewicz*, in: Jauernig, BGB, 17. Aufl. 2018, § 1357 Rn. 8;前引〔61〕,*Dethloff* 书,4 Rn. 69.另一种观点参见前引〔102〕,*Schwab* 书,Rn. 199 ff.

[105] 前引〔25〕,*Rauscher* 书,Rn. 280;前引〔102〕,*Schwab* 书,Rn. 186.

[106] 前引〔104〕,*Budzikiewicz*, in: Jauernig, BGB, § 1357 Rn. 6;前引〔25〕,*Rauscher* 书,Rn. 282.

[107] *Roth*, in: MüKo BGB, 8. Aufl. 2019, § 1357 Rn. 41;前引〔1〕,*Gernhuber/Coester-Waltjen* 书,§ 19 Rn. 43;前引〔25〕,*Rauscher* 书,Rn. 282.

[108] 对于《中国民法典草案》的论述参见 *Bu*, Hintergrund, Bestandsaufnahme und Anmerkungenzum BT ZGB-mit dem Vertrags-und ErbrechtimFokus, in: Bu, Der BesondereTeil der chinesischenZivilrechtskodifikation, 2019, S. 3, 38.

夫妻双方有其他的约定。如果夫妻一方从事的法律行为超越了这个限度,所产生的债务就是该行为人的个人债务。[109] 在这种情况下,只有夫妻双方共同签名或者夫妻一方对合同进行事后追认,才会成立共同债务。[110] 根据《中国民法典》第 1060 条,在因家庭日常生活需要而实施民事法律行为时,夫妻也可以作出与法律规则不同的约定。但是对于家事代理范围的限制并不能对抗善意相对人。根据有别于旧法的关于夫妻共同债务的规则,共同债务不再能够仅仅因为夫妻婚姻共同体而成立,只有在涉及日常生活需要或者夫妻双方共同行为时才能成立共同债务。[111]

4. 离婚

(1) 法庭离婚还是庭外离婚?

在德国,法院独揽离婚(事务)。[112] 根据《德国民法典》第 1564 条第 1 句的规定,离婚只能在夫妻一方或双方提出离婚申请时由法院来判决。根据《家事事件和非讼事件程序法》第 116 条第 1 款的规定,判决由家事法院以决议作出。经由法律行为性质的协议来离婚是不可能的。[113] 这一方面是为了实现法律的明晰性,另一方面是为了保护当事人和查明是否满足离婚要件。[114] 鉴于与离婚相关的高昂的诉讼和律师费用,以及家庭法院的超负荷,也有关于庭外离婚和放开法院独揽从而有利于法律行为因素的考虑。[115] 但是,迄今为止,这方面的努力并没有得到落实。[116] 德国《基本法》上的考虑以及对于共同子女和较弱的夫妻一方的保护都反对家庭法

---

[109]　前引〔108〕,*Bu* 主编书,S. 3, 38.

[110]　前引〔108〕,*Bu* 主编书,S. 3, 38.S. 3, 38.

[111]　前引〔12〕,*Bu* 主编书,S. 153, 164.

[112]　前引〔25〕,*Rauscher* 书,Rn. 495;BeckOGK-BGB/*Coester-Waltjen*,Stand 1.5.2020,§ 1564 Rn. 30.

[113]　*Grziwotz*,Vereinbarungen zum Ehescheidungsverfahren selbst nach neuem Recht,FPR 2009,519;*Rauscher*,Familienrecht,2. Aufl. 2008,Rn. 495.

[114]　前引〔25〕,*Rauscher* 书,Rn. 495;*Weber*,in:Münch Komm-BGB,8. Aufl. 2019,§ 1564 Rn. 3;前引〔112〕,BeckOGK-BGB/*Coester-Waltjen*,§ 1564 Rn. 31 f.

[115]　*Born*,Vereinfachtes Scheidungsverfahren-Lockvogelangebot oder ernsthafte Alternative?,FamRZ 2006,829,830;*von Bar*,in:Staudinger,BGB,2018,Vorbem. zu § § 1564 - 1568 Rn. 102 ff.;前引〔114〕,*Weber*,in:Münch Komm-BGB,Vor § 1564 Rn. 20;前引〔25〕,*Rauscher* 书,Rn. 495a;s. auch *Heiderhoff*,Aktuelle Fragen zum Scheidungs-und Scheidungsverbundverfahren,NZFam 2018,533,540 ff.

[116]　前引〔114〕,*Weber*,in:Münch Komm-BGB,Vor § 1564 Rn. 20;前引〔115〕,*von Bar*,in:Staudinger,BGB,Vorbem. zu § § 1564 - 1568 Rn. 107 ff.

做出变化。[117]

在中国,根据《中国民法典》第 1076 条的规定,合意离婚可以通过夫妻双方签订书面离婚协议来实现。但是,即使是合意离婚也不能在没有国家参与下通过私下的书面协议而发生,根据《中国民法典》第 1076 条的规定,合意离婚必须在婚姻登记机关做出离婚登记申请。从结果上来看,合意离婚要经过官方程序。[118] 和结婚一样,离婚也需要夫妻双方亲自到场(《中国民法典》第 1049 条和第 1076 条)。如果离婚不能基于双方合意,那么在中国也只能通过法院(《中国民法典》第 1079 条)。

早在 2004 年,《婚姻法》第 31 条就明确了简化行政程序这一方向,与之相伴的是中国离婚率的升高。[119] 为了遏制不断升高的离婚率,[120]《中国民法典》第 1077 条规定了 30 天的"冷静期",据此,在 30 天之内撤回离婚登记申请成为可能。

(2) 破裂原则

在德国家庭法中,根据《德国民法典》第 1565 条第 1 款第 1 句的规定,如果婚姻已经破裂,则可以离婚。唯一的离婚原因就是婚姻的破裂。如果夫妻生活共同体不再存在并且不能再期待夫妻双方重新建立起生活共同体,婚姻就被认为是破裂了(《德国民法典》第 1565 条第 1 款第 2 句)。在德国,1977 年时破裂原则取代了过错原则,后者以严重的违背婚姻义务为前提并且"有过错"的夫妻一方的扶养请求权会受到影响。[121]《德国民法典》第 1566 条包含了推定规则,这有利于来确定婚姻是否破裂。据此,如果夫妻双方分居一年并且双方都申请离婚或者被申请的夫妻一方同意离婚,就可以以不可反驳的方式推定婚姻破裂(《德国民法典》第 1566 条第 1 款)。如果并非双方都想要离婚,则根据《德国民法典》第 1566 条第 2 款的规定,如果夫妻双方已经分居三年,则不可反驳地推定婚姻已经破裂。如果存在特别的苛刻情况,可以根据《德国民法典》第 1565 条第 2 款的规定,在经过法定分居年限后离婚。此时原因必须在于夫妻另一方。[122]

---

[117]　前引〔115〕,*Born* 文,830 ff.;前引〔115〕,*von Bar*,in:Staudinger,BGB,Vorbem. zu §§ 1564 - 1568 Rn. 111 ff.;differenzierend *Kirchhof*,Förderpflicht und Staatsferne,FamRZ 2007,241,247 f.;前引〔114〕,*Heiderhof* 文,541 f.

[118]　前引〔49〕,*Binding/Pißler/Xu* 主编书,Kap. 7 Rn. 28.

[119]　前引〔21〕,*Eberl-Borges* 书,2018,Rn. 424.

[120]　批评参见前引〔3〕,徐涤宇文,第 106 页,第 111 页。

[121]　前引〔5〕,*Wellenhofer* 书,§ 20 Rn. 3.

[122]　比如 OLG Köln,Beschl. v. 9.10.2002,27 WF 187/02,FamRZ 2003,1565;OLG München,Beschl. v. 28.7.2010,33 WF 1104/10,NJW-RR 2011,77;OLG Dresden,Beschl. v. 16.4.2012,23 UF 1041/11,NJW-RR 2012,1284;OLG Düsseldorf,Beschl. v. 2.4.2013,I - 3 Wx 147/12,BeckRS 2013,19212;zu den Einzelfällen*Rauscher*,in:Staudinger,BGB,2018,§ 1565 Rn. 164 ff.

中国的离婚法也是立足于破裂原则。[123] 根据《中国民法典》第 1079 条的规定，如果夫妻双方感情已经破裂，就可以通过法院判决离婚。如果夫妻双方已经因为感情不和分居满两年，就认为（感情）已经破裂。[124]

（3）不动产的分割

在中国，实践中有重要意义的是离婚时不动产的分割，因为不动产经常构成财产的大部分，并且不动产价格的上涨也是值得注意的。[125] 传统上，丈夫在他的父母的支持下购买不动产并带入婚姻。[126] 如果按揭贷款之后由夫妻双方的共同财产偿还，产生的问题就是离婚时该不动产属于谁。[127] 根据《婚姻法》司法解释（译者推测作者在此根据的是《最高人民法院关于适用〈中华人民共和国婚姻法〉若干问题的解释（三）》第 10 条），不动产是将该不动产带入婚姻的一方的个人财产，但夫妻另一方可以获得对于还贷支付的款项及其相对应的增值部分的价值补偿。[128]

在德国，不动产属于不动产登记簿中被登记为所有权人的一方。如果只有夫妻一方被登记在不动产登记簿上，结婚也不会改变该方的单独所有权。所有权关系不受结婚影响。[129] 在夫妻另一方参与了不动产贷款偿还时也是如此。通过偿还按揭贷款，夫妻另一方不得取得不动产登记簿之外的对于不动产的共同所有。对于清偿的参与使得夫妻一方的财产增加了，因为他的债务减少了。这种情况被认为是所谓的未命名的给予或者由婚姻决定的给予（unbenannte oder ehebedingte Zuwendungen）。"如果夫妻一方将自己的财产给予夫妻另一方并且没有对待给付，但是给予方却期待继续'参与'对于被给予的财产标的物的使用"，就存在由婚姻决定的给予。[130] 给予的法律原因是婚姻的存续。[131] 在法定财产制中，根据《德国民法典》第 1380 条的规定，在离婚和补偿增益时会考虑到该给予并将其认定为先前所受领的财产。[132] 先前所受领的财产要在增益补偿请求权中进行折抵，这会减少增益补偿。

---

[123]　前引〔49〕，*Binding/Pißler/Xu* 主编书，Kap. 7 Rn. 33.

[124]　前引〔21〕，*Eberl-Borges* 书，Rn. 424.

[125]　前引〔49〕，*Binding/Pißler/Xu* 主编书，Kap. 7 Rn. 40；*Chang*，No Gold Diggers：China's Protection of Individual Property Rights in the New Marital Property Regime，George Wash. Int. Law Rev. 2013，172.

[126]　前引〔125〕，*Chang* 文，第 172 页；前引〔49〕，*Binding/Pißler/Xu* 主编书，Kap. 7 Rn. 41.

[127]　前引〔49〕，*Binding/Pißler/Xu* 主编书，Kap. 7 Rn. 41.

[128]　前引〔49〕，*Binding/Pißler/Xu* 主编书，Kap. 7 Rn. 41.

[129]　前引〔5〕，*Wellenhofer* 书，§ 12 Rn. 1.

[130]　前引〔1〕，*Gernhuber/Coester-Waltjen* 书，§ 19 Rn. 65.

[131]　前引〔5〕，*Wellenhofer* 书，§ 18 Rn. 2.

[132]　前引〔5〕，*Wellenhofer* 书，§ 18 Rn. 2.

此时的前提条件是被给予方拥有补偿请求权,因为《德国民法典》第 1380 条并不包含给予方返还请求权。[133] 在过高的先前给予情形中,《德国民法典》第 1380 条并不禁止给予方根据《德国民法典》第 1378 条第 1 款主张针对被给予方的增益补偿请求权。[134] 在这种情形中,被给予人必须根据一般规则将一半增益补偿给予人。[135] 在不动产增值的情形中,离婚时夫妻另一方在增益补偿的框架内拥有要求对增值进行补偿的请求权。

(二) 父母照顾、监护和法律上的照管

监护被规定在《德国民法典》第四编第三章第 1773 条及以下。自 1992 年起,在德国法中监护法律制度只适用于未成年人;不再存在对于成年人的监护,[136]取而代之的是法律上的照管。这个法律制度不再与成年人丧失行为能力相联系,[137]而是在具体个案中判断当事人是否需要扶助。根据《德国民法典》第 1896 条第 2 款第 1句,照管人仅得在照顾属必要的职责范围内被选任。法律上的照管的前提条件是成年人因心理疾患或身体上、精神上或心灵上的残疾而完全或部分地不能处理其事务。照管人被选任的职责范围必须被具体化。[138] 对于被照管人所有事务的照管只有在例外情况下才可能。[139] 通过个案审查,被照管人的自我决定权尽可能地得到了保障。[140] 考虑到当事人的(个人)自治,夫妻或者近亲属拥有法定代理权的建议

---

[133]　前引〔25〕,*Rauscher* 书,§ 17 Rn. 429;前引〔23〕,Palandt/*Brudermüller/Götz* 书,§ 1380 Rn. 15;前引〔80〕,*Budzikiewicz*, in: Erman, BGB, § 1380 Rn. 12.

[134]　前引〔3〕*Koch*, in: Münch Komm-BGB, § 1380 Rn. 2;前引〔80〕,*Budzikiewicz*, in: Erman, BGB, § 1380 Rn. 12.

[135]　BGH, Urt. v. 26.11.1981, IX ZR 91/80, BGHZ 82, 227, 232 ff. = NJW 1982, 1093, 1094;BGH, Urt. v. 10.7.1991, XII ZR 114/89, BGHZ 115, 132, 135 ff. = NJW 1991, 2553, 2554 f.

[136]　前引〔25〕,*Rauscher* 书,Rn. 1193;前引〔1〕,*Gernhuber/Coester-Waltjen* 书,§ 72 Rn. 1, § 78 Rn. 1.

[137]　前引〔1〕,*Gernhuber/Coester-Waltjen* 书,§ 78 Rn. 1.

[138]　BayObLG, Beschl. v. 3.6.2002, 3Z BR 94/02, NJOZ 2002, 2390, 2391;BayObLG, Beschl. v. 24.8.2001, 3Z BR 274/01, FÜR 2002, 203;BayObLG, Beschl. v. 25.7.1994, 3Z BR 97/94, BayObLGZ 1994, 209, 211 f.

[139]　BayObLG, Beschl. v. 3.6.2002, 3Z BR 94/02, NJOZ 2002, 2390, 2391 f.;BayObLG, Beschl. v. 22.10.1996, 3Z BR 178/96, NJW-RR 1997, 834.

[140]　前引〔1〕,*Gernhuber/Coester-Waltjen* 书,§ 78 Rn. 2 ff.

被驳回。[141] 根据《德国民法典》第 1897 条第 5 款,仅在选任照顾人时才考虑血统关系或者其他个人联系。与此同时,也存在通过意定监护预先指定(《德国民法典》第 1896 条第 2 款第 2 句)、照管处分(《德国民法典》第 1897 条第 4 款)以及病人处分(《德国民法典》第 1901a 条)等可能。[142]

对于未成年人来说,首要的是《德国民法典》第 1626 条规定的父母照顾,这包括《德国民法典》第 1629 条第 1 款第 1 句规定的对于子女的代理。只有未成年人不处于父母照顾之下或者父母在与人身有关或财产有关的事务中无权代理该未成年人的,监护人才会被选任。在这些情况中监护取代父母照顾。[143] 如果想到监护情形下的未成年人和代理人的关系很少与家庭有关系,相关规则位于《德国民法典》第四章这一体系定位就使人产生合理怀疑。[144] 如果说监护指向了父母照顾的规则而与家庭法产生必要的联系,法律上的照管制度则完全缺少这种联系。[145] 仅仅历史角度可以解释这一定位,即照管和保佐是从监护中分立、"生长"出来的。[146]

在中国法中,监护并非家庭法的一部分,而是位于《中国民法典》总则编关于自然人的一章中的第 26 条到第 39 条。中国法以更广义的监护为基础。[147] 未成年人和成年人都可以据此有监护人。对于未成年人来说,父母照顾和监护都被规定在这一章中并且是在同一概念之下。[148] 中国法并不存在父母照顾这一概念,[149] 毋宁可以将监护从功能上理解为父母照顾。[150] 就像德国法那样,对于子女的人身和财产事务的照顾以及对于子女的代理都被包含在其中。[151] 离婚后对子女的监护也基本上是不受改变,继续存在。[152] 根据《中国民法典》第 1084 条,父母和子女之间的关

---

[141] 前引〔1〕,*Gernhuber/Coester-Waltjen* 书,§ 78 Rn. 5;s. dazu *Dutta*,Gesetzliche Beistandschaft unter Ehegatten und Lebenspartnern bei Handlungsunfähigkeit?,FamRZ 2017,581;*Diekmann*,Reformdiskussion zur Änderung des Betreuungsrechts,FPR 2004,678,680.

[142] s. *Bühler*,Vorsorgevollmacht zur Vermeidung einer Gebrechlichkeitspflegschaft oder Betreuung,BWNotZ 1990,1;*Eplle*,Die Betreuungsverfügung,BWNotZ 1992,27;*Albrecht/Albrecht*,Die Patientenverfügung -jetzt gesetzlich geregelt,MittBayNot 2009,426.

[143] 前引〔25〕,*Rauscher* 书,Rn. 1206.

[144] 相似观点参见前引〔3〕,*Koch*,in:Münch Komm-BGB,Einl. FamR Rn. 54.

[145] 前引〔3〕,*Koch*,in:Münch Komm-BGB,Einl. FamR Rn. 54 f.

[146] 前引〔2〕,*Voppel*,in:Staudinger,BGB,Einl. § 1297 Rn. 7.

[147] 前引〔4〕,*Bu* 主编书,chap. 20 No. 40.

[148] 前引〔21〕,*Eberl-Borges* 书,Rn. 270;前引〔12〕,*Bu* 主编书,S. 153,168.

[149] 前引〔49〕,*Binding/Pißler/Xu* 主编书,Kap. 7 Rn. 46.

[150] 前引〔49〕,*Binding/Pißler/Xu* 主编书,Kap. 7 Rn. 46.

[151] 前引〔49〕,*Binding/Pißler/Xu* 主编书,Kap. 7 Rn. 47.

[152] 前引〔49〕,*Binding/Pißler/Xu* 主编书,Kap. 7 Rn. 48.

系不因父母离婚而消除。离婚后,父母对于子女仍有抚养、教育、保护的权利和义务。学术文献认为关于监护的规则太少并且不够具体化,尤其是现在由于人口老龄化和与之相随的各种疾病比如失智症的增多,成年监护会有很重要的作用。[153] 根据《中国民法典》第 27 条,父母是未成年子女的监护人。未成年人的父母已经死亡或者没有监护能力的,则由其他人担任未成年人的监护人。《中国民法典》第 27 条按顺序规定了可以担任监护人的主体。首先是祖父母和外祖父母承担监护人的角色,然后是未成年人的兄、姐。将监护转移给其他人则是最后的可行方法。父母的其他权限和义务位于《中国民法典》第五编第三章的父母和子女关系中。比如《中国民法典》第 1068 条规定父母有教育和保护未成年子女的权利和义务。

对成年人的监护被规定在《中国民法典》第 28 条。如果成年人成为无民事行为能力人或者限制民事行为能力人,则需要监护人。在这种情况中法律也规定了可能的监护人顺序。对于成年人来说,近亲属和配偶也被规定为优先的监护人。根据《中国民法典》第 33 条,为了应对自己将来可能丧失或者部分丧失民事行为能力的情况,成年人也可以事先确定一个监护人。在《中国民法典》第 36 条规定的前提要件下可以撤销原监护并且确定另一个人为监护人。

四、结论

比较德国家庭法和中国家庭法的基本原则,除了了解到社会和文化所决定的不同之处外,还可以认识到二者在基本理念、规则目的和规则目标方面的相同之处,尤其是在夫妻财产法的领域。立法者的任务是为不工作的夫妻一方找到一个在尽可能多的情况中可以导致合理结果的“补充财产制”,由于婚姻形式更加丰富多样以及以夫妻平等为特点的婚姻生活共同体的建构,上述挑战将会变得更加严峻。但明显的是,在实践中,两个法秩序中的约定可能性都很少被使用。尽管如此,大趋势还是在婚姻法中保证更大程度的自治。显而易见的还有,中国的立法者在规定婚姻和家庭法时使用了明显少的条文。即使这有时候会招致批评,[154]但仍然可以借机审视缩减德国家庭法的可能性。首先可能可以着手的是有争议的“作为历史遗物”的家事代理制度。[155]

---

[153]　前引〔108〕,*Bu* 主编书,S. 3, 36 f.;前引〔12〕,*Bu* 主编书,S. 153, 168, 170;前引〔21〕,*Eberl-Borges* 书,Rn. 270.

[154]　前引〔3〕,徐涤宇文,第 108 页。

[155]　参见前引〔101〕,*Zintl/Singbart* 文,第 321 页.

中德法学论坛

第 18 辑·下卷,第 95～114 页

中国民法典继承编:继承法改革前的法典化

［德］彼得·A·温德尔* 著

雷巍巍** 译

摘　要:与此前适用的 1985 年《中华人民共和国继承法》相比,新颁布的《中华人民共和国民法典》继承法仅仅进行了一些非实质性改革。除了大部分可以追溯到《最高人民法院关于贯彻执行〈中华人民共和国继承法〉若干问题的意见》的小补充之外,新《中华人民共和国民法典》的继承法只是将强制性的遗产管理作为改革核心。而家庭法也基本停留在法典编纂之前适用的单行法层面,这对法定继承产生了影响。总的来说,继承法仍然迫切地需要改革,以便适当地应对近几十年来经济繁荣之后预计将会出现的遗产继承潮。

关键词:继承法;概括继承;遗嘱;遗产管理;遗产责任

Abstract:Compared to the previously applicable Law of Succession of The People's Republic of China 1985, the law of succession of China's new Civil Code has undergone only a few non-substantive reforms. Except for most of the minor additions that can be traced back to the Opinions on Several Issues concerning the Implementation of Law of Succession of The People's Republic of China, the law of succession of China's new Civil Code only has put the mandatory estate administration at the heart of the reform. The family law also remains largely at the level of the special regulation applicable prior to the codification, which has an impact on statutory succession. Overall, the law of succession of China remains in urgent need of reform in order to adequately respond to the wave of succession that is expected

---

　*　彼得·A.温德尔(Peter A. Windel):德国波鸿大学民法及民事诉讼法教席教授。

　**　雷巍巍:中国计量大学法学院、知识产权学院讲师,中国计量大学质量发展法治保障研究中心研究员。

to follow the economic boom of recent decades.

Key words：Law of Succession；Universal Succession；Testament；Estate Administration；Estate Liability

一、继承法的法律性质和客体

(一) 概览

卡尔·米夏埃利斯(Karl Michaelis)，我学术上的师祖(akademischer Großvater)，有时会以如下方式进行口试:"A 去世了。那接下来会发生什么?" 回答这一问题的答案就在于，当今的继承法是什么，而当今的继承法又不再是什么:继承法是遗属的财产法，它不是死亡法(Totenrecht)，也不是家庭法。前者是指死者的财产已不再作为死者的陪葬品，不论是实物还是象征性的，如兵马俑;后者是指死者去世后，所涉及的不再是和家庭财产相关的未来的管理问题，而是涉及在继承发生前后已单独分配给各个家庭成员的财产的移转问题。

在笔者的印象中，所有伟大的文化都经历了这样一个发展过程，即先从死亡法的角度考虑继承问题，之后再从家庭法的角度考虑，最后才在更为清醒的意义上从财产法的角度对其进行考虑。当然，这并不意味着人们对家庭中有关死亡、继续生存和传承的观念已经与继承法完全无关。相反，它们继续构成当代继承法的文化框架条件[1]，并且对被继承人特定的动机状况产生了深刻影响。[2]

继承法的其他框架条件则是由不同继承法各自的政治、经济和社会制度构成。这些框架条件决定了，在多大范围内允许私人继承，私人财产以及一份遗产如何因此得以形成，并且继承法在多大程度上功能性地服务于社会保障。适当的继承法应考虑到所有这些方面，此外还应当尝试使一个民族的人口得以公平发展。

最后，不只是继承法的一项框架条件，同时也是一项前置条件的则是与生前适用的财产法的区分(Ausdifferenzierung)。[3] 这是因为继承法以遗产的形式涵盖了被继承人在其所能构建之状态下的所有财产。从这一点来看，继承法也始终是一般

---

〔1〕 有关欧洲的情况具体参看 *Windel*，Über die Modi der Nachfolge in das Vermögen einer natürlichen Person beim Todesfall，1998，S. 195 ff.有关中国的情况参看 *Lei Weiwei*，Flexibilisierungstendenzen bei den gesetzlichen Erbquoten im chinesischen Erbrecht-Eine rechtsvergleichende Evaluation，2020，S. 125 ff.；*Eberl-Borges*，Erbrechtsreform in China，in：Eberl-Borges/Wang Qiang，Erbrecht in der VR China，2015，S. 29，47 ff.

〔2〕 *Windel*，a.a.O.，S. 52，bes. 55 ff.

〔3〕 *Windel*，a.a.O.，S. 1 ff.

性的财产法，就像透过聚光镜一般，得以在一个特别危急的情况下——正是在权利主体丧失时——被聚焦在一起。

（二）中国的继承法

按照前文所述，中国民法典继承编与目前中国继承法的框架条件并不相符（本节第 1 部分）。稍做改善的仅仅只是于生前适用的财产法的前置条件（本节第 2 部分）。

1. 基础

除了相当小的修订之外，《中华人民共和国民法典》继承编（以下简称《民法典》继承编）与 1985 年的《中华人民共和国继承法》（以下简称《继承法》）相对应，[4] 而该法本身又受到 1922 年及 1964 年苏俄继承法的影响。[5] 中国法律文化传统虽然得到了广泛的讨论，但在 1985 年才被有限地考虑到。[6]

现代中国社会主义和苏联社会主义不同这一事实，其实应该在 20 世纪 50 年代末开始[7]，从两国逐渐产生的分歧中就已经很明显了。不过，苏联法律直到 1985 年仍然作为中国民事立法的参考；其继承法正是以这种特殊的方式对中国的民事立法产生了影响。苏联计划经济的模式，无论是在政治上，抑或是在经济上，都不适合如今的中华人民共和国社会主义市场经济，这一点则是毋庸置疑的。[8]

鉴于当时的独生子女政策，对于外部观察者而言无法理解的是，为什么早在 1985 年的《继承法》中就如此强烈地强调兄弟姐妹的地位（《继承法》第 10 条第 1 款第 2 项，如今的《民法典》第 1127 条第 1 款第 2 项）；无论如何，在可预见的将来，主要需处理的必定是独生子女的继承案件。[9] 另一个值得一提的人口因素则是自 1985

---

〔4〕《中华人民共和国继承法》，1985 年 4 月 10 日第六届全国人民代表大会第三次会议通过，德文译本参看 *Frank Münzel*，Chinas Recht Ⅲ.4 - 10.4.1985/1（www.chinas-recht.de）。

〔5〕 *Eberl-Borges*，Erbrechtsreform in China，in：Eberl-Borges/Wang Qiang，Erbrecht in der VR China，2015，S. 29，39 f.；*Lei Weiwei*，Flexibilisierungstendenzen bei den gesetzlichen Erbquoten im chinesischen Erbrecht-Eine rechtsvergleichende Evaluation，2020，S. 74 ff.，93 ff.；*Yang Lixin*，Key Points on Revisions of the *Draft* to the *Succession Series of the Civil Code*，China Law 2019，112，113 f.，120.

〔6〕 *Lei Weiwei*，a.a.O.，S. 97 - 101.

〔7〕 对此只需参看 *Lei Weiwei*，a.a.O.，S. 76 以及在 Fn. 211 中。

〔8〕 对此基本可参看 *Yang Lixin*，China Law 2019，112，113 f.，120.

〔9〕 放弃独生子女政策后，出生率能否持续上升还有待观察。如果答案是肯定的，继承法就需要重新考虑了。

年以来预期寿命的增加。与国民福利的增加[10]和社会保障体系的扩大相联系的
则是，从 1985 年《继承法》转入《民法典》第六编的继承法对保障功能的强烈强调
客观上正在进一步下降，[11]尽管这一功能可能仍然根植于中国人的法律情感
之中。[12]

2. 客体和界限

（1）继承的客体

在可继承性（Vererblichkeit）没有被排除的前提下，被继承人的财产均适用继承
法。目前《中华人民共和国民法典》（本文中简称《民法典》）第 1122 条比《中华人民共
和国继承法》（本文中简称《继承法》）第 3 条更好地表述了这一一般原则[13]，因为
《继承法》仍以列举原则为出发点，列举了可继承的财产组成部分。[14]然而，这并不
构成实质性的创新，因为除了前面所单独列举的财产之外，《继承法》第 3 条第 7 项已
经规定了"其他合法财产"。哪些权利客体（Rechtsgegenstände）在死亡时仍然存在
并且应被归为财产的组成部分，则必须在每个案件中分别予以确定。[15]

（2）继承的界限

与德国的增益共有制（《德国民法典》第 1371 条和第 1931 条第 4 款）相比，在中国，一
名配偶的继承（Erbfolge eines Ehegatten）范围与夫妻财产法（Güterstandsrecht）得到
了更为清晰的法律划分。[16]根据《民法典》第 1153 条，已故配偶在作为法定夫妻财
产制（《民法典》第 1062 条）的婚后财产共有制（Errungenschaftsgemeinschaft）中的

---

[10] 通常情况下，进行继承的是那些已经有经济来源的子女。

[11] *Lei Weiwei*，Flexibilisierungstendenzen bei den gesetzlichen Erbquoten im chinesischen
Erbrecht-Eine rechtsvergleichende Evaluation, 2020，S. 112 - 125，尤其是 124；其中 S. 122 - 124
论述了目前仍然存在的城市和农村之间的差距。

[12] 对这点的强调参看 *Eberl-Borges*，Erbrechtsreform in China, in：Eberl-Borges/Wang
Qiang，Erbrecht in der VR China，2015，S. 29，46 - 48.

[13] *Windel*，Über die Modi der Nachfolge in das Vermögen einer natürlichen Person beim
Todesfall，1998，S. 1 ff.

[14] *Yang Lixin*，Key Points on Revisions of the Draft to the Succession Series of the Civil
Code，China Law 2019，112.

[15] 一般性的，参看 *Windel*，Über die Modi der Nachfolge in das Vermögen einer
natürlichen Person beim Todesfall，1998，S. 2 f.；相关例子则参看 *Winkler*，Der digitale Nachlass
in Deutschland und der VR China-eine rechtsvergleichende Betrachtung；in：Bu Yuanshi, Der Be-
sondere Teil der chinesischen Zivilrechtskodifikation，2019，S. 185 ff.

[16] 有关增益补偿的评估问题参看 Jaeger/*Windel*，InsO Bd. Ⅷ（2020），§ 325 Rn. 16.

份额，也不是像德国法规定的延续财产共有制（Fortgesetzte Gütergemeinschaft，[17]
《德国民法典》第 1483 条及以下各条）那样，"绕过继承法"，而是像德国法规定的"简
单"财产共有制（《德国民法典》第 1482 条）那样根据一般规则进行继承。

根据《中华人民共和国合伙企业法》[18]第 50 条，一家合伙企业（eines Partner-
schaftsunternehmens）合伙人份额（Anteil）的继承，与德国法律规定的个人合伙（《德
国商法典》第 139 条，将来可能是《德国民法典》第 711 条第 2 款及第 724 条[19]）的份
额继承一样，是通过特别继承（Sondererbfolge）实现的。这是对概括继承原则
（Prinzips der Universalsukzession）[20]（《德国民法典》第 1922 条）的突破，而这一原
则在中国也得到承认。[21]由于合伙企业或个人合伙中的份额往往具有相当大的财
产价值，因此遗产债务责任是讨论的核心点。[22]在中国，这个问题似乎还没有得到
足够明确的认识。

关于德国继承法规范范围的另一个核心问题是，财产在多大程度上可以通过利
益第三人合同（Verträge zugunsten Dritter）（《德国民法典》第 328 条、第 331 条及以

---

[17]　《德国民法典》第 1415 条规定，夫妻双方可以通过婚姻财产契约约定财产共有制
（Gütergemeinschaft，又被称为财产一般共有制），使原本属于夫妻双方各自的财产转化为双方共
同共有的财产（第 1416 条第 1 款第 1 句）。如果夫妻一方死亡，该财产制因为死亡导致的婚姻解除
而自然终止，但是按照《德国民法典》第 1483 条的规定，夫妻双方可以在夫妻财产契约中进一步约
定，财产一般共有制在仍生存的夫妻一方与共同的晚辈直系血亲之间继续延续下去，这就是所谓的延续
财产共有制（Fortgesetzte Gütergemeinschaft），对此可参看 *Wellenhofer*，Familienrecht，5. Aufl.，
2019，S. 94——译者注。

[18]　全国人民代表大会常务委员会于 2006 年 8 月 27 日修订通过的《中华人民共和国合伙
企业法》，德文译本参看 *Frank Münzel*，Chinas Recht 2006.11 - 27.8.2006/1（www.chinas-recht.
de）.

[19]　这是按照德国联邦司法及消费者保护部的计划，《个人合伙法现代化法（Maurach 草
案）》（Mauracher Entwurf für ein Gesetz zur Modernisierung des Personengesellschaftsrechts），访
问网址：https.//www. bmjv. de/SharedDocs/Downloads/DE/News/PM/Modernisierung _ Per-
sonengesellschaftsR.html。在中国，一般民法和商法，尤其是与企业法之间的差别很显然是毫无疑
问的，参看和目前仍然生效的《德国民法典》文本中第 727 条相对应的《民法典》第 977 条。

[20]　*Windel*，Über die Modi der Nachfolge in das Vermögen einer natürlichen Person beim
Todesfall，1998，S. 126 ff.，150 ff.

[21]　*Wang Qiang*，Das chinesische Erbrecht im rechtswissenschaftlichen，-linguistischen
und-terminologischen Vergleich mit dem deutschen-unter Berücksichtigung der Erbrechtsreform in
der VR China，in：Eberl-Borges/Wang Qiang，Erbrecht in der VR China，2015，S. 61，74 f.

[22]　对此参看 Dazu *Windel*，Über die Modi der Nachfolge in das Vermögen einer natürlichen
Person beim Todesfall，1998，S. 278 ff.；Jaeger/*Windel*，Insolvenzordnung，Bd. Ⅷ（2020），§
315 Rn. 128 ff.

下各条）而在死亡时"绕过遗产"，亦即绕过继承法规范。这对继承法的分割规定和继承法的责任规定都带来了危险。[23] 由于依据中国法也可以订立利益第三人合同（《民法典》第 522 条），因此在中国法上也会出现这个问题。尤其是结构上相类似的，在死亡时借助信托（Treuhand）向利益第三人赠与（Zuwendung）的方式可能会变得越来越重要。因为根据《中华人民共和国信托法》（本文中简称《信托法》）[24]第 15 条，只有当委托人是唯一受益人时，信托财产才会被纳入遗产当中。与此相反的是，如果第三人——无论是继承人还是外人，例如情妇等——也仅是共同受益而已，那么这种取得似乎就完全发生在继承法之外了。

　　与通过信托的死亡时赠与不同，目前对死亡时设立信托（Errichtung einer Treuhand mit dem Todesfall）有非常明确的规定（《信托法》第 8、13 条，在《继承法》中没有相应规定的《民法典》第 1133 条第 4 款）。然而，当被继承人的财产应受到长期集中保管时[25]，却不存在与《德国民法典》第 83 条及以下各条相当的，就此而言与信托规定相一致的死因（von Todes wegen）设立基金会（Stiftung）（《民法典》第 87 条第 2 款，第 92 条及以下各条）的规定。中国法上这一立法缺失的原因可能在于，基金会作为"非营利性法人"只是在《民法典》总则编通过后才（重新）得到正式的承认。[26] 但是，立法上的缺失可能会导致问题的产生，因为在《德国民法典》第 84 条制定之前，德国就是否允许死因设立基金会曾产生过巨大争议。[27] 或许通过类推适用《民法典》第 1133 条第 4 款的结论可以帮助克服这一问题。

---

　　〔23〕 *Windel*，Über die Modi der Nachfolge in das Vermögen einer natürlichen Person beim Todesfall，1998，S. 162 ff.，334 ff.，455 ff.；Jaeger/*Windel*，Insolvenzordnung，Bd. Ⅷ（2020），§ 315 Rn. 152 ff.

　　〔24〕 全国人民代表大会常务委员会于 2001 年 4 月 28 日通过的《中华人民共和国信托法》，德文译本参看 *Frank Münzel*，Chinas Recht 2001.5 - 28.4.01/1（www.chinas-recht. de/010428. htm）.

　　〔25〕 对此参看 *Windel*，Über die Modi der Nachfolge in das Vermögen einer natürlichen Person beim Todesfall，1998，S. 200 f.

　　〔26〕 对此参看 *Tong Zhang*，Klassifizierung der juristischen Personen im Sinne des Allgemeinen Teils des chinesischen Zivilgesetzbuchs：Reformen und Probleme，in：Möllers/Li，The General Rules of Chinese Civil Law，2018，S. 131，138 f.，147 f. 就笔者个人所了解到的立法工作来看，由于难以理解德国民法或税法中的经济/非经济以及营利/非营利这两对对立概念，导致讨论的负担巨大。

　　〔27〕 *Becker*，Der Städel-Paragraph（§ 84 BGB），in：FS Heinz Hübner，1984，S. 21 ff.

二、法定继承

（一）私继承法之范围

"公民的私有财产的继承权"受到《中华人民共和国宪法》第 13 条第 2 款保障。[28]然而，与此相对的是，《民法典》第 1127 条规定的亲属法定继承权被非常严格地限制在两个顺位，即配偶、子女和父母（第一顺位）以及兄弟姐妹和（外）祖父母（第二顺位）。尽管受到了大量的批评[29]以及存在各种改革建议[30]，但这一范围只是通过下列方式得到了略微的扩大，即《民法典》第 1128 条第 2 款所规定的兄弟姐妹之子女在其先于被继承人死时成为法定继承人。因此，与国际上相比较，在中国无继承人之遗产归国家所有而用于公益事业[31]或者归集体组织所有（《民法典》第 1160条）的危险就特别巨大。

我们不应该立即将立法者的克制批判为与社会主义市场经济不相适应的违宪行为。[32] 毋宁说毫无限制的私继承法具有偶然性，甚至可以说是让某人不劳而获的特征，尤其是当前一项一般性的遗产税[33]在中国看起来甚至尚未在立法计划之中。[34]笔者认为，一个可行的折中方案是，一方面极大地扩展法定继承人范围，但另一方面又规定对与被继承人关系较疏远的继承人必须缴纳遗产税（Erbschaftsteuer）。[35]

---

〔28〕　依据 2004 年 3 月 14 日通过的《中华人民共和国宪法修正案》第 22 条。

〔29〕　*Eberl-Borges*, Erbrechtsreform in China, in: Eberl-Borges/Wang Qiang, Erbrecht in der VR China, 2015, S. 29, 38 ff.; *Yang Lixin*, Key Points on Revisions of the *Draft* to the *Succession Series of the Civil Code*, China Law 2019, 112, 113 f.

〔30〕　Eberl-Borges/Wang Qiang 所编著, Erbrecht in der VR China , 2015, S. 135, 139 f. (§§ 14 ff. Entwurf *Liang Huixing* et al. 2011); 165, 168 ff. (§§ 1944 ff. Entwurf *Liang Huixing* et al. 2013); 195, 214 ff. (§§ 57 ff. Entwurf *Yang Lixin* 2012); *Yang Lixin*, Key Points on Revisions of the *Draft* to the *Succession Series of the Civil Code*, China Law 2019, 112, 114 ff.

〔31〕　与原《继承法》第 32 条相比，这一新修订可能会导致（过?）高的行政成本。

〔32〕　此一论述参看 *Yang Lixin*, Key Points on Revisions of the *Draft* to the *Succession Series of the Civil Code*, China Law 2019, 112, 113 f.

〔33〕　有关国家取得其遗产份额的正当性只需参看 *Savigny*, System des heutigen römischen Rechts，Bd. I, 1840, S. 382.

〔34〕　参看《财政部关于政协十二届全国委员会第五次会议第 0107 号（财税金融类 018 号）提案答复的函，财税函〔2017〕197 号，2017 年 8 月 27 日》，访问网址：http://szs.mof.gov.cn/jytawgk _8391/2017jytawgk/2017zxwytawgk/201710/t20171017_ 2726094.htm（访问时间为 2020 年 5 月 14 日）。此出处之提供归功于同事雷巍巍先生。

〔35〕　当然，对遗嘱继承也必须征收同样的税。

而关系密切的继承人可以完全免税，或者也可以借鉴德国法的规定（《德国遗产税法》第 16 条）获得适当的免税额度。

（二）具体的继承法制度

现行的继承法制度主要借鉴了原苏俄的继承法。[36] 而这一点已经与中国当前的政治及经济状况不相符了。此外，为了理解整体性问题，还需要回顾中国传统中的两个[37]要素，即对父母的孝道[38]（本节第 1 部分）和妻子从夫家居住（本节第 2 部分）。最后，中国家庭法的不足导致了相应的继承法问题（本节第 2 部分）。

1. 父母作为第一顺位继承人？

对父母的孝道所产生的影响在于，他们属于第一顺位的继承人。而这就产生了在寿命最长的父母一方去世时财产"横向外流"的危险。因为此时先于父母去世之子女的兄弟姐妹及其后代就继承了财产。[39] 此外，鉴于中国人均寿命也在逐渐延长[40]，父母通常并不需要遗产并且也不能再将其以"有利于生产和生活需要"的方式来使用了（参看《民法典》第 1156 条第 1 款）。因此，就这方面而言存在着改革的紧迫性。

2. 配偶以及儿媳和女婿的继承权

中国旧有的妻子从夫家居住的观念[41]不仅仅存留在将配偶硬性地分配在第一

---

〔36〕 *Eberl-Borges*, Erbrechtsreform in China, in: Eberl-Borges/Wang Qiang, Erbrecht in der VR China, 2015, S. 29, 38 ff.; *Yang Lixin*, Key Points on Revisions of the *Draft* to the *Succession Series of the Civil Code*, China Law 2019, 112, 113.

〔37〕 根据《最高人民法院关于贯彻执行〈中华人民共和国继承法〉若干问题的意见》第 20 条的规定："在旧社会形成的一夫多妻家庭中，子女与生母以外的父亲的其他配偶之间形成扶养关系的，互有继承权。"但这条是否还有适用之领域——例如在文化上受保护的少数族中——笔者无法判断。

〔38〕 *Yang Lixin*, Key Points on Revisions of the Draft to the Succession Series of the Civil Code, China Law 2019, 112, 115.

〔39〕 因此有学者正确地否定了这一规定，参看 *Yang Lixin*, Key Points on Revisions of the Draft to the Succession Series of the Civil Code, China Law 2019, 112, 115 f.

〔40〕 参看《国务院第六次全国人口普查领导小组办公室报告：我国人口平均预期寿命达到 74.83 岁》（2012 年 9 月 21 日），访问网址：http://www.stats.gov.cn/tjsj/ tjgb/rkpcgb/qgrkpcgb/201209/t20120921_30330.html（访问时间为 2020 年 5 月 14 日）。这一出处的提供也同样归功于同事雷巍巍先生。

〔41〕 尽管存在《民法典》第 1042 条第 1 款第 2 句的禁止性规定，在中国家庭法中始终存在（甚至还有所上涨的）彩礼的传统，参看 *Juan Tao*, Anmerkungen zur Kodifikation des chinesischen Ehe-und Familienrechts, in: Bu Yuanshi, Der Besondere Teil der chinesischen Zivilrechtskodifikation, 2019, S. 153, 161 f. 然而遗憾的是，最高人民法院司法解释中有关已给付之彩礼的解释（《最高人民法院关于适用〈中华人民共和国婚姻法〉若干问题的解释（二）》第 10 条）没有被纳入《民法典》当中。

顺位继承人中(《民法典》第 1127 条第 1 款第 1 项)，同时也存留在取决于赡养义务之履行(《民法典》第 1129 条〔42〕)的儿媳和女婿的继承权中。这一制度的正当性存在极大的争议。〔43〕如果想要坚持这一制度，有时甚至需要作出如下的澄清，即对公婆或者岳父母的继承并不排除对亲生父母的继承。〔44〕

对这两项继承权都应当再三进行斟酌。就配偶———从统计上看主要是妻子(der Frau)〔45〕———的继承权(Erbrecht)而言，首先要注意作为法定婚姻财产制的婚后财产共有制(《民法典》第 1062 条)的影响。按照《民法典》第 1153 条的规定，生存配偶既保有自己的婚姻财产份额，此外通常也是先死配偶婚姻财产份额的共同继承人。以德意志民主共和国 1965 年的《家庭法》第 39 条以及第 40 条第 3 款为示例，如果生存配偶对家庭财产的形成作出了特别贡献或者具有特别需求，那就必须根据婚姻财产制法考虑给予其额外的补偿金额。而与之相反的是，《民法典》第 1127 条第 1 款第 1 项中硬性的第一顺位继承权则阻碍了亲属继承权的差异化。因此，应当创设一种在每一情形下都灵活地同那些和配偶一起进行继承的亲属相联系的配偶继承权。〔46〕就此而言，《德国民法典》第 1931 条可供借鉴。

关于取决于赡养给付的儿媳和女婿的继承权，则应当考虑通常的情况，即大多数情况下所涉及的可能是儿媳照顾老人的问题。这就触及了需要结合实际情况进行处理的"生活团结(gelebte Solidarität)"的问题领域了。〔47〕

3. 亲属继承权

中国继承法关于(有血缘关系的)亲属继承权的规定，之前一直苦于家庭法中没

---

〔42〕 *Lei Weiwei*, Flexibilisierungstendenzen bei den gesetzlichen Erbquoten im chinesischen Erbrecht-Eine rechtsvergleichende Evaluation，2020，S. 48 f.指出了《最高人民法院关于贯彻执行〈中华人民共和国继承法〉若干问题的意见》第 29 条是将《继承法》第 12 条前身之规定补充其中。

〔43〕 相关的观点参看 *Eberl-Borges*, Erbrechtsreform in China, in: Eberl-Borges/Wang Qiang, Erbrecht in der VR China, 2015, S. 29, 42 m.w.N..目前对此表示否定的观点也可参看 *Yang Lixin*, Key Points on Revisions of the Draft to the Succession Series of the Civil Code, China Law 2019，112 f.

〔44〕 *Liang Huixing* 等 2011 年的草案第 16 条第 4 款以及 *Liang Huixing* 等 2013 年的草案第 1984 条第 2 款便是如此，*Eberl-Borges*, Erbrechtsreform in China, in: Eberl-Borges/Wang Qiang, Erbrecht in der VR China, 2015, S. 140 bzw. 170.对其进行了引述。

〔45〕 在中国，女性同样不仅寿命更长，而且也比男性更早结婚，参看王春霞：《〈中国幸福婚姻家庭抽样报告〉在京发布》，《中国妇女报》2015 年 1 月 27 日 A03 版。

〔46〕 具有说服力的观点参看 *Yang Lixin*, Key Points on Revisions of the Draft to the Succession Series of the Civil Code, China Law 2019，112，115，116.

〔47〕 参看下文五、(二)部分。

有关于亲属关系的规定，〔48〕而仅有《婚姻登记条例》和《收养法》两个单行法所做的规定。〔49〕然而，现在中国已经以《民法典》第 1045 条〔50〕的形式制定了关于亲属关系的一般规则。与德国法（《德国民法典》第 1589 条及以下各条）相反的是，亲属关系和姻亲关系在中国《民法典》中没有被加以严格区分。相反，配偶、血亲、姻亲作为一个整体被概括为"亲属"（《民法典》第 1045 条第 1 款），其中，配偶、父母、子女、兄弟姐妹、（外）祖父母和（外）孙子女构成"近亲属"的范围（《民法典》第 1045 条第 2 款）。最后，配偶、父母、子女和其他共同生活的近亲属都有资格成为"家庭成员"。

笔者认为，除了解决遗产税法的问题之外，〔51〕对法定继承权全面改革本来可以，甚至可能必须建立在这一规定的基础上。〔52〕遗憾的是，在修订继承法时没有抓住这个机会。因此，对于家庭继承权改革的各种深思熟虑的立法建议，〔53〕笔者暂时不做详细评论。唯一似乎明确的是，今后必须使财产流向直系亲属（Abfluss des Vermögens an die Abkömmlinge gerader Linie）处于优先地位。

三、意定继承

中国继承法不仅仅以遗嘱的形式（《民法典》第 1133—1144 条）容许意定继承的规范，而且允许遗赠扶养协议（《民法典》第 1158 条）。而后者会使人遥想起德国法上的继承合同（《德国民法典》第 2274—2302 条）。

（一）遗嘱处分

遗嘱自由实际上是没有限制的；既无特留份权，〔54〕也无遗产税，即使是家庭成员以外的人被指定为继承人时，也是如此。〔55〕只有《民法典》第 1141 条设置了一条

〔48〕　*Yang Lixin*，Key Points on Revisions of the Draft to the Succession Series of the Civil Code，China Law 2019，112，114.

〔49〕　*Tao Juan*，Anmerkungen zur Kodifikation des chinesischen Ehe-und Familienrechts，in：Bu Yuanshi，Der Besondere Teil der chinesischen Zivilrechtskodifikation，2019，S. 153，157 f.

〔50〕　这一提示归功于我的同事，汉堡马克斯·普朗克比较法和国际私法研究所（Max-Planck-Institut für ausländisches und internationales Privatrecht Hamburg）的皮斯勒（Pissler）先生。

〔51〕　参看上文二、（一）部分。

〔52〕　参看 *Yang Lixin*，Key Points on Revisions of the Draft to the Succession Series of the Civil Code，China Law 2019，112，114.

〔53〕　参看上文二、（一）部分后半段。

〔54〕　参看下文四部分。

〔55〕　参看上文二、（一）部分。

界限，即必须为不能自立的继承人保留必要的遗产份额。[56]可以说，遗嘱自由在中国至少享有和在德国一样高的地位，而在德国遗嘱自由对联邦宪法法院的判决具有很强的影响力。[57]

这种对遗嘱自由（Testierfreiheit）的高度重视是有些过度的，因为被继承人实际上并没有（keine eigentliche）通过死因处分在其私法自治（Privatautonomie）的范围内行使任何处分：私法自治上的处分不仅仅具有将财产移转给他人的功能。毋宁说，除此之外它们也是作出处分之人放弃权利客体并在未来继续受其约束的基础。而后面这两部分功能在死因处分的情况下是欠缺的，因为这两部分功能虽然在被继承人生前非常重要，但却没有法律效力：带走被继承人资产的是死亡，而并非是遗嘱；并非是被继承人自己，而是仍然在世的人要受其处分的约束。[58]即便是《中华人民共和国宪法》第 13 条第 1 款以及《德国基本法》第 14 条第 1 款第 1 句对此也没有任何改变。因此，在笔者看来，这两国法律制度的立法者在塑造继承权方面比我们两国普遍认为的要自由得多。

1. 遗嘱的订立和撤回

中国人从传统上来说较厌恶立遗嘱。打印遗嘱（《民法典》第 1136 条）和录像遗嘱（《民法典》第 1137 条第二种情形）则会对此有所改善。[59]录像遗嘱看起来是切合实际的，并可因此为一个特定的法律服务开辟一个新市场。无论如何，通过改革实现了与现代通信技术的接轨。[60]这将在多大程度上增加伪造的风险，则还有待观察。

在中国具有很大争议的是，遗嘱人或遗嘱见证人违反立遗嘱时注明日期（Datumsangabe）的规定会在多大程度上导致遗嘱（部分）无效。[61]按照德国法的理解，

---

[56] 笔者认为对此的违反并不影响遗嘱的效力，只需根据《民法典》第 1159 条第 2 句的规定，在分割遗产时将贫困者考虑在内即可。

[57] BVerfG, Beschl. v. 16.10.1984, 1 BvR 513/78, BVerfGE 67, 329, 340 (Juris-Rn. 35)-weichender Miterbe; BVerfG, Beschl. v. 19.1.1991, 1 BvR 21.61/94, BVerfGE 99, 341, 350 (Juris-Rn. 42)-Testierausschluss Taubstummer; BVerfG, Beschl. v. 19.4.2005, 1 BvR 1644/00, 1 BvR 188/03, BVerfGE 112, 332, 348 (Juris-Rn. 63)-Pflichtteilsentziehung.

[58] *Windel*, Über die Modi der Nachfolge in das Vermögen einer natürlichen Person beim Todesfall, 1998, S. 376 ff.

[59] *Eberl-Borges*, Erbrechtsreform in China, in: Eberl-Borges/Wang Qiang, Erbrecht in der VR China, 2015, S. 51 – 53.

[60] *Yang Lixin*, Key Points on Revisions of the Draft to the Succession Series of the Civil Code, China Law 2019, 112.

[61] *Yang Lixin*, Key Points on Revisions of the Draft to the Succession Series of the Civil Code, China Law 2019, 112, 117.

在这种情况下所涉及的并非是一个实体法上的效力问题，而是涉及对所主张的遗嘱订立的核查[62]和多份遗嘱的顺序。在产生疑问或存在争议的情况下，这一点才变得具有重要意义。也就是说，这一规定的功能体现在法院查明事实方面。[63]

类似的一个思考错误则构成了新增订的《民法典》第 1142 条第 2 款[64]的基础。根据该款规定，订立遗嘱之后遗嘱人实施与遗嘱处分相反的一项民事法律行为（Widerspruch eines Zivilrechtsgeschäftes）时，则视为对遗嘱处分的撤回。这么规定的原因其实在于这样一项行为——尤其是涉及出售一件被遗赠的物品时——已经对继承权产生了影响，因为继承权只涉及死亡那一时刻现存的财产（《民法典》第 1122 条第 1 款）。除这种情形之外，《民法典》第 1142 条第 2 款的规定有时就过于狭窄，有时又太过于宽泛了。这一点从下面的例子可以看出：被继承人将自己的宝马牌汽车遗赠给他人；在其去世时，遗产中却存在一辆奥迪牌汽车。通过遗嘱解释毫无疑问应该可以得出，受遗赠人要接受这辆奥迪汽车。在这种情况下，是否是因为遗嘱人出售了那辆宝马，并购置了这辆奥迪（属于《民法典》第 1142 条第 2 款的情形），抑或是因为那辆宝马已经在事故中损毁（因欠缺民事法律行为，所以并非《民法典》第 1142 条第 2 款的情形），则是无关紧要的。

值得欢迎的是，《民法典》取消了公证遗嘱（notarielle Testamente）的优先效力（《民法典》第 1142 条第 3 款相对于《继承法》第 20 条第 3 款）。[65]

2. 个别处分

中国的遗嘱法很明确地只允许相对少数的一些处分。因此这一规定被普遍地认为存在漏洞。[66]然而，这似乎忽视了这样一个事实，即《民法典》总则编为遗嘱起草提供了一些从笔者的视角来看被错误地排除在外的可能性。不过某些处分仍然还是与中国法格格不入。

（1）明确规定的处分[67]

可以以继承人（Erben）或者是受遗赠人（Vermächtnisnehmer）的形式来确定遗产受益人（《民法典》第 1133 条第 2、3 款，第 1144 条）。从术语上来看，这一区分并不

---

〔62〕 遗嘱人和见证人当时是否在遗嘱订立地？

〔63〕 详情参看 *Röthel*，Erbrecht, 18. Aufl. 2020，§ 17 Rn. 28.

〔64〕 这一规定与 1985 年《最高人民法院关于贯彻执行〈中华人民共和国继承法〉若干问题的意见》第 39 条是一致的。

〔65〕 *Yang Lixin*，Key Points on Revisions of the Draft to the Succession Series of the Civil Code，China Law 2019，112.

〔66〕 对此只需参看 *Yang Lixin*，Key Points on Revisions of the Draft to the Succession Series of the Civil Code，China Law 2019，112f.，116ff.

〔67〕 死因信托（《民法典》第 1133 条第 4 款）已经在上文一、（二）、1、（2）部分中做了论述。

构成任何问题，[68]然而实质上的区分标准似乎并不特别明显。[69] 事实上，这一区分更适合这样一种继承法体系，即在这一体系中继承人无须经过强制的清算程序就代替了被继承人的人格，[70]或者是必须要设立遗产管理人这一角色。

根据《民法典》第 1145 条及以下各条新增加的清算程序，只有不存在遗嘱执行人以及未推选出遗产管理人的情况（《民法典》第 1145 条第 1—3 句），才属于必须设立遗产管理人的情形。因此，这方面的区分通常几乎是无关紧要的。继承与遗赠之间的这种较少实质意义上的区分，与《民法典》第 1124 条第 1 款和第 2 款中有关拒绝遗产（Ausschlagung）的完全相反的规定形成了鲜明对比。还应注意的是，根据《中华人民共和国合伙企业法》第 50 条的规定，一家合伙企业的份额只可能被继承，而不能够被遗赠。

通过遗嘱指定遗嘱执行（Testamentsvollstreckung）（《民法典》第 1133 条第 1 款）这方面已经受到遗嘱执行的法律地位没有得到充分确定的批评。[71]不过这可能忽略了一个事实，即继承发生时，遗嘱执行人即成为遗产管理人（《民法典》第 1145 条第 1 句），这意味着之后对其即适用《民法典》第 1147—1149 条。

然而，可以作为较优解决方案的或许是，应该在 1985 年《最高人民法院关于贯彻执行〈中华人民共和国继承法〉若干问题的意见》第 43 条的基础上，相对于原《继承法》第 21 条的规定，对《民法典》第 1144 条有关遗嘱义务的规定作出更加全面的调整（也可参看《德国民法典》第 2192—2196 条的详细规定）。

（2）可能的处分

一个普遍的观点认为，中国法既不承认替补继承（Ersatzerbschaft）制度（参看《德国民法典》第 2102 条），也不承认前位继承与后位继承（Vor-und Nacherbschaft）制度（参看《德国民法典》第 2100 条及以下各条）。[72] 不过按照笔者的理解，至迟到

---

[68]　对此参看 *Wang Qiang*, Das chinesische Erbrecht im rechtswissenschaftlichen, -linguistischen und -terminologischen Vergleich mit dem deutschen-unter Berücksichtigung der Erbrechtsreform in der VR China, in: Eberl-Borges/Wang Quiang, Erbrecht in der VR China, 2015, S. 61, 70 f.

[69]　*Eberl-Borges*, Erbrechtsreform in China, in: Eberl-Borges/Wang Qiang, Erbrecht in der VR China, 2015, S. 29, 50 f.

[70]　*Windel*, Über die Modi der Nachfolge in das Vermögen einer natürlichen Person beim Todesfall, 1998, S. 2 ff.

[71]　*Yang Lixin*, Key Points on Revisions of the Draft to the Succession Series of the Civil Code, China Law 2019, 112, 119.

[72]　*Eberl-Borges*, Erbrechtsreform in China, in: Eberl-Borges/Wang Qiang, Erbrecht in der VR China, 2015, S. 29, 37; *Yang Lixin*, Key Points on Revisions of the *Draft* to the *Succession Series of the Civil Code*, China Law 2019, 112, 116 ff.

2017 年《民法典》总则编生效,这一观点就不(再)正确了,因为《民法典》第 158—160 条一般性地允许民事法律行为以及因此也允许遗嘱处分可以附条件以及附期限。其实,替补继承、先位继承和后位继承也无非就是附条件或者附期限的处分。当然,正确的是,(顺便说一句,此时就如同遗嘱执行一样,参看《德国民法典》第 2210 条)必须规定一个最长期限[73](参看《德国民法典》第 2109 条第 1 款),[74]这样,被继承人就不能无限期地在坟墓里"以冷酷的手段(mit kalter Hand)"继续实施统治了。

(3) 被排除的处分

尽管存在相关的建议,[75]但是与德国法相比,在中国不存在共同订立的夫妻遗嘱制度(Institut des Ehegattentestaments)(《德国民法典》第 2265 条及以下各条)。[76]虽然一方面,这似乎是可以理解的,因为在其他法系之中,特别是在罗曼法系中,夫妻遗嘱由于其约束力也被视为对遗嘱自由的不合理限制。但是另一方面,婚后财产共有制作为法定婚姻财产制也会开辟一种合理组织财产的简单方式:通过婚姻协议和死因处分[可能是一项继承合同(Erbvertrag)]的结合(Kombination von Ehevertrag und),生存配偶可以获得婚内共同取得的全部财产。

(二) 遗赠扶养协议

在中国继承法中,虽然不存在一般性的继承合同制度(Institut des Erbvertrages),但规定了遗赠扶养协议,即《民法典》第 1158 条规定的组织或者个人在被继承人生前对其进行扶养,以换取被指定为受遗赠人。[77] 这一规定相当于原《继承法》第 31 条,并且也与后者一样是不完善的,[78]因为扶养人和被继承人都没有得到保障。

---

[73] 对此问题参看 *Windel*,Über die Modi der Nachfolge in das Vermögen einer natürlichen Person beim Todesfall,1998,S. 247 f.,494.

[74] 上文所引 *Yang Lixin* 一文在这一问题上的观点是正确的。

[75] *Yang Lixin* 等在 2012 年的草案第 37 条(*Eberl-Borges*,Erbrechtsreform in China,in:Eberl-Borges/Wang Qiang,Erbrecht in der VR China,2015,S. 195,207f.)对其进行了引述。

[76] 对此参看 *Eberl-Borges*,Erbrechtsreform in China,in:Eberl-Borges/Wang Qiang,Erbrecht in der VR China,2015,S. 29,36.

[77] 对此一般性的论述可参看 *Eberl-Borges*,Zum Stand des chinesischen Privatrechts,in:Eberl-Borges/Wang Qiang,Erbrecht in der VR China,2015,S. 1,21;*Wang Qiang*,Das chinesische Erbrecht im rechtswissenschaftlichen,linguistischen und-terminologischen Vergleich mit dem deutschen-unter Berücksichtigung der Erbrechtsreform in der VR China,ebd.,S. 61,117 ff.;*Lei Weiwei*,Flexibilisierungstendenzen bei den gesetzlichen Erbquoten im chinesischen Erbrecht-Eine rechtsvergleichende Evaluation,2020,S. 68 f.

[78] *Yang Lixin*,Key Points on Revisions of the *Draft* to the *Succession Series of the Civil Code*,China Law 2019,112,119.

《最高人民法院关于贯彻执行〈中华人民共和国继承法〉若干问题的意见》中与之相应的最高法院司法解释(第5条以及第55条或者是第56条)并没有被纳入《民法典》当中。

立法者的克制是可以理解的。因为上述的协议在实践当中主要是为五保制度(Fünf-Garantien-System)发挥作用。[79]这其中所涉及的是中华人民共和国初期实行的一项设计非常简单的农村居民社会保障制度。[80]也就是说扶养义务人并且因此成为受遗赠人的是典型的农村集体经济组织。因此,随着农村结构的进一步改革,[81]目前扶养遗赠协议的实践可能会越来越丧失其重要性。那么,我们就有必要考虑,这一同样塑造了五保制度的旧文化传统是否也能够借鉴德国模式承受一般性的继承合同制度。因此,这里——再一次——涉及一个非常根本的、目前完全开放的改革问题。

四、法定继承与意定继承的关系

人们常常试图在法定继承和意定继承之间建立一种顺位关系:对于一些人来说,法定继承只是为了表达典型的,并因此是在个案中由推定得出的被继承人意思。偶尔也会由此进一步推导出,在法律上应优先于法定继承而对意定继承进行规范。[82]而另一些人则认为,意定继承仅仅在法定继承于个案中不合适时,为了确定

---

〔79〕 *Wang Qiang*, Das chinesische Erbrecht im rechtswissenschaftlichen, -linguistischen und-terminologischen Vergleich mit dem deutschen-unter Berücksichtigung der Erbrechtsreform in der VR China, in: Eberl-Borges/Wang Qiang, Erbrecht in der VR China, 2015, S 61, 117 ff.

〔80〕 有关社会保障对中国继承法的重要性参看 *Lei Weiwei*, Flexibilisierungstendenzen bei den gesetzlichen Erbquoten im chinesischen Erbrecht-Eine rechtsvergleichende Evaluation, 2020, S. 104 ff.尤其是第117页中对五保制度的论述。

〔81〕 中国共产党第十九次全国代表大会(2017年10月18日—24日)报告提出了乡村振兴战略,而中共中央和国务院则于2018年9月26日印发了《乡村振兴战略规划(2018—2022年)》(《中华人民共和国国务院公报》,2018年第29期,第9页及以下各页)。《乡村振兴战略规划(2018—2022年)》的目标是最终在2035年实现农村地区的现代化(参看上文所引第17页)。在2019年3月的全国人民代表大会期间,这一目标又再一次得到了强调,并且将河南省选作了战略规划示范省,参看《人民日报》2019年3月9日标题为《习近平参加河南代表团审议》的报道。访问网址:http://henan.people.com.cn/n2/2019/0309/c351638—32721488.html。上述信息的提供也同样归功于同事雷巍巍先生。

〔82〕 中国法上的这一观点尤其参看 *Yang Lixin*, Key Points on Revisions of the Draft to the Succession Series of the Civil Code, China Law 2019, 112, 116, 及其草案(2012年);*Eberl-Borges/Wang Qiang*, Erbrecht in der VR China, 2015, S. 195, 202 ff., 214 ff.

"正确的继承人"而适用的非独立工具。而笔者认为这两种尝试都是错误的:两者都是独立的制度,虽然互相影响,但是彼此之间并不存在固定的顺位关系。[83]

　　作为这两类继承规范之间的联系要素(verbindendes Element)而服务于继承模式的,就是在德国和中国都适用的概括继受(Universalsukzession)原则[84],而并非(nicht)特留份权(Pflichtteilsrecht)。后者在中国属于继承法政策中讨论最多的问题之一,[85]而在德国甚至被视为由《基本法》第 14 条第 1 款进行保障的"核心领域"。[86] 这种宪法化与遗嘱自由宪法化[87]一样,是过度的。

　　在德国,后代、父母和配偶有权获得特留份(《德国民法典》第 2303 条)。法律政策上的正当性——尽管并不完全是宪法要求的——似乎至多体现在后代的特留份权上,以便至少部分地为将来而将财产约束在家庭之内。而父母的特留份权已经没有意义了,因为他们在当今的社会关系中通常情况下是不会对此有需求的。

　　当配偶一方死亡时,配偶另一方理应受到保护这一点是正确的。然而,这并不一定要求设立强制的特留份权,而是也可以通过例如根据 1965 年《德意志民主共和国家庭法》第 40 条第 3 款的模式[88]而产生的额外"补偿金额",抑或是通过将死者在婚后财产共有制中的财产份额(部分地)累加给生存配偶这样一些方式得到保障。

　　总而言之,在笔者看来,中国这种只赋予极度需求者紧急继承权(Noterbrecht)的模式,[89]相对于一种毫无前提条件以及强制的特留份权来说是有其优越性(vorzugswürdig)的。

五、遗产清算

　　继承法在实体法方面包含着遗产分割规定[本节第(二)部分]和责任规定[本节第(三)部分]。而这些功能则必须在程序技术上予以适当地实施[本节第(一)部分]。

---

〔83〕 *Windel*, Über die Modi der Nachfolge in das Vermögen einer natürlichen Person beim Todesfall, 1998, S. 219 ff.

〔84〕 *Windel*, a.a.O., S. 221 Fn. 22 mit S. 4.

〔85〕 *Eberl-Borges*, Erbrechtsreform in China, in: Eberl-Borges/Wang Qiang, Erbrecht in der VR China, 2015, S. 29, 43ff.; *Yang Lixin*, Key Points on Revisions of the *Draft* to the *Succession Series of the Civil Code*, China Law 2019, 112, 117f.

〔86〕 对此只需参看 *Röthel*, Erbrecht, 18. Aufl. 2020, § 38 Rn. 2 mit § 3 Rn. 3.

〔87〕 对此参看上文三、(一)部分。

〔88〕 对此参看上文三、(二)、2 部分。

〔89〕 参看下文五、(二)部分。

（一）程序

　　与原《继承法》相比，引入强制性的遗产管理（Einführung einer obligatorischen Nachlassverwaltung）（《民法典》第 1145—1149 条）构成了《民法典》第六编改革的核心。本文仅就一些核心问题展开讨论。《民法典》第 1145—1149 条的模式在德国法中并没有相对应的规定。因为德国法中为人所知的遗产保佐（Nachlasspflegschaft）制度（《德国民法典》第 1960—1962 条）以及遗产管理（Nachlassverwaltung）制度（《德国民法典》第 1981 条及以下各条）仅具有有限的遗产保全或者更确切地说是责任限制和责任实施的功能。除此之外，在德国法中还存在一项特别的分割程序（Teilungsverfahren）（《德国家事事件及非讼事件程序法》第 363—373 条），但几乎不具有任何的实践意义。

　　但与此相反的是，中国的这一程序涵盖了所有上述的三项功能：遗产保全（《民法典》第 1147 条第 1 和 3 项，第 1151 条）、责任实施（《民法典》第 1147 条第 4 项）和责任分割（《民法典》第 1147 条第 5 项）。在这一点上，这一程序更接近于英美继承法，而非欧陆继承法。[90]

　　笔者认为，在存在多位继承人（Erbenmehrheit）的情况下，中国这一新的遗产管理制度要优于德国法。因为多位继承人构成了一个按其性质是为了立即进行共同财产分割的偶然共同体（communio incidens）。而《德国民法典》第 2032 条及以下各条所规定的过于烦琐的管理规范却导致了诸多问题，[91]从笔者的视角来看是亟须改革的。与此相反的是，在单独继承（Alleinerbschaft）的情况下，强制性的遗产管理似乎是不必要的，因为这一继承人——就如同在德国法中一样——可以很容易地进行财产管理。换言之，《民法典》第 1145—1149 条肯定将会被限缩在有多个被指定人继承的情况下。

（二）分割规定

　　相比于德国继承法的分割规范非常严格地依据每一继承份额（以及遗赠），在中国法中还有其他因素参与其中。例如，根据《民法典》第 1156 条第 1 款的规定，遗产的分割应该有利于生产和生活需要，不损害遗产的效用。这可以被归类于实用式的一般条款（utilitaristische Generalklausel）。

　　但是最重要的是，中国继承法允许偏离实际的应继份（《民法典》第 1130 条第

〔90〕　对此参看 *Windel*，Über die Modi der Nachfolge in das Vermögen einer natürlichen Person beim Todesfall，1998，S. 2ff.

〔91〕　对此只需参看 *Röthel*，Erbrecht，18. Aufl. 2020，§ 38 Rn. 5.

2—4 款,第 1131 条)或者遗嘱规定(《民法典》第 1141 条[92])。尤其让笔者颇有好感的是对有需求之家庭成员的考虑(《民法典》第 1130 条第 2 款,第 1131 条中的第一种情形,第 1141 条,第 1159 条第 2 句),笔者认为这些规定从现今继承法的框架条件来看,比僵硬的特留份权更合适。因此,不应该将中国的这一规定全然地归结为"借鉴苏俄的紧急继承权"。[93] 毋宁说此处也涉及基于中国古代传统的更为全面的灵活化倾向(Flexibilisierungstendenzen),[94]而在德国法中这一点也以类似的形式在生活团结这一关键词(Stichwort gelebter Solidarität)下被讨论。[95]

　　在本文中,笔者还想对此略做一些评论:根据《民法典》第 1130 条第 3、4 款,第 1131 条的规定,扶养以及共同生活(Unterhalt und Zusammenleben)[96]会影响继承人的份额,而且甚至赋予非继承人拥有遗产份额的权利。这中间所表现出来的扶养法和遗产分割之间的关系[97]不能仅仅作技术性的理解,家庭法中的法定扶养义务仅非常有限地存在于父母与子女之间(《民法典》第 1067 条及以下各条),(外)祖父母与(外)孙子女之间(《民法典》第 1074 条)以及兄弟姐妹之间(《民法典》第 1075 条)。因此,和继承法相关的扶养义务(Unterhaltspflichten)也可以具有道德性质,而非法律性质(moralischer, nicht nur rechtlicher Natur)。

　　在中国,安葬被继承人、对其进行老年护理(养老)[98]以及情感上的(emotionaler)扶养[99]也被认为是扶养给付(Unterhaltsleistungen)。与此相反的是,在德国安葬费用(Beerdigungskosten)被归到遗产债务当中(《德国民法典》第 1968 条)。对于护理给付(Pflegeleistungen)报酬的正确归类则存在很大的争议:有观点主张在遗产分

---

　　[92]　遗憾的是《最高人民法院关于贯彻执行〈中华人民共和国继承法〉若干问题的意见》第 37 条这一实用性的补充并没有被纳入民法典当中。

　　[93]　但是在这一意义上的不同观点参看 *Eberl-Borges*，Erbrechtsreform in China，in：Eberl-Borges/Wang Qiang，Erbrecht in der VR China，2015，S. 29，43 - 46.

　　[94]　*Lei Weiwei*，Flexibilisierungstendenzen bei den gesetzlichen Erbquoten im chinesischen Erbrecht-Eine rechtsvergleichende Evaluation，2020，S. 93 ff und 144 ff.

　　[95]　根本性的讨论参看 *Lipp/Röthel/Windel*，Familienrechtlicher Status und Solidarität，2008.

　　[96]　扶养作为上位概念参看 *Lei Weiwei*，Flexibilisierungstendenzen bei den gesetzlichen Erbquoten im chinesischen Erbrecht-Eine rechtsvergleichende Evaluation，2020，S. 192 f.

　　[97]　对此参看 *Lei Weiwei*，Flexibilisierungstendenzen bei den gesetzlichen Erbquoten im chinesischen Erbrecht-Eine rechtsvergleichende Evaluation，2020，S. 110.

　　[98]　*Lei Weiwei*，a.a.O.，S. 190 f.

　　[99]　*Lei Weiwei*，a.a.O.，S. 194，200.

割时予以考虑,有观点认为这属于一种法定遗赠,也有观点赞成将其归入遗产债务之中。[100] 纯粹情感上的(emotionaler)扶养在德国是完全不予考虑的。在这一法技术性装扮的反面,司法实践随时留意的正是,虽然必须要促进生活团结,但因此也必须要给予适当的奖励。但是,另一方面,也不要误判尤其是通过情感性赠与而产生的图谋骗取遗产的危险(Gefahr der Erbschleicherei)。

(三)责任规定

有句古老的德国法律谚语说:"债主(即债权人)是第一顺位继承人(Der Gelter ist der erste Erbe)。"这里的意思是说,遗产债务必须在允许遗产于继承人和受遗赠人之间进行分割前首先受到清偿。也就是说继承法上的责任规范(Haftungsordnung)优先于(Vorrang vor)继承法上的分割规范(Verteilungsordnung)。

根据《民法典》第1159条第1句的规定,这一原则在中国也适用。然而,根据《民法典》第1159条第2句的规定,又必须为没有工作能力而且没有生活来源的继承人保留必要的遗产份额。该条第1句对应的是原《继承法》第33条第1句的前半句,而第2句则可以追溯到《最高人民法院关于贯彻执行〈中华人民共和国继承法〉若干问题的意见》第61条的规定。也就是说这一紧急继承权在中国甚至优先于责任法。因此,这意味着在紧急情况下是由遗产债权人而非社会保障机构为贫困者承担费用。这一问题或许可以在社会保障法的进一步改革中再次予以考虑。

总的来说,遗产债务责任在德国是属于最困难的法律领域之一。[101] 尤其是具体遗产债务之间的顺位关系在《德国破产法》第324条及以下,第327条中有着非常复杂的规定。[102] 与此相反的则是,在中国只存在非常粗略的相关规范。或许较为合理的是在这两个极端之间寻求一条中间道路(Mittelweg)。对此值得注意的是,强

---

[100] 对于最后一种观点参看 *Windel*,Wie ist die häusliche Pflege aus dem Nachlass zu honorieren?,ZEV 2008,305 ff.;*ders.*,Häusliche Pflege als Herausforderung an das Zivilrecht,ErbR 2010,241 ff.;*Teuber/Korves*,ASR 2011,143 ff.

[101] 概览性介绍请参看 *Röthel*,Erbrecht,18. Aufl. 2020,§ 31.详细内容则参看 Jaeger/*Windel*,Insolvenzordnung,Bd. Ⅷ(2020),§ § 315 - 331(纸质版共222页).

[102] 全部规范本来应该是被规定在《德国民法典》中的。但是之后有关遗产破产的规定被移到了1877年制定、1994年失效的《德国破产法(Konkursordnung)》中。从那之后,相关规定就被纳入了直到今天依然适用的现行《德国破产法(Insolvenzordnung)》中。因此,目前以《德国民法典》第1967—2017条以及《德国破产法》第315—331条的形式存在着互相补充的相关规范。

制性的遗产管理已经极大地减轻了负担。[103] 除此之外额外的遗产清算程序[104]或许是没有必要的。但是无论如何,为了避免继承人不在继承发生很久之后才被未知的债务吓到,制定遗产债权人权益征询公告(Aufgebot der Nachlassgläubiger)是有意义的。[105]

此外,还应该对遗产分割时和分割后的责任(Haftung bei und nach der Auseinandersetzung)进行区分:在进行遗产分割时(bei der Auseinandersetzung),遗产管理人首先要注意的是紧急继承权(《民法典》第 1159 条第 2 句),之后则是清偿税款和债务(《民法典》第 1159 条第 1 句),最后才处理遗赠(《民法典》第 1162 条)。直到此时才在继承人之间进行遗产分割。如果遗产管理人(Nachlassverwalter)因故意或重大过失造成了损害,则由其个人承担责任(haftet persönlich)(《民法典》第 1148 条)。这一责任规范可以借鉴德国法(《德国破产法》第 324 条第 1 款第 1 项和第 4 项)进行细化,即赋予丧葬和遗产管理的费用以优先权。然而,是否可以将私人债务和税款等放在一个顺位关系中,[106]从法律政策的角度来看似乎值得商榷。

按照《民法典》第 1161 条的规定,遗产分割后(Nach der Teilung)各继承人按各自的份额(按比例)承担责任,清偿总额以遗产价值(现存遗产)为限。而根据《民法典》第 177 条的规定,这属于一种按份之债的责任。如果同时存在法定继承人、遗嘱继承人以及受遗赠人,那么先由法定继承人承担责任,之后才由遗嘱继承人和受遗赠人——相互之间处于同等顺位——承担责任(可以追溯到《最高人民法院关于贯彻执行〈中华人民共和国继承法〉若干问题的意见》第 62 条的《民法典》第 1163 条)。

---

[103] 在德国的实践中同时并列存在着由单独继承人或者多名继承人清偿遗产债务、遗产管理和遗产破产程序三种模式。

[104] 由 *Yang Lixin* 等在 2012 年的草案第 81 条提出的建议,Eberl-Borges/Wang Qiang, Erbrecht in der VR China, 2015, S. 195, 223 对其进行了引述。

[105] 对此,*Liang Huixing* 等在 2011 年的草案第 79 条以及 *Liang Huixing* 等在 2013 年的草案第 2017 条也作了相同的规定,Eberl-Borges/Wang Qiang, Erbrecht in der VR China, 2015, S. 135, 160 und 165, 189 对其进行了引述。

[106] 所有这些建议参看 *Yang Lixin*, Key Points on Revisions of the Draft to the Succession Series of the Civil Code, China Law 2019, 112, 120.

中德法学论坛

第 18 辑·下卷,第 115～144 页

《中华人民共和国民法典》侵权责任编评析

[德] 沃夫冈·乌姆勒斯特 * 著

李金镂** 译

摘　要:本文借由 2020 年开春《中华人民共和国民法典》发布的契机,对中国侵权法法规进行比较研究。过去侵权责任是由一部单行法来予以调整,如今置于《中华人民共和国民法典》第七编中予以规定。此外,第四编中关于人格权的规定,从德国法的角度看,亦包含了侵权法所保护的权利。

本文从德国法和欧洲法的角度,对《中华人民共和国民法典》侵权责任编进行评价,用比较的方法分析该编的立法模式、体例结构,揭示了各侵权法规则应在其内在体系中自洽和协调;将该编的创新点和特色作为重点阐述对象,从规则出发、以问题为中心,强调新制度须结合立法目的和司法实践,妥善地被理解和适用;正面肯定该编相较于德国侵权法的进步外,又以动物损害责任为例,从立法技术角度指出该编尚存的缺陷及应改进的方向。

关键词:侵权法;侵权责任编;损害赔偿;责任规则

This article evaluates the rules of the Tort Liability Part in Civil Code of the People's Republic of China from the perspectives of German law and European law. Using a comparative method to analyze the legislative model and structure of this Part, and emphasizing that each rule must be self-consistent and coordinated within its internal system; focusing on the innovations and features of this Part, text-based and issue-focused, it emphasizes that the new rules must be properly under-

　*　沃夫冈·乌姆勒斯特(Wolfgang Wurmnest):法学博士,奥格斯堡大学法学院教授,民法、经济法、国际私法与诉讼法及比较法研究所所长。作者感谢 Lena Franke 和 Benedikt Wösser 对德文文稿的校对工作和脚注生成的帮助。文章中所有的网址链接最后访问时间为 2020 年 8 月 30 日。

　**　李金镂:法学博士,中南财经政法大学讲师。

stood and applied in combination with legislative purposes and judicial practice. The progress of this part compared to German tort law is positively affirmed, while the shortcomings of this Part and the directions for improvement are pointed out from a legislative technical perspective, taking animal tort liability as an example.

Key words: Tort Law; Title of Tort Liability; Compensation of Damages; Rules of Liability

一、导论

2020 年 5 月 28 日中华人民共和国全国人民代表大会通过了《中华人民共和国民法典》(下文简称为《中国民法典》)。[1]在 2017 年所发布的《民法总则》(现《中国民法典》第 1 至 204 条)[2]基础上添加了其他六编:物权编(第二编,《中国民法典》第 205 至 462 条)、合同编(第三编,《中国民法典》第 463 条至 988 条)、有争议的[3]人格权编(第四编,《中国民法典》第 989 条至 1039 条)、婚姻家庭编(第五编,《中国民法典》第 1040 条至 1118 条)、继承编(第六编,《中国民法典》第 1119 条至 1163 条)和侵权责任编(侵权行为)[4](第七编,《中国民法典》第 1164 条至 1260 条)。[5]

对比于《德国民法典》,《中国民法典》有以下显著三个立法不同点。首先,《中国民法典》设立了独立的人格权编,而在《德国民法典》中,相关内容是通过各章中条文以及特别法来规定的(如《德国民法典》第 12 条和第 823 条第 1 款,以及《美术与摄影

---

〔1〕 因未学习中文,文章中所有相关的中国法律都是基于翻译文本。《民法典》英文译本参见:https://pkulaw.com/en_law/aa00daaeb5a4fe4ebdfb.html。2009 年 12 月 26 日颁布的《中华人民共和国侵权责任法》德文译本参见 *Binding*, Das Gesetz der VR China über die deliktische Haftung, 2012, 115 ff.《最高人民法院关于审理人身损害赔偿案件适用法律若干问题的解释》则是由 Matthias Göbel 翻译版本,发表于 ZChinR 2004, 287 ff.。

〔2〕 具体条文内容参见: *Bu*, Chinese Civil Code-The General Part, 2019.

〔3〕 人格权独立成编的反对意见参见 Liang Huixing, Some Issues About the Codification of the Chinese Civil Code, China Law Review 1 (2005), 27, 39 ff.支持观点有,Wang Liming, Highlights and Perfection of the Draft of Personality Rights Section of the Civil Code, China Law 1 (2019), 97.

〔4〕 "侵权行为"这一概念在此处应作宽泛理解且不仅包括过错责任还包括严格责任。

〔5〕 关于过去致力推动一部《民法典》的颁布参见 *Shi*, La codification du droit civil chinois au regard de l'expérience française, 2006, S. 55 ff.; ferner *H. Koziol/Zhu*, Background and Key Contents of the New Chinese Tort Liability Law, JETL 1 (2010), 328, 329 ff.; *Gao*, Five Attempts to Draft the Civil Code of New China and Its Latest Development, China Legal Sci 4 (2016), 143 ff.

作品著作权法》〔6〕第 22 条、23 条、24 条）。其次，侵权责任单独成编，完全脱离了其他债的类型，甚至被放在了婚姻家庭编和继承编后。但在《德国民法典》中，侵权行为一节是被放在债之关系一编中，即在《德国民法典》第二编的末尾。它被置于合同债务关系和不当得利规则之后，而家庭法和继承法则是《德国民法典》的最后两编。第三个区别是，关于各种债的条文相互之间的联系。在德国法上，这种联系是通过《德国民法典》第二编，即所谓的债法总则（《德国民法典》第 241 至 432 条）来实现的。在中国的《中国民法典》中，由于合同编和侵权责任编各自独立，所以缺少这样一个总则部分。

　　基于此背景，下文将对中国侵权法进行概述，并从德国法和欧洲法的角度进行评价。文章并不能称作完备，也未阐述所有创新，仅挑出个别问题。本文在简述《中国民法典》第七编框架后（见下文第二章），将对责任（见下文第三章）和损害赔偿（见下文第四章）的基本结构进行更为详尽的阐述，并以《中国民法典》侵权责任编中特殊责任规则中的动物侵权责任为例进行说明（见下文第五章），最后对侵权责任编编纂进行一定的法律比较论述（见下文第六章）。

二、《中国民法典》第七编之框架

　　中国立法者试图将所有关于侵权责任的重要规则都纳入《中国民法典》，使这部法典能够真正实现其示范功能。关于侵权责任的条文，相较于《德国民法典》三十多条，《法国民法典》传统的五个条文，在《中国民法典》中有九十六个条文，显然是更为详细。〔7〕

　　尽管之前有各种修正建议，第七编的条文顺序依然基本上沿用了之前适用的法律。〔8〕在《中国民法典》生效之前，侵权责任由 2009 年 12 月 26 日发布的《中国人民共和国侵权责任法》（以下简称为《侵权责任法》）来调整，该法经过约 4 年讨论，较快地被通过了。〔9〕制定该法时亦借鉴了欧洲和德国的立法模式。〔10〕理论界将《侵权责

---

　　〔6〕　1907 年 1 月 9 日发布的《美术与摄影作品著作权法》，载：https://www.gesetze-im-internet.de/kunsturhg/BJNR000070907.html. 该法被 1965 年 9 月 9 日施行的《德国著作权法》所取代，只要案情涉及保护肖像以外的其他领域。

　　〔7〕　*Wang*，The Modernization of Chinese Civil Law over Four Decades，Frontiers of Law in China 14（2019），39，55（针对《侵权责任法》）.

　　〔8〕　详见 *Bu*，Neuerungen und unterbliebene Verbesserungen im Deliktsrecht：Muster der Entscheidungsfindung im Kodifikationsvorgang，in：dies.，Der Besondere Teil der chinesischen Zivilrechtskodifikation，2019，S. 213，214 Fn. 3.

　　〔9〕　该部法律的立法史见 *H. Koziol/Zhu*，JETL 1（2010），328，332 ff.；vgl. auch *Bollweg/Doukoff/N. Jansen*，Das neue chinesische Haftpflichtgesetz，ZChinR 2011，91.

　　〔10〕　*Bollweg/Doukoff/N. Jansen*，ZChinR 2011，91，92.

任法》认定为——至少在基本结构上——一部具有中国特色的现代立法,是独立的侵权责任编的蓝本。[11]况且,中国近几年制定的大部分单行法本应都被纳入《中国民法典》,其颁布也都旨在为之后编纂《中国民法典》所用[12],再加上来自时间上的压力——政策决定起草《中国民法典》是 2014 年[13],最后于 2020 年通过[14],因此两法之间具有连续性也就不足为奇了。但是,为了将《侵权责任法》条文纳入《中国民法典》的新结构中,有必要进行个别调整。一些在《侵权责任法》中存在的技术缺陷,也必须被修正。

　　《侵权责任法》分为十二章,在一般规定(第一章)之后,分别是责任构成和责任方式(第二章),不承担责任和减轻责任的情形(第三章)和关于责任主体的特殊规定(第四章)。接下来是关于特殊侵权责任相关规则的各个章节(第五章产品责任、第六章机动车交通事故责任、第七章医疗损害责任、第八章环境污染责任、第九章高度危险责任、第十章饲养动物损害责任、第十一章物件损害责任)。最后一章规定了该法的生效时间(第十二章补充规定)。

　　该结构被精细后在《中国民法典》中被保留了下来。立法技术上的创新主要在前几章,与《中国民法典》总则部分相协调,结构更好。在该编的一般规定部分(第七编第一章第 1164 至 1178 条)规定了责任成立的基础后,立法者增加了损害赔偿这一章节(第七编第二章第 1179 条至 1187 条)。之后——如同《侵权责任法》——则是关于责任主体的特别规定(第七编第三章第 1188 条至 1201 条),这些条文也规定了独立的请求权(从立法技术角度来看是存在问题的),如法定代理人或监护人对未成年人造成损害担责。接下来的七章规定的特殊责任问题。[15]它们分别是产品责任(第七编第四章第 1202 条至第 1207 条)、机动车交通事故责任(第七编第五章第 1208 条至 1217 条)、医疗损害责任(第七编第六章第 1218 条至 1228 条)、环境污染和生态破坏责任(第七编第七章第 1229 条至 1235 条)、高度危险责任(第七编第八章第 1236 条至 1244 条)、动物损害责任(第七编第九章第 1245 条至 1251 条)、建筑物和物件损害责任(第七编第十章第 1252 条至 1258 条)。

---

〔11〕　So *Wang*, Frontiers of Law in China 14 (2019), 39, 55 und 58; vgl. auch *X. Zhang*, Discussion on the Main Issues in Drafting the Tort Law Series, China Law 1 (2019), 121 („It shall be said that this *Tort Liability Law* is generally rather good"-Hervorhebung im Original).

〔12〕　该观点见 *Gao*, China Legal Science 4 (2016), 143, 150 - 151; *Bu*, Einführung in das Recht Chinas, 2. Aufl. 2017, § 10 Rn. 6 ff.

〔13〕　此时已经对民法典编纂有了准备工作和建议稿。

〔14〕　*Bu*, Hintergrund, Bestandsaufnahme und Anmerkungen zum BT ZGB-mit dem Vertrags-und Erbrecht im Fokus, in: dies., Der Besondere Teil der chinesischen Zivilrechtskodifikation, 2019, S. 3.

〔15〕　见《民法典》第 1202 条及以下。

相较于德国法,值得注意的是,中国立法者将德国在特别法中规定的责任条款,例如德国《产品缺陷责任法》[16]第 1 条第 1 款(缺陷产品造成损害之严格责任)和《道路交通法》[17]第 7 条、第 18 条(道路交通事故中车辆保有人的严格责任或车辆驾驶人的过错推定责任)[18],纳入到了《中国民法典》中。在这一点上,中国立法者选择了一般条款和特殊责任规则列举式相结合的模式[19],且特殊规则的延伸范围比《德国民法典》上的更广。然而,与学界建议相悖,某些与商业相关的事项并未被纳入《中国民法典》,如与证券相关的侵权责任问题(操纵市场、内幕交易等)。[20]

此外还值得一提的是,中国的侵权法中单独设立了医疗损害责任章节。德国法上,医务工作者的责任问题还有着很强的合同责任性质。因此,《德国民法典》在合同债务关系中予以调整(《德国民法典》第 630a 至 630 h 条)。但是,德国法上就相应的责任原则是在一般侵权规则的基础上通过判例法而形成的,如今通过法律续造,侵权责任也被列为医疗责任的核心内容。[21]

三、侵权责任的一般规则(《中国民法典》第 1164 条至第 1178 条)

侵权责任的一般规则首先在《中国民法典》总则部分作出了相应规定,并由《中国民法典》第七编中的条款加以补充。中国立法者在一般条款中除规定了过错(推定)责任条款外,还规定了数人责任的规则和减免责任的规则。

---

〔16〕 1989 年 12 月 15 日施行的《产品缺陷责任法》,见 https://www.gesetze-im-internet.de/prodhaftg。

〔17〕 2003 年 3 月 5 日颁布的《道路交通法》文稿,见 https://www.gesetze-im-internet.de/stvg/。

〔18〕 核设施侵权责任在《巴黎协定》中被予以规范(参见 *Wurmnest*,Nuclear Liability, in:Basedow/Rühl/Ferrari/de Miguel Asensio (eds.), The European Encyclopedia of Private International Law, Bd. II, 2017, S. 1305 ff.)。此外,在 AtomG 中补充(和平使用核能且避免产生危险法案,于 1985 年 7 月 15 日公开,访问自 https://www.gesetze-im-internet.de/atg/)。

〔19〕 *Liming Wang*,Frontiers of Law in China 14 (2019),39,58.

〔20〕 详见 *Bu*,Neuerungen und unterbliebene Verbesserungen im Deliktsrecht: Muster der Entscheidungsfindung im Kodifikationsvorgang, in: dies., Der Besondere Teil der chinesischen Zivilrechtskodifikation, 2019, 213, 214.

〔21〕 Vgl. nur *Katzenmeier*, in: Beck'scher Onlinekommentar zum BGB (BeckOK BGB), 55. Ed. 1. 8. 2020,§ 630a Rn. 13; *Voigt*, in: NomosKommentar BGB (NK-BGB), 3. Aufl. 2016,§ 630a Rn. 16.

（一）责任的一般构成要件

1. 过错（推定）责任

不同于德国立法者将一般责任条款分别在三个条款中加以限定（《德国民法典》第 823 条第 1 款、第 2 款，以及第 826 条），中国立法者在《侵权责任法》中就已经将过错责任作为一般责任原则规定于一般责任条款章节。[22]

根据《中国民法典》第 1165 条第 1 款的规定，行为人因过错侵害他人民事权益造成损害的，应当承担侵权责任。依照该一般条款规定，侵权责任的构成要件包括：侵害他人民事权益、与侵害有关的过错（故意或过失）（根据《中国民法典》第 1165 条第 2 款，过错可被推定）、损害、民事权益受侵害和损害之间存在因果关系。

此种结构已经在《侵权责任法》中有所体现（第 6 条）。但与之前的规定相比，在经学术界[23]的合理批评后，损害和因果关系这两个前提要件如今已被明确地规定在了法律条文中。对此，中国法与德国法一样，对责任成立（侵害一定的利益）和责任范围（损害内容、损害范围及其赔偿的确定）进行了区分。[24]

《中国民法典》总则编和人格权编仅列举了几项受保护的（人身）利益（生命权、身体权、姓名权等）[25]，但并未形成定论。它也未区分绝对权和其他权利。由于立法者没有对受法律保护的利益设定统一标准，[26]导致有时很难界定何为应保护之利益。因为受保护的利益——不同于《德国民法典》第 823 条第 1 款中的"其他权利"——不一定要求是可类比绝对权的利益。

和之前规定一致的是，条文中并未特别要求行为的违法性。因此，是将行为的不法内容归于过错要件，还是通过条文解释出违法性这一标准，在《侵权责任法》适用时期就已经存在争议[27]，在近些年的文献中倾向于放弃不法性这一要件。[28]

---

〔22〕 在《侵权责任法》立法过程中，就已经试图避免，如同普通法系的侵权法一样，罗列大量的单个侵权行为，详见 *Sun Xianzhong*, Kritische Bemerkungen zur Erstellung eines Rechts der deliktischen Handlungen in China, ZChinR 2007, 140, 144 ff.

〔23〕 Vgl. nur *X. Zhang*, China Law 1 (2019), 121, 123. 这些前提要件也已经在《侵权责任法》适用期间被认可了，参见 vgl. *Binding*, Das Gesetz der VR China über die deliktische Haftung, 2012, S. 70.

〔24〕 *Brüggemeier*, Neues Gesetz über das Deliktsrecht der VR China, PHi 2010, 92, 93.

〔25〕 之前在《侵权责任法》第 2 条第 2 款中列举了。

〔26〕 *Bu*, Neuerungen und unterbliebene Verbesserungen im Deliktsrecht: Muster der Entscheidungsfindung im Kodifikationsvorgang, in: dies., Der Besondere Teil der chinesischen Zivilrechtskodifikation, 2019, S. 213, 215.

〔27〕 *Binding*, Das Gesetz der VR China über die deliktische Haftung, 2012, S. 39.

〔28〕 *Bu*, Einführung in das Recht Chinas, 2. Aufl. 2017, § 13 Rn. 4.

2. 危险责任

过错责任或过错推定责任仅是责任构成形式的一种。《中国民法典》第 1166 条规定,无过错责任仅在法律有明确规定时才产生。因此,过错责任被视为一般规则,而严格责任——类似于大多数的欧洲立法——仅限于某些法律调整领域,因此被视为例外,尽管《中国民法典》中大量的责任规则中都规定了这种严格责任。[29] 中国立法者未规定危险责任的一般条款,取而代之设定了一些特别责任条款。

例如,缺陷产品的制造商无论有无过错都需要承担责任(《中国民法典》第 1202 条)。污染环境造成他人损害亦同(《中国民法典》第 1229 条)。《中国民法典》第 1236 条还对"高度危险活动"规定了严格的赔偿责任,除了源自核电站的损害赔偿责任外,还包括在之后的条款中所规定的针对民用航空器或特别危险材料(核材料、爆炸物等)的责任。

但是,《中国民法典》上所有的特殊责任规则并非都采用严格责任。例如,医院只对受雇的医务人员因医疗过错而造成的损害承担赔偿责任(《中国民法典》第 1218 条)。动物园经营者对园内动物造成的损害所承担的责任也未被设定为严格责任(《中国民法典》第 1248 条)。

3. 公平责任

关于公平责任的条款被列入了"损害赔偿"一章。如同之前《侵权责任法》第 24 条,《中国民法典》第 1186 条规定,倘若受害人和侵权人对损害的发生都无过错时,双方应当依据法律规定分担损失。该条并未作出更详细的限制。至今,公平责任原则仍被纳入,意图对被认为是公平的损害补偿进行规定,[30] 参与人本身的经济能力也可能发挥着一定的影响。[31]

在《中国民法典》本条表述中,立法者明确规定,责任必须"依照法律的规定"来分配,该表述意味着,此类型责任,仅在法律明确要求时,才被认定。[32]

---

[29] *Brüggemeier*, PHi 2010, 92, 93; *H. Koziol/Zhu*, JETL 1 (2010), 328, 339. 但德国法上,在特别法中——如《道路交通法》——规定的严格责任,都限定了大量的特别构成要件,vgl. supra Ⅱ.

[30] *Binding*, Das Gesetz der VR China über die deliktische Haftung, 2012, S. 72 (针对侵权责任法).

[31] *Bu*, Einführung in das Recht Chinas, 2. Aufl. 2017, § 18 Rn. 8.

[32] *Bu*, Neuerungen und unterbliebene Verbesserungen im Deliktsrecht: Muster der Entscheidungsfindung im Kodifikationsvorgang, in: dies., Der Besondere Teil der chinesischen Zivilrechtskodifikation, 2019, S. 213, 214 Fn. 3. 在《侵权责任法》适用期间,多数观点就认可,公平责任仅在法律明确规定下才能适用,vgl. *Binding*, Das Gesetz der VR China über die deliktische Haftung, 2012, S. 72, unter Verweis auf § 87 chin. HaftpflichtG, der Vorläuferregelung von Art. 1254 chin. ZGB.

　　从德国法的角度来看,设定介于过错责任和严格责任之间定义非常模糊的公平责任是不能令人信服的。[33]虽然《德国民法典》同样规定了基于衡平事由之赔偿义务,但是仅限在未成年人或精神病人造成损害并根据《德国民法典》第 827 条、第 828 条无须承担责任,而受害人也不能从承担主要责任的监护人处获赔的相应案件中适用。因此,这种公平责任的形式应当仅仅是修正在某些案件中因未成年人和精神病人精神失常而造成的严重不公平。该公平责任的设计附属于监护人责任,且只针对一个有给付(偿付)能力的加害人,因为基于《德国民法典》第 829 条的衡平责任不能使赔偿人身无分文。[34]《德国民法典》之衡平责任是对侵权能力概念的修正,且应当防止,在明显不公平案例中为了使监护人作出补偿,不得不过分地扩大监护人的注意义务。[35]

　　除去这一特别条款外,《德国民法典》还适用这样的原则:若无(推定)过错或者危险责任构成要件之介入,则造成损害的一方不承担责任。适用公平责任作为庇护大衣(Deckmantel)来补偿其他亏损是存在风险的。中国法院在一例判决中认定某餐馆经营者应予以损害赔偿,因为一个由来店客人带过来的红酒瓶——其实是一个伪装的爆炸装置,是该客人所收到的礼物——在服务员打开时爆炸造成伤亡。[36]餐馆的经营者并无过错(当爆炸装置不能由一般人识别时),仍应负责,可能是因为对受害人欠缺其他保障措施。

　　此外,从德国法角度,这一责任设置在法条中所处的位置也让人疑虑。倘若该条作为请求权基础,也应将其纳入一般规定一章中。[37]

　4. 妨害除去和不作为请求权

　　本法典第七编在一般规定一章中就已经规定了妨害除去和停止侵害请求权,在这一点上与《德国民法典》第 1004 条第 1 款相对应。根据《中国民法典》第 1167 条,因不法行为致使个人财产或安全受到侵害时,权利人可以请求妨害人停止侵害、排除妨碍。在之前的《侵权责任法》中,该内容是在第 21 条中规定的。因为这一请求权

---

　〔33〕　支持限制适用该原则的观点见 *H. Koziol/Zhu*,JETL 1 (2010),328,341 (zum chin. HaftpflichtG).

　〔34〕　关于《德国民法典》第 829 条的适用见 *Kötz/Wagner*,Deliktsrecht,13. Aufl. 2016,S. 140 ff.

　〔35〕　Wagner,in:Münchener Kommentar zum BGB (Münch Komm-BGB),7. Aufl. 2017,§ 829 Rn. 27.

　〔36〕　案例引自 *Bu*,Neuerungen und unterbliebene Verbesserungen im Deliktsrecht:Muster der Entscheidungsfindung im Kodifikationsvorgang,in:dies.,Der Besondere Teil der chinesischen Zivilrechtskodifikation,2019,S. 213,219.

　〔37〕　此外,该条款在中国学术界亦被批评不断,因为它将与其他的补偿规则产生冲突,vgl. *X. Zhang*,China Law 1 (2019),121,123,文章中列举了如《中国民法典》第 182 条第 2 款。

的前提要求存在侵权行为,倘若并不存在符合适用危险责任之要件,则看起来仅在因过错产生一项将来的权利侵害时,这一请求权才能产生。这意味着,防御请求权（Abwehranspruch）——若防御请求权不能通过解释被修正——可能是不够的,因为当对权利的(未来)妨害并非源自侵权时,权利人亦应能够要求禁止。[38]因此,这也是《德国民法典》第 1004 条第 1 款调整范围更广的充分理由。

（二）数人责任

《中国民法典》第 1168 至 1172 条是对数人侵权责任之规定,并部分地涉及因果关系问题。这些条款较于之前的规定并无变化(《侵权责任法》第 8 至 12 条)。

1. 共同实施侵权行为之共同侵权

依据《中国民法典》第 1168 条,共同实施侵权行为应承担连带责任。德国法上关于共同侵权之责任构成要件与其法效果分别在两条规范中予以规定(第 830、840 条)。不同的是,中国立法者仅仅将责任的法效果表达出来,但未具体阐述责任构成要件,这些都留给判例和学说去阐明。《侵权责任法》第 8 条就已采用此立法技术,但可肯定的是,针对之前立法相关的学说与研究应同样适用于新的立法中。

中国法判例及主流学说认为,共同实施侵权适用《中国民法典》第 1168 条之前提在于,多数人之间存在共同故意或过失这一主观意思联络。[39]这似乎比德国法上更易归责,因为德国法上要求参与侵权的各个行为人在共同计划的基础上有意识地和故意地共同合作,以便实施行为。[40]但德国法主流观点对过失行为构成共同侵权持严厉批判的态度。[41]

2. 教唆者和帮助者的责任,及其对未成年人之责任

对应《侵权责任法》第 9 条,《中国民法典》第 1169 条规定了侵权行为参与者之责任。教唆者与帮助者与主行为人承担连带责任。与调整共同侵权之条款相同,在参与者责任条款中也仅仅对法效果进行了规定,对参与者责任之构成要件留待判例与学说去阐明。《侵权责任法》施行时的主流观点认为,参与者责任必须以故意行为为

〔38〕　*Binding*, Das Gesetz der VR China über die deliktische Haftung, 2012, S. 66.

〔39〕　*Binding*, Das Gesetz der VR China über die deliktische Haftung, 2012, S. 58.结合理论学说予以佐证。

〔40〕　德国法上关于共同侵权参见 *Förster*, in: beck-online.Großkommentar zum BGB (Beck-OGK-BGB), 1. 7. 2020, § 830 Rn. 12; *Wagner*, in: Münch Komm-BGB, 7. Aufl. 2017, § 830 Rn. 16.

〔41〕　*Eberl-Borges*, in: Staudinger, BGB, Neubearbeitung 2019, § 830 Rn. 16 ff.; *Förster*, in: BeckOGK-BGB, 1. 7. 2020, § 830 Rn. 28.

要件。倘若仅过失地教唆或帮助主行为人，无须担责。[42]此外，根据旧法规定，参与行为本身必须是损害结果之原因并引起损害产生。[43]由于中国法上，主行为必须是至少基于故意所实施的，参与者才能担责，在这点上与德国法相同。德国法主流观点认定，仅在主行为为故意时才考虑参与者之责任。[44]

　　本条包括了一项参与无民事行为能力人或未成年人侵权之特别条款。为更好地理解本条文，必须联想到，从德国法角度来看，中国法上对未成年人的责任并未作出充分规定。一方面，对侵权能力并未区分等级，如《德国民法典》第 828 条之规定；另一方面，《中国民法典》第 1188 条（原《侵权责任法》第 32 条）规定，因未成年人所造成之损害，由其法定代理人承担责任（第 1 款第 1 句），代理人可使用未成年人自己的资产支付损害赔偿，只要加害人自身有资产（第 2 款）。根据该条第 1 款第 2 句，当代理人完全尽到了其义务，则可减轻责任（但同样不能免责）。但在实践中，未成年人之责任一般与法定代理人的责任联系在一起，因为就未成年人的过错行为法院会同时认定其法定代理人之责任，而不去特别检验后者是否违反了其监护义务。[45]

　　在此背景下，第 1169 条第 2 款第 1 句关于参与未成年人侵权之规定在体系上有些不连贯。当教唆或帮助一名未成年人实施侵权行为，本身理应承担侵权责任。但未成年人在此情况下却无须担责。依据《中国民法典》第 1169 条第 2 款第 2 句，倘若法定代理人违反了其对未成年人之监护义务——此时符合第 1188 条适用要件，但在实际案件中往往就是如此，则除参与者外代理人同样承担责任。但与第 1188 条第 2 款不同的是，法定代理人不能使用未成年人的财产来为过错（部分）补偿——从中国法的观点来看，此处是不连贯的。

　　相反，在德国法上严格划分了未成年人之责任与其法定代理人之责任。只有根据《德国民法典》第 828 条未成年人具有侵权能力时，他才担责。亦有可能，参与到一

---

[42]　*Binding*，Das Gesetz der VR China über die deliktische Haftung，2012，S. 59（针对《侵权责任法》）.

[43]　*Binding*，Das Gesetz der VR China über die deliktische Haftung，2012，S. 59（针对《侵权责任法》）.

[44]　对于帮助者和参与者担责要主行为出于故意参见 *Wagner*，in：Münch Komm-BGB，7. Aufl. 2017，§ 830 Rn. 41 ff. auch mit Nachweisen zur gegensätzlichen Auffassung；zum Kausalitätserfordernis *Eberl-Borges*，in：Staudinger，BGB，Neubearbeitung 2019，§ 830 Rn. 25.

[45]　Näher dazu *Bu*，Chinese Civil Code-The General Part，2019，Chapter 4 Rn. 22 ff.；*dies.*，Neuerungen und unterbliebene Verbesserungen im Deliktsrecht：Muster der Entscheidungsfindung im Kodifikationsvorgang，in：dies.，Der Besondere Teil der chinesischen Zivilrechtskodifikation，2019，S. 213，219 f.

项无侵权能力人所实施的不法行为中,参与者并不知其不具有侵权能力。[46]如果已知是无侵权能力人而将其作为工具使用,则并非参与者,应认定为间接正犯(mittelbare Täterschaft)之情形。[47]当被监护人因不法行为客观要件之实现对第三人造成损害的,监护人承担过错责任。[48]但德国法采取过错推定原则,因此监护人必须提供证据证明方可免责(《德国民法典》第832条第1款第2句)。

3. 择一侵权人之责任

《中国民法典》第1170条规定了一种特殊责任形式。此前,该规定已经出现在《侵权责任法》第10条。如果数人损害他人的身体或财产安全,造成损害,而无法确定准确的造成损害的人,则所有行为人承担连带责任(《中国民法典》第1170条第2句)。如果能够确定谁是真正的侵权人,情况就不同了。于此,则由确定的具体侵权人承担责任(《中国民法典》第1170条第1句)。在德国法上,这种形式的责任被归为择一侵权的一种类型。[49]依据《德国民法典》第830条第1款第2句的规定,倘若无法确定数个参与人中哪一个(非共犯、教唆者或帮助者)因其行为造成损害发生,则每个参与人都应对损害负责。此旨在减轻责任成立因果关系之举证责任。[50]

4. 无意思联络数人侵权之责任

紧接着便是《中国民法典》对无意思联络数人侵权之规定。多数行为人各自引起了同一损害。但因欠缺共同意思联络不属于共同侵权。根据《中国民法典》第1171条,当两个或以上的加害人单独实施行为导致同一损害,而单个行为足以造成全部损害,同样承担连带责任。德国法上,调整此类情形的条文为《德国民法典》第

---

〔46〕 *Eberl-Borges*, in: Staudinger, BGB, Neubearbeitung 2019, § 830 Rn. 36; *Staudinger*, in: Handkommentar-BGB, § 830 Rn. 13; ohne Differenzierung nach der Kenntnis des Hintermanns *Förster*, in: BeckOGK-BGB, 1. 7. 2020, § 830 Rn. 17.

〔47〕 *Eberl-Borges*, in: Staudinger, BGB, Neubearbeitung 2019, § 830 Rn. 36; *Katzenmeier*, in: NK-BGB, 3. Aufl. 2016, § 830 Rn. 8; *Staudinger*, in: Handkommentar-BGB, § 830 Rn. 13; wohl auch *Wagner*, in: Münch Komm-BGB, 7. Aufl. 2017, § 830 Rn. 13;支持间接正犯的认定不取决于是否已知的观点参见 *Teichmann*, in: Jauernig, BGB, § 830 Rn. 6.

〔48〕 通常来说,被监管人的行为不必存在过错。只有当侵权行为的构成要件要求具备特定的主观要件时,如涉及《德国民法典》第826条规定的悖俗行为,则该主观要件必须具备,vgl. OLG Stuttgart, Urt. v. 12. 3. 2008, 4 U 58/07, NZV 2009, 191; *Wellenhofer*, in: BeckOGK-BGB, 1. 7. 2020, § 832 Rn. 35; *Spindler*, in: BeckOK BGB, 55. Ed. 1. 8. 2020, § 832 Rn. 35.

〔49〕 *Binding*, Das Gesetz der VR China über die deliktische Haftung, 2012, S. 60 (zu § 10 chin. HaftpflichtG.). 关于择一因果关系,欧洲法律条文设计的讨论见 *H. Koziol/Zhu*, JETL 1 (2010), 328, 341.

〔50〕 *Spindler*, in: BeckOK BGB, 55. Ed. 1. 8. 2020, § 830 Rn. 17.

840 条第 1 款。[51]

　　第二种情形是多数行为因共同作用结合致使损害结果之发生,此情形在之前《侵权责任法》第 12 条就已予以规定。《中国民法典》第 1172 条第 1 句认定在此情形下,每个行为人根据其行为作用力大小来担责。如果其行为作用力大小很难认定,则所有行为人平均承担责任(《中国民法典》第 1172 条第 2 句)。这一"部分因果关系"之条款可追溯到中国法院之传统判例,但学界认为该条款同样存在问题。[52]

（三）责任排除和减轻之事由

　　一般规定的第三区块是对免责条款以及减轻责任事由的规定[53],如《中国民法典》及其他法律无其他特别规定时,将适用这些规定(参见《中国民法典》第 1178条)。[54]之前,这类规定见于《侵权责任法》第 26 条至第 31 条中。在转移至《中国民法典》时,这些规定的大部分内容被置于第七编的"一般规定"中了。这也表示,该块内容应当属于一般规则条款。各个条款本身也做了一些修改或删减和增加,但却没有对相关问题进行全面展开,因为并没有提到(受害人)同意(Einwilligung),尽管这也是免除责任之原因,对此德国侵权法上也未作规定。

　　1. 与有过失与第三人行为

　　《中国民法典》第 1173 条对应《德国民法典》第 254 条,当受害人存在过错时可以减轻加害人的责任。依据《中国民法典》第 1174 条,倘若受害人故意致使损害发生,则加害人无须承担责任。此外,《中国民法典》第 1175 条还规定了一种情形,如果损害是由第三人引发的,则应由该第三人承担责任,这并无异议。

　　2. 参加体育和比赛的损害

　　相较于《侵权责任法》,《中国民法典》第 1176 条第 1 款属于一条新规定。根据该条款,自愿参加具有一定风险的文体活动,因其他参加者的行为受到损害的,除非损害是故意或因重大过失造成的,否则受害人不能要求赔偿。显然中国立法者此处的

---

　　[51]　Vgl. *Wagner*, in: Münch Komm-BGB, 7. Aufl. 2017, § 840 Rn. 3; *Förster*, in: BeckOGK-BGB, 1. 7. 2020, § 840 Rn. 2.

　　[52]　*Bu*, Neuerungen und unterbliebene Verbesserungen im Deliktsrecht: Muster der Entscheidungsfindung im Kodifikationsvorgang, in: dies., Der Besondere Teil der chinesischen Zivilrechtskodifikation, 2019, S. 213, 216 mit weiteren Nachweisen.

　　[53]　*Bollweg/Doukoff/N.Jansen*, ZChinR 2011, 91, 92.

　　[54]　一些特别条款规定了特殊的构成要件,如《中国民法典》第 1237 条(对战争造成的核事故损害,不承担责任),以及第 1239 条(某些特殊高度危险材料致损责任会因不可抗力和受害人故意而排除,以及在受害人有重大过失时减轻责任)。具体见下文五、(六)。

重点是,对体育或文化活动中公认的风险可能产生之责任进行限制,因为这类活动中——人们总是仅想到在对抗运动中的身体受伤——不存在一项一般性义务,即无论如何都要避免参与者之间发生损害。这一思想在德国法上亦有所体现,不过责任限制并不像中国法上那样笼统地借助过错程度来实现,而是通过考量注意义务来具体衡定。这因运动项目而异,并考虑到比赛的公认规则及损害的情况。因此,就能在考虑到参与者之合理期待下,确定具体情况下的相应要求。[55]但中国法上的规定并未完全勾勒出构成要件上的细微考量。比如在拳击比赛中,击打对方的脸部是被允许的,(行为人)也是故意作出行为的,因此在打斗过程中可能产生的任何擦伤,都不能要求损害赔偿。[56]但无误的是,在德国法上,因重大过失严重违反规则或故意造成损害的,通常亦将导致责任的承担。[57]

3. 自助权

新增加的还有一条关于自助行为的规定。类似于《德国民法典》第 229 条,《中国民法典》第 1177 条第 1 款规定,侵权行为的受害人如果不能及时得到国家机关的帮助,且不立即采取措施将使其合法权益受到难以弥补的损害,那么受害人可以采取相应的措施保护自己的权益,例如:可扣押侵权人的财产,只要随后立即请求国家机关采取行动。如果受害人为了避免危险而采取了不恰当的行为,从而伤害了他人,则根据《中国民法典》第 1177 条第 2 句,必须对这一过激行为承担侵权责任。在之前《侵权责任法》中并无类似的规定。但是,过去关于自卫的条款是置于(《侵权责任法》第 30 条)责任减轻事由章节,根据该条规定,因受害人为避免危险而采取适度行为造成加害人受到损害,不必赔偿。此外,危险状况的引发者必须赔偿因排除危险而产生的损害(《侵权责任法》第 31 条)。该内容并未出现在《中国民法典》第七编中,而是在总则编被予以规定,该编中也有关于不可抗力之规定。[58]

(四) 小结

总体来看,中国立法者在一般规定部分基本沿袭了之前的立法规定。仅仅只是在条文安排上做了大量调整,使条文结构更加体系化。此外,还做了一些小调整,以填补空白或是将一些构成要件阐述清楚。但是,学界许多有益的改进建议并没有得到接纳(落实)。虽然本章条文相较于德国法有很大区别,但仍与之前一样,部分核

---

〔55〕 详见 *Wagner*,in: Münch Komm-BGB, 7. Aufl. 2017,§ 823 Rn. 691 ff.

〔56〕 *Wagner*,in: Münch Komm-BGB, 7. Aufl. 2017,§ 823 Rn. 696.

〔57〕 Vgl. nur BayObLG, Urt. v. 3. 8. 1961, RReg. 4 St 36/61, NJW 1961,2072,2703 (zum Fußball unter Verweis auf die Einwilligungslehre).

〔58〕 具体见不可抗力、正当防卫和紧急避险,*Bu*, Chinese Civil Code-The General Part, 2019,Chapter 19 Rn. 1 ff.

心的条款实际上规定得仍不明确。与德国法相比，在一般条款、"公平责任"以及未成年责任部分存在较大差异。

四、损害赔偿（《中国民法典》第 1179 条至 1187 条）

（一）基本前提

第七编第二章是损害赔偿之规定（《中国民法典》第 1179 条至 1187 条），该章条文在沿袭原《侵权责任法》规定的基础上，加入了一些新规定，并对之前条文进行了补充。之所以在第七编只规定损害赔偿，是因为其他的赔偿方式（如排除妨碍、赔礼道歉等）都已经在《中国民法典》总则编作了规定。[59]

不同于德国法对财产损害和非财产损害作了非常细致区分，且后者仅可于特殊情况下进行赔偿（见《德国民法典》第 253 条，第 651n 条第 2 款，第 844 条第 3 款），中国法并没有如此严格区分二者。而损害赔偿则分为三大类，即身体损害、经济损失和精神损害。[60]立法者在第七编第二章中对以上不同类别设定了补偿的一般规则。

作为一般规则，赔偿必须尽可能使受到侵害的被侵权人恢复到未发生侵害事件时相同的状态。德国损害赔偿法编在第一条就已经规定了这一核心原则（《德国民法典》第 249 条第 1 款）。相比之下，中国立法者并没有明文规定完全赔偿原则（restitutio in integrum）。不过，该原则在中国已经得到了认可。[61]在赔偿这一点上，受害人自身的情况是决定性因素，尽管在一些特定前提条件下，应考量加害人从侵权中所获利益。中国立法者通过《中国民法典》提高了惩罚性赔偿的地位。

（二）人身损害

1. 身体和健康损害

损害赔偿章节是以人身损害赔偿规则开始的。如之前《侵权责任法》第 16 条第 1 句的规定，《中国民法典》第 1179 条第 1 句规定，当身体受到侵害时——法效果与

---

〔59〕 参见《中国民法典》第 179 条。

〔60〕 *M. Zhang*，Tort Liabilities and Torts Law: The New Frontier of Chinese Legal Horizon，Rich. J. of Global L. & Bus. 10（2011），415，470〈http://scholarship.richmond.edu/global/vol10/iss4/2〉.

〔61〕 侵权责任一般规则参见 *Li/Jin*，Concise Chinese Tort Laws，2014，S. 19；*Yang*，Tort Liability Law of China，2018，S. 125 f.

德国法上类似[62]——加害人必须赔偿受害人医治的相关费用（如医疗费、护理费、交通费、营养费、住院期间的伙食费和收入损失），但前提是费用必须"合理"。合理费用应被理解为为治疗身体损害的费用或补偿损害后果，从医学角度看为必要的费用。各个损害类别的详细内容并未在《中国民法典》中具体阐明。适用《侵权责任法》期间，都参照《最高人民法院关于审理人身损害赔偿案件适用法律若干问题的解释》[63]之相关规定。[64] 新的司法解释出台之前，为了法律上的确定性，应当适用旧的解释文本，因为该条款的内容在《中国民法典》中并未有改变。

《中国民法典》第 1179 条第 2 句规定，除医疗费以外，受害人还必须支付残疾人辅助器具的费用，以及残疾赔偿金。残疾赔偿金可以包括各种项目，也包括受害人增加的必要生活费。[65]此规则的内容之前已见于《侵权责任法》第 16 条第 2 款，其更加确保了因不法行为受到侵害的人足以过上新生活。

2. 受害人死亡

依据《中国民法典》第 1179 条第 3 句规定，当侵权人造成受害人死亡时，侵权人必须支付丧葬费和死亡赔偿金。此外，根据《中国民法典》第 1181 条，受害人的近亲属还可以要求侵权人承担受害人的医疗费和丧葬费。近亲属是否也可就非财产性损害要求赔偿，尚无定论。

就这点来说，侵权人的保证义务（Einstandspflicht）是与德国法上一致的，根据《德国民法典》第 844 条第 1 款侵权人必须承担丧葬费，根据第 823 条第 1 款承担直至死亡前的治疗费用。依据德国法，侵权人还须通过支付（抚养）定期金的方式（《德国民法典》第 844 条第 2 款）就受害人对第三人的抚养义务进行补偿，但这一点并未在《中国民法典》第 1181 条予以规定，在死亡结果下，赡养费是通过死亡赔偿金（《中国民法典》第 1179 条第 3 句）来进行补偿的。此外，根据《德国民法典》第 844 条第 3 款，受害人必须支付遗属抚慰金。[66]但是，因为这一项非财产性损失应当仅以惊吓损失（亦健康损害）为赔限，这不同于中国法上的死亡赔偿金，后者的目的——

---

〔62〕 关于德国法上对人身损害的补偿参见 *Oetker*，in：Münch Komm-BGB, 8 Aufl. 2019, § 249 Rn. 407 ff.

〔63〕 2003 年 12 月 26 日发布的《最高人民法院关于审理人身损害赔偿案件适用规律若干问题的解释》，德文译本发表于：ZChinR 2004，287 ff.

〔64〕 *Binding*，Das Gesetz der VR China über die deliktische Haftung，2012, S. 49.

〔65〕 *Binding*，Das Gesetz der VR China über die deliktische Haftung，2012, S. 50（针对《侵权责任法》）.

〔66〕 具体见 *Wagner*，Schadensersatz in Todesfällen-Das neue Hinterbliebenengeld，NJW 2017, 2641 ff.；*Wurmnest／Gömann*，Germany，in：Karner/Steininger，European Tort Law 2017, 2018, 207 ff.

至少主要——是为了弥补物质损害。[67]

如果因侵权行为造成数人死亡，根据《中国民法典》第 1180 条应为所有受害人确定统一的死亡赔偿金。这条规定对应之前的《侵权责任法》第 17 条。依据本条，死亡的损害赔偿也根据平均净收入来确定，并考虑受害人的情况。倘若不同的人在交通事故中死亡，那么根据个别受害人生活条件的不同，将可能支付不同的赔偿金额。社会上不少人谴责这一做法，因为来自农村的贫困受害人家属得到的赔偿可能少于来自城市的受害人家属。[68]因此，立法者已明确表示，在此种情况下，必须向所有受害人支付同样的赔偿。从德国法的角度来看——德国法上并无相似规定——这一规定并不合适，因为私法上受害人实际受到的损害通常必须得到充分赔偿，且一般意义上，受害人的生活条件不同会导致赔偿金额不同。[69]

（三）财产损失

1. 概述

第二类是损害赔偿章中的财产损失。该章在继承了原《侵权责任法》的基础上区分了侵犯人身权利（《中国民法典》第 1182 条，《侵权责任法》第 20 条）和侵犯财产利益（《中国民法典》第 1184 条，《侵权责任法》第 19 条）所造成的损失。虽然对人格权已经单独列编规定，但侵权情形的赔偿规则仍被规定在侵权责任编里。因此，顺序上并非紧临的两编必须一起查阅，否则将造成理解困难。相较于《侵权责任法》，《中国民法典》对于人身权利的保护规则要先于调整财产利益赔偿之规则，显然这是为了强调在人身权利和利益受到侵害时，赔偿请求权的重要性。

2. 人身权利或利益受损

根据《中国民法典》第 1182 条，侵害人身权利或利益所产生的财产损失有其特殊的计算方式。如同之前的法律适用（《侵权责任法》第 20 条），这不仅可通过预估受害人的损失来计算，还可根据侵权人从其行为中获得的利益来计算。倘若受害人根本不想将被侵犯的隐私商业化，那么此时并无经济损失，即便如此也仍应对该种利益进行赔偿。[70]如果受害人所遭受的不利与侵权人的侵权获利难以计算，而行为人与受害人对适当的赔偿有不同的意见，受害人可以向人民法院提起诉讼，由法院根据

---

〔67〕 *H. Koziol/Zhu*，JETL 1（2010），328，344；a. A. *Binding*，Das Gesetz der VR China über die deliktische Haftung，2012，S. 51（都针对《侵权责任法》）.

〔68〕 Vgl. dazu *Binding*，Das Gesetz der VR China über die deliktische Haftung，2012，S. 51.更进一步的阐述参见原文（针对《侵权责任法》）.

〔69〕 *Bollweg/Doukoff/N. Jansen*，ZChinR 2011，91 f.（针对《侵权责任法》）.

〔70〕 *Binding*，Das Gesetz der VR China über die deliktische Haftung，2012，S. 48（针对《侵权责任法》）.

案件具体情况确定适当的赔偿(《中国民法典》第 1182 条第 2 句)。与适用前一款一样,过错程度、损害程度或受害人实施侵权的方式可能都是决定性因素。[71]

中国法通过依据侵权人所获利益来确定损害这一调整性做法,是超越了德国立法的。虽然德国判例法上在一段时间里也以侵权人从其行为中获得的利益来确定侵犯商事人格权的赔偿数额[72],但这并非真正意义上的获利剥夺,至少在中国法上它是被归于财产损失的。

3. 侵害财产权

因侵害财产权所造成的损失,如因受害人的财产被损坏或破毁而造成损失,原则上应按差额说进行赔偿,即将受害人的损失比照未发生该不法行为时的状况进行货币补偿。[73]根据《中国民法典》第 1184 条,对于损害赔偿的计算,通常由损害发生时的市场价格来决定。但如果无法确定被侵害时权利或利益的市场价格,也可以采取其他计算标准。[74]如在德国法上,损害发生的时点是决定性的,而非提起诉讼的时点,否则受害人将因诉讼的时长而处于不利地位。[75]

(四) 精神(非财产性)损害

1. 概述

调整精神损害赔偿的条文,之前是《侵权责任法》第 22 条,在《中国民法典》中则由第 1183 条第 1 款对其作出相应规定。如果侵犯他人人身权益(如身体、健康、隐私)造成重大的精神损害时,受害人可以要求赔偿因此造成的非财产性损害。学界认为,精神损害是指自尊心的减低和身体或精神上的痛苦。如果这类损失超出纯粹的日常琐事案件范围,那么此时损失就是相当大的。[76]然而立法者没有对损害赔偿计算进行细致规范,这致使法律的确定性被削弱。此外,2001 年 3 月 8 日最高人民

---

〔71〕 *Binding*, Das Gesetz der VR China über die deliktische Haftung, 2012, S. 49 (针对《侵权责任法》).

〔72〕 详见 *A. Janssen*, Präventive Gewinnabschöpfung, 2017, S. 478 ff., 他主张在侵犯绝对法律地位时实行预防性的获利剥夺(拟定法上),从而对非契约领域的违法行为有效补救,同前 S. 577 ff.

〔73〕 *Binding*, Das Gesetz der VR China über die deliktische Haftung, 2012, S. 47 (针对《侵权责任法》).

〔74〕 *Binding*, Das Gesetz der VR China über die deliktische Haftung, 2012, S. 48 f. (针对《侵权责任法》).

〔75〕 *Binding*, Das Gesetz der VR China über die deliktische Haftung, 2012, S. 48 (针对《侵权责任法》).

〔76〕 *Binding*, Das Gesetz der VR China über die deliktische Haftung, 2012, S. 53 (针对《侵权责任法》).

法院发布的《最高人民法院关于确定民事侵权精神损害赔偿责任若干问题的解释》对之前《侵权责任法》作出的解释仍有借鉴意义，应仍可适用。[77]

相较于德国法，值得注意的是，中国法上，对侵害一般人格权的行为进行合理的赔偿显然没有要求严重侵犯权利和"不可避免的需求"（unabwendbares Bedürfnis）。[78]因此，相较于德国法，中国法上的规定更有利于受害人。

2. 对感情利益（Affektionsinteresses）的赔偿

《中国民法典》第 1183 条第 2 款是一条新的规定，因故意或重大过失侵害自然人的一项具有人身意义的特定物时应予以感情利益的赔偿，因此中国法与法国法等类似，给予精神损害赔偿的范围相当广。德国法上，被毁损物的纯感情价值，如信件所表现出的纪念价值，原则上是无法赔偿的。[79]但《中国民法典》第 1183 条第 2 款并不适用于动物。[80]这一点是令人惊讶的，因为宠物对于主人来说，往往会有更高的情感价值。

3. 损害赔偿请求权的可继承性？

对受害人因侵权行为而死亡时，精神损害赔偿请求是否可以继承的问题，第七编并未作出规定。然而，《中国民法典》第 992 条关于人格权受侵害的规则确定了，人身权利不可转让或继承。由于精神损害赔偿的诉求是基于对身体完整性与生命权的侵犯，而两者属于《中国民法典》第 990 条所指的广义人格权保护范围，那么问题在于《中国民法典》第 1183 条之精神损害赔偿请求权是否也应被纳入本条文的调整范围。这个问题的答案也取决于这两编相互之间的关系，但这对读者来说并不容易了解。一方面，我们可以认为，前编中关于人格权的规定是包含了一般性规则，如果广义上的人格权不可继承，那么因侵犯这种权利所产生的债权也不能继承。另一方面，侵权责任编中并未明确排除精神损害赔偿请求权的可继承性，因此，可以假定在第七编第 1183 条的立场是肯定精神损害赔偿请求权具有可继承性。这个问题的存在恰是表明了，有必要明确两编之间的相互关系，必要时应阐明条文规则。

笔者认为，笼统地排除精神损害赔偿请求权的可继承性是毫无道理的。在德国法上，倘若受害人遭受侵权随即死亡，此时因身体损害而产生的精神损害赔偿不能被继承。如果受害人在死亡前很长一段时间内因侵权行为而遭受严重痛苦，情况就

---

[77]　译者注：作者撰写本文时，于 2021 年 1 月 1 日起施行生效的《最高人民法院关于审理人身损害赔偿案件适用法律若干问题的解释》未颁布。

[78]　德国法上的责任构成要件参见 *Brost/Hassel*，Der Anspruch auf Geldentschädi-gung bei Persönlichkeitsrechtsverletzungen，NJW 2020，2214，2215 ff.

[79]　BGH，Urt. v. 10. 7. 1984，VI ZR 262/82，NJW 1984，2284，2285.

[80]　此处感谢李昊老师指点。

不同了。这种区别对待是有说服力的。[81]例如,交通事故中的受害人受了重伤,在剧烈的疼痛中与病痛对抗了一段时间,最后还是没有斗争成功,那么为何要免除不法侵害人支付慰抚金的义务呢?但在德国法上,必须与此区分的问题是,在一般人格权受到侵害时,例如为了弥补受害人名誉受损而提出的损害赔偿请求,是否应该可由受害人的继承人继承的问题。德国判例法上排除了——显然中国法也排除了——这一可继承性,因为赔偿目的只是为了满足受害人,而受害人的满足性是不可以传递给继承人的。[82]

(五) 惩罚性赔偿

虽然损害赔偿基本上是以受害人受有损失为前提来确定的,但这一原则在中国法上——以及德国法上——并非绝对的。在德国法上,受欧盟法的影响,关于此问题的传统学说新近得以延展,因此,在某些法律领域,也必须支付非严格意义上的惩罚性损害赔偿金。[83]例如,媒体故意侵犯人格权将会导致损害赔偿金额提高,其理由也是考虑到,侵权人从侵权行为中获利。[84]此外,因受到非法歧视而未被雇用的雇员可以要求赔偿最多3个月的工资,因为他们的人格权受到侵犯(《一般平等待遇法》第15条第2款)[85]。即使由于传统学说的弱化,在特殊情况下要支付超额赔偿金,仍必须说明的是,德国和欧洲私法与美国式的惩罚性赔偿金相比,还有很大差

---

[81] *Deutsch/Ahrens*, Deliktsrecht: Unerlaubte Handlungen, Schadensersatz, Schmerzensgeld, 6. Aufl. 2014, Rn. 701; *Kötz/Wagner*, Deliktsrecht, 13. Aufl. 2016, S. 302. Aus der Rechtsprechung etwa BGH, Urt. v. 6. 12. 1994, VI ZR 80/94, NJW 1995, 783; BGH, Urt. v. 12. 5. 1998, VI ZR 182/97, NJW 1998, 2741, 2742.

[82] BGH, Urt. v. 29.4.2014, VI ZR 246/12, GRUR 2014, 702.

[83] Näher dazu *Heinze*, Schadensersatz im Unionsprivatrecht, 2017, S. 106 ff.; *Wurmnest*, Towards a European Concept of Public Policy Regarding Punitive Damages?, in: Bariatti/Crespi Reghizzi/Fumagalli, Punitive Damages and European Private International Law, 2019, S. 253, 268 ff.

[84] 在奠基性的 BGH, Urt. v. 15. 11. 1994, VI ZR 56/94, NJW 1995, 861, 86-Caroline von Monaco I 一案中:"只有当赔偿金额与人格权受侵害而获利的事实形成相对应关系时,判决金钱损害赔偿才适于实现保护人格权所追求的预防功能。尽管这并不意味着在一股脑的人格权商业化的案件中去考虑所谓的'获利剥夺',但在确定金钱损害赔偿金额时,应当将侵害权利所获得的利益作为一个评估因素。因此,金钱补偿的数额必须对这类人格权的市场商业化产生实际的抑制作用。"

[85] 关于该条文规定的超补偿性质,见 *Thüsing*, in: Münch Komm-BGB, 8. Auflage 2018, § 15 AGG Rn. 4; *N. Jansen/Rademacher*, Punitive Damages in Germany, in: H. Koziol/Wilcox, Punitive Damages: Common Law and Civil Law Perspectives, 2009, S. 75, 85.

距。这一区别符合教义学基础,因为超出补偿性的损害赔偿未被承认为损害赔偿法的一个独立类别,而是在某些法律领域通过扩展传统学说或规定一次性总赔偿或赔偿金额上限而被引入适用。[86]

相反,中国立法者更进了一步。如果法律规定了惩罚性赔偿(《中国民法典》第179 条),那么就应当支付惩罚性赔偿。因此,惩罚性赔偿在中国法上被确认为一个独立的赔偿类别。在《中国民法典》第七编中提到了三项可主张惩罚性赔偿之情形。[87]

首先看侵权责任编的第 1185 条。本条文并不如所期待的那样,因其在侵权法中的位置而具有一般条款性质。相反,新增加的规定只适用于故意侵犯知识产权的情形,但前提要件是此种侵权行为造成的损害后果严重。其目的在于制裁因侵害权利带来巨大损害而应受到特别谴责的行为,以达到对权利保护的普遍预防效果。显然,将这一规则规定在损害赔偿章节,是因为《中国民法典》并未规定侵犯知识产权的特别责任制度,而从政治角度来说,倾向于对这一法律调整领域实施惩罚性赔偿制度。[88]

在特别责任章节还规定了其他两项特别的请求权基础,可基于此主张惩罚性损害赔偿。第一项规则涉及产品责任。如明知产品缺陷仍生产或销售,造成他人死亡或严重损害的,必须支付惩罚性赔偿金(《中国民法典》第 1207 条),这一条之前已在《侵权责任法》[89]中作出了规定。第二项规则见于《中国民法典》第 1232 条。这条新规定旨在加强环境责任的一般预防功能。因此,如果加害人违反国家的(行政法的)规定,造成环境污染或生态破坏,且损害后果严重的,必须支付惩罚性赔偿金。

与过去立法中已经存在的情况一样,《中国民法典》对于惩罚性赔偿的计算标准

---

〔86〕 *Wurmnest*, Towards a European Concept of Public Policy Regarding Punitive Damages?, in: Bariatti/Crespi Reghizzi/Fumagalli, Punitive Damages and European Private International Law, 2019, S. 270; a.A. *Pinto de Albuquerque/van Aaken*, Punitive Damages in Strasbourg, University of St. Gallen Law School, Law and Economics Research Paper Series, Working Paper No 2016 - 05, 2016, 11 〈https://ssrn.com/abstract=2781397〉("Punitive damages somehow sneaked in the concept of 'effective, proportionate and dissuasive' sanctions [of EU law]"; *Vanleenhove*, Punitive Damages in Private International Law, 2016, S. 165, 175 (欧盟法亦表现出承认惩罚性赔偿之迹象).

〔87〕 对中国侵权法上的惩罚性赔偿提出的批评意见,见 *H. Koziol/Zhu*, JETL 1 (2010), 328, 336 f.; 351 f. (针对《侵权责任法》).

〔88〕 事实也是,各种行政法规都指出应引入惩罚性赔偿制度,见 *X. Zhang*, China Law 1 (2019), 121, 127.

〔89〕 《侵权责任法》第 47 条。

并未作出具体规定,也未设定赔偿上限。[90]因此,司法实践中如何确立该赔偿责任的要件以具体化损害的严重性,以及是否实际判处大额的惩罚性赔偿,还有待研究。而后,才可去评判惩罚性赔偿在中国私法上与美国法的学理上有多大的一致性。

(六)金钱赔偿的形式

根据中国立法者的意志,在损害发生后,当事人应就采用何种金钱赔偿的支付方式进行协商(《中国民法典》第 1187 条第 1 句,原《侵权责任法》第 25 条第 1 句)。如果协商没有结果,则必须一次性支付赔偿金(《中国民法典》第 1187 条第 2 句,原《侵权责任法》第 25 条第 2 句)。然而,这一规定并非绝对的。如果一次性支付赔偿金对受害人来说存在不合理的困难,只要加害人提供足够的担保,就可以分期付款(《中国民法典》第 1187 条第 2 句,原《侵权责任法》第 25 条第 3 句)。[91]这一规定在旧法下就已经因有悖于体系而受到批评,因为其对承担损害赔偿的类型进行了意定。新法却仍然保留了这一规定。不过,新法对于应重复支付的养老金并未作出规定,因为总金额始终必须确定。因此,在这一点上中国法规定落后于德国法。[92]

(七)结论

总的来说,中国立法者只是对过去的损害赔偿规则进行了微不足道的修改。除了在知识产权和环境侵权责任领域,为加强责任之预防功能进而增加了惩罚性赔偿规定以外,还强调了对客体感情利益的赔偿。在这些问题上,中国法与德国法有很大的不同,尽管近年来,德国法和欧洲法也相当重视责任之一般预防功能这一思想。

五、以动物侵权责任为例之特殊责任规则

(一)基本情况

对于动物侵权责任,《中国民法典》用了七个条文作了相对详细之规定(《中国民法典》第 1245—1251 条,原《侵权责任法》第 78—84 条)。与旧法相比,只有细微变

---

〔90〕 批评观点见 *Bu*, Neuerungen und unterbliebene Verbesserungen im Deliktsrecht: Muster der Entscheidungsfindung im Kodifikationsvorgang, in: dies., Der Besondere Teil der chinesischen Zivilrechtskodifikation, 2019, S. 213, 218.

〔91〕 *Binding*, Das Gesetz der VR China über die deliktische Haftung, 2012, S. 55.

〔92〕 批评观点见 *Bu*, Neuerungen und unterbliebene Verbesserungen im Deliktsrecht: Muster der Entscheidungsfindung im Kodifikationsvorgang, in: dies., Der Besondere Teil der chinesischen Zivilrechtskodifikation, 2019, S. 213, 218.

化。中国法仍然是规定了各种特殊责任形式,主要是根据造成损害的动物种类来区分。其责任性质都为危险责任(《中国民法典》第 1245—1247 条),仅仅对动物园动物侵权设定了过错推定责任(《中国民法典》第 1248 条)。此外,立法者还规范了理所当然的一般原则,即必须遵守法律和社会公德来饲养动物(《中国民法典》第 1251条)。[93]而德国法上对此问题作了两条规定,区分了动物保有人的责任(《德国民法典》第 833 条)和动物管理人的责任(《德国民法典》第 834 条),并规定了不同的责任标准。动物保有人要承担危险责任[农场动物造成的损害除外,下文五、(三)],而动物管理人则根据过错推定原则承担赔偿责任。

(二) 不同的责任构成要件与一般规则

根据《德国民法典》第 833 条第 1 句,危险责任基本涵盖了所有可归责于动物保有人的动物侵权,无论它们是被驯服的还是野生动物。[94]《中国民法典》第 1245 条规定了动物饲养人和动物管理人的危险责任——与之前立法表述相同[95],其明显严格限定了适用范围,因为该条仅适用于"饲养的动物"。学说上,将该类动物定义为那些被人喂养、照顾和管教的动物,即被驯服中或已被驯服的动物。[96]因此,人类在笼子或围墙内保有的野生或未被驯服的动物,在中国法上不归于《中国民法典》第1245 条的调整范围内。[97]保护区的野生动物亦是如此。[98]为了避免因《中国民法典》第 1245 条狭义的动物类型定性造成责任漏洞,中国立法者不得不增设了其他的责任构成要件。[99]

根据《中国民法典》第 1246 条,动物饲养人与管理人未采取任何安全措施而违反了"管理规定的",对其动物给第三人造成的损害应承担责任。该标准涵盖了所有动物,无论它们是被驯服、驯养还是未被驯服。[100]当然,责任范围的认定取决于主管部

---

〔93〕 对该条文的批评见 *Bollweg/Doukoff/N. Jansen*,ZChinR 2011,91,103.

〔94〕 *Spindler*,in：BeckOK BGB,55. Ed. 1. 8. 2020,§ 833 Rn. 5；*Spickhoff*,in：Beck-OGK-BGB,1. 5. 2020,§ 833 Rn. 43. 主流观点认为,只有细菌等低级动物才应被排除在外,*Eberl-Borges*,in：Staudinger,BGB,Neubearbeitung 2018,§ 833 Rn. 11 ff. 中有进一步的说明。

〔95〕 参见《侵权责任法》第 78 条。

〔96〕 *Feuerstein*,Grundlagen und Besonderheiten des Außervertraglichen Haftungsrechts der VR China,2001,S. 213 (与 1986 年颁布的《民法通则》中的定义保持一致)。

〔97〕 *Binding*,Das Gesetz der VR China über die deliktische Haftung,2012,S. 104 f. 文中以中国学术观点作为例证(针对《侵权责任法》)。a. A. *Bollweg/Doukoff/N. Jansen*,ZChinR 2011,91,92.

〔98〕 *H. Koziol/Zhu*,JETL 1 (2010),328,359.

〔99〕 *Binding*,Das Gesetz der VR China über die deliktische Haftung,2012,S. 105.

〔100〕 *Binding*,Das Gesetz der VR China über die deliktische Haftung,2012,S. 105.

门或地方机构对动物饲养和看管所作出足够精确要求的行政法规范,而对于新类型
的风险,则还无法判定。如果动物饲养人遵守了行政法规范,根据《中国民法典》第
1246 条规定,可以免除责任。

但是,如果涉案的是禁止饲养的有危险性的动物,根据《中国民法典》第 1247 条
规定,动物饲养人和管理人对危险动物给第三人利益造成的损害承担无过错责任。
该条将"烈性犬"作为危险动物之例。然而"危险动物"这个词本身概念模糊,未有详
细界定何种情况下可将一种动物归为"危险"的。由于被称为"饲养动物"的驯服中
的或被驯化的动物已经被《中国民法典》第 1245 条中所表述的"动物"所涵盖。危险
动物似乎是指无法被控制的动物,比如狮子、熊或猞猁。[101] 私人饲养这类动物通常
亦是被禁止的。[102]

中国的立法者设立了三种不同的请求权基础——《中国民法典》第 1245 条关于
饲养动物的责任,第 1246 条关于违反管理规定饲养或管理的动物,以及第 1247 条对
未被驯服的禁止饲养的动物,都适用的是危险责任,显然这与中国法长期以来将"饲
养动物"作为一项基本构成要件有关[103](因此,将调整范围扩大至所有动物这一问
题并未真正认真地被讨论过),而且各种责任类型也有不同减轻责任的事由(见下文
第五章第 6 节)。

(三) 存在问题的责任优惠

德国和中国的立法者都在法律中规定了有问题的责任承担优惠。1908 年,为了
最大限度地降低农业中的责任风险,德国立法者增加了《德国民法典》第 833 条第 2
款,对农场动物规定了过错推定责任。商业畜牧业享有此特权,是出于担心小型农
场企业欠缺责任保险保障。[104] 用益性动物(Nutztiere)一方面是指被驯养的宠物(如
猫、马、牛、羊、山羊等),[105]另一方面是为(某些)职业、出售或者赡养义务服务的动

---

[101]　除非这些动物是饲养在动物园内,此时则适用《中国民法典》第 1248 条,见下文五、
(五)。

[102]　完整版参见 *Binding*, Das Gesetz der VR China über die deliktische Haftung, 2012, S.
105(针对《侵权责任法》).

[103]　1986 年颁布的《民法通则》已详细规定了动物侵权责任,见 *Feuerstein*, Grundlagen und
Besonderheiten des Außervertraglichen Haftungsrechts der VR China, 2001, S. 212 ff.

[104]　本条文的历史背景参见 *Eberl-Borges*, in: Staudinger, BGB, Neubearbeitung 2018, §
833 Rn. 1 ff.; *Spickhoff*, in: BeckOGK-BGB, 1. 5. 2020, § 833 Rn. 2 ff.; *Wagner*, in: Münch
Komm-BGB, 7. Aufl. 2017, § 833 Rn. 1 ff.

[105]　与《德国民法典》第 960 条中所规定的被驯服的动物相反,如狍子,被饲养在围栏内用来
生产肉食,见 *Spindler*, in: BeckOK BGB, 55. Ed. 1. 8. 2020, § 833 Rn. 2.

物(警犬、林农的猎犬等)。[106]如今,这种限制被很多声音认为在法政策上是错误的。[107]另一方面,中国法上,《中国民法典》第 1245 条规定的危险责任也适用于宠物和农场的动物。中国法上对动物园饲养的动物有特殊的规定,根据《中国民法典》第 1248 条,动物园经营者仅在过错可推定时承担责任。这一被诟病的特权设立的原因[108]在于,动物园被认为是公益性机构。[109]

由于动物园的动物比农场的动物少得多,中国法上的责任优惠规定适用范围要比德国法上小得多。但从法政策上来看,这两个限制都应该被删除,因为严格责任的基础是因动物行为的不可预知性,而农场和动物园的动物同样如此,对此,由一群学者(欧洲侵权法工作组)在比较法基础上制定的《欧洲侵权法原则》(PETL)[110]并未对动物饲养人责任作出限制,而是让动物饲养人根据危险责任一般条款就异常危险活动承担责任(《欧洲侵权法原则》第 5:101 条[111])。作为一个于比较法和欧洲法基础上拟定财产法编纂的欧洲学术项目,欧洲《共同参考框架草案》(Draft Common Frame of Reference)中关于宠物饲养人责任的规定,并未设有责任优惠条款(DCFR 第六编第 3:203 项),原因在于,限制严格责任适用的观念被认为已经过时。[112]

(四) 现实的动物危险

在两国法律体系中,前提要件都是,受保护的权利是因动物而受到侵害。动物的存在与损害之间存在简单的因果关系是不够的。必须是因动物所引起的特定危

---

[106]　*Eberl-Borges*,in:Staudinger,BGB,Neubearbeitung 2018,§ 833 Rn. 124;*Wagner*,in:Münch Komm-BGB,7. Aufl. 2017,§ 833 Rn. 5.

[107]　*V. Bar*,Gemeineuropäisches Deliktsrecht,Bd. 1,1996,§ 2 Rn. 211;*Spickhoff*,in:BeckOGK-BGB,1. 5. 2020,§ 833 Rn. 106 f.;*Wagner*,in:Münch Komm-BGB,7. Aufl. 2017,§ 833 Rn. 3. 更积极地表明态度的,参见 *Hager*,in:Staudinger,BGB,Neubearbeitung 2018,§ 833 Rn. 7 f.

[108]　*Bu*,Neuerungen und unterbliebene Verbesserungen im Deliktsrecht:Muster der Entscheidungsfindung im Kodifikationsvorgang,in:dies.,Der Besondere Teil der chinesischen Zivilrechtskodifikation,2019,S. 213,228.该文中有进一步阐述。

[109]　*Binding*,Das Gesetz der VR China über die deliktische Haftung,2012,S. 105.

[110]　关于该小组的成果,参见 *Spier/Haazen*,The European Group on Tort Law (“Tilburg Group”) and the European Principles of Tort Law,ZEuP 1999,469 ff.;*H. Koziol*,Die “Principles of European Tort Law” der “European Group on Tort Law”,ZEuP 2004,234 ff.

[111]　PETL 是指 „Principles of European Tort Law“.

[112]　Comments zu Art. VI - 3:203,in *v. Bar/Clive*,Principles,Definitions and Model Rules of European Private Law:Draft Common Frame of Reference (Full Edition),Bd. 4,2009,S. 3494.

险已实现。在德国法上，判例中主要关注的是，是否因动物行为的不可预知性和由此引发危险造成权利受损，[113]例如因典型的危险（马被打晕、狗跳到受害人身上等）。[114]但是，由于动物的"正常"行为（排泄物造成的损害、舐舐传播疾病等）造成的损害也会引发责任。[115]但倘若动物被人强制作为工具所用，则排除此时的归责，这一点在中国法上是得到承认的。[116]

在细节上，归责问题可能非常棘手。例如，在德国法上，由动物保有人发起的交配行为，该交配行为所造成的损害在多大程度上可归于特定动物危险所造成的结果是有争议的。但有人反对说，这种损害不是基于加害动物自身的任意行为，而是基于主人有意的行为，所以缺乏动物特有危险这一前提要件。[117]然而，这种对归责的狭义解释与以下事实相矛盾，即即使在安排交配的情形下，也绝对不可能完全控制动物，在这一点上来说，安排交配必然承受较大的危险，因此也证明危险责任是正当的。[118]另一方面，如果动物交配是在主人不知情和无意愿的情况下进行的，那么根据德国法规定，此时产生的损害无可争议地应被归因于特定的动物危险，因为它是基于动物本身不可预知的行为本能。[119]此外，还比如，由于动物本能挣脱绳索造成损害。

（五）责任的承担者

无论是德国法还是中国法都规定，动物侵权应当由动物饲养（保有）人和管理者

---

[113]　BGH, Urt. v. 6. 7. 1976, VI ZR 177/75, NJW 1976, 2130, 2131；BGH, Urt. v. 6. 7. 1999, VI ZR 170/98, NJW 1999, 3119.

[114]　更多举例见 *Eberl-Borges*, in: Staudinger, BGB, Neubearbeitung 2018, § 833 Rn. 39; *Kötz/Wagner*, Deliktsrecht, 13. Aufl. 2016, S. 213; *Spickhoff*, in: BeckOGK-BGB, 1. 5. 2020, § 833 Rn. 70.

[115]　*Eberl-Borges*, in: Staudinger, BGB, Neubearbeitung 2018, § 833 Rn. 60 ff.; *Spindler*, in: BeckOK BGB, 55. Edition, 1. 8. 2020, § 833 Rn. 8.

[116]　*Binding*, Das Gesetz der VR China über die deliktische Haftung, 2012, S. 106,文章列举了中国学术文献以佐证。

[117]　OLG Düsseldorf, Urt. v. 20. 9. 1974, 22 U 93/74, MDR 1975, 229.

[118]　*Spindler*, in: BeckOK BGB, 55. Ed. 1. 8. 2020, § 833 Rn. 8. Der BGH, hat diese Frage offen gelassen vgl. BGH, Urt. v. 6. 7. 1976, VI ZR 177/75, NJW 1976, 2130, 2131.

[119]　BGH, Urt. v. 6. 7. 1976, VI ZR 177/75, NJW 1976, 2130, 2131; vgl. auch OLG Hamm, Urt. v. 7. 2. 1990, 13 U 62/88, NJW-RR 1990, 1052; OLG Hamm, Urt. v. 8. 7. 1993, 6 U 44/93, NJW-RR 1994, 804; *Eberl-Borges*, in: Staudinger, BGB, Neubearbeitung 2018, § 833 Rn. 65.

承担责任,且原则上都主张,遗弃的或出逃的动物致损不能导致其责任免除。[120]但学术文献中对二者作了明显区分。

首先,在责任标准上存在差异。中国法上,二者都需要承担危险责任。而德国法上则仅仅要求动物保有人承担危险责任(《德国民法典》第 833 条第 1 句),而且只限于损害并非用益性动物引起的案情(《德国民法典》第 833 条第 2 句)。而动物管理者只承担过错推定责任(《德国民法典》第 834 条)。

此外,两国法上对动物饲养(保有)人和动物管理人的区分也不完全一致。在中国法上,借鉴物权法上的评判标准,动物的所有人被认定为动物饲养人,而对动物直接的占有者是动物管理人。[121]德国法上的区分就更为复杂了。动物保有人是指可以将动物纳入其生活或经济活动范围内的人。[122]这种划分是基于对各种迹象的总体看法,一般来说,对动物的支配权和出于经济私利而承担费用支出是判定保有人身份的一个标志。[123]由于在德国法上,动物的法律分类并不是唯一的一个决定性因素,比如较为复杂情况是,一个人形式上拥有某只动物,但该动物从经济角度是由另一个人所饲养,因此,德国法与中国法对所有权人身份的认定存在不同。

定义动物管理人亦是如此。在德国法上,动物管理人是指通过合同(可能是默示)的方式,替动物饲养人接管对动物的监管,因此必须确保动物不伤害第三人。[124]与保有人不同的是,管理人是为他人利益作出行为,亦即为了他人的经济利益或精神利益。[125]此外,他还必须能够独立采取措施控制动物危险性,例如,当马匹被租借者独自骑走,马主人不再有影响动物行为的可能。[126]与此相反,依照德国法,一个马掌匠将马关押在工作间几个小时为其钉马蹄铁,不能将其认定为动物管理人,因为他通常不会在合同中承诺在动物保有人不在时接管对动物的监管。[127]而依照中国

---

[120]   参见《中国民法典》第 1249 条。见 sowie BGH,Urt. v. 28. 9. 1965,VI ZR 94/64,NJW 1965,2397. 然而,人们必须在出逃的动物致损案件中作出相应限定,必须要求出逃和损害事件之间在时间和空间上有足够的联系,so zu Recht v. Bar,Gemeineuropäisches Deliktsrecht,Bd. 1,1996,§ 2 Rn. 215.

[121]   Binding,Das Gesetz der VR China über die deliktische Haftung,2012,S. 106.该文中以中国的侵权法相关文献作为佐证。

[122]   Spindler,in:BeckOK BGB,55. Ed. 1. 8. 2020,§ 833 Rn. 13;Wagner,in:Münch Komm-BGB,7. Aufl. 2017,§ 833 Rn. 23.

[123]   Eberl-Borges,in:Staudinger,BGB,Neubearbeitung 2018,§ 833 Rn. 95 f.;Spindler,in:BeckOK BGB,55. Ed. 1. 8. 2020,§ 833 Rn. 13.

[124]   BGH,Urt. v. 30. 9. 1986,VI ZR 161/85,NJW 1987,949,950.

[125]   Spickhoff,in:BeckOGK-BGB,1. 5. 2020,§ 834 Rn. 6.

[126]   BGH,Urt. v. 30. 9. 1986,VI ZR 161/85,NJW 1987,949,950.

[127]   OLG Hamm,Urt. v. 22. 4. 2015,14 U 19/14,NJW 2015,1114,1117.

法,独立骑马外出的租赁人和农夫为直接占有人,从而被视为动物管理人。

(六) 责任减轻和责任排除

　　除了在一般规定中,中国立法者在动物侵权责任一编也就责任减轻和责任排除作出了相应规定。

　　如同之前《侵权责任法》第78条的规定,依据《中国民法典》第1245条,当动物饲养人或管理人可以阐述和证明,损害是因受害人故意或重大过失所引起的,则可以不承担或者减轻责任。在动物饲养人责任的框架内,轻微的与有过失不会导致责任减轻,这是为了更有利于受害人,因为受害人通常不能像动物饲养人或管理人那样避免损害发生。[128]

　　因为动物饲养人和动物管理人在受害人故意时仅仅只是减轻责任并非完全排除责任承担,所以《中国民法典》第1246条对于受害人的特殊保护可谓更强了。与之前的规定(《侵权责任法》第79条)相比,过去并未提及对饲养人和管理人作相应的责任限制,如今对责任在一定程度上作了相应的限制。但是,该条款的设定极大地激励了人们遵守该安全规定,因为即使受害人有重大过失,饲养人和管理人仍应承担全部责任。就算受害人故意,饲养人或管理人仍然应自身承担一部分责任。

　　对禁止饲养的危险动物(《中国民法典》第1247条)和动物园动物(《中国民法典》第1248条)造成损害的责任,并未设有特别规定,然则问题在于,此时究竟是适用与有过失的一般规定,还是立法者本不欲适用。在对于动物园动物侵权责任设有优惠条款的背景下,可认为,至少应当适用一般规定。

　　另一方面,德国法上,《德国民法典》第254条所规定的原则也适用于动物侵权责任。[129]根据该一般规则,其合法权益被侵害的受害人必须对自己的过错负责。举例来说,一名马主的马匹将一位本身没有戴头盔的年轻骑手抛掷马下,导致其头部受伤,其责任被减至仅承担50%。[130]如果是特别重大的过失,甚至可能完全排除马匹保有人或管理人的责任。例如,不来梅州高等法院认定,如果骑手违反与马主人的约定,将某种马垫放在马身上造成事故,虽然有人已经向她指出,动物对马垫不适应,反应敏感,则马主人对骑手在骑马事故中遭受的身体损害不承担责任。[131]另根据石勒苏益格荷尔斯泰因州高等法院的判决,如果骑自己马的受害人没有与另一匹

---

[128]　*H. Koziol/Zhu*, JETL 1 (2010), 328, 359.

[129]　详见 *Eberl-Borges*, in: Staudinger, BGB, Neubearbeitung 2018, § 833 Rn. 197 ff. und § 834 Rn. 26; *Spickhoff*, in: BeckOGK-BGB, 1. 5. 2020, § 833 Rn. 139 ff. und § 834 Rn. 12.

[130]　OLG Düsseldorf, Urt. v. 16.11. 1982, 4 U 166/80, BeckRS 1982, 02511 (sub. II).

[131]　OLG Bremen, Urt. v. 18. 4. 2012, 1 U 81/11, BeckRS 2013, 15770.

马保持足够的安全距离,被该马踢了一脚,也同样适用,因为如果没保持距离,动物之间的竞争感就会被唤醒,将可能导致防御或攻击反应。[132]

(七) 结论

与德国法和欧洲法的立法模式不同,中国立法者在动物责任上仍实行的是设定一系列的单个构成要件立法模式,而要件之间的关系又尚未完全理清。总的来说,中国法上的动物侵权责任比德国法上更为严苛,因为仅对动物园动物实行过错责任原则,而动物管理人也要承担危险责任。

六、结束语

(一) 进化替代革新

新的中国侵权责任法注入了延续的精神。立法者的宗旨在于"进化替代革新"。侵权责任的基本结构承继于《侵权责任法》,只是作了谨慎的进一步发展。在一些具体的责任构成上,即在互联网服务经营者责任、环境损害责任和危险活动责任方面,可以看到一些重大变化。[133]与旧法相比,最重要的改变无疑是将人格权独立成编。

(二) 致力于中国特色化

早期的立法较多受到国外立法影响,改革开放后,中国立法者致力于发展中国特色,在现代法上找到自己的地位,并试图产生辐射效应。[134]

这种发展趋势在《侵权责任法》的起草过程中就已经显现出来了,且在《中国民法典》中得到进一步体现。一般条款着眼于保护个人权利和受法律保护的利益,而不侧重于(不法的)义务违反。[135]这种做法也是欧洲侵权法原则所倡导的,中国法起草同样参照了欧洲侵权法原则。[136]这种结构确实可谓是较为现代的。[137]

---

[132]　OLG Schleswig, Urt. v. 20. 11. 2003, 7 U 72/01, NJW-RR 2004, 382, 383.

[133]　关于民法典二次审议稿的一些重要新亮点,参见 *Bu*, Neuerungen und unterbliebene Verbesserungen im Deliktsrecht: Muster der Entscheidungsfindung im Kodifikationsvorgang, in: dies., Der Besondere Teil der chinesischen Zivilrechtskodifikation, 2019, S. 213, 214 ff.

[134]　对该发展参见 *Liming Wang*, Frontiers of Law in China 14 (2019), 39, 55 ff.文中特别指出,"中国不应该仅仅是西方理论的被输入者,而应该是中国学术的创造者和国际学术的贡献者。中国民事立法的中国特色符合中国国情,有利于丰富世界民法文化"。

[135]　*Bollweg/Doukoff/N. Jansen*, ZChinR 2011, 91, 93 (针对《侵权责任法》).

[136]　*Bollweg/Doukoff/N. Jansen*, ZChinR 2011, 91, 92.

[137]　*Bollweg/Doukoff/N. Jansen*, ZChinR 2011, 91, 93.

另一个特点是《中国民法典》中特殊责任构成被广泛标准化,它与抽象的一般规则并存。在欧洲的法律体系中,关于特殊责任问题的规定往往出现在特别法上,当然也是因为技术发展使得规定成为必要,而法典已经在先制定,因此才有特别法。

值得强调的一点是,中国通过制定惩罚性赔偿规则,来增强法律在特定领域的一般预防功能。但法院如何让惩罚性赔偿制度充满生机,还有待观察。

人格权的升级,单独成编,必将产生一定的辐射作用,再加上侵权责任部分"降"到法典的最后一编,放弃了债法总则,也使得中国法获得了一个独特的结构。但是,放弃债法总则是否真的有利于法律的适用,还有待考察。此处存有疑问。

中国侵权责任法还有的另一特点是,它规定了因侵权行为导致不同人死亡时的统一的死亡赔偿金(《中国民法典》第1180条)。但这一规则是否能产生广泛的影响,值得商榷。如果对亲属所受的痛苦有一个统一的补偿,参照英国法上的"丧亲损害赔偿",设定一定的固定金额来补偿悲痛,才是有意义的。[138]在这一规范结构下,无论侵权行为造成一人还是多人死亡,都适用"所有人平等"的原则。但是,如果像中国法那样[139],已经设定了根据每个个案中受害人净收入来确定每个个例下应得的赔偿,那么在不同的人因侵权行为而死亡时,对这一规则作出例外规定,我认为是相互矛盾的。

(三)差异化作为平衡因素

中国法上对于不法行为的规范密度要比德国同类法律要大,甚至规范的内容也更为具体。当然,即使德国立法者如今要起草一部全新的侵权法,也会更准确地去界定一些规则,或者对其进行补充,比如将一些既定的规范编纂成法典形式。只要文字表述不是太宽泛,具体规则的编纂通常都可以使法律相关工作更为便捷。然而,要确定一套规则需要编纂到何种程度,始终是一个微妙的平衡过程,因为立法者也可能增加法律工作者的工作难度。

金科玉律当然应当是指一个法律领域下所有的基本原则都被规定下来。但在中国侵权法部分,仅部分如此,因为完全赔偿原则虽然作为核心原则,却并未形成成文的规则。另一方面,从德国法上的角度来看,有些规定似乎是可有可无的,如《中国民法典》第1174条(如果损害是由第三方造成的,则不承担责任)及第1251条(必须依法饲养动物)。

[138] Sect. 1A Fatal Accident Act 1976,当前版本见:https://www.legislation.gov.uk/ukpga/1976/30/contents。补偿的数额目前定为最高15120 GBP [The Damages for Bereavement (Variation of Sum) (England and Wales) Order 2020].

[139] *Binding*, Das Gesetz der VR China über die deliktische Haftung, 2012, S. 51(针对《侵权责任法》).

　　制定特定性极强的法律文本通常会存在的一个问题是，除非明确说明该规范类目下的规则并非详尽无遗的，否则，即使只有几个规则作为示例，也会被当作已是详尽无疑地作出了相关规定。此外，如果不建立明确的结构，法律就有可能出现漏洞。例如，动物责任中的各个构成要件之间的相互作用被认为并不明确，立法者在制定规则时也未厘清。

　　如果考虑到中国只有一部分法官经历了传统的法学教育，相较于德国，《中国民法典》条文在适用时就会产生更大的差异化，因为，让适用抽象规范的适用成为可能的教义学训练在中国（目前仍）可能发展得还不够完善。

（四）巨大时间压力下的编纂工作开展

　　中国的《侵权责任法》是基于三个草案经过几年的征求意见后通过的，即便如此，关于侵权法的组织安排的讨论结束得有些"意外"。[140]民法典的编纂工作亦是在巨大时间压力下进行的，因此，编纂工作是在版本相对较少的草案基础上通过的。此种压力无疑也造成了许多核心规则并未得到明确规定。《侵权责任法》在通过后就已经收到了一系列存在"立法缺陷"的批评，即不准确或含糊不清。[141]其中包括公平责任的范围不明确（《中国民法典》第 1186 条）[142]、妨碍除去和不作为请求权的准确适用前提要件（《中国民法典》第 1167 条）[143]以及未成年人责任设计上的理念缺陷。[144]这些不足之处在从《侵权责任法》向《中国民法典》移转的过程中仍未被解决。

　　在这种背景下，中国的司法判例肩负很大的责任，要通过解释的方式以及可能还要通过法律续造的方式，尽可能地将规则连成网络，并进一步发展为一个协调的整体。此外，希望以后的修订能使法律规定更为精确，从而便于法律实施。中国立法者显然没有将其视为目前最为紧迫的任务。但是，人们不应放弃希望，根据中国的箴言——"智者顺势而变"，[145]人大代表会认识到，准确的法律条文表述和对一些学界争议僵持不下的根本问题作出判定，亦为立法者之任务。

---

[140]　*Bollweg/Doukoff/N. Jansen*，ZChinR 2011，91.

[141]　Vgl. nur *Bollweg/Doukoff/N. Jansen*，ZChinR 2011，91，93.

[142]　见上文三、（一）中第 3。

[143]　见上文三、（一）中第 4。

[144]　见上文三、（一）中第 4。

[145]　引自 *Wang*，Frontiers of Law in China 14（2019），39，71："A wise man changes with time and circumstances."

法典评注研究

[德]大卫·凯斯特勒-拉姆帕特 著　齐晓琨 译

评注文化诸问题概要
——引论及历史性的归类

中德法学论坛
第 18 辑·下卷，第 147～168 页

评注文化诸问题概要

——引论及历史性的归类*

［德］大卫·凯斯特勒-拉姆帕特** 著

齐晓琨*** 译

在德国，评注构成了人们特别熟悉的一种文献类型，它示范性地展现了法学学术与法律实务的紧密相关性，二者对法的理论探讨在此找到了一个媒介点，这里是它们"共同的交流空间"。[1]从比较法的角度来看，评注也表现为一种典型的德国式出版物。[2]当然，历史表明，这并不意味着评注仅流行于德国本土或者德语区的法域。[3]但同时，根据目前的研究成果，还无法确定评注在其他国家或者跨国的法律制度中具有的相当的广泛性和重要性。本论文集以比较法的国际视野，探究了评注或者功能相当的文献形式的学科价值，并在此涉足了一个还远未被开发的研究领域。施多尔艾斯(Stolleis)和西蒙(Simon)主编的论文集[4]只是首次展示了人们对

---

* 本译文原文刊登在 Max-Planck-Institut für ausländisches und internationales Privatrecht (hrsg.)，Juristische Kommentare：Ein Internationaler Vergleich，2020.正文中标注页码的文献均为同一本书中的其他文章。

** 大卫·凯斯特勒-拉姆帕特(David Kästle-Lamparter)：德国特里尔大学私法、国际私法与程序法、比较法教授。

*** 齐晓琨：南京大学法学院副教授、中德法学研究所研究员，法学博士。

〔1〕 参见 *M. Jestaedt*，Wissen im Recht：Rechtsdogmatik im Wissenschaftsvergleich，JZ 2014，1 - 12，6.类似的观点参见 *A. Funke*，Der blinde Fleck des Kommentars，收录在该文作者和 K. Lachmayer 共同撰写的 Formate der Rechtswissenschaft，2017，61 - 75，66 f. 其他相关论述见 *D. Kästle-Lamparter*，Welt der Kommentare：Struktur，Funktion und Stellenwert juristischer Kommentare in Geschichte und Gegenwart，2016，302.

〔2〕 这一点可以看参 *R. Michaels*，Kommentare zum transnationalen Privatrecht：Grenzen der Entnationalisierung eines nationalen Modells，in diesem Band，395 - 416，395.

〔3〕 Überblick über die Geschichte der juristischen Kommentarliteratur bei *Kästle-Lamparter*，Welt der Kommentare（该文献详情参见本文脚注 1），19 - 104.

〔4〕 *M. Stolleis/T. Simon*（Hg.），Juristische Zeitschriften in Europa，2006.

欧洲法学期刊这类出版物的认知现状,但对于评注来说,却没有相应的研究成果[5],而本论文集里所发表的文章正是为了弥补这一缺憾。

在此,一方面,对于现有的历史或者跨学科性质研究中有关法学评注的内容[6],本书将在横向比较法的维度加以深化和补充,另一方面,由于欧洲和世界范围的法律文化比较研究始终是法学研究资料库中亟待补充的重大内容[7],本书意在为未来研究的进一步开展尽绵薄之力。

一、德国的评注文化

首先,德国建立起了一种法学评注的出版文化,其次,按照人们对于评注的历史性认知,起码在欧洲法制史当中,评注一直被归为一种具有鲜明特点、偏重于注疏法学方向的文献类型(后者参见下文第二部分),这两点构成了本论文集所进行比较法研究的出发点。

对此,以点代面地以民法为例:在评注文化形成的过程中,德国鲜有置身于法典评注之外的民法学家,与评注的滥觞相对应,教授们都广泛地参与到了各个评注的编著中,诸如尧厄尼西评注、慕尼黑评注、迄今已出版逾百卷的施陶丁格评注,以及贝克出版社的网上大评注[8]。在 21 世纪的德国,法学评注的种类繁多,从小规模

---

〔5〕 参见 *M. Vec*,Rezension:Kästle-Lamparter,Welt der Kommentare(该文献详情参见本文脚注 1),Der Staat 58(2019),668 - 670,669,该文作者把了解"法学评注在其他国家更为详细的情况"喻为图书馆里应当购置的一部图书。类似论述参见 *A. Funke*,Formate der Rechtswissenschaft-eine Nachlese,收录在该文作者和 Lachmayer 共同撰写的 Formate der Rechtswissenschaft(Fn.),275 - 287,282 f. 进行了有限的比较的还有 *B. Tuschak*,Die herrschende Meinung als Indikator europäischer Rechtskultur,2009;在这本书中,作者把德国的评注类文献和英国的法学百科全书及 textbooks 进行了比较(总结性的内容见该书第 366—368 页)。

〔6〕 *Kästle-Lamparter*,Welt der Kommentare(该文献详情参见本文脚注 1);*D. Kästle/N. Jansen*(Hg.),Kommentare in Recht und Religion. in Zusammenarbeit mit R. Achenbach und G. Essen,2014.

〔7〕 *M. Stolleis/T. Simon*(Hg.),Juristische Zeitschriften in Europa,in:dies.,Juristische Zeitschriften(该文献详情参见本文脚注 4),1 - 13,13.

〔8〕 *R. Stürmer*(Hg.),Jauernig:Bürgerliches Gesetzbuch,17. Aufl.,2018;*F. J. Säcker et al.*(Hg.),Münchner Kommentar zum Bürgerlichen Gesetzbuch,13 Bde.,8. Aufl.,2018 - 2020;J. von Staudingers zum Bürgerlichen Gesetzbuches mit Einführungsgesetz und Nebengesetzen(Staudinger BGB),Neubearb. 2001 - 2020(逐卷更新);*B. Gsell et al*(Hg.),beck-online. Großkommentar Zivilrecht(逐季度更新). 这里本不应当忽略著名的帕兰特评注(Palandt),但这部评注主要是由法官(以及其他实务工作者)所撰写:G. Brudermüller et al.,Palandt:Bürgerliches Gesetzbuch mit Nebengesetzen,79. Aufl.,2020.

的资料手册,到中等规模的实务评注,直至准专著类的大部头评注;不但是重要的法典,而且次要的特别法也被加以评注,所以,评注类的出版物在数量上也变得难以估量,并且它们在版式和型制上通常都是类似的[9]。这使得人们不禁要问,业界对于法学评注的集中出版是否已经临近其饱和点?[10]

实际上,评注的繁盛并不仅仅是一个当代的现象,而是评注文化在德国逐渐形成的历史长河中的一个节点。在民法领域,这一传统早在德国《民法典》颁布期间(1896年)就已经形成规模,从当时对新法典的集中讨论的文献当中,诞生出大量的评注作品,当时的观察者不无揶揄地称之为"前景未卜的祝福"[11]。历经数十年后,其中的一些评注成了所谓"权威作品"(例如普朗克评注),部分评注的这种地位延续至今(例如施陶丁格评注)。[12]

然而,这一发展过程在20世纪并非一帆风顺:评注内容的典型特征是其体系化的内部结构,这种标志性的结构是在渐进的过程中才逐渐成为评注的标准;评注的学科价值也是随着大部头的教科书和资料手册类出版物的式微而得已改变[13]。作为一种文献体裁,评注以法律条文为导引,并结合了体系化的论述,正是这一结构特点奠定了德国评注迄今为止的成功模式的一个重要基础。通过这种方式,法律中的规范内容与判例和学术文献得已联结。在适用法律时,对于某一法律条文或者法律问题,评注在德国承担起了集中筛选和体系化整理现有认知的重要功能,相关人员可以据此而获知该法律问题的现状。

通过观察可以发现,德国评注类文献的现实重要性还在于,对于其他法律制度来说,具有德国特色的法律评注也越来越成为一种模式。这表现为其他国家对本国

---

〔9〕 参见 R. Zimmermann, Juristische Bücher des Jahres: Eine Leseempfehlung, NJW 2011, 3557 - 3563, 3557:作者在文中称,"没有出现不存在的东西,但关键是所有东西都反复出现"。

〔10〕 学术界早已对持续出现的大量评注的附加值提出了疑问,参见科学委员会的态度:Perspektiven der Rechtswissenschaft in Deutschland: Situation, Analyse, Empfehlung, Drs. 2558 - 12, 2012, 68, online: https://www.wissenschaftsrat.de/download/archiv/2558 - 12.html;另外,还可以参见 Kästle-Lamparter, Welt der Kommentare(该文献详情参见本文脚注1), 2, 341, ff. m. w. N.

〔11〕 [J.] Weil, Die litterarische Sintflut, Deutsche Juristen-Zeitung 1 (1896), 276 - 277, 276.

〔12〕 关于这两部大部头的评注,参见 Kästle-Lamparter, Welt der Kommentare(该文献详情参见本文脚注1), 246 - 255.

〔13〕 参见 N. Jansen, Vom Aufstieg des Kommentars und Niedergang des Lehrbuchs: Fünfzehn Beobachtungen zur Entwicklung juristischer Literaturformen in Deutschland im 20. Jahrhundert, in diesem Band, 25 - 44.在此也涉及了有关普朗克评注和施陶丁格评注 (29 ff.)。

法律的评注,德国对外国法的评注,针对欧盟法及其他跨国法,包括对示范性规范和所谓"软法"(soft law)条文的评注。因此,评注既不是一种纯粹的德国现象,同时,说到"评注"时,也不仅仅意味着法典化时代的法律评注,虽然这两种情况在历史上本来如此。

对于比较法的总结性研究来说,德国现代的法律评注并不构成这种文献形式的标准定义,而仅仅是一个明显易见的比较点,从而便于从其他法律制度的视角对文献形式进行归类。对于考察他国的出版文化来说,本书同此前的研究一样,主要是设定了一个评注在形式上的概念,据此,我们对评注的理解为:它是一种依附于另一种文本(对象条文)并对其进行持续性解释的文本[14]。根据这一定义,一部法学评注所参照的客体并不是某个法律部门本身,而始终是一部具体的法律的条文,诸如德国《民法典》、法国《民法典》《尤利乌斯民法大全》、某项欧盟指令、《联合国买卖法》,等等[15]。

在此,我们无意划定一个泾渭分明的界限[16],而是为了对形态多样的法学文献进行分类找到共同语言。在涉及不同国家的研究报告当中(以及涉及跨国法律制度的报告当中),我们恰恰特别重视的是,不拘泥于评注的形式分类标准,而是也顾及特点相近的情况,并从总体法学文献的角度出发,将相应的研究结论进行整理。因此,特别要提出的问题就是,在没有评注或者评注并不流行的地方,其他出版物,诸如教科书、资料手册、判例集,甚至包括法学数据库,是否(部分地)发挥了与德国的评注相应的功能? 或者说,当相应的功能被建立在了另外的探讨问题的机制之上时,在某些法律制度当中,这种功能本身是否就是没有意义或者无关紧要的?

---

〔14〕 参见 *Kästle-Lamparter*, Welt der Kommentare(该文献详情参见本文脚注 1),9;*D. Kästle*, Juristische Kommentare-theologische Kommentare: Von der Farbe des Chamäleons, in: D. Kästle/N. Jansen (Hg.), Kommentare in Recht und Religion(该文献详情参见本文脚注 6),393 - 450,396。

〔15〕 *W. Blackstone* 在 Commentaries on the Laws of England (Oxford, 1765 - 1769)当中所述的情况,可以说是一些相反的例子,这些评注不仅仅是关于某个对象条文,而是描述了到当时所适用的法律的众多法律渊源。另参见 *Kästle-Lamparter*, Welt der Kommentare(该文献详情参见本文脚注 1),10;另参见本论文集中的 *S. Enchelmaier*, Juristische Kommentare in England: False Friends-or Mates?,227 - 276,228 - 230;*H. Dedek*, Der Zugang zu kolonialem Recht: Rechtsliteratur und Kommentare in Kanada,295 - 316,300;*R. Zimmermann*, Privatrechtliche Kommentare im internationalen Vergleich Verbreitung, Varianz, Verwandtschaft,441 - 581,478 f.

〔16〕 关于这么做本来就是很困难的,参见 *Kästle-Lamparter*, Welt der Kommentare(该文献详情参见本文脚注 1),9 - 12。

二、欧洲法制史中的评注

通过对所谓"普通法(Ius commune)"的评注,早在现代的法律评注出现之前相当长的时段里,欧洲共有的评注文化业已存在,这为后续民族国家的法律发展提供了养分,因此,对评注文化的比较法研究才显得特别具有吸引力。最迟在中世纪的世俗法学和宗教法学当中,众多的评注就已经成为欧洲法学界的一种典型的文献形式。

(一)从中世纪到近代

在中世纪,针对教学用法律的学术活动形成了一种条文注释学,而这些学术活动主要是以法学评注或者类似的文本形式来进行的。注释法学派也可以被称为评注法学派,其经院式学术活动的核心就在于阐明权威性条文的含义。在此,特别是罗马法的条文被视为"书面理性",并被认为是可以普遍参照适用的[17]。在那个时代,法学工作者的称谓就是"注释者"或者"评注者",仅就此而言,就突显出评注这一文献体裁深刻的影响力。自从有人将零星的评注内容标注进《国法大全》手抄本中以后,这类的评注行为日渐增加,特别是在勃伦亚法学院,这种形式的评注成为注释法学的重要参考资料,其中最为著名的一个样本是 13 世纪出自阿库修斯之手的《标准集注》[18]。尤其是在这部著作当中,权威性的特点得已显著加强,这种情况也出现在对别的法律条文的其他各种"标准注释"当中。这类注释的权威性表现在它变成了标准评注,并通常与罗马法的原始条文同时得以传承,而且在实务当中部分地具有了等同于法律的效力[19]。有学者据此提出了言之有据的观点:"对法律条文的权威学术评注本身,即为法律权威的源泉,此为大陆法系的民法一直以来的一个特点[20]。"

除了上述设立标准的作用以外,这些注释文献还向人们展示了一个情况:在探讨问题过程中,评注的具体内容把其所涉及的原始法律条文推到了中心地位,这在

---

〔17〕 该问题的进一步全面论述,参见 *Kästle-Lamparter*,Welt der Kommentare(该文献详情参见本文脚注 1),105 - 208.

〔18〕 对此颇有教益的论述参见 *S. Lohsse*,Accurisius und die „Glosse"-Eine Bestandsaufnahme zum 750. Todestag, ZEuP 19 (2011),366 - 391.

〔19〕 详细论述参见 *Kästle-Lamparter*,Welt der Kommentare(该文献详情参见本文脚注 1),176 - 179,207.

〔20〕 *P. Stein*,Roman Law in European History, 1999,49. 关于评注(在法律信息方面)的权威性,另可参见 *N. Jansen*,The Making of Legal Authority:Non-legislative Codifications in Historical and Comparative Perspective, 2010,89 f.,113 - 126;*Kästle-Lamparter*,Welt der Kommentare(该文献详情参见本文脚注 1),332 - 336.

注释内容在文献的版式安排上尤其引人注目,这就稳固了原始法律条文的权威性,为一些条文在某一法律传统环境中成为基础对象条文做出了贡献。对诸如《格拉提安教令集》《萨克森法典》这样最新的或者刚制定不久的法律条文所进行的评注,稳固了这些法律条文的基础作用,同时,也稳固了某个法律制度探讨问题的构造方式,在这方面,评注也表现出其重要性。[21] 评注的另一个显著的稳定作用是导致新的法律条文(主要是中世纪的封建世俗法)融入了罗马天主教法的法规汇编。发生这种情况的前提条件是,新法条文能够取得规范性的标准条文的地位,而评注正是通过产生权威效果的注释而构建了上述前提条件。[22]

　　除了作为核心法源的教会法和古典罗马法以外,从中世纪开始,还有大量的其他法律条文作为教学资料被解释和评注。这种主要在勃伦亚也包括个别其他地方所发展起来的工具性方法被运用到了各自当地的法律和记载法律的文稿中[23],例如,在西西里和拿波里对于施陶芬国王弗里德里希二世颁布的宪章[24],在卡斯蒂利亚对于法典《七章律》[25],以及在德国对于《萨克森法典》[26]或者《汉堡城邦法》

---

　　〔21〕 详细内容参见 N. Jansen, The Making of Legal Authority(该文献详情参见本文脚注 20),22, 25 - 27, 120 f.; Kästle-Lamparter, Welt der Kommentare (该文献详情参见本文脚注 1), 185 f., 188 f., 196 f.

　　〔22〕 S. Lepsius, Fließende Grenzen juristischer Kommentierungstätigkeit im Spätmittelalter: Glosse-Kommentar-Repetitio, in: Kästle/Jansen (Hg.), Kommentare in Recht und Religion (该文献详情参见本文脚注 6), 141 - 186, 162 ff.

　　〔23〕 对此的概述,参见 N. Horn, Die legistische Literatur der Kommentatoren und der Ausbreitung des gelehrten Rechts, in : H. Coing (Hg.), Handbuch der Quellen und Literatur der neueren europäischen Privatrechtsgeschichte, Bd. I, 1973, 261 - 364, 358 f., 362.

　　〔24〕 B. Capasso, Sulla storia esterna delle costituzioni di Federico II, Atti dell'Accademia Pontaniana 9 (1871), 379 - 502, 437 - 491; W. Stürner, Einleitung, in: ders. (Hg.) Die Konstitutionen Friedrichs II. Für das Königreich Sizilien (= MGH, Constitutiones et acta publica imperatorum et regum, Bd. 2 Suppl.) 1996, 1 - 142, 42 - 58.最近的观点见 M. Spadaccini, Der erste Glossartor des Liber augustalis Friedrichs II., Deutsches Archiv für Erforschung des Mittelalters 70 (2014), 489 - 519.

　　〔25〕 关于 Alonso Díaz de Nontalvo 和 Gregorio López 所作的注释,参见本论文集中的 B. Rodriguez-Rosado, Juristische Kommentare in Spanien, mit besonderer Berücksichtigung des Zivilrechts: Erfolg und Nisserfolg eines Modells, 107 - 121, 107 - 109; J. F. Stagl, Juristische Kommentare in Lateinamerika: Behagen und Unbehagen in der Kodifikation, 123 - 149, 124 - 128, beise m. w. N.

　　〔26〕 关于布赫对城邦法《萨克森法典》的注释的详细论述,参见 B. Kannowski, Die Umgestaltung des Sachsenspiegelrecht durch die Buch`shen Glosse, 3 Bde. (= MGH, Fontes iuris Germanici antiqui, Nova Series VII/1 - 3), 2002.

的评注[27]。稍后的年代里，还有梅维乌斯关于吕贝克法的著作，以及法国法学家们诸多关于"习惯法"的评注[28]。

在普通法中，法学本身的注疏学特性日渐消失，罗马法和教会法的条文仅仅是法学论述中各种观点进行沟通的节点，尽管如此，评注仍然保持着其重要性[29]。在历史的发展过程中，以及随之出现的大量各类评注当中，不单是阐释（Auslegung-Exegese）而且是"阐发"（Einlegung-Eisegese）、不单是解释原义而且是赋予新义都表现为进行注释时的基本常量。在评注的内容构成和形式构建上，充分反映出当时的评注者们的工作方法和自我认知。因此，我们可以看到，对《国法大全》的评注与原法律条文越来越拉开了距离[30]。这一方面表现为注释原文的节点逐渐从个别具体的法律规定提升到法律章节的层次，并且有些作者开始尝试采用自己的评述次序[31]；另一方面，评注者们在内容上也摆脱了束缚，抑或是出于人文主义而做出的历史性分析或者条文批判，抑或是出于观念转变，不再探究原文的真义，而是寻求其内容可以与时俱进[32]。通过这种方式，近代早期的评注类文献为下列事实提供了有力的证据：当时的法律文化追求的是对法律的整合，而且当时的法学已经不再将普通法的条文作为整体性的权威内容加以继受，而是作为"智慧和正义的典范"[33]，

---

[27]　*F. Eichler*（Hg.），Die Langenbeck'sche Glosse zum Hamburger Stadtrecht von 1497，2008（Edition，Übersetzung und Einführung）.

[28]　*Kästle-Lamparter*，Welt der Kommentare（该文献详情参见本文脚注 1），46 - 48 m. w. N.；关于对习惯法的评注，参见本论文集 Dedek 关于加拿大的论文（该文献详情参见本文脚注 15），303 mit 该文献详情参见本文脚注 42.

[29]　关于近代早期评注文献的多样性的进一步论述，参见 *A. Thier*，Zwischen Exegesesammlung und Ordnungsentwurf：Zur Kommentarliteratur des gelehrten Rechts in der Frühen Neuzeit，in：*Kästle/ Jansen*（Hg.），Kommentare in Recht und Religion（该文献详情参见本文脚注 6），207 - 247；*Kästle-Lamparter*，Welt der Kommentare（该文献详情参见本文脚注 1），38 - 49.

[30]　*N. Jasen*，Methoden，Institutionen，Texte：Zur diskutiven Funktion und medialen Präsenz dogmatisierender Ordungsvorstellungen und Deutungsmuster in Recht und Religion，ZRG（germ.）128（2011）.1 - 71，50 - 53.

[31]　具体论述参见 *Thier*，Kommentarliteratur（该文献详情参见本文脚注 29），219 - 235.

[32]　详细论述见 *Kästle-Lamparter*，Welt der Kommentare（该文献详情参见本文脚注 1），40 ff. m. w. N.

[33]　*U. Huber*，Heedensdeagse Rechtsgeleerthey，soo elders，als in Frieslandt gebruikelijk，Deerde Druk［3. Aufl.］，vermeerdet met veele nieuwe gewijde saken … door Zaharias Huber，Amstedam，1726，boek I，Kap. 2，§ 24：„voorbeelt van wijsheyt ende rechtmatigheyt".

具有一定灵活性地与本土法律相结合[34]。

（二）法典化时代的评注活动

如果说在近代早期的具有评注作用的文献形式当中，罗马天主教法在很大程度上还是理所当然（起码仍然在较为宽松的程度上）需要被论及的内容，那么这种情况却随着理性法思想于 18 世纪的流行而变得不再确定[35]。按照理性法的观念，法律学说的出发点并不在于权威的对象条文，而在于各种可以借助理性而获知的原理和概念，它们构成了得出进一步逻辑结论的基础。针对这种情况，虽然历史法学派宣扬要回归到优士丁尼的罗马法，但是，假如仍然循着原有的评注形式继续走下去，就会与人们对法律内部结构的体系化要求格格不入[36]。在这一背景之下，19 世纪所产生的对制定法的评注活动虽然还不成为一个真正的转折点，但也足以被视为法典化时代中的一个新开端[37]。

就欧洲的总体法制状况而言，评注文献的产生一方面呈现出共同的模式，另一方面也表现出明显的差别：德国在颁布《民法典》的数十年前，特别是在 19 世纪 60、70 年代的法典化运动当中，就已经将对制定法的评注发展为一类重要的专业文献形式，其中具有代表意义的是对于商法、刑法以及帝国司法制度法的大量评注[38]。随着德意志逐步统一的进程，一直到帝国建立之后，期间所颁布的法典越来越成为各

---

〔34〕 参见 *N. Jansen*, Das gelehrte Recht und der Staat, in: R. Zimmermann (Hg.), Globalisierung und Entstaatlichung des Rechts, Teilbd. 2: Nichtstaatliches Privatrecht: Geltung und Genese, 2008, 159 - 186, 177 - 185；以及该作者的 Making Legal Authority (Fn.20), 38 - 41.

〔35〕 详细论述参见 *Kästle-Lamparter*, Welt der Kommentare（该文献详情参见本文脚注 1），49 - 57.

〔36〕 参见 *R. von Stintzing/E. Landsberg*, Geschichte der deutschen Rechtswissenschaft, Bd. Ⅲ/2, 1910, 637："在实际上的学术生态当中，评注几乎完全消失。"

〔37〕 对此，人们只需考虑到 C. F. von Glück 所著的《〈学说汇纂〉详解》（Ausführliche Erläuterung der Pandekten），在作者 1831 年去世之后，该作品由后世的学者们续写。在这个时刻，对法国《民法典》、奥地利《普通民法典》和普鲁士《普通城邦法》的评注早已存在，甚至还有更早的、巴伐利亚的克莱特迈尔所著的数部评注，特别是对 1756 年颁布的《马克西米利安-巴伐利亚民法典》的评注。关于法典化运动本身就是植根于理性法思潮的问题，参见 *F. Wieacker*, Privatrechtsgeschichte der Neuzeit, 2. Aufl., 1967, 321 ff.; *D. von Stephanitz*, Exakte Wissenschsft und Recht: Der Einfluß von Naturwissenschaft und Mathematik auf Rechtsdenken und Rechtswissenschaft in zweieinhalb Jahrtausenden. Ein historischer Grundriß, 1970, 95 ff.

〔38〕 分别的论述参见 *Kästle-Lamparter*, Welt der Kommentare（该文献详情参见本文脚注 1），215—230. 这里的主要对象条文分别是 1871 年的《德意志普通商法典》、1871 年的《帝国刑法典》，以及后来全部是 1877 年颁布，1879 年生效的《法院组织法》《民事诉讼法》《破产法》和《刑事诉讼法》。

类法学文献的聚焦点，这些文献恰恰是在对制定法的评注当中，找到了一种研究新法律渊源的适当形式。在德国《民法典》于 1896 年颁布和于 1900 年 1 月 1 日生效期间，私法领域探讨问题的指向也随之发生了变化，并导致法典化时代的评注达到了高潮。在此时充斥法学图书市场的大量作品当中，评注扮演着重要的角色。[39] 虽然大部头的教科书和体系化论著在法学的学科文化中仍然保持着特殊的地位[40]，但评注已经开始逐渐发展成为私法学的主导媒介。[41] 评注文献的繁荣过程也展示出《民法典》是如何取代《法学汇纂》，而成了总体私法思维所关注的焦点；对于法律实务来说，尽管普通法仍然保持其理论上的持续性，但《民法典》也明确地导致了一系列案件范例的转变。[42] 这样的一种法律文化的根本变化，在此前 18 世纪和 19 世纪的德意志各城邦国制定法典的过程中并没有发生，虽然针对诸如 1794 年《普鲁士普通城邦法》、1851 年《普鲁士刑法典》以及 1863 年/1865 年《萨克森民法典》也有大量评注，但这些探讨法律问题的活动具有明显的地域局限性，学术界的参与度也十分有限。[43]

奥地利的情况却与此不同。该国 1811 年《普通民法典》重要的起草者弗朗兹·冯·采勒本人曾发表过一部四卷本的评注，[44] 一项同样是主要由他来负责的高校教学制度改革[45]起到了推波助澜的作用，这导致在随后的数十年当中，奥地利的私

[39] *H. Mohnhaupt*, Die Kommentare zum BGB als Reflex der Rechtsprechung (1897 - 1914), in: *U. Falk / H. Mohnhaupt* (Hg.) Das Bürgerliche Gesetzbuch und seine Richter: Zur Reflektion der Rechtsprechung auf die Kodifikation des deutschen Privatrechts (1896 - 1914), 2000, 495 - 531, 495 - 511; *Kästle-Lamparter*, Welt der Kommentare (该文献详情参见本文脚注 1), 209 f., 230 - 288. 关于各种出版物的总体规模，参见 *G. Maas*, Bibliographie des Bürgerlichen Rechts: Verzeichnis von Einzelschriften und Aufsätze über das im Bürgerlichen Gesetzbuche für das Deutsche Reich vereinigte Recht 1888—1898, Berlin, 1899.

[40] *N. Jansen*, Deutschland（该文献详情参见本文脚注 13），27 f. (These 3).

[41] 有关这一概念和对此的观察，参见 *T. Henne*, Die Entstehung des Gesetzeskommentars in Deutschland im 19. Und 20. Jahrhundert, in: *Kästle / Jansen* (Hg.), Kommentare in Recht und Religion, 317 - 329, 318, 325 ff.

[42] 参见 *Kästle-Lamparter*, Welt der Kommentare（该文献详情参见本文脚注 1），209 - 211, 230 - 234.

[43] 详细论述见 Kästle-Lamparter, Welt der Kommentare（该文献详情参见本文脚注 1），62 - 65, 213 - 215.

[44] *F. von Zeiller*, commentar über das allgemeine bürgerliche Gesetzbuch für die gesammten deutschen Erbländer der Oesterrechischen Monarchie, 4. Bde,. Wien/Triest, 1811 - 1813

[45] 对此，特别参见 *K. Ebert*, Der Einfluß Zeillers auf die Gestaltung des juristischen akademischen Unterrichts, in: *W. Selb / H. Hofmeister* (Hg.) Forschungsband Franz von Zeiller (1751 - 1828): Beiträger zur Gesetzgebungs-und Wissenschaftsgeschichte, 1980, 63 - 93.

法学说体系一直与这部新法典紧密相关;这一学说体系同时也依靠其在法国的发展,被打上了"注疏学派"的标签。[46] 但是,自从 19 世纪 50 年代开始,在以约瑟夫·温格斯为代表的历史法学派的影响下,人们在奥地利刻意减缓了评注类文献的迅猛发展,转而借助于潘德克顿学说,使得对私法体系的追求成为显学。相应于此,法学文化也开始深为"体系化"特点的文献体裁所影响[47]。大约 20 年之后,杜德维希·普法夫和弗朗兹·霍夫曼编著了新的《〈普通民法典〉评注》,这是一部法典注释学和参照温格斯体系化方法相结合的作品。当时的评注编著者们认为,"体系和评注本来就应当相互补充和完善"[48],这可以说是一个正确的观点。

  同样在法国 19 世纪的法律文化当中,法典化倾向和历史法学派所推崇的体系化思维也处于博弈状态。1804 年法国《民法典》颁布以来,紧随其后的是一段对该法典

---

  [46] *W. Brauneder*, Privatrechtsbildung durch Juristenrecht in Exegetik und Pandektistik in Österreich, Zeitschrift für Neuere Rechtsgeschichte 5 (1983), 22 - 43 m.w.N. 此后第一个十年里出现的评注作者有 Taglioni (在米兰),Schuster(在布拉格),Nippel 和 Winiwarter(后二者均在维也纳),关于他们的生平,参见 *W. Brauneder* (Hg.), Juristen in Österreich 1200 - 1980, 1987. 截至 1876 年在奥地利出版的评注汇总,参见 *L. Pfaff / F. Hofmann*, Commentar zum österreichischen allgemeinen bürgerlichen Gesetzbuche, Bd. 1, Abt. 1, Wien, 1877, 61 - 67. 对评注类文献发展的描述,见 *H. Mohnhaupt*, Zum Verhältnis zwischen Kodifikation und Rechtsprechung an Beispiel von Kommentaren und Rechtsprechungssammlungen zum ABGB, in: *B. Dölemeyer / H. Mohnhaupt* (Hg.), 200 Jahre ABGB (1811 - 2011): Die Österreichische Kodifikation im internationalen Kontext, 2012, 121 - 157, 136 - 149. 简明概览另参见 *Zimmermann*, Privatrechtliche Kommentare (该文献详情参见本文脚注 15), 449 - 453.
  [47] *J. Unger*, System des Oesterrichischen Allgemeinen Privatrechts, 3 Bde., Leipzig, 1856 - 1864. 作为评注,另参见 *M. von Stubenrauch*, Das allgemeine bürgerliche Gesetzbuch … mit Rücksicht auf das praktische Bedürfniß erläutert, Wien, 1854 - 1858, unter dem Titel Commentar zum österreichischen bürgerlichen Gesetzbuch (ab der 4. Aufl., 1884 - 1885, fortgeführt von *M. Schuster* und *K. Schreiber* bis zur 8. Aufl., 1902 - 1903). 关于民法以外情况的概述还有 *W. Brauneder*, 1850 - 1900, in: ders., Juristen in Österreich (该文献详情见本文注脚 46), 136 - 146.
  [48] *Pfaff / Hofmann*, Commentar I/1 (该文献详情参见本文脚注 46), Vorrede, III f.: "几乎没有任何课堂教学可以撇开评注的内容,更不用说法律实务了。正确的做法似乎是使体系化的方法与评注互相补充。…… 评注的形式不应当成为塑造体系化研究结果的障碍。……"同样倾向的观点还参见 *L. von Kirchstetter*, Commentar zum Oesterreichischen Allgemeinen bürgerlichen Gesetzbuche, Leipzig/Wien, 1868,该一卷本评注的作者在其前言第五部分中阐述的理由中称:"尽管有温格(Unger)针对法律所做的内容广泛且详尽的工作,但是,对于同样的法律材料,直接对法典中相关的法律条文进行简明扼要的阐释…… 这种工作不应当被认为是无用的。"(这部作品曾在 1872 年,1876 年,1882 年和 1882 年修订再版,从第三版开始,由 F. Maitisch 主编;另外也有全盘否定的批评,参见 *Pfaff / Hofmann*, loc. Cit., 64 f. M. w. N.)

进行密集评注的时代,这些评注的编著者被归类为"注疏学派",这实际上是在 20 世纪才固定下来的一种归类,[49]并在最近几十年里受到了一些不无道理的批判,[50]并且有些学者甚至要求"应当完全取消"这一归类的概念。[51]但不容置疑的是,在当时有关法国民法的论著当中,起码在法学教学课程当中是必须遵循的,[52]法国《民法典》的条文顺序构成了标准的编排框架。[53]不但在由马勒维尔取材于立法资料所编著的法典注释中是如此,并且在蒲鲁东、托里尔和杜兰顿编著的任何一部民法教程[54]当中,亦是如此。后两位的论著可以归类为一种章节型的评注,它们虽然没有严格按照法典的条文顺序,但却遵循了其章节顺序,因此仍然可以基于这一点而将其视为一类"《民法典》的仆从"型的评注。

抑或是以评注的形式,抑或是对法律资料以一种"折中的方式"进行新的编排,法国民法学界对于二者到底哪一种是恰当的论著方式,始终颇具争议,这也涉及如

---

[49] Grundlegend *J. Bonnecase*, L' École de l'exégèse en droit civil: Les traits distinctifs de sa doctrine et de ses méthodes d'après la profession de foi de ses plus illustres représentants, 2. Aufl., 1924. 这一概念形式已经出现在 *E.D. Glasson*, Discours, in: Le centenaire du Code civil 1804—1904, 1904, 37 - 47, 41.

[50] 法国方面的研究证据参见 *J. -L. Halpérin*, Histoire du droit privé français depuis 1804, 2. Aufl., 2012, 73; ferner *A. Bürge*, Das französische Privatrecht im 19. Jahrhundert: Zwischen Tradition und Pandektenwissenschaft, Liberalismus und Etatismus, 2. Aufl., 1995, 2, 245, 246 f., 272 (,,Mythos"), 518 f.; *M. Gläser*, Lehre und Rechtsprechung im französischen Zivilrecht des 19. Jahrhunderts, 1996, 47 f. (weder Schule noch Exegese).

[51] *A. Bürge*, Rezension: Gläser, Lehre und Rechtsprechung (该文献详情参见本文脚注 50), ZRG (germ.) 115(1998), 811 - 820, 818.

[52] *Bürge*, Das französische Privatrecht (该文献详情参见本文脚注 50), 496 - 500; *Halpérin*, Historie (该文献详情参见本文脚注 50), 41 - 43, 71.

[53] 相关概览参见 *Halpérin*, Histoire (该文献详情参见本文脚注 50), 48 - 57, 72 - 74, 以及(简要但却不够细致,目录式的列举,可信度不高的资料) *K. H. Neumayer*, Die wissenschaftliche Behandlung des kodifizierten französischen Zivilrechts bis zur Dritten Republik, in: H. Coing/W. Wilhelm (Hg.), Wissenschaft und Kodifikation des Privatrechts im 19. Jahrhundert, Bd. 1, 1974, 173 - 175, 182 - 186ö sowie in diesem Brand *J.-S. Borghetti*, Legal Commentaries in France: Will Mammoths Come Back to life?, 45 - 60, 48 - 50; und Zimmermann, Privatrechtliche Kommentare (该文献详情参见本文脚注 15), 453 - 460.

[54] *J. De Maleville*, Analyse raisonnée de la discussion du Code civil, Paris, 1805; *J.B.V. Proudhon*, Cours de droit français, Dijon, 1809 ff.; *C.B.M Toullier*, Le Droit civil français, suivant l'ordre du Code Napoléon, Rennes, 1811 ff.; *A. Duranton*, Cours de droit français suivant le Code civil, Paris, 1825 ff.

何映应法典化的方法论问题[55]。推进体系化思维的一个强劲的动力来自奥波利和劳二人将德国学者扎哈里亚所著的《法国民法手册》翻译为法语的过程(自 1839 年)[56],在马卡戴随后的著作中(自 1842 年),以及常被誉为"注疏学王子"的德谟洛比(自 1845 年),也都借助这一动力,将法教义学结合进了评注的过程当中。当然,他们的著作还仍然没有脱离法典章节的编排顺序。[57] 直到 19 世纪末,这种情况才通过教学改革而得以改变,法学的课堂教学内容从此不再严格按照法典内容的顺序。[58] 此时,当德国民法领域的评注文化达到繁荣阶段的时刻,法国的评注传统却在很大程度上走向了消亡。[59]

在其他欧洲国家,从 1838 年的荷兰旧《民法典》,到 1856 年意大利《民法典》,直

---

[55]　*Bürge*，Das *französische Privatrecht*（该文献详情参见本文脚注[50]），238 - 245. 在荷兰的相同问题的讨论参见 *J. Jansen*，Der Blaue Engel und die Grüne Reihe：Die Rolle des Kommentars in der niederländischen privatrechtlichen Publikationskultur, in diesem Brand，87 - 106，94 以及本文脚注[26].

[56]　Cours de droit civil français traduit de 1'allemand de *C. S. Zachariae* [...] revu et augmenté, avec 1'agrément de 1'auteue, par C. Aubry [...] et C. Rau [...], Strasbourg，1839 - 1846. Vgl. dazu mit unterschiedlichen Akzenten Neumayer, Wissenschaftliche Behandlung（该文献详情参见本文脚注[53]），186—192；*Bürge*，Das *französische Privatrecht*（该文献详情参见本文脚注[50]），242—245；*J.-L. Halpérin*，Der Einfluß der deutschen Rechtsliteratur zum Code civil in Frankreich von Lassaulx bis Zachariä, in：R. Schulze(Hg.)，Rheinisches Recht und Europäische Rechtsgeschichte，1998，215 - 237，226 - 231；dens.，Histoire（该文献详情参见本文脚注[50]），57 - 59.

[57]　*V. Marcadé*，Éléments du droit civil français ou explication méthodique et raisonnée du Code civil [...] suivie d'un résumé à la fin de chaque titre, Paris，1842 ff.；*C. Demolombe*，Cours de Code civil，Paris，1845 ff. Zu ihnen Neumayer, Wissenschafliche Behandlung（该文献详情参见本文脚注[53]），192 - 194；*Halpérin* Histoire（该文献详情参见本文脚注[50]），59 - 61 mit dem Hinweis, Demolombe sei als prince de l'Exégése „peut-être été mal nommé"(60).

[58]　*Halpérin*，Einfluß der deutschen Rechtsliteratur（该文献详情参见本文脚注[56]），230；进一步的论述见同一作者的 Histoire（该文献详情参见本文脚注[50]），174 f.，181—184，199—201.

[59]　20 世纪法国与评注更加疏离的原因参见 *Borghetti*，France（该文献详情参见本文脚注[53]），52 - 59；以及 *Zimmermann*，Privatrechtliche Kommentare（该文献详情参见本文脚注[15]），456 f. 涉及德、法两国情况的鲜明对照时,不应当忘记的是,德国的一些地区也施行了《拿破仑法典》,并出现了几部值得提及的评注,比如在巴登的公爵领地,参见 *K. H. Neumayer*，Die wissenschaftliche Behandelung des kodifizierten Privatrechtsstoffes im Großherzogtum Baden und auf dem linken Rheinufer bis zum Beginn der Vorarbeiten zum BGB(1874), in：*Coing/Wilhelm*，Wissenschaft und Kodifikation Ⅰ（该文献详情参见本文脚注[53]），197 - 216，208 - 210.

至 1889 年的西班牙《民法典》，19 世纪各国民法典的颁布也都引发了评注的繁荣。在此过程中，法国法学传统的影响不仅在于对法典本身，而且还表现在对法典的评注过程。[60] 同时，在奥地利和法国所发生的，由历史法学派的体系化思维所推动的向体系化文献的转变，同样明显地出现在了荷兰以及之后的意大利[61]。而很显然，直到后来各国对自己的民法典进行彻底修改的时候，才催生了新一代法律评注，比如 1974 年在西班牙，以及 1992 年在荷兰。即使是在意大利，也是直到 1942 年新《民法典》的颁布，才重新发展出了值得一提的评注类文献。[62]

　　在上述背景之下，对于欧洲的法学来说，在法律评注繁盛之时，可以明确地观察到三个基本现象。首先，某一法律领域的法典化通常是导致评注产生的强大推动力。这同样表现在 20 世纪德国的其他法律领域，例如社会法和行政法领域。[63]

　　其次，法律的体系化具有方法论上的诸多优势，而如果这些优势能够适当地融入评注这类论著形式，所出现的评注文化才能稳定地持续下去。这一情况之所以在对德国《民法典》的评注当中成为现实，有一个原因不容忽视，即相较于欧洲其他国家此前的民法典而言，潘德克顿法学的体系化要求对德国《民法典》本身已经产生了更大的影响。[64] 另外，德国的法学研究所依赖的也是潘德克顿学派的学者，并且，在一些作品中，体系化要求和持续性评注结合得十分成功（如施道勃、施陶丁格、普兰克撰写或者主编的评注[65]）。虽然人们并不忌惮陷入咬文嚼字的所谓"条款法

---

〔60〕 此问题参见本论文集中 *J. Jansen*（该文献详情参见本文脚注〔55〕），89‐96；*F. P. Patti*，Kommentare zum italienischen Zivilgesetzbuch：Geschichte, Struktur und Funktion, 61‐86, 63‐66；*Rodríguez-Rosado*，Spanien（该文献详情参见本文脚注〔25〕），110 f.

〔61〕 *J. Jansen*，Niederlande（该文献详情参见本文脚注〔55〕），93‐96（auch zur Übergangsphase bei Diephuis und Opzoomer）；*Patti*，Italien（该文献详情参见本文脚注〔60〕），66‐68.

〔62〕 *J. Jansen*，Niederlande（该文献详情参见本文脚注〔55〕），98‐104；*Patti*，Italien（该文献详情参见本文脚注〔60〕），68‐70；*Rodríguez-Rosado*，Spanien（该文献详情参见本文脚注〔25〕），111—114.

〔63〕 Vgl. *Kästle-Lamparter*，Welt der Kommentare（该文献详情参见本文脚注〔1〕），76；*M. Stolleis*，Geschichte des öffentlichen Rechts in Deutschland, Bd. 3：Staats-und Verwaltungsrechtswissenschaft in Republik und Diktatur 1914‐1945, 1999, 205 f.

〔64〕 同一倾向性的观点另见 *Borghetti*，France（该文献详情参见本文脚注〔53〕），54.

〔65〕 *H. Staub*，Kommentar zum Handelsgesetzbuch, Berlin, 1893；*J. von Staudinger*（Hg.），Kommentar zum Bürgerlichen Gesetzbuche für das deutsche Reich nebst Einführungsgesetz, München, 1898‐1903；*G. Planck*（Hg.），Bürgerliches Gesetzbuch nebst Einführungsgesetz, Berlin, 1897‐1902. 关于体系化参见 *Kästle-Lamparter*，Welt der Kommentare（该文献详情参见本文脚注〔1〕），256 f., 262 f.；另见 *N. Jansen* Deutschland（该文献详情参见本文脚注〔13〕），29（These 5）.

学"的危险，但同时，评注者们仍然还是相当成功地摆脱了词句注疏的羁绊[66]。

　　再次，只有在整体法学专业主动去适应评注这种形式时，该范围内才会产生真正的评注文化。对此，学术环境内部相应的前瞻性决定对此起着至关重要的作用，上述法国和奥地利的教学制度改革就是一个例证。而在德国，1896年召开了著名的艾森阿赫会议，与会的法学教师经过长时间的讨论，最终决定把德国《民法典》作为未来私法教学的核心。[67]

三、作为一种法律文化元素的评注

　　将现实的法律文献形式与各国的法律制度和法律文化[68]联系起来去理解，以及思索各种法律文化和学术文化背景对法学论著形式的"渲染"，这构成了本论文集中比较法学研究的出发点。从这一视角来看，可以把评注比喻为变色龙，其色彩会随着所处的环境而变化[69]。虽然并不完全相同，但类似的情况也会表现在其他的文献种类中，例如教科书、资料手册、期刊以及期刊文章、专著等。

　　当然，各种法学文献的形式不仅仅是不同探讨问题的环境的反映，更确切地说，法律文献的各种形式与法律文化的其他变量处于一种相互作用的关系，而且前者也深深地影响了某个法律制度中的学术和思维结构。例如，评注可以聚焦于某个权威性对象条文，这通常是某部法典，并有助于一个法律制度将其作为自己的法源。[70] 正如在德国的法律

---

[66]　*Kästle-Lamparter*，Welt der Kommentare（该文献详情参见本文脚注[1]），271 - 274 *m. w. N. Für Österreich* vgl. *Mohnhaupt*，Kodifikation（该文献详情参见本文脚注[46]），144 - 149.

[67]　Siehe *E. Friedberg*，Die künftige Gestaltung des deutschen Rechtsstudiums nach den Beschlüssen der Eisenacher Konferenz，Leipzig，1896；zuammenfassend *Kästle-Lamparter*，Welt der Kommentare（该文献详情参见本文脚注[1]），231. Zur Rolle der juristischen Profession bei der Anerkennung von Rechtsquellen vgl. *N. Janse*，Making Legal Authority（该文献详情参见本文脚注[20]），45 - 49.

[68]　在学术文献当中，法律文化这一概念的使用千差万别，具有启发意义的论述参见 *R. Michaels*，Rechtskultur，in：*J. Basedow/K.J. Hopt/R. Zimmermann*（Hg.），Handwörterbuch des Europäischen Privatrechts，2009，Sp. 1255 - 1259 m.w.N. 应当对这篇文章中所使用的"司法"这一概念做广义的理解，作者在此指出，对法律制度产生深刻影响的因素，不仅仅是其规范基础（法律条文），而且也包括法律制度的行动者、机构、文献形式、法学认知、习惯上讨论探讨问题的人员构成等，按照该作者的观点，这里关系到"法的概念的扩展"。

[69]　*Kästle*，Farbe des Chamäleons（该文献详情参见本文脚注[14]），448 - 450.

[70]　*N. Jansen*，Making Legal Authority（该文献详情参见本文脚注[20]），124 - 126；*Kästle-Lamparter*，Welt der Kommentare（该文献详情参见本文脚注[1]），260 f.，327 f.

评注当中,判例(以及学说文献)是作为对法律的解释而呈现给读者的;但是,这也反而可能误导人们对判例法真实含义的探究。〔71〕

据此,我们恰恰应当将法学文献的学科价值和功能放到其与法律文化中的其他因素的动态关系当中来理解。其中的首要问题是文献形式与法律渊源之间的关系,在此,法典和评注之间的关系十分密切,不仅上文中的历史性观察,而且本论文集中大量的其他文章也明确表明了这一点。随着某一法律部门中的法典制定或者修改,往往都会出现相关的说明解释性文献,并且,毫无例外的是,法学行业的人员构成和自我认知也构成了催生某些特点鲜明的文献种类的决定因素,因为是由法学家和法律实务工作者们的行为决定了探讨法学问题的论著形式。法律制度深受评注影响的前提是存在一个探讨问题的共同体,该共同体要能够自觉地主要致力于某些对象条文及其在注疏学上的理解(通常就是法律条文及其解释)。〔72〕

另外,法学文献的总体情况同时还取决于学术和实务以及法学工作机构方面的框架条件的影响。在这一点上,假如没有在当时的高等学校中的教学活动和对法学文献的共同研读,中世纪注释及评注类文献的出现是无法想象的。〔73〕 当然,审判活动也是构建法律制度的一块具有决定性意义的基石。例如,对于 20 世纪评注文献在德国的繁盛,就应当注意到这是伴随着法院审判活动地位的提高而发生的。〔74〕 对于法学文献来说,一方面是人们把日益丰富的法院判决融入了对法律的论述,并将这类资料进行整理(此为当前编著评注时的典型工作方式),这变得越发重要;另一方面,为了把法律置于一个大的体系中进行论述,法学家们传统上是采用资料手册和教科书这类媒介,〔75〕但在法律内容的进一步专业化,法制的重点向审判活动转移的背景下,这种方式已经变得越来越困难。

最后要指出的是,政治、经济以及科技的情况也与法学文献形式相关联,我们可以将此表述为法律文化和法律文献的外部影响因素。本文在此特别要提到当前的数据化问题,对此本论文集的其他文章也不同程度地提出:数据化已经大大改变了

〔71〕 *N. Jansen*, Deutschland (该文献详情参见本文脚注〔13〕), 94 - 100 (专题 12)中所强调的有所不同:评注所反映出的法律是"成文法和判例法的混合体"。

〔72〕 普通法制度中十分错误的做法参见本论文集中 England 部分(该文献详情参见本文脚注〔15〕), 271 ff.; *M. Reimann*, Legal "Commentaries"in the United States: Division of Labor, in diesem Band, 277 - 294, 289 ff.

〔73〕 *Kästle-Lamparter*, Welt der Kommentare (该文献详情参见本文脚注〔1〕), 111, 120, 161, 174 ff. m.w.N.

〔74〕 Dazu statt aller *J. Schröder*, Recht als Wissenschaft: Geschichte der juristischen Methodenlehre in der Neuzeit (1500—1933), 2. Aufl., 2012, 281 ff.

〔75〕 Näher dazu *N. Jasen*, Deutschland (该文献详情参见本文脚注〔13〕), 42 - 44 (专题 15).

法学工作者和法律使用者的工作和阅读习惯,起码在年轻一代当中,上网查阅法学评注或者其他标准文献已逐渐成为常态。[76] 当然,数据化的影响不仅限于此。从世纪之交开始,相应的数据服务在德国持续扩展,并在近些年形成了巨大的规模。[77] 对于获取法学文献资料来说,我们现在就完全可以称之为是一场"媒体革命"。[78] 但是评注的作者们以及出版社在内容的展示和形式的编排上,很大程度上仍然倾向于遵循现有的模式。有些评注采取多层次的结构,用小字体对具体问题进行评注,或者采用了标明网址链接的方式,这毋宁说仅仅是涉及一些细节问题。也许同样应当引起注意的是,在一些评注文本当中,几乎是无限制地为读者提供了许多空白的位置,[79] 但就目前情况而言,这(还)没有导致出版文化的持续性巨大变化。在这方面最引人注目的一点应该是线上评注持续更新的较短周期(例如每季度),这可以使评注及时反映现实情况的发展;而在此前,这一点只有期刊才可以做到。我们可以对法学文献的参与因素进行设想:使用者可以进行补充和完善资料,或者进行进一步评注,可以直接参与讨论,甚至人们可以建立起一种开放式的文献编写机制。这些,都将会改变传统的,基于单方面发表言论的行为而构建起来的出版业。而互联网在何种程度,以何种速度通过上述方式改变人们和法学知识的关系,目前仍然很难估量。[80] 法学内容的博客虽然已经出现,[81] 但是法学的"维基评

---

〔76〕　关于俄罗斯的情况,参见本论文集 *A. Shirvindt*, Die juristische Literaturlandschaft Russlands: Eine Kommentarwüste, in diesem Band, 203 - 226, 205.

〔77〕　贝克出版社的线上评注系列(die Reihe der Beck' schen Online-Kommentare)可以作为一个例子。该系列在 2013 年才有 30 部评注,到了 2015 年中期就达到了 50 部,(*Kästle-Lamparter*, Welt der Kommentare[该文献详情参见本文脚注〔1〕], 99);而到了 2020 年 4 月份已经列入了 150 部。

〔78〕　*Vec*, Rezension *Kästle-Lamparter*, Welt (该文献详情参见本文脚注〔5〕), 670.

〔79〕　参见从文化学角度对此的论述 *H. U. Gumbrecht*, Fill up Your Margins! About Commentary and Copia, in: G.W.Most (Hg.), Commentaries-Kommentare, 1999,443 - 453, 452 f.

〔80〕　参见指出这一问题的 *C. Djeffal*, Commentaries on the Law of Treaties: A Review Essay Reflecting on the Genre of Commentaries, European Journal of International Law 24 (2013), 1223 - 1238, 1237 f.; und *Vec*, Rezension *Kästle-Lamparter*, (该文献详情参见本文脚注〔5〕), 670.

〔81〕　知名的即宪法博客(〈https://verfassungsblog.de〉), 在这个博客中, 有德国和国外的学者发表针对宪法问题的论述;读者可以对这里的论文进行评注。关于博客,参见 *I. Augsberg*, Blogozentrismus, in: *Funke/Lachmayer*, Formate der Rechtswissenschaft (该文献详情参见本文脚注〔1〕), 101 - 116; *H. Birkenkötter*, Blogs in der Wissenschaft vom Öffentlichen Recht: Ein Beitrag zur Erschließung neuer Formate, loc. cit., 117 - 139; *S. Marti*, Die Rolle von Internetblogs im juristischen Diskurs, in: Wandlungen im Öffentlichen Recht, Festschrift zu 60 Jahren Assistententagung, 2020, 327 - 347.

注"还不见踪影[82]，更不要说由大数据支撑下的人工智能自动评注系统了。但在跨国的比较当中，通过多国的情况可以确定的是[83]，人们可以从判决数据库中直接获取法院判决内容，也可以在评注中或者其他专注于某方面法学知识的文献中获取信息，当前这两种方式形成了某种竞争态势。

四、研究方案和概览

在本文的这一部分，同时也要表明本论文集的研究方案。其中的每一篇论文都为整个方案提供了涉及某个国家或者是某个跨国法律制度的内容，跨度从欧洲大陆到拉丁美洲、日本、普通法国家和混合法律秩序的国家，直至欧盟私法和跨国私法，也包括国际法。这些论文内容反映了所涉法律制度的现实和历史发展形态，分析了法学评注在相应法律文化背景之下的情况。如果设想一幅生态版图，那么具体的问题有很多。各自评注的情况是花繁叶茂还是贫瘠凋零？如何评估品类的多样性？在这幅图景当中，评注对于法学"生态系统"有什么意义？在与其他诸如教科书、资料手册、判例集或者其他法学数据库的关系中，是否存在一种共生的结构？或者上述其他文献所发挥的功能在其他区域是由谁来评注谁来承担的？针对不同的情况，我们可以说，评注是本土原生的，或者评注是从其他广泛生长的区域被引进，特别是从德国的法学探讨活动中被引进，并随后发生了本土化的情况，这样的说法是否精准呢？

正如人们此前对评注类文献的研究一样，[84]下列论点也可以作为有助于分析问题的导引：一，评注内容和对象条文的关系，也就是"是否"以及"为什么"要对法律进行评注的问题；二，评注所采取的方法和技术，也就是"如何"进行评注的问题；三，透彻地阐明参与探讨问题的相关范围和机构（立法、审判、研究和教学），包括作品来源和受众的问题，以及习惯上参与探讨问题的主体构成（包括专业声誉的取得机

---

〔82〕　大约是从 2019 年开始，有了一本行政法维基教科书：参见 *N. Eisentraut*（Hg.），Verwaltungsrecht in der Klausur，online：https://de. wikibooks.org/wiki/Verwaltungs recht_in_der_ Klausur/_Das_Lehrbuch. 第一部维基评注的出现大概只是个时间问题。

〔83〕　参见下列论文 *Patti zu* Italien（该文献详情参见本文脚注〔60〕），82—84；und *Shirvindt* zu Russland（该文献详情参见本文脚注〔76〕），225 f. 另参见 *J.C. Schuhr*，Rechtsprechungsdatenbanken als Format rechtlicher Information-Hilfsmittel oder Ersatz für Kommentare?，in：Funke/Lachmayer，Formate der Rechtswissenschaft（该文献详情参见本文脚注〔1〕），161 - 180.

〔84〕　参见 *N. Jansen*，Kommentare in Recht und Religion：Einführung，in：Kästle/Jansen，Kommentare in Recht und Religion（该文献详情参见本文脚注〔6〕），1 - 14，3 ff.；*Kästle-Lamparter*，Walt der Kommentare（该文献详情参见本文脚注〔1〕），16 f.

制）；四，进行评注的形式以及其载体特色（即版式、装帧）；五，评注在探讨法律问题时的功能以及发挥作用的方式；[85]六，关于评注的权威性和被接受程度的问题。

　　根据上述标准（当然，这些并非生硬的研究列表，而仅仅是上面所称的"导引"），论文集的作者们各自描述了相关的法学文献情况，并对现有各种评注的特点进行了分析。本论文集的比较法概貌包括 14 篇国别情况的论文（拉丁美洲被视为一个区域）和三篇关于跨国法律制度的论文。对所涉及国家的选择是不全面的，这也是不得已而为之。对于许多没有被研究的法律制度来说，本来也可能有充分的理由而对其加以关注，[86]但对我们来说，同样重要的是打开一幅宽广的比较法图景，并展示出不同法系和不同地区情况的一个横切面，特别是能够具有一个超越欧洲和欧洲大陆法范围的宽阔视角。因此，对德国、法国、意大利、荷兰、西班牙进行了论述之后，也研究了拉丁美洲、日本、波兰和俄罗斯的情况。随后的文章是关于普通法制度下的情况（英格兰、美国），以及深受其影响的混合型法律制度（南非、加拿大、以色列）。最后，也对欧洲私法和跨国私法以及国际法进行了研究。

　　在关于德国的论文当中，尼尔斯·延森以法律本身和法律学术的区别作为一个特别视角，描述了 20 世纪评注文化的发展（第 25—44 页）。相应于评注的繁荣发展，（大部头的）教科书的衰落成为一个补充现象，这种情况是随着法律学术中所发生的角色转换而发生的，即后一类法学文献在传统上所承担的体系化法学教育，当今已经不是法学学术理论界的核心任务了。从 20 世纪最后三分之一的时间开始，虽然法学教授们也加强了参与评注的力度，但同时，评注仍然保持了其注重法律实务的原则性方向。

　　法国评注类文献的发展可以被叙述为一段"繁荣和衰落"的历史。在让-塞巴斯蒂恩·勃艮第的论文当中，他描述了 19 世纪在对法国《民法典》进行论著化的过程中，评注是如何成为一种重要的文献种类（第 46—60 页）。这些评注辞藻华丽，但缺少体系化的分析，这明显区别于当今德国风格的法律评注。这种评注的传统在 19 世纪末归于消亡。今天，在这个"艺术国度"，终于出现了基于体系化的"折中"作品。关于这一发展过程的原因，勃艮第首先强调了法国《民法典》本身的结构问题，并认为，这种结构肯定是无法企及科学性的法教义；另一方面是关于审判的重要性，当前，法国的法学界通过审判活动的"透镜"来观察法律。在目前对法国《民法典》的改

---

　　〔85〕　评注的典型基本功能，可以说是法律条文释义、汇编、对知识进行筛选和体系化、理论化、集体化、协调化、稳定化，以及批判和续造，具体见 *Kästle-Lamparter*，Welt der Kommentare（该文献详情参见本文脚注〔1〕），311—332 m.w. N.

　　〔86〕　Einige Lücken füllt *Reinhard Zimmermann* 在本论文集的总结性论文中补充了一些遗漏国家的情况（该文献详情参见本文脚注〔15〕），主要是概述了在瑞士（第 458—460 页）和苏格兰（第 498—500 页）的情况。

革过程中,是否会持续地对其结构进行一定的修改,现在仍然只能是静观其变。但无论如何,债法的修改已经在某种程度上导致了法学评注的复兴。

在当代罗曼法律制度当中,意大利建立起了最为强势的评注文化,这反映在弗朗西斯科·保罗·帕蒂的论文中所叙述的自 20 世纪 70 年代以来出现的评注式文献的全盛期。直至今天,对意大利《民法典》的大部头主导性评注和一些简明评注仍然为每一位意大利法律工作者所经常使用(第 61—86 页)。在意大利,除了一些著名的所谓"折中作品"(大部头的教科书)和法学百科全书以外,评注在传统上也享有很高的学科地位,尽管评注的编著并不一定能够对作者的学术声誉造成特别有利的影响。然而,实务工作者获取信息的途径越来越从评注而转向判决数据库,而且法官在判决书中完全不得引用评注的内容。因此,评注这种"成功的出版物"也陷入了某种程度的危机。

与上述情况不同,评注在荷兰的私法探讨活动当中扮演的是一个次要的角色。杰勒·延森对这种情况进行解释的主要观点是认为,一方面是由于法律学术界对评注某种程度上的忽视,另一方面是缺乏法律实务工作者对出版的参与度(第 87—106 页)。针对 1992 年的荷兰《民法典》出现了三卷本的简明评注,即所谓"绿色系列",以及另一部被称为"蓝天使"的著名作品《条文评注》。二者都具有很强的实务倾向,并在实务中也的确很受欢迎。但是,这些作品的内容虽然大部分是由学者所撰写的,却不适合作为学术研究的引用文献。而与现在的情况不同,19 世纪的出版物却是琳琅满目的,各种不同的评注和注释类的法律作品都试图讨论 1838 年的旧民法典中的问题。但自 19 世纪中叶开始,私法学开始摆脱法国评注文化的影响,甚至完全摆脱了评注这种文献形式,并开始转向体系化的作品。

法国的评注作者对西班牙也一直发挥着影响力,因此在 1889 年西班牙《民法典》生效后的数十年里,出版了大量的评注,其中包括一些十分著名的作品。在布鲁诺·罗德里格斯-罗萨多的论文中(第 107—121 页),这些评注被称为已被法国所摒弃的注疏学方法的"迟到成果"。同时,西班牙的法律文化本身也早已拥有对前法典化时代本国的地方性或区域性法规进行评注的传统。自 20 世纪 70 年代以来的大范围法制改革以来,评注类文献获得了新的发展动力,这也得益于日渐增加的德国法学的影响。目前,评注类体裁的高度繁荣是显而易见的,并且不仅限于民法领域,这与实务类和教学类作品的次要性形成了鲜明的对比。形成这种落差至关重要的因素显然也主要取决于西班牙高等教育制度的结构性原因,以及理论和实务相分离的普遍情况,对于后者来说,仍然约束着西班牙《民法典》的体系性制度结构也造成了影响。

雅各布·福尔图纳特·斯塔格尔对拉丁美洲的法律制度进行了一番分层次的描述(第 123—149 页),据此可以称之为评注文化的情况只在巴西有所发展,他认为,这种情况也可以追溯到德国的影响。评注类文化繁荣的萌动也出现在阿根廷,特别是自从 2016 年新《民商法典》生效以来。尽管很早之前的 1855 年智利《民法典》在整个拉美范围都具有巨大的影响力，但该国的评注却相对稀少，传统上占主导地位的是以体系化方式编著的教科书，而其中的论述依据和结构通常是从欧洲法律制度中"进口"的。另外，拉丁美洲情况动态发展的特点在于法律本身修改的常态化，而不在于法律评注内容的更新。

长野文弘（Fumihiro Nagaro）在介绍日本的情况时，其视角着重于德国对日本法律文化的历史性影响（第 151—173 页）。令人感兴趣的是，评注类文献在日本的繁荣却恰恰是在"二战"以后德国的影响已经消退的时期，这时人们已经更倾向于研究美国和法国法。然而，德国的评注还是显示出了其示范效应。传统的大部头评注在实务中也同样具有很高的权威性。除此之外，目前在日本也出现了许多其他种类的评注。但同时，根据长野所述，相对于教科书类的文献而言，评注这一文献形式始终是乐队中的"次席小提琴"。

沃采赫·戴恰克（Wojciech Dajczak）在他的论文中也论述了德国的评注传统对波兰法律文献的影响（第 175—202 页）。在该国，自从 20 世纪 90 年代以来，正在逐步发展壮大的评注类文献主要是采取了德国模式，具体来说，就是德国贝克出版社在波兰的子机构所出版的作品。在两次世界大战之间，波兰的法学工作者们曾经以引人注目的多种形式对 1933 年的《债法典》进行过评注。但当代波兰的法学文献并没有接续自己的上述评注传统，而是更大程度上打上了继受国外标准的烙印。

安德烈·M·西尔温特在论文中称俄罗斯为评注类文献的荒漠地带（第 203—226 页）。虽然针对各种对象条文，包括针对民法典，有大量的评注，但这些所谓评注往往都十分简略，并且既没有对审判实践也没有对法学资料的现实情况做充分的展示。在这种情况下，俄罗斯的评注既没有起到讨论问题的媒介作用，也不能作为法学知识的资料库，而仅仅是"自上而下"进行法律解释的工具。利用这种形式，最高法院法官和大学教授们向年轻一代的法律人和非专业的法律使用者阐明法律的含义。

在受普通法影响的范围内，由于法典本来就对法律制度不起决定性的作用，所以法律条文评注的学科地位也相应弱势。但是，在普通法的内部也是有所区别的，这明显地表现在两篇分别关于英格兰和美国法的论文当中。在斯蒂文·恩克麦尔的论文中，他将一些英格兰民法著作描述为法律实务的标准文献，它们在形式上很难被归类于评注，并且绝大部分的结构是倾向于按照案件的类型，而成文法的条文内容在这些著作中是处于一种背景资料的地位，因为权利内容是由"法案"来确定的（第 227—276 页）。恩克麦尔解释了上述情况的背景原因，即按照英格兰法律工作者的传统理解，法律在总体上主要是判例法，而立法者只能对个别问题施加影响。在这种观点之下，法学学术活动要么被放逐，且远离法律实务；要么把精力集中于重述和整理司法判例，成为一个只能去跟风领会的角色。

关于美国法,马蒂亚斯·莱曼观察到,自 20 世纪中叶以来,虽然成文法和准立法性条文(法律重述、统一规范、示范性法案)也成了重要的法源,但法律问题的讨论始终不是围绕这类条文内容而进行的(第 277—294 页)。美国的法学工作者们思考问题时,很少会从成文法出发,而是更多地着眼于法院的案例判决。这在普通法的历史层面上涉及对法律现实的原则性认识。对比德国模式的评注所能起到相应功能的文献体裁,莱曼认为,一种是资料手册形式的、阐明某一法律领域问题的所谓"法律专题论文集",另外两种是"评析"和(针对准立法性条文的)"官方解释",上述文献虽然从外在形式上可以被归类为评注,但其功能却很有限(在"解释"中是阐明各种规定条文的含义,在"概述"中是充当知识内容的资料库)。

在加拿大的法学文献当中,也有对成文法的评析,黑尔格·德代克在论文中将这种情况追溯到当年的法典化运动中所产生的《刑法典》和目前在魁北克施行的《下加拿大民法典》(第 295—316 页)。除了简明的评析,当时也出版了一些内容详尽的评注。但在 20 世纪,民法领域的这种对法律的评注却在很大程度上销声匿迹,而在法律评析仍然存在的领域,其对于探讨问题也不再扮演担纲的角色。但同时,这类基于法律条文的解释性文献构成了加拿大法律文化的一个值得注意的联结点,这特别反映在魁北克特色鲜明的"双重法律制度"中,普通法和法国民法在此共存。

阿里斯泰尔·普里斯在关于南非法学文献的论文中重点论述了法典化和评注之间的联系(第 317 页—329 页)。因为并没有一部全面的民事法典,这一领域主要是由教科书来整合,这类文献试图将南非混合法律制度下的不同法源融入理论体系。随着立法者在各种相关领域制定新的规范条文的不断增加,随着许多"微型法典"的出台,欧洲大陆模式的各种法学评注的规模也在不断扩大。迄今为止,评注在南非的学科价值仍然相对较弱,但确实应当具有很大的上升空间,这恰恰是着眼于协调新、旧法律渊源交汇的要求而得出的结论。

相较于在南非没有一部内容全面的私法法典,以色列在 20 世纪 70 年代就已经开始致力于制定一部民法典,这也可能会导致法学理论的复苏。在本集的论文中,塔利亚·爱因霍恩描述了对以色列建国后所制定的单行法律所进行的各种形式的评注(第 331—359 页)。但是,这些作品中的大部分在 2002 年之后就没有修订再版。拉考维尔的系列评注算是一个例外,该评注特别致力于将以色列的立法活动与犹太教的律法书《哈拉卡》联系起来。爱因霍恩详细地论述道,一直以来,犹太法律形成了对流传下来的法律资料继续进行加工的传统,拉考维尔的评注项目彰显了这一传统持续的重要性。

因斯·克莱恩施密特用他的论文一方面带我们回到了欧洲,另一方面,也引导我们脱离了国别研究的视野(第 361—393 页)。克莱恩施密特区别了欧盟法中的"欧盟制定规则"(acquis communautaire)和"普通规则"(acquis commun),后者主要是出自非立法性的材料。在此,导致评注产生的关键点在于法律适用方面的不同:在欧盟制定规则当中,由于指令(Richtlinie)还必须要由每个成员国将其转化为国内法,因而对另一种类型的法规(Verordnung)的评注更为常见。而对于普通规则来说,主要是由汇编以及资料手册和教科书来开发这种法律资料。总之,进行欧盟法的评注目的和功能也有别于国内法的评注。同时要提到的是,绝非全部,但起码有相当一部分对欧盟法的评注出自德国。

拉尔夫·米歇尔斯在他的文章中论述了跨国私法领域中的评注所表现出的有趣的特殊性(第 359—416 页)。对于国际间统一的法律(如《联合国买卖法》)或者标准附加条款的规定(如《国际贸易术语解释通则》)的评注,必须顾及各国对其使用时语境的多样性,而且通常还要考虑到不同语言的对象条文。这对评注的解释性效果以及(自主)落实功能和中介功能提出了特别的要求。但也并不是在所有评注中的方法都真正着眼于跨国的特点,有些评注更多是为了满足国内的(实务)需求。对于那些不具有约束力的对象条文来说,比如对于国际贸易法中由国际统一私法协会所制定的基本规则,评注的特点在于一种本质上"研究对象为学术的学术"(Wissenschaft über Wisssenschaft)。对这类法律条文采用评注的形式,意味着创造性地承认非立法性条文的效力。

对于民法领域以外的情况,克里斯蒂安·迪法尔在其论文中关注了整个国际法领域的情况(第 417—439 页),这一领域也同样表现出其基础性法源的特殊性。早在 19 世纪的法典化运动中,条文形式的学术草案就已经扮演了国际法领域的一个重要角色,一开始是出自个别学者的笔端,随后则越来越多地产生于国际合作,比如在国际法研究所(Institut de Droit International)。这样起草的条文往往都伴随着评注式的说明。除了学术界以外,国际组织中的一些机构也开始对评注负责,这类评注要么是作为草案或者协议模本的附件(例如在联合国国际法委员会或者在经济与合作发展组织),要么是在条约监督阶段作为具有约束力的一般性注释(例如在联合国人权委员会)。

用一篇关于民法评注的比较法长篇综述,莱恩哈特·齐默曼为本论文集画上了句号(第 441—517 页)。在该文对所涉法律制度的全景式描述当中,清楚地呈现出各类文献的情况的样貌是多么不同,大量的结论与通常的法域或法系的划分并不吻合。对于在某个法律制度当中,是否出现可以称之为评注文化的现象这一问题,单一因果关系是无法解释清楚的。在国外以及跨国法的领域,德国的评注传统被不同程度地当成了激发灵感的源泉。但是,也有大量的评注类文献在功能方面与德国的评注不具有可比性,特别是在探讨法律问题时只是发挥了个别的功能,其他任务通常由另外的文献形式来完成。比如在一些地方,由法学百科全书来进行知识的整合,由体系化的教科书来反映批判性的观点。总之,对于法律评注的流行程度、形式和功能来说,国际性的比较研究展示出一幅色彩丰富的图画。

公共卫生与法律

[德]克劳斯·梅塞施密特 著　范继增、朱玉洁 译
预防风险原则为基础的应对新冠肺炎疫情的立法

中德法学论坛

第 18 辑·下卷,第 171~196 页

预防风险原则为基础的应对
新冠肺炎疫情的立法*

[德]克劳斯·梅塞施密特 著**

范继增、朱玉洁 译***

摘　要:本文从普遍性视角研究了预防风险原则(precautionary principle)对应对新冠肺炎传播立法和管理的影响。学术界通常在环境保护政策中提到预防风险原则。然而,当下的预防风险原则已经适用于保障卫生健康领域,这也意味着可以适用到应对疫情的扩散。尽管预防风险原则与法治原则所要求的循证立法(evidence-based legislation)义务相冲突,但是该原则不能为极端性和任意性侵害公民自由权提供可证性的理由。预防风险原则也不能取代比例原则的地位。因此,即使允许立法者在缺乏确切的科学共识时限制个人权利,但是合理适用预防风险原则也是对应对风险立法的限制。回顾和反思预防风险原则所带来的科学争议有助于维持(或至少恢复)理性和应对紧急状态立法中的谨慎权衡风险利弊。

关键词:循证立法;预防风险原则;比例原则;风险;法治;不确定性

Abstract:This paper examines in general terms the impact of the precautionary principle on COVID-19 legislation and management. In academic discussion the precautionary principle is usually referred to in the context of environmental policy. The principle can also be found, however, in health protection, which suggests its

---

* 本文译自 Klaus Meßerschmidt, "COVID-19 Legislation in the Light of the Precautionary Principle", 8 *The Theory and Practice of Legislation*, No.3 (2020), pp.267-292.

** 克劳斯·梅塞施密特(Klaus Meßerschmidt):埃尔朗根-纽伦堡大学商学、经济学和法律学院法系(FAU)外聘教授。

*** 范继增:山东工商学院法学院副教授,四川大学法学院特聘副研究员,意大利比萨圣安娜大学法学博士。朱玉洁:四川大学法学院硕士研究生。

transfer to the pandemic situation. Contrary to the concern that the principle could serve as a blanket justification for extreme and arbitrary interventions in civil liberties, the paper demonstrates that, notwithstanding conflicts with the rule-of-law obligation to evidence-based legislation, the precautionary principle does not supplant the principle of proportionality. Thus, it sets limits to risk-related legislation even though it allows restrictions in the absence of scientific consensus. Reflecting on the scientific debate about the precautionary principle can help to maintain (or at least restore) rationality and prudent risk tradeoffs even in times of emergency legislation.

Key words: Evidence-Based Legislation; Precautionary Principle; Proportionality; Risk; Rule of Law; Uncertainty

一、背景：风险的加重与规避

本文将以重要的预防风险原则和与其相关的"风险社会"和"新的复杂性"概念为背景分析应对新冠肺炎的立法。各国政府对此次疫情所采取的防控措施与以往有着明显差异,这主要体现在防控措施范围和程度比以往更加宽泛和严格。尽管新冠疫情可能不是人类面临的最为严重的瘟疫,但几乎所有受影响的国家都采取了严格限制个人自由和经济生活的措施。由此,创造出了史无前例且无法预知结果的社会实验。[1]

(一)预防风险原则的作用

新冠疫情引起的强烈反应不仅体现在疫情的严重性,而且也凸显出预防风险原则与日俱增的重要性。当下,"安全第一"的理念被前所未有地全面实施。[2] 在过去,预防风险原则仅适用于解决部分受到影响的经济部门或者人群所面临的问题,例如能源生产商、农民、牧场主或者有毒有害物品的生产者,并不会全方位地干涉个

---

[1] 在大规模封城的背景下,数字化交流对维持社会发展产生了积极能动的作用。推行数字化技术的经济部门和交流模式得以维持,而其他模式几乎无法继续维持运作。倘若缺乏这一"安全网",许多国家绝对不敢采取封城或者断绝人员接触的方式抗击疫情。

[2] 然而,适用预防风险原则与气候的复杂变化密切相关,详见 Jonathan B. Wiener, "Precaution and Climate Change", in Kevin R. Gray, Richard Tarasofsky and Cinnalon Carlarne (eds.), *The Oxford Handbook of International Climate Change Law*, Oxford University Press, 2016; Lauren Hartzell-Nichols, *A Climate of Risk: Precautionary Principle, Catastrophes, and Climate Change*, Routledge, 2017.

人生活。在迄今为止的判决中,预防风险原则与多数其他法律原则一样,并不具有广泛的适用性。但是,当前应对新冠疫情的立法却与先前的情况大相径庭,政府对不特定的对象规制了一系列的预防措施。问题也随之产生,我们应该对不同的防控措施进行独立的分析评估抑或应该考虑不同措施之间的互动关系。运用前者可以为适用预防风险原则增强正当性理由;适用后者则与比例原则形成明显差异,扩大了预防风险措施影响范围。或许,亚里士多德的名言"整体的构成大于各部分之和"可以适用于此。突如其来的限制性措施并非是典型性预防性措施。相反,预防性措施应该呈现长期性和渐进性的特征。然而,这两种特征不能成为排除适用预防性原则的理由。

　　虽然适用预防性措施不是应对新冠肺炎疫情立法中的最有创意和有趣的部分,但它们却不可避免地呈现上述特征。然而,强调预防性措施并不意味着所有与应对新冠肺炎相关的立法都可追溯到预防风险原则。实际上,当下预防风险原则的贡献不是试图解释风险和防控措施间的因果关系。其他的社会文化、经济和政治因素在立法制定过程中也具有相关作用。相反,在全球大疫情的情况下,不同国家的立法机关皆适用预防风险原则证明其关键的立法措施的正当性。在此,我们必须区分旨在遏制流行病传播的措施和欧洲与其他国家承担的后续的经济赔偿措施。预防风险原则明显属于确保防控措施具有立法正当性的第一种类型。但是,防控新冠肺炎疫情的次级秩序立法(second-order)会特别受到经济、社会和政治动机等其他方面的影响。在此方面,预防风险原则至少可以为防控疫情的立法提供附加正当性。这也明确地解释了本文所提及的"应对新冠肺炎立法"的含义。这一法律术语的范围包括从保持社交距离、宵禁、隔离、封城到关闭欧盟成员国之间以及欧盟与第三国间边境在内的所有隔离措施。[3] 在本文中,为了能囊括所有的议会和政府制定的一切法律,笔者使用了广义的"立法"概念。

　　鉴于讨论预防风险原则的文献已是卷帙浩繁,笔者无意在本文中构建新的理论(如"灾难预防原则")[4]、解构和重构"预防"词语的概念[5]或者解决现存的争议。

---

　　[3]　我猜想读者会更加熟悉其所在国的相关隔离措施与法律规定。笔者并不打算在本文中详细阐释各国规定的具体隔离管控措施。本期的《立法理论与实践》杂志就有相关的文章介绍德国的隔离措施。根据笔者初步的统计,德国的联邦机构已经通过了十项法案。仅在巴伐利亚州,就于 2020 年 3 月 27 日和 2020 年 5 月 19 日通过了两部州立法。新的法案对原有的法律规定进行了大量的修改和补充。《传染病预防法》(Infektionsschutzgesetz)就是其中之一。

　　[4]　参见 Hartzell-Nichols, supra note 2, at 44–82. 笔者也不会对凯斯·桑斯坦(Cass Sustein)提出的"应对灾难原则"(Anti-catastrophe principle)进行批判。可以将桑斯坦的理论视为对预防风险原则的微调。Cf. Cass R. Sunstein, *Laws of Fear*: *Beyond the Precautionary Principle*, Cambridge University Press, 2005, p.5 and pp.109–115.

　　[5]　参见 Alessandra Arcuri, "Reconstructing Precaution, Deconstructing Misconceptions", 21 *Ethics* & *International Affairs*, No.3 (2007), pp.359–379.

笔者主张通过更为温和的途径,通过分析欧盟法院判决的路径认定预防风险原则对应对新冠肺炎立法的重要性。

本文将列举出两种反对用预防风险原则作为应对新冠疫情立法基础的观点。一方面,批评者可能会认为由于新冠肺炎对社会生活产生真实的威胁,而非可能的或者推测的威胁,所以预防风险原则不应该在此情境下适用。笔者将会在本文中对该观点进行剖析和批判。而另一方面,持怀疑态度的批评者则认为风险存在于一切社会情形之中并且不存在普遍适用于所有领域的预防性措施,预防风险原则具有的不连贯性可能会潜在地瘫痪社会正常的运作。[6] 怀疑论者认为预防风险原则不能给予好的立法导向。然而,这个批评观点无法对欧盟法和国际法已确认的预防风险原则造成影响。[7] 但是,这些批评性观点主要与美国法律秩序相关,预防风险原则正试图在其中获得一席之地。[8] 的确,不同的观点会影响对预防风险原则的解读。最后,紧急状态不应成为排斥适用预防风险原则的理由。锡拉库萨原则[9]规定必须在紧急状态下确保法治原则的实施,但是不能排除适用预防风险的原则。因此,新冠肺炎疫情是否可以简单地被归入"公共紧急状态"是一个尚待讨论的问题。

为了阐明预防风险原则在当下疫情中的作用,笔者将采用两种研究路径:一方面将采用法教义学的分析路径;另一方面在社会文化情境中对应对疫情的立法进行分析。本文将以欧盟法体系为例,重点从法教义路径阐明预防风险原则的规范含义。笔者认为由于欧盟法体系比欧盟成员国的国内法律体系更加稳固地吸收了该原则,因此此种研究路径具有合理性。不过,纯粹法律视角并不能正确揭示出预防风险原则的多重内涵和与其他事物的关联性。我们还必须考虑相关的文化和科学背景,因为这些内容为预防风险原则应对新冠疫情设置了适用情景。由于笔者尚缺乏分析文化和科学背景的关键能力,所以笔者只能在作出概述性评论后,转而进入到法律规范层面的分析。

---

〔6〕　Sunstein，supra note 4，at 14.

〔7〕　关于预防风险原则在国际法体系中地位的论文,请参见 Jonathan B. Wiener, "Precaution", in Daniel Bodansky, Jutta Brunnée and Ellen Hey (eds), *The Oxford Handbook of International Environmental Law*, Oxford University Press, 2007, pp.597 - 606.预防风险原则在欧盟法以及欧盟成员国法律体系中地位的文章,请参见 Wybe Th. Douma, "The Precautionary Principle in the European Union" 9 *RECIEL*, No.2 (2000), pp.132 - 143.

〔8〕　Kenneth R. Foster, Paolo Vecchia and Michael H. Repacholi, "Science and the Precautionary Principle", *Science*, No.288 (2000), pp.979 - 981.

〔9〕　The Siracusa Principles on the Limitation and Derogation Provisions in the International Covenant on Civil and Political Rights, available at: https://www.icj.org/wp-content/uploads/1984/07/Siracusa-principles-ICCPR-legal-submission-1985-eng.pdf.2022.3.6.

（二）对预防风险原则情境的点评

心理因素和意识形态的巨大变化可以解释当下我们对持续疫情的反应，例如生态变化强烈地驱使人们思考避免风险、忧患人为灾难和自然灾难、强调利他主义。然而，乌尔里希·贝克（Ulrich Beck）大力宣传的"风险社会"〔10〕概念范围却更加广泛，包括了社会关系和政治制度在内的更为广泛的含义，也包括了受到改变社会力量影响的社会关系和政治制度。"风险社会"概念不仅探究了人们感知风险的方式，并且也会将相关的变化融入生活中。然而，这个概念的可能性基础并非仅源于过去十年中的技术经验和生态危机。尽管"风险社会"概念抓住了当下时代的精神，但是认为它所提倡的风险和风险意识属于新现象的观点具有误导性。人们只需回忆一下《圣经》中所记载的大洪水，以及贯穿人类历史的自然灾害和流行疾病就会知道风险意识始终贯穿人类社会文化。被先前新左派奉为经典的复杂性理论提出的"新不透明性"（neue Unübersichtlichkeit）〔11〕观念对我们产生了很大的影响力。与此同时，风险评估〔12〕已经成为在资源有限的情况下，制定保障公众健康和保护环境政策的主要工具。尽管风险评估是在认知不确定的情境下作出决策，〔13〕但是决策结果并非必然符合预防风险原则。相反，政策制定者可能在未对风险进行充分的评估时就适用了预防风险原则。即便经过多年的学术争论，预防风险原则和风险分析依然呈现出两种截然不同的路径。〔14〕然而，每当政府预想会发生最糟糕的情景时，都会以预防风险原则为指导采取行动。〔15〕

此外，应对新冠疫情立法的另一个趋势也值得关注，笔者将这一趋势称为"与过去切割的创新精神"（the spirit of disruption）。尽管与预防风险原则相比，改变现状的创新精神缺乏规范性力量，但是依旧可以影响预防风险原则的适用。"摧毁固有文化"（culture of disruption）的精神通常被用于商业领域。这个概念涉及保护推进技术的快速变革、推动消费者行为的转变和提升新兴领域的机会。这里将"切割"与"常规创新"并列为创新的途径。新现代主义（New Modernity）〔16〕的图景是否真正

---

〔10〕　Ulrich Beck, *Risk Society: towards a New Modernity*, Sage, 1992.

〔11〕　Jürgen Habermas, *Die Neue Unübersichtlichkeit*, Suhrkamp, 1985.

〔12〕　参见 Gotthard Bechmann (ed), *Risiko und Gesellschaft*, Westdeutscher Verlag, 1993.

〔13〕　对可衡量的不确定性和不可衡量的不确定性概念的区分，请参见弗兰克·奈特（Frank Knight）的论述。Arcuri, supra note 5, at 362.

〔14〕　Leeka F. Kheifets, Gordon L. Hester and Gail L. Banerjee, "The precautionary principle and EMF: implementation and evaluation", 4 *Journal of Risk Research*, No.2 (2000), p.123.

〔15〕　Cass R. Sunstein, *The Cost-Benefit-Revolution*, MIT Press, 2018, p.123 and 143.

〔16〕　参见 Beck, supra note 10. 学者也必须考虑新现代主义对实证法的影响。转引自 Jeremy Waldron, *The Dignity of Legislation*, Cambridge University Press, 1999, pp.13, 22 - 23.

地把握了"变革时代"下经济和文化的现实性还有待商榷，即便运用这一理念已经产生了效果。[17] 当稳定性不再是优先选项时，提倡摧毁传统认知观念的学说不会再有任何的震撼效果。这也可以解释为何人们可以毫不犹豫地平和地接受紧急状态社会的约束。对危机的种种反应都明显地证实了这种社会文化视角的解释。大量的政治言语和哲学评论都相同地预言世界将会变得与以前不同。可与上述学说相提并论的是纳奥米·克莱恩（Naomi Klein）提出的休克理论。[18] 目前，同时出现的摧毁常态的创新思维与预防风险原则对环保政策的制定有重要的影响。诸如去核化、减少碳排放以及适用替代性的绿色能源已在大多数的欧洲国家形成共识，反映了环保发展的趋势。最后，最近几年对卫生政策的风险导向研究与当下的疫情危机治理关系密切。[19] 即便上述的所有内容都是推测，但是为在应对新冠疫情立法中适用预防风险原则提供了部分基础。即便在欧盟法中，预防风险原则具有坚固的法律基础，但是它的规范内容依旧具有模糊性。笔者将在以下的章节中探究更为确定的预防风险原则的法律根源。[20]

二、预防风险原则的关键作用

（一）预防风险原则的定义

预防风险原则最早出现于 20 世纪 70 年代的瑞典和德国的污染防控法[21]以及 20 世纪 80 年代的国际环境法之中[22]。事实上，与其他分析应对新冠肺炎政策的法

---

〔17〕 笔者在此处援引了贾维斯（Jarvis）的名言：如果个人将特定情境视为真实的，那么由此得来的结论也必将为真。由于新冠肺炎的原因，我无法获得原始的资料，所以只能凭借我的记忆进行描述。这符合托马斯定理的内容，参见〈https://www.oxfordreference.com/view/10.1093/oi/authoriy/20110803104247382〉accessed 12 June 2020.

〔18〕 Naomi Klein, *The Shock Doctrine*: *The Rise of Disaster Capitalism*, Macmillan, 2008.

〔19〕 具体内容请参见 Geoffrey C. Kabat, *Getting Risk Right*: *Understanding the Science of Elusive Health Risks*, Columbia University Press, 2017.

〔20〕 我赞同部分学者对预防风险原则的认知，"预防风险原则已获得广泛地认识和承认，但同时它并没有得到很好的定义，这既是它的缺陷，也是它的长处"。Artem Anyshchenko, "The Precautionary Principle in EU Regulation of GMOs: Socio-Economic Considerations and Ethical Implications of Biotechnology", 32 *Journal of Agricultural and Environmental Ethics*, 2009, p.856.

〔21〕 参见 Konrad von Moltke, *The Vorsorgeprinzip in West German Environmental Policy*, Institute for European Environmental Policy, 1987.

〔22〕 转引自 Philippe Sands, *Principles of International Environmental Law*, 2nd ed., Cambridge University Press, 2003, pp.48-51.

律概念不同,预防风险原则是法律确定的规范概念。[23] 除国内法和国际性软法之外,预防风险原则主要出现在欧盟重要条约和欧盟二级立法之中。笔者将在下文中对其在欧盟重要条约中的作用和含义进行分析和解释。

根据《欧盟机构运行条约》(Functioning Treaty of European Union)第 192 条第2 款之规定,"欧盟的环境保护政策应该在考虑欧盟各地区情况差异性的情况下设立更高的保障标准。环保政策应该以预防风险原则和需采取预防行为(preventive action)的其他原则为基础,优先从源头治理污染且排污者应该担负经济义务"。由此可见,预防风险原则是制定欧盟环境政策的重要影响因素。虽然该原则的含义与"预防行为原则"概念呈现重合性,但是前者有着独立的定义。预防风险原则的基本思想是不确定性并不必然排除实施可预期性预防措施。不妨以转基因生物和食品为例。毋庸置疑转基因生物对生物多样性有着负面影响,但是转基因食品对人类健康的危害性尚有争议。然而,出于生物安全和预防风险两方面的考虑,欧盟严格限制转基因食品。[24] 2018 年,欧盟委员会适用该原则颁布了三种对蜜蜂具有高毒性的新烟碱类化合物的禁令,即便该化学物的制造者坚持认为现有的科学证据不能支持欧盟委员会的禁令。[25] 相反,欧盟尚未依据预防风险原则出台禁止电磁波的规定。[26]因此,如果强烈怀疑特定行为可能导致有害环境的后果,那么就应该提早采取行动以预防可能的损害后果发生,而不是等到有充分科学证据时再着手制定对策。[27]但是,过分关注时间因素会导致我们脱离探索预防风险原则本质的正轨。设置该原

---

[23] 相关的定义,请参见 European Environmental Agency, *Late lessons from early warnings II : science, precaution and innovation*, EEA Report, 1/2013. 倘若读者希望进一步了解对于此概念的政治性阐述和文献综述,请参见 Nicolas de Sadeleer, *Environmental Principles : From Political Slogans to Legal Rules*, Oxford University Press, 2002, pp. 91, 318 - 319; Kenisha Garnett and David J. Parsons, "*Multi-Case Review of the Application of the Precautionary Principle in European Union Law and Case Law*", 37 *Risk Analysis*, No.3 (2017), pp. 504 - 505.

[24] 参见 Anyshchenko, supra note 20.

[25] See 〈https://ec.europa.eu/food/plant/pesticides/approval_active_substances/approval_renewal/neonicotinoids_en〉 accessed 4 June 2020.

[26] 但是,电磁波是否伤及个人健康和欧盟委员会的做法是否恰当等问题存在着争议性。参见 Keifeths, Hester and Banerjee, supra note 14. Mike Dolan and Jack Rowley, "The Precautionary Principle in the Context of Mobile Phone and Base Station Radiofrequency Exposures", 117 *Environmental Health Perspectives*, No.11 (2009), pp.1329 - 1332; Michael Kundi *et al.*, "Electromagnetic Fields and the Precautionary Principle", 117 *Environmental Health Perspectives*, No. 9 (2009), A484 - A485.

[27] Jan H. Jans and Hans H.B. Vedder, *European Environmental Law*, 3rd ed, Europa Law Publishing. 2008, p.37; 关于预防风险原则在国际法中的地位,请参见 Sands, supra note 22, pp.266 - 279.

则的核心目的是应对举证困难。因此,生态学家赞扬了预防风险原则"在不能消除合理性怀疑的情形下,最大程度保护了环境利益"并且将"举证责任的承担由受害者转移至开发商"。[28] 这种分配举证责任的制度设计听起来很公平,但事实上适用预防风险原则导致了一方可能永远无法满足证明标准的举证风险。应该注意的是举证标准的门槛应为"没有证据证明会出现疾病",而非"有证据证明不会出现疾病"。[29] 即便是时间与空间间距较大,发生风险的概率较低,也必须反向考虑发生风险的可能性和所造成后果的危害性。[30] 尽管该原则的适用范围不局限于人为制造的风险,也可以在地震、雪崩、洪水和海啸等自然灾害中得以适用,但是预防风险原则不应该服务于一切仅能被感知但却无法预测的事件。例如,即使没有人能排除陨石撞击地球的可能性,但是明智的人不会建议对此采取预防风险措施。这些例证皆表明不应扩展预防风险原则的适用范围,而应该调整适用范围和优化实施方式。尽管我们可以先不顾及预防风险原则的进一步解释及其根源,[31]但是《里约宣言》第15号原则的内容不应该被忽略。虽然笔者将国内法[32]以及区分风险、危害及危

---

〔28〕 Andrew Jordan and Timothy O'Riordan, "The Precautionary Principle in UK Environmental Law and Policy", in Tim S. Gray (ed), *UK Environmental Policy in the* 1990s, Macmillan, 1993, p.69. 关于举证责任问题的讨论和建议增加程序的视角解读预防风险原则的论述,请参见 Monika Ambrus, "The Precautionary Principle and a Fair Allocation of the Burden of Proof in International Environmental Law", 21 *RECIEL*, No.3 (2012), pp.259 - 270.

〔29〕 Nassim N. Taleb, *The Black Swan: The Impact of the Highly Improbable*, Random House, 2007, p.54.

〔30〕 Klaus Meßerschmidt, *Europäisches Umweltrecht*, C.H. Beck, 2011, p.287.援引相关文献和欧盟文件的论文,请参见 Garnett and Parsons, supra note 23, p.508.对权衡风险防控利弊的讨论,请参见 Arcuri, supra note 5, pp.370 - 371.

〔31〕 德国法创立该原则的事实并不重要。由于这与它的法律地位问题有关,所以笔者必须要指出这已经超出了本文的研究范围。

〔32〕 相比于大多数的欧洲国家承认预防风险原则具备法律约束力(具体内容请参见 Joanne Scott, *Legal Aspects of the Precautionary Principle*, British Academy, 2018),美国的情况则不尽相同,法律规范中较少有预防风险措施的规定。关于美国学者和司法界对确定性、近似确定性、不确定性标准的争论以及美国最高法院适用危险性标准的案例,请参见 Jonathan Z. Cannon, *Environment in the balance: the green movement and the Supreme Court*, Harvard University Press, 2015, pp.59 - 71. 倘若读者希望阅读相关的美国与欧盟法律标准的对比,请参见 David Vogel, *The Politics of Precaution: Regulating Health, Safety, and Environmental Risks in Europe and the United State*, Princeton University Press, 2015. 在国际公法和WTO法律体系下对预防风险原则的讨论,请参见 Caroline E. Foster, *Science and the Precautionary Principle in International Courts and Tribunals*, Cambridge University Press, 2011; David Freestone and Ellen Hey (eds), *The Precautionary Principle and International Law*, Kluwer, 1996.

险之间[33]的概念排除在本文的研究范围之外,但是研究重点则是风险概念的范围以及欧盟法对其适用的限制。笔者在本文将忽略对美国法适用预防风险原则理论和实践的探讨。究其原因,不仅是文章篇幅有限,也存在于其他客观原因。这并非是对美国同行已有的高质量研究有所偏见,[34]而是美国法律体系确实缺乏风险预防原则的坚实基础。这就减少了他们同欧洲法律体系进行辩论的直接益处,欧盟法律体系已将风险预防原则纳入法律规制程序中。吸收到重要欧盟条约的立法过程有利于克服隐藏在抽象定义背后的概念和标准的模糊性。

(二)欧盟法院判例中的预防风险原则和风险的不确定性

欧盟法院[35]在许多判决中都提及了预防风险原则,但是并未对其内容进行阐述,也未能有效区分"预防风险(precaution)"和"预防性(prevention)"词语的差异性。[36] 因此,在特定的背景下,对这些案例的研究几乎没有实际的意义。欧盟法院在判决中不断重复着相同的判决内容,"这些原则的特征是欧盟和成员国应该防止和减少,甚至从开始时就尽可能地消除污染源和安全隐患。这意味着欧盟和成员国应该采取消除已认可的风险(recognized risk)性质的措施"。[37]

有趣的是如何定义"已认可的风险"的概念? 显然,它代表了介于单纯的假设和已确认危险的中间立场。即便如此,也急需对词语概念作出阐释。强调"已认可性风险"意味着科学共识的重要性。然而,值得注意的是很难达成科学结论的共识,"不确定性"就是这方面最好的说明。"不确定性"和"预防风险"这两个词语皆意味着无法对具体结论达成一致性的共识。此外,技术官僚的相互竞争与民粹主义的影响也阻碍了共识的形成。[38]另一方面,无科学知识者的意见也不能成为制定政策的基础。

---

[33]　对这些词语的进一步区分,请参见 Anthony Giddens,"Risk Society: the Context of British Politics",in Jane Franklin (ed),*The Politics of Risk Society*,Polity Press,1998,p.26. 笔者在本文中也排除了风险的可接受程度。

[34]　具体而言,例如 Sunstein,supra note 4; Sunstein,supra note 15,pp.140 – 45 & 173 – 187.

[35]　原文中,笔者此处使用传统缩写形式"EJC"(Court of Justice)代替"CJEU"(Court of Justice of European Union)。(译者注:这主要是在《里斯本条约》后对欧盟法院英文称谓的变化,但是目前依旧有很多学者习惯将其称为 Court of Justice。)

[36]　ECJ Case C – 175/98 Lirussi [1999] ECR I – 6881,paras 51 – 54; Joined Cases C – 418/97 and C – 497/97 ARCO Chemie Nederland [2000] ECR I – 4475,paras 87 – 88; Case C – 318/98 Fornasar [2000] ECR I – 4785,para 37.

[37]　ECJ Case C – 318/98,ibid.,para 37; Lirussi and Bizzaro,para 51.

[38]　转引自 Anyshchenko,supra note 20,p.859.

　　依据欧盟法院的判决,预防风险原则也适用于保护健康领域。虽然《欧盟机构运行条约》的文本并未在公共卫生和技术安全领域要求适用该原则[39],但欧盟法院和欧盟初审法院已在相关的问题中做出了非常重要的判决。

　　笔者从两个步骤对其进行阐释。首先,笔者将展现欧盟法院特别提到预防风险原则的判决。其次,笔者将展示出部分未提及预防风险原则的名称,但是表达过相似含义的判决。然而,考虑到欧盟法院已经作出了数量庞大的相关判决[40],笔者只能精选其中的代表性判决。

　　案例分析将会展现出预防风险原则的适用和欧盟法院对不确定性、自由裁量权和举证责任分配等问题密切相关的反思。然而,欧盟法院通常只在必要的时候才会公开提及该原则。这代表着预防风险原则的实际应用范围比《欧盟机构运行条约》文本规定范围更广。与此同时,欧盟法院赋予了预防风险原则远超于初期规定的范围。这明确地体现在 Blaise 案的判决意见中:"首先,必须指出尽管《欧盟机构运行条约》第 191 条第 2 款的规定,环境政策的制定需要以预防风险原则为基础,但该原则也适用于其他欧盟政策领域,尤其是在保护公共卫生政策和欧盟机构采取的共同农业政策或内部市场政策以及保护人类健康措施等领域。"[41]

　　因此,Blaise 案的判决表明预防风险原则的适用范围已经从环境领域扩展到了其他领域。在 NFU[42]的判决中,欧盟法院因肉食牛出现海绵状脑病(又称"疯牛病")的原因禁止英国向其他欧盟成员国和非欧盟国家出口牛肉。新的科学研究成

---

　　[39] 《欧盟机构运行条约》第 168 条虽然并未在文本中提及该原则,但其中涵盖了一系列符合该原则的措施,并赋予了联盟对抗疫情的职权。《欧盟机构运行条约》第 169 条规定的消费者保护条款同样未提及该原则,但是规定和保障了消费者安全。欧盟在《欧盟运行条约》第 196 条框架下承担较小的公民保护义务,主要是为了鼓励成员国之间的合作,以提高预防和防范自然的或者人为灾害系统的有效性。然而,该条款明确提及了预防风险。依据《欧盟机构运行条约》第 114 条第 3 款的内容,欧盟委员会在其对健康、安全、环境保护和消费者保护的法律提案中,应该特别考虑基于科学事实的新发展,作为提高保护个人权利水平的基础。

　　[40] 相关的判决,请参见 Meßerschmidt, supra note 30, pp.290 - 303. Garnett & Parsons, supra note 23, at 513. 两位作者发现尽管案件的样本数量很小,但是总体而言,欧盟法院决定适用预防风险原则的前提是原告必须要提出"具有潜在危害性的可能性证据"。

　　[41] ECJ Case C - 616/17 Blaise and others [2019] ECLI:EU:C:2019:800, para 41 referring to Case C41/02 Commis-sion v Netherlands [2004] ECLI:EU:C:2004:762, para 45; Joined Cases C154/04 and C155/04 Alliance for Natural Health and others [2005] ECLI:EU:C:2005:449, para 68; Case C77/09 Gowan Comércio Internacional e Servic,os [2010] ECR I - 13533, paras 71 - 72. 此外,请参见 Case T - 70/99 Alpharma [2002] ECR II - 3506, paras 135 - 136.

　　[42] ECJ Case C - 157/96 National Farmers' Union and others [1996] ECR I - 2211.

果预测英国的疯牛病具有致命性风险,且是无药可治。这个判决因多种原因引发了人们的兴趣。第一,尽管相比于新冠肺炎疫情,更加容易控制疯牛病疫情,但是该瘟疫对人类健康构成严重的威胁。[43] 第二,欧盟法院必须处理缔约国和欧盟所采取的措施是否达到充分性和有效性等不确定性问题。[44] 第三,欧盟法院未能对防控围堵措施相结合的市场和其他支持措施进行司法审查。[45] 第四,欧盟法院声明其有权对风险评估和风险管理进行裁量。[46] 欧盟法院认为防控围堵措施(containment)已经成为全球承认的抑制类似于疯牛病疫情传播的应对措施。[47] 第五,重新评估了关于质疑疯牛病存在媒介的重要性,以及围绕因果关系与对人身安全影响的不确定性进行评估。[48] 欧盟法院认为在对事实和科学数据缺乏基本确定性的情况下可以实施禁令,法院不应自动将禁令视为明确不当的措施而予以否决。[49] 欧盟法院在本案的判决中写出了以下的内容:"在对人类健康是否存在风险或者尚无法确定风险程度的情况下,各机构可以采取预防保护措施,而无须等到这些风险的事实和严重性后果完整地显现"。[50] 第六,NFU 案的判决是在保护环境领域之外适用预防风险措施的案例。这也是为何该判决对本文研究非常重要的原因。欧盟法院在判决中指出"《欧共体条约》第 130 条第 18 款第 1 项证实了这种做法。该条款所设置的欧盟环境政策除其他目的之外,也具有保障人类健康的目的。该条款的第 2 项规定,欧盟政策的目标是提供高水平的保障标准,并特别应以采取预防行动和必须将要求保护环境纳入其他共同体政策的规定和执行为基础"。[51] 即使欧盟法院在判决中未能提及"预防风险原则",但是该原则出现在判决援引的法律条款中。这就是现今《欧盟机构运行条约》第 192 条第 2 款的前身。

第七点关于作出预测的必要性,并且必须要表明对尚不具有确定性科学研究基

---

〔43〕　Ibid., para 41.

〔44〕　Ibid., para 41.

〔45〕　Ibid., para 51.

〔46〕　Ibid., para 41. 近期的判决请参见 Joined cases C－78/16 and C－79/16 Pesce and others[2016] ECLI:EU:C:2016:428, para 49.

〔47〕　Ibid., para 51.

〔48〕　Ibid., para 52.

〔49〕　Ibid., paras 66 and 67.

〔50〕　Ibid., para 63. See also Case C－236/01 Monsanto Agricoltura Italia SpA and others [2003] ECR I－08105, para 111, Joined Cases C－78/16 and C－79/16, ibid., para 47 and Case C－616/17 Blaise and others[2019] ECLI:EU:C:2019:800, para 43.

〔51〕　Ibid., para 64.

础的评估要随着适用争议性决定的延续而持续进行。[52] 对这一点的阐明很有裨益。然而,倘若证明了先前的预测是错误的,那么就会导致新的法律意义。这就成为应该选择事前抑或事后视角进行评估[53]和应对新冠肺炎的立法是否会偏离先前预测风险重要争议的核心内容。人们在某一个时间点上的共同认知可能会在数月或者数年之后被确认为夸大风险。尽管存在前后冲突的范式,国际法院在乌拉圭河流案中接受这种看法并采取回溯性审查路径,即危害环境的情况发生时,就可以证明国家政府未能实施预防风险原则。[54] 欧盟法院则倾向采取宽松和友好性的事前介入途径,确保应对新冠肺炎的立法不受严格的司法审查影响。但是,不应该忽视的是这种司法审查路径模式会受到提倡实施不间断的司法审查呼声的弱化和抵消。因此,欧盟法院在判决中援引了欧盟法令的条文用于强调新的科学信息的重要性。依据这些欧盟法令的规范,紧急性措施必须要符合细致的科学研究,进而突出审查争议性决定和全面检讨事态情况的必要性。[55] 尽管欧盟法院在本案后续的判决中只对预测行为是否存在明显不当进行审查,但是欧盟法院在判决中依旧采纳了这个标准。[56] 在该案中,欧盟法院再次指出"依据本法院的判决,当新的科学发现改变了人们对于风险的认知,或表明可以通过减少限制措施预防风险的发生时,掌握立法修改权的各机构和委员会可以根据新的科学信息对立法规范进行修改"。[57] 这意味着欧盟法院认为延用预防风险原则存在两个先决条件:根据新的科学证据进行司法审查和发展新的事实证据的要求。[58] 在另一起涉及"疯牛病"案的判决中,欧盟法院重申尚不完善的科学知识不能阻碍欧盟和其他成员国采取应对危险的紧急措施。[59]

---

〔52〕 Ibid., para 62. 近期的判决,请参见 Joined Cases C‐78/16 and C‐79/16, ibid., para 49.

〔53〕 Klaus Meßerschmidt, "Evidence-based review of legislation in Germany", 4 *The Theory and Practice of Legislation*, No. 2 (2016), pp.226‐230; Stephan Naundorf & Claudio M. Radaelli, "Regulatory Evaluation *Ex Ante* and *Ex Post*: Best Practice, Guidance and Methods", in Ulrich Karpen & Helen Xanthaki (eds), *Legislation in Europe*, Hart Bloomsbury, 2017, pp. 187‐213.

〔54〕 相关的详细讨论,请参见 Ambrus, supra note 28, at 266.

〔55〕 Ibid., para 65.

〔56〕 Joined Cases C‐78/16 and C‐79/16, ibid., para 50. 参见欧盟法院提出的"明显错误评估"的观念, Case C‐15/10 Etimine [2011] ECR I‐6681, paras 60 and 125.

〔57〕 Joined Cases C‐78/16 and C‐79/16, ibid., para 50; Case C‐504/04 Agrarproduktion Staebelow [2006] ECR I‐679, para 40.

〔58〕 转引自 Garnett and Parsons, supra note 23, at 514.

〔59〕 Case C‐180/96 United Kingdom v Commission [1998] ECR I‐2265, para 99.

在 Pfizer 案的判决中,欧盟初审法院对预防风险原则给予了公开且极为细致的意见。[60] 客观地说,该判决是标志性的案件。在本案中,科学界对动物食品中添加抗菌剂是否会对人体健康产生负面影响尚未形成共识。然而,欧盟法院还是遵照了NFU 案的判决程式[61]并且将其进一步细化。纵然很难用几句话来评价这个与NFU 案事实背景不同且内容详细的判决,但是有人会认 Pfizer 案的判决与其他案件相似,呈现出一定程度的模糊性。一方面,欧盟法院强调"尤其是,预防风险原则要求欧盟机构为了保障人类健康的利益,在科学知识尚不足够完善时,有权采取损及其他主体合法利益的预防措施。欧盟和成员国在此领域中享有较大的自由裁量权"。[62] 然而,另一方面,欧盟法院对制定决策基础的质量和决策过程的完整性和透明度设置了较高的门槛。主要的程序性保障内容是在"基于卓越、透明和独立原则的科学建议下,尽可能彻底地"进行风险评估。[63] 这显然是对适用预防风险措施自由裁量权的限制。

在临时性救济程序中,欧盟初审法院的院长指出:"欧盟法院并非是先入为主地评估风险存在的范围。在实施预防风险措施时,相关的欧盟机构已经确认了风险的存在。已确认的风险足以证明本法院在权衡利益的过程中,必须考虑保障个人健康的事项。"[64]反过来说,在缺乏任何危险性因素的情况下,无法得出保护个人健康免于受到伤害的传统意味着欧盟"不应该"采用预防风险的措施。[65]

在 Afton Chemical 案的判决中[66],欧盟法院在保持了信任预防风险原则基本理念的同时,细化了其适用标准。在缺乏充分和可靠的科学数据的情况下,欧盟立法机构就特定的化学物质是否对环境或者个人健康无害产生了疑问,欧盟法院认为:"首先,正确适用预防风险原则的前提是确认 MMT 物质对人体健康具有潜在危害性;其次,根据最为可靠的现有科学数据和最新的国际研究结果对健康风险进行

---

[60]　Case T - 13/99 Pfizer [2002] ECR Ⅱ - 3318.

[61]　Ibid., para 139. 该判决第 63 段援引了欧盟法院在全国农场工会案的判决。参见 United Kingdom v Commission, supra note 33, para 99.

[62]　Ibid., para 171.

[63]　Ibid., para 172.

[64]　Case T - 13/99 R Pfizer [1999] ECR Ⅱ - 3305, para 181

[65]　Ibid., para 181. 然而,预防措施"不能完全建立在对风险的纯粹假设的基础之上。这意味着未经科学证实的臆想不能成为适用预防风险原则的基础"。(Case T - 229/ 04 Sweden v. Commission [2007] ECR Ⅱ - 2441, para 147 and 161.)欧盟法院询问被告是否"根据现有最可靠的科学证据和最新的国际研究结果作出合理的结论"。(ECJ Case C - 236/01 Monsanto Agriculture Italia Spa and Others [2003] ECR Ⅰ - 08105, para 113.)

[66]　Case C - 343/09 Afton Chemical [2010] ECR Ⅰ - 7027.

全面评估……〔67〕倘若目前还在进行的科学研究结果不具有充分性、确定性和精确性，无法确定风险存在可能性以及严重程度，但是存在风险的客观事实意味着发生公共健康真实危害的可能性依旧存在。因此，只要这些预防风险的措施是客观且非歧视性的，预防风险原则就为采取限制性措施提供了正当理由……〔68〕在此情景下，法院必须指出，根据预防风险原则，欧盟立法机关无须等到这些风险真实发生或出现严重性后果，就可以直接采取预防性措施。"〔69〕

显然，仅依靠不确定性是不够的。欧盟与欧盟成员国需要在已有证据无法得出确定结论的情况下获得合法干预介入的权利。欧盟法院将科学（科学发展瓶颈）置于解释预防风险原则的核心环节。〔70〕侧重点的变化出现在以后的判决之中，〔71〕但同时也维持了"科学性"循证风险评估与预防风险措施间的矛盾。〔72〕

在 Fries 案的判决中〔73〕，欧盟法院需要审理欧盟法规定的航空公司飞行员的退休年龄是否构成歧视。本案的原告是受雇于汉莎航空公司的飞行员佛利斯。因其年满 65 岁，汉莎航空自动终止续聘。欧盟法院在判决中认为："必须指出欧盟立法机构对复杂的医学问题享有广泛的自由裁量权。例如，其有权决定是否飞行员在超越某一年龄限制时，其身体条件就无法支持其继续履行工作。以及在尚未确定是否存在对个人健康造成风险以及达到何种风险程度时，欧盟立法机构不必等到真实且严重性后果的出现，而直接采取保护性措施。"〔74〕鉴于此，欧盟法院认为："鉴于民航飞行安全与保护机组人员、乘客和航线范围内的居民安全有着密切的联系，当欧盟立

〔67〕　Ibid.，para 60；C333/08 Commission v France〔2010〕ECR I0000，para 92；Case C269/13 P Acini v Commission〔2014〕ECLI：EU：C：2014：255，para 58；Case C－157/14 Neptune Distribution〔2015〕ECLI：EU：C：2015：823，para 82；Case C－477/14 Pillbox〔2016〕ECLI：EU：C：2016：324，para 55；Case C－616/17 Blaise and others〔2019〕ECLI：EU：C：2019：800，para 46.

〔68〕　Ibid.，para 61 Case C－333/08，ibid.，para 93；Joined Cases C－78/16 and C－79/16 Pesce and Others〔2016〕ECLI：EU：C：2016：428，para 47.

〔69〕　Ibid.，para 62；Case C－333/08，ibid.，para 91.

〔70〕　Scott，supra note 32，at 11. 同时强调决定不能完全建立在以科学为基础。参见 Anyshchenko，supra note 20，at 856.作者认为预防风险原则与以科学为主导的治理模式相关联。

〔71〕　例如 Case C－282/15 Queisser Pharma〔2017〕ECLI：EU：C：2017：26，paras 46，54－60.

〔72〕　总体而言，请参见 Ragnar E. Löfstedt，"A possible way forward for evidence-based and risk-informed policy-making in Europe：A personal view"，17 *Journal of Risk Research*，No.9（2014），pp.1089－1108.

〔73〕　Case C－190/16 Fries〔2017〕ECLI：EU：C：2017：513，paras 59 and 60.

〔74〕　类似的判决理由，请参见 Case C－356/12 Glatzel〔2014〕ECLI：EU：C：2014：350，paras 64 and 65.

法机构需要像在本案中设立最高工作年龄上限时,即便存在科学认识的不确定性,负责制定决策的欧盟机构有权为保障更高的安全标准并且依据客观的科学研究结果优先适用预防风险原则。"〔75〕

三、预防风险原则规制下的应对新冠疫情的立法

(一)应对新冠疫情下的预防风险原则的共同特征

预防风险原则所隐含的思想对应对新冠疫情的立法有着特殊的意义。尽管预防风险原则主要是证明某一特殊政策的正当性,尚无记录显示这项原则可以成为评估一揽子立法的工具,但是我们经常从预防风险原则视角讨论应对新冠肺炎立法所带来的问题。因此,笔者将客观平等地对待被上升为欧盟法一般原则的预防风险原则,采取更为一般性的视角解读该原则。〔76〕

由于上文侧重于对欧盟法进行分析,以下的内容也将延续在此法律范围内的分析。然而,几乎所有欧盟成员国的法律秩序内都存在预防风险原则。这就可以解释为何该原则的适用不仅出现在跨国的案例中(如关闭边境和选择性贸易限制),而且也适用于成员国政府制定国内措施。然而,本文不以呈现成员国立法和解释成员国的法律标准为主要研究目的和意图。所以,笔者不会在本文中对欧盟成员国移植欧盟法或者与欧盟环境立法具有相同传统的国家执行预防风险措施的相关事迹进行详细的解读。〔77〕

强调适用预防风险措施应对新冠肺炎危机必然会引起反对意见:在许多情况下,有的观点会认为预防措施不仅是预防不确定的风险,而且也应包含阻止确定性危险的出现。因此,部分的立法者主张因为新冠疫情的危害具有确定性,所以不应该适用预防风险原则。然而,这个观点只有部分的正确性。新冠肺炎的危害性是通过自然人持续死亡的方式显现的,但人类社会尚未完全了解传播途径和阻止传播的方法。因此,新冠疫情危机反而为我们提供了批判反对用预防措施保障安全的理由。尽管新冠病毒已经超越了危险的门槛,并非是一个纯粹可以适用预防风险措施的情况,但疫情传播的过程则充满了许多只能适用预防风险原则加以处理的不确定

---

〔75〕 Ibid., para 61.

〔76〕 参见 Joined Cases T-74/00 etc. Artegodan and others [2002] ECR Ⅱ-4948, para 174; T-445/07 [2011] ECR Ⅱ-5037 Dow AgroSciences para 144.

〔77〕 值得注意的是英国高等法院率先将预防风险原则用于在新冠病毒肆虐下限制个人自由的措施中。see R (Tabassum Hussain) v Secretary of State for Health & Social Care [2020] EWHC1392 (Admin) [22].

因素。对预防风险原则的动态理解必须考虑一个重要的事实,即迅速发展的知识可以将过去的怀疑变为危险。在过去,界定门槛标准的困难性和怀疑与危险间的顺畅转变被低估。因此,许多具体细节不具有确定性,而且这种方式尤其适用于影响法律评估的政府措施效果。

风险预防原则使得出作为行政措施基础的不同事实之间的因果关系的假设更为便捷,也倾向于通过更宽松的标准对国家行为和追求目标之间的因果关系进行司法审查,这在立法裁量和司法谦抑的理念之外导致了司法审查的弱化。[78]

此外,没有针对立法行为中适用该原则的根本性反对意见。尽管人们对何种结论和措施源于预防风险原则有着不同的认识,但是无人质疑欧盟法能够被统一适用于一切立法行为和其他措施之中。

尽管从应对新冠肺炎的立法到预防风险措施的道路并不漫长,但也充满了危险性。在采取何种措施应对新冠疫情的辩论中,各国政府很可能启用预防风险原则,或者适用更为宽泛的谨慎避免病毒蔓延的思想。[79]倘若经济组织和民众牺牲了巨大的经济利益,那么势必会引起和激化应采取何种应对措施的大辩论。因此,援引预防风险原则似乎成为正当地施加任何限制措施和摆脱既有法律标准的理想方法。欧盟初审法院认为"在权衡保护健康和经济自由时,决策者'尽管握有自由裁量权衡的结果,但几乎不可避免地都倾向于优先保护公共健康'"。[80]进而,预防风险原则能成为政府"采取任何行动"的合法基础——这是现任意大利总理马里奥·德拉奇(Mario Draghi)(现任意大利总理,前欧盟央行行长)在2008年金融危机时发表的著名演讲。批评者认为这个想法没有可靠性,会扼杀客观中立的讨论。面对预防风险原则可能会演变为在防控风险过程中任意性制定不具有客观合理性政策的担忧,笔者会在接下来的篇幅中对该原则进行分析,以打消人们的疑虑。与此同时,笔者需要着重强调的是即便不能否认预防风险原则具有保障安全的倾向,但是在任何情况下适用该原则都不应该压制其他法律标准的实施,特别是国内宪法标准。由于自由和安全皆是受到法律保护且具有辩证关系的价值,所以"在适用预防风险原则过程

---

〔78〕 参见GA Van Gerven in Case C-169/89 Gourmetterie van den Burg［1990］ECR Ⅰ-2143.我将在下文继续探讨这一有争议的问题。

〔79〕 笔者已经意识到这个理念不同的起源。转引自Kheifets,Hester and Banerjee,supra note 14,pp.120-121.

〔80〕 Case T-257/07 R France v Commission［2011］ECR Ⅱ-4159,para 141. Case T-70/99 R Alpharma［2002］ECR Ⅱ-3506,para 152."我们应该指出此领域的规则并无问题。这意味着保护公众健康的要求必须优先于经济利益的考虑。"同时参见Case C-183/95 Affish［1997］ECR Ⅰ-4315,para 43.

中必须要谨慎".[81] 欧盟委员会正确地指出必须要避免不必要地适用预防风险原
则,以防止其为隐藏性保护主义政策提供正当性基础。[82] 部分学者担忧环境保护
完全优先于商业利益。[83] 应对新冠肺炎的立法也体现出重点保障个人的非经济性
自由。在自由的法治国家中,预防风险原则不能为紧急立法提供最高的正当性。该
原则不能替代法治,也不能赋予公权力机构可采取任意性的和超过必要性行动的权
威。例如,如果必须在餐馆、商店和学校继续实行保持社交距离的做法,那么对旅客
乘坐民航过程中废除保持社交距离的决定就构成任意性。[84] 除了不具有连续性的
规定,司法机关还可能发现政府在部分案件中构成过度干预。本文的目的并不旨在
淡化处理违法行为。相反,笔者需要检验处理问题的标准和展现出这些标准本身的
局限性。由于预防风险原则和应对新冠肺炎立法或多或少存在明显的相似性,所以
不必担心用前者分析后者的做法会导致结论的错误和不成熟。

　　我们将目前上述所讲的内容归纳为:预防风险原则一切问题的根源是"在不确
定下做出行动"。虽然现代立法所强调的内容通常是建立在手段和目的间的理性关
系基础之上,但是即便在部分案件中在已有的科学证据基础上无法证明存在确定的
因果关系,预防风险原则依旧可以为预防损害措施提供正当性支持。在及时行动好
于等待事实证据的意义上,预防风险原则有着强有力的论证。从宪法视角来看,保
障个人安全和健康的国家义务可以为政府提早介入提供正当性。[85] 这似乎符合新
冠肺炎的情形。虽然可以合理且明显地发现病毒对个人健康的伤害,但感染过程和
保护措施的效果尚不确定,超出了风险的通常预测性。因此,应对新冠肺炎立法中
的两个主要部分——(1)抑制和围堵病毒的传播和(2)减轻应对新冠肺炎立法对包
含财政政策在内的社会和经济政策的负面影响——皆存在不确定的风险。

　　不少批评者将抑制病毒传播的围堵政策比喻为"无头苍蝇"。应对新冠疫情立法
的不确定性对经济和社会政策的影响超过了其他的常态立法。因此,尽管没有确切
的证据表明立法带来的好处要大于对自由和财富的影响,但是议员依旧投票赞成立

---

[81]　Anyshchenko, supra note 20, p.857.

[82]　European Commission, *Communication from the Commission on the precautionary principle*, COM/2000/1 final, 8.

[83]　转引自 Anyshchenko, supra note 20, at 857.

[84]　这场争论的内容报道,请参见 https://www.independent.co.uk/travel/news-and-advice/coronavirus-flight-prices-airline-passengers-fares-a9464821.html。令人吃惊的例子是虽然德国在疫情期间通过的立法严格限制参加葬礼的人数,但是德国政府在 2020 年 6 月初却允许多达 25000 人参加游行活动。

[85]　关于德国宪法内容的讨论,请参见 Klaus Meßerschmidt, *Gesetzgebungsermessen*, Verlag. 2000, pp.378-388.

法。凯斯·桑斯坦在健康和安全规定中提出的批判性评价的成本-效益的方法[86]可以为当下的紧急立法提供启示。无论实际效果如何,这都是全面和公正考虑预防风险原则的成果。同时,应对新冠肺炎立法的支持者也会欢迎适用此原则。支持者认为如果当疫情和其他不确定的社会状况导致死亡人数增加,国家就有义务介入处理极端性的案件。因此,当严重的健康损害足以要求适用强制性的预防风险措施时,支持者就会完全接受预防风险原则的子原则。[87]

(二)预防风险原则与重要法律原则的冲突

1. 与循证立法(evidenced-based legislation)观念的冲突

显然,应对新冠疫情的立法和预防风险原则皆与循证立法的基本要求相悖。由于最近越来越突出立法的功能导向以及自然法不可避免的衰落,循证立法的概念逐渐受到关注。[88] 循证立法要求的基本内容琐碎且实施难度较高。具体而言,循证立法不应该以假设和希望为基础,而应以确定的事实和有根据的预测为基石。这就赋予立法科学化的成分,或者至少反映了相关的决策过程。从法律视角而言,最有趣的问题是缺乏事实证据会对法律效力产生何种影响。但是,"实证经验的转向(empirical turn)"[89]并不能否定立法具有反事实的有效性。[90]

2. 与法治原则要求的冲突

不确定性下的立法行为不仅触及立法理论的核心问题,而且也潜在地破坏了法治原则的基石。法治原则告诫我们政府对个人和社会行为的干预必须要具有正当性,所以政府必须就其干预的行为承担举证责任。这是法治原则下的责任的"分配

---

〔86〕 Sunstein, supra note 15, pp.173 - 187. 对此问题的批判性分析,请参见 Arcuri, supra note 5, pp.166 - 169.

〔87〕 Garnett and Parsons, supra note 23, at 513.

〔88〕 参见 Paul Cairney, *The Politics of Evidence-Based Policy Making*, Palgrave Macmillan, 1988; RolandIsmer and Klaus Meßerschmidt, "Evidence-based judicial review of legislation. Some introductoryRemarks", 4 *The Theory and Practice of Legislation*, No.2 (2016), p.91.

〔89〕 Jeffrey J. Rachlinski, "Evidence-based law", 96 *Cornell Law Review*, No.4 (2011), pp.901 - 923; Gregory Shaffer and Tom Ginsburg, "The empirical turn in international legal scholarship", 106 *American Journal of International Law*, No.1 (2012), pp.1 - 46; Meßerschmidt, supra note 51, at 213.

〔90〕 尼克拉斯·卢曼(Niklas Luhmann)将其用德文表述为"Kontrafaktische Geltung des Rechts"或者"Kontrafaktisch Stabilisierte Verhaltenserwartungen"。参见 Niklas Luhmann, *Rechtssoziologie*, vol. 1, 1st ed, Rowohlt, 1972, p. 43;英文翻译版本,请参见 Niklas Luhmann, A Sociological Theory of Law, Routledge, 1985.

方法"(德文表述为"Rechtsstaatliches Verteilungsprinzip",直译为"法治国的分配原则")。[91] 强调法治与正当性原则间的联系可能会使受英语影响的法学学者感到惊讶。然而,笔者认为必须要注意两个原则的连接。这不仅是因为法治与正当性原则尚未被解释为固有的规范性联系,而且同比例原则一道,两个原则的联系架起了一座通向事实世界的桥梁。因此,会在特定程度上促进好的立法原则。

几乎所有人都会认可"只有在政府有充分理由的情况下,方能限制非常重要的个人自由"的提法。[92] 当我们删除这句话的条件性内容时,便足可以理解"法治国理念下的分配原则"的基本思想。即便在具体的个案中,由于所触及的宪法权利权重和权利受到影响的范围不同,从而导致需要政府提出相应的正当性理由以证明限制权利的必要性,但是依旧符合上述提法的结构内容。法律表述的内容体现了聚焦于宪法标准的说理性要求。[93] "可归责性(accountability)"应是其恰当的英文表述。

或许,非法学专业的读者认为用"潘格洛斯原则"的比喻会更加地贴切,即使这会对伏尔泰笔下的极端乐观的潘格洛斯先生有些不公平。我们不妨将潘格洛斯原则描述为:除非可以非常确定出了差错,否则我们就应该认定一切正常。[94] 但是,潘格洛斯原则的隐喻为何不妥呢?限制国家行为的基础是维护自由的法治原则,这就要求谨防国家成为不受控制的全能政府。在这方面,潘格洛斯天真无邪的乐观精神或许与预防风险措施原则相反,而且它也未能满足法治的精神。

回到法治原则的理念,我们应该牢记"认真对待权利"[95]观念不意味着自由具有绝对性。在这方面,欧盟法院已经指出选择职业和经营业务的自由和财产权都不是绝对性权利,必须要结合权利的社会功能确定这些权利可实施的范围。因此,倘

---

〔91〕　Carl Schmitt, *Verfassungslehre*, Duncker & Humblot, 1928, p.166 & 175. 进一步的深入分析,请参见 Florian Meinel, "Die Grundrechtstheorie Carl Schmitts", 3 *Studentische Zeitschriftfür Rechtswis-senschaft Heidelberg* (StudZR), 2007, pp.237 - 262. 相反,对于这个概念分类的解释和阐述请参见 Venice Commission of the Council of Europe, *The Rule of Law Checklist*, Council of Europe, 2016, pp.8 - 9.

〔92〕　Michael C. Dorf, "The Morality of Prophylactic Legislation (with Special Reference to Speed Limits, Assisted Suicide, Torture, and Detention Without Trial)", 61 *Current Legal Problems*, No.1 (2008), p.31.

〔93〕　转引自 Daniel Oliver Lalana, "Rational Lawmaking and Legislative Reasoning in Parliamentary Debates", in Luc J. Wintgens and D. Oliver Lalana (eds), *The Rationality and Justification of Legislation*, Springer, 2013, pp.135 - 84.

〔94〕　Stephen Tindale, "Procrastination, Precaution and the Global Gamble" in Jane Franklin (ed), *The Politics of Risk Society*, Polity Press, 1998, p.59.

〔95〕　Ronald Dworkin, *Taking Rights Seriously*, Duckworth, 1977.

若对这些权利的限制符合欧盟所追求的一般性利益,且相关措施不构成不合比例或不可忍受的限制,也并未侵犯该权利的核心内容时,对相关权利的限制就具有正当性。[96]

立宪者采取抽象的原则性而非严格的规则性模式表述大多数宪法权利规范。[97] 无论如何建构基础的宪法理论,对宪法权利的限制都必须以正当性为前提。正当性的限制理由取决于法律和宪法秩序。例如,可以因为学生考试不及格而勒令其退课,但是不能因学生将头发染成蓝色而要求其退学。糟糕的理由不能比缺乏理由更有价值。仅陈述一些可能性的理由远不能达到限制基本权利的正当性要求;实施限制性措施的前提是需要有事实证据的支持。尽管这些内容都是现代法学常识,但是在事实不确定的前提下采取行动的难题,因此具有重要性。无须借助于法院判决"实证转向"就可以了解这一点。这也是行政机关和法院的一贯做法。然而,立法机构会呈现出明显的不同。例如,司机因为醉驾而被吊销驾驶证。只能通过抽血检验酒精含量的方式证明违法事实的存在。相反,一个推断性证据或者无法证明真伪的传言,抑或单身的老年男性往往是酗酒者的一般性理论不能成为指控的合法证据。合理怀疑仅能成为采取临时性限制措施的理由。这在日常的行政行为中并不少见。就相关领域的立法而言,立法者面临的第一个问题为"是否应该遵守循证立法的导向",随即第二个问题是"在个案中限制宪法权利是否必须要以证据事实为基础"。诚然,对立法事实和立法影响的评估比在法律框架下分析个案事实情况更有难度。然而,事实评估的复杂性不能免除立法者应尽最大努力以事实为导向制定法律的义务。

3. 举证责任的转移

相比于法治原则要求政府承担举证责任,相关的判决经常呈现出证明责任倒置的情况。例如,在 Toolex 案的判决中,欧盟法院认可了成员国政府对货物自由流动限制的正当性:"考虑到该领域中最新的医学研究成果,以及很难确定三氯乙烯威胁人体健康的最低用量。鉴于现有的研究成果,法院认为尚无证据证明成员国禁止使用该化学品的立法……超出了欧盟法设置的客观要求的界限。"[98] 长远来看,欧盟法院的判决具有重要的示范意义:在 Toolex 案的判决中,不确定性反而为成员国政

---

〔96〕 Case C‐544/10 Deutsches Weintor [2012] ECLI:EU:C:2012:526, para 54; Case C‐190/16 Fries (2017) ECLI:EU:C:2017:513.

〔97〕 对这个问题的描述,请参见 Dworkin, supra note 95, pp. 22‐28 & 71‐80; Robert Alexy, *Theorie der Grundrechte*, 3ʳᵈ edn, Suhrkamp, 1996; Jan‐R. Sieckmann (ed), *Die Prinzipientheorie der Grundrechte*, Nomos 2007.

〔98〕 Case C‐473/98 Toolex [2000] ECR I‐5681, para 45; Joined Cases 266/87 and 267/87 Association of Pharmaceutical Importers [1989] ECR 1295, para 22.

府的介入提供了正当理由。同时,在欧盟委员会状告欧盟成员国违反欧盟法的案件中,疑惑优先(the benefit of doubt)有助于前者胜诉。例如,在 NFU 案的判决中,预防风险原则成为授权欧盟委员会采取行动的重要法律依据。[99] 尽管我们可以察觉到疑惑优先的责任分担有助于相关机构采取更多或者更少的保护措施,但是在实践中,其主要作用似乎是提供更大的保障。正是由于这个作用,预防风险原则才能发挥立法效果。

　　笔者感到有趣且幸运地发现严格性预防风险原则[100]已经突出地出现在栖息地保障法之中。证成原则不再具有决定性地位。相反,证伪原则占据着关键与核心地位。相关的欧盟法令要求,如果计划或项目有触发当地风险的可能性时,须对它们的影响作出适当评估。在 Waddenzee 案的判决中,欧盟法院认为"尤其是依据预防风险原则……倘若计划或项目对相关的产生重大影响的客观信息不能排除风险发生的可能性,那么就可以认定风险的存在"。[101] 卡尔·波普尔会在认识论的领域满意欧盟法院的发现,但是支持自由和法治理念的先驱约翰·密尔则会感到一丝担忧。

　　4. 预防风险原则与"预防立法(prophylactic legislation)"的论战

　　最后,采取预防风险原则的立法与部分学者所说"预防立法"有着重合之处。从"预防(prophylaxis)"词语的一般性含义入手,人们会毫不犹豫地认为它与预防风险原则是同义词。然而,由于在法哲学讨论中赋予该词语特定的含义,因此只有一处重叠。正如迈克尔·多夫(Michael C. Dorf)对此概念的解释是"指立法者谨慎制定的针对发生伤害风险的预防,也包括立法机关知道立法缺乏正当性背景的案件"。[102] 正如在绝大多数国家发生相似的情况,防控新冠肺炎的措施可能会受到自由至上主义者的批评。他们认为受到防控措施影响的人既没有对他人产生重大的风险,他们本人也不处于风险之中。(例如,尽管 7 岁的儿童丹尼斯避免与他的祖父母、其他老人和弱势群体见面,但仍不被允许去上学。)这种超越必要限度的方法(over-inclusive approach)触及了经典的伦理和法哲学的难题,即国家是否可以为了

---

〔99〕　Gerd Winter,"Environmental Principles in Community Law",in Jan H. Jans(ed.),*The European Convention and the Future of European Environmental Law*,Europa Law Publishing,2005,p.5.

〔100〕　关于采取强性、弱性和中度实施预防风险原则的分类,请参见 Garnett and Parsons,supra note 23,at 504-514.

〔101〕　Case C-127/02 Waddenzee〔2004〕ECR I-7400,para 44;Cases C-6/04 Commission v United Kingdom〔2015〕ECR I-9017,para 54 and C-418/04 Commission v Ireland〔2007〕ECR I-10947,para 226.

〔102〕　Dorf,supra note 92,at 24.

避免受到进一步的威胁采取强力管控的措施。[103] 虽然这个问题值得思考,但超出了本文的论述范围。需要指出的是德国联邦宪法法院以维护自身生命权为基础赞同安全带立法的合宪性,[104]但只有在以保护他人健康权为理由时才能禁止他人吸烟。[105]

(三)关联性事实证据原则:比例原则和禁止任意行为

与成员国法律体系情况相同,比例原则和禁止任意行为原则也扎根于欧盟法体系之中。众所周知,比例原则包括三个子原则:适当性原则、必要性原则和权衡性的狭义比例原则。不能仅从特殊的禁止歧视性视角来解读禁止实施任意行为,解读的内容还应包括没有任何事实依据的不平等对待。这两项原则皆要求立法者提供支持立法的现实证据,作为对其进行合宪性评估的关键部分。《欧洲联盟条约》第5条第4款所规定的比例原则以及其下属子原则中的适当性(至少维持最低限度的有效性)、必要性(最小程度限制基本权利的措施)和狭义比例原则(手段和目标的平衡)[106]的内容将规范性和经验性的评价联系在一起。在禁止歧视与任意性行为的案件中,法院必须清楚且明确地阐述事实部分。因此,禁止65岁以上的商业航空公司的飞行员继续驾驶飞机的规定[107]必须有事实依据,而不能以一般性的司法考量作为支持抑或批判的依据。

虽然保护健康是限制其他基本权利的重要理由,但宪法法院必须要审查相关的立法规定是否符合循证立法和预防性立法的标准。当然,这种途径仅能适用于委托独立的司法机构审查立法,法院进而也可以积极地履行审查功能。[108]

在这个背景下,应对新冠肺炎疫情的政治生活就凸显出真正的两难选择:一方面,疫情的迅速蔓延需要采取迅速且影响深远的行动;另一方面,我们知道理由的好

---

[103] 我们生存的彼此关联的社会中具有不可避免的外部性特征,这成为支持对国家主导管理立法内容支持的理由。L. Tribe, *American Constitutional Law*, 2nd edn, The Foundation Press, 1988, pp.1371 - 1373.

[104] BVerfG (Kammer) 1987 Neue Juristische Wochenschrift 180 〈BvR 331/85〉.

[105] 121 BVerfGE 317 〈1 BvR 3262/07〉;BVerfG (Kammer) 2010 Neue Zeitschrift für Verwaltungsrecht 1289 〈1BvR 1746/10〉. 相关协助自杀的案件,请参见 BVerfG 2020 Neue Juristische Wochenschrift 905 〈2 BvR 2347/15〉. 宪法法院在该案件的判决中考虑到了个人的生命自由权。相关新冠肺炎下对个人自由的限制,请参见 BVerfG (Kammer) 2020 Neue Zeitschrift für Verwaltungsrecht 876 〈1 BvR 1021/20〉.

[106] 由于该欧盟的一级立法已经确立了该原则,所以已经不再是德国法特有的法律特征。

[107] ECJ Case C - 190/16 Fries〔2017〕ECLI:EU:C:2017:513.

[108] 英国和其他一些欧盟成员国的法院不能依据理性原则(rationality)和事实证据审查本国一级立法的合法性。即便是在处于领先地位的德国宪法和欧盟法院中法官的做法也尚不明确。

与坏皆可能产生极权主义的影响。[109] 正如古谚所说:"通往地狱的路是由良好意愿铺成的。"因此,笔者必须要强调预防风险原则的适用范围,防止其无限扩大。然而,与部分学者的忧虑相反,虽然预防风险原则与其他大多数原则一样存在被滥用的可能,但是该原则并没有为政客们任意采取一切干预行为提供权威基础。[110] 比例原则的特殊重要性已经凸显在欧盟法院适用预防风险原则的判决中。[111] 但是,我们必须注意的是预防风险原则与比例原则相比并不具有优先的适用性。相反,前者服从于后者,且具有从属的地位。例如,在 Pesce 案的判决中,欧盟法院强调:"在适用预防风险原则时必须考虑到比例原则,即要求欧盟机构采取的措施不应超过适当和必要的限度,以确保相关的立法具有正当性目的,如果必须在已满足适当性要求的若干措施中选择其一,则需要满足最小程度限制权利的标准,所造成的不利因素不得与所追求的正当目标不合比例。"[112] 基于此,欧盟法院还提出了纠正和调整有争议性预防措施的方法,"当新的因素改变了我们对风险的认识,或表明可以采取更小的限制措施控制风险发生时,欧盟机构,特别是掌握立法动议权的欧盟委员会,应根据新的科学信息修改原有的法律规则……因此,在本案中,欧盟委员会应根据第2000/29 号法令第 16 条第 3 款的内容进行定期评估……为应对植物健康风险而采取的特定措施是否应该予以改变或者废除"。但是,预防风险原则也可能优先于比例原则的适用。在 Etimine 案的判决中,欧盟法院必须要考虑是否因相关的科学研究尚在进行,而需要推迟适用预防风险的措施。但是,欧盟法院最后认为由于保护人类健康和环境属于重要的敏感领域,所以推迟适用预防风险措施的主张缺乏理由。[113]

与通说不同的是,预防风险原则并未排除对经济和社会发展因素的考量,[114]甚

---

[109]　参见 Jacob Sullum, "A Epidemic of Meddling: the Totalitarian Implications of Public Health", 39 *Reason Magazine*, pp. 23 - 32.相关的网络讨论,请参见 https://binghamcentre. biicl. org/comments/86/hungarys-coronavirus-legislative-response-indeterminate-powers-for-an-indeter-minate-period.

[110]　Alexandre Flückiger, "Case-law sources for evaluating the impact of legislation: an application of the precautionary principle to fundamental rights", 4 *Theory and Practice of Legislation*, No.2 (2016), p.276. 我们可以这样正确地说,与一般的认知相反,实施预防风险措施不应该总是被翻译为禁止性措施。

[111]　Scott, supra note 32, at 12.

[112]　Joined Cases C - 78/16 and C - 79/16 Pesce and others [2016] ECLI:EU:C:2016:428, para 48; Case C - 101/12 Schaible [2013] ECLI:EU:C:2013:661, para 29.

[113]　Case C - 15/10 Etimine [2011] ECR I - 6681, para 128 and 129.

[114]　转引自 Richard B. Stewart, "Environmental Regulatory Decision making under Uncertainty", in T. Swanson (ed.) *An Introduction to the Law and Economics of Environmental Policy: Issues in Institutional Design*, Emerald Group Publishing Limited, Bingley, 2002, pp. 71 - 72.

至权衡经济和健康利益的过程具有正当性。与之相反的多数判决则关注个人利益，而非关注全面的经济或者社会利益。这些判决由于是以巨大的经济利益为代价，因而具有重大影响性。[115] 尽管欧盟法院和德国法院尚未适用桑斯坦的成本效益分析路径，但是必须考虑"恐惧法则"的负面影响。

需要指出的是符合预防风险原则要求的措施有其独特性并且符合特定的要求。即使事实的不确定在某种程度上构成黑箱作业，也应该试图将特定的判决结果合理化。因此，风险记录、风险评估和风险管理是适用预防风险原则的主要内容，不能将其理解为"无风险的原则"。[116] 虽然有些人认为本质上预防风险原则并不包含风险评估的部分，但是确认事实的不确定性已经成为上文所提及的最为先进的政策制定方法中的一部分。[117]

此外，应该通过试错的方法推进该原则的实施，不能为失当性考虑和不连续性政策提供任何借口，但必须最大可能地进行全面性影响评估。[118] 因此，必须持续地评估预防风险措施，并且应该避免因作为和不作为而导致不可改变的损害后果。在此前提下，大规模地对"非故意性的损害后果"给予赔偿不仅是政治性的考量，也是履行宪法规定的公平担负损失义务的要求，即便国家会因试图解决所有赔偿问题而迅速达到财政支付的上限。

因此，预防风险原则推动了对危机管理措施的理性辩论，特别是在涉及禁忌性话题时：一旦政府的决定解决了处于生死攸关的紧急状况下人民的担忧，那么最为严格的防控措施也具有善意的一面，人们会遗忘日常乘坐的汽车和航班也可能有致命风险。因此，预防风险原则在疫情防控过程中也可以成为对抗危言耸听和非理性

[115] 欧盟初审法院的判决，请参见 Case T－13/99, ibid. paras 170 and 171 and Joined Cases T－74/00 etc. Artegodan and others [2002] ECR Ⅱ－4948, para 173 (毫无疑问，保障公共健康权优先于经济考虑); Scott, supra note 32, at 12.

[116] 欧盟委员会在 2000 年发布的通告中就已提出了"预防风险原则"的概念，认定"这既不是科学的政治化，也不是对零风险的接受"。然而，仔细观察就会发现循证性风险评估和预防风险原则并不具有完美的和谐性，而是被视为相互竞争的方法。转引自 Garnett and Parsons, supra note 23.

[117] 这里必须指出的是在欧盟条约中重复欧盟法院的判决，已经成为欧盟机构立法的惯用方式。这种立法模式仅承担总结标准的作用。例如，在一审法院的判决中，对这个法律标准的阐述篇幅就占据了 200 个段落。参见 Case T－257/07 France v Commission [2011]ECR Ⅱ－4159, paras 66－266.ECR Ⅱ－4159, paras.66－266.

[118] 关于综合性的影响评估，请参见 Andrea Renda, Impact Assessment in the EU, Centre for EuropeanPolicy Studies, 2006, pp.57－79.在分析采取预防风险措施的相关效果后，才能决定是否适用该措施，参见 Arcuri, supra note 5, pp.363－364.

特征的途径。[119]

最后,笔者需要回应上文提出的预防风险原则是否同等适用于评估政府采取行动的条件和结果。在这个方面,笔者不赞同欧盟法院的观点。为了保证政府有权在风险状况下采取行动,应该在第一个层面的因果性关系中降低要求。考虑到运用比例原则的审查内容过于的宽泛,在后续的评估影响性的过程中不应继续适用必要性原则和适当性原则。

(四)预防风险原则的不同阶段

预防风险原则的适用并不拘泥于某一特定时间,而是有着长时间延续的适用性。[120] 因此,必须区分危机前阶段和危机阶段。

1. 危机发生之前的阶段

许多国家因在危机前夕未能采取足够或者及时的行动而受到批评。本文的目的不是搜集相关的证据;应该指出的是倘若我们认真对待预防风险原则,就应该尽力实施这些较为困难的任务。我们应当了解新冠疫情并非人类社会近期发生的唯一大流行瘟疫。1968 年至 1970 年、1977 年至 1978 年、2002 年至 2003 年、2004 年至 2005 年、2009 年至 2010 年和 2017 年至 2018 年间,重大的传染性疾病传入欧盟境内。而早在 2012 年,罗伯特·科赫研究所就呼吁德国做好应对大流行疫情的准备工作。[121] 尽管从法律规制视角讨论流行病已持续多年[122],"在目前的病毒爆发之前,所有的警告都未能得到重视"。[123] 因此,参照塔勒布的极不可能理论中的隐喻分类,新冠疫情爆发并非"黑天鹅"。[124]

2. 危机阶段

在这个阶段,政治再次"从早期预警中受到了教训"。然而,应对新冠肺炎疫情的政策似乎有时并未遵守理性的预防风险原则,而是采用了一种具有类似于"丰田原则(toyota principle)"的精神。在危机发生前缺乏充分准备的情况下,由于时间的

---

[119]　转引自 Giddens, supra note 33, pp.29 – 30

[120]　关于时间维度的讨论,请参见 Arcuri, supra note 5, at 363.

[121]　参见 2012 年对德国议会作出的报告 (Bericht zur Risikoanalyse im Bevölkerungsschutz 2012), BT – Drs. 17/1251.

[122]　参见 Michael Kloepfer (ed), *Pandemien als Herausforderungen für die Rechtsordnung*, Nomos, 2011.

[123]　https://www.nytimes.com/2020/03/19/us/politics/trump-coronavirus-outbreak.html.《纽约时报》的报道不仅提到了 2019 年针对假想"赤色传染"(crimson contagion)进行预演,还提到了美国政府前几年发起的有关疫情的研究和听证会。

[124]　Nassim N. Taleb, *The Black Swan: The Impact of the Highly Improbable*, Random House, 2007.

紧迫性加大了采取行动的压力,所以就无暇顾及在程序上权衡不同参与性政策的建议。[125] 因此,对危机和危机管理进行事后反思性处理就成为重要环节。由于现在风险预防和预防性措施的证据基础有争议性,多数工具性的法律评估都仅具有假说性质。因此,笔者不会冒昧地提出任何具体的评估方式。未来数月或者数年内将有众多的法律学者乐意去检讨政府应对疫情的缺陷和言过其实之处。

四、结论

　　由于预防风险原则的适用呈现出复杂性的特征,许多国家应对新冠肺炎疫情的立法尚可达标。我们可以发现欧盟法体系中的预防风险原则不仅狭义地适用于环境法和保护卫生健康的领域,而且(基本上)该原则的精神也适合为谨慎避免风险的发生提供正当性。基于此目的,应该对欧盟法院相关判决进行分析。尽管笔者的关注焦点是欧盟法,但欧盟法院的多数判决意见也应适用于绝大多数欧盟成员国的法律体系之中。同时,本文还强调了现有的应对新冠肺炎的立法部分摒弃了循证性立法的特征并且与法治原则形成冲突。预防风险原则证明了在尚未达成科学共识的情况下采取预防措施的正当性。然而,值得注意的是预防风险原则不能取代比例原则。预防风险原则的适用必须要考虑必要性、合比例性,随着科学进步而产生的持续性审查和知识更新等,且需要透明和高质量的科学研究。对预防风险原则的分析必须扩展至在预防风险与安全的两个维度间进行转化和对不同的政府干预措施进行评估。本文避免评价具体的法律,但是指出预防风险原则证据的特定便利模式不能自动地使所有减轻风险影响的立法受益,也不能用于取代立法对疫情的反应。

---

　　[125]　参见 Arcuri, supra note 5, at 363 - 364.

学术专论

中德法学论坛

第 18 辑·下卷，第 199～215 页

《个人信息保护法》下国家机关之功能角色

——基于公法权利保护观点

单鸿升 *

摘　要：2021 年 8 月 20 日通过的《中华人民共和国个人信息保护法》作为第一部完整规范公民信息处理使用限制之法规，相对《民法典》人格权编之规定，大规模参考了《欧盟通用数据保护条例》。就国家机关各类个人信息处理行为，相对一般私主体设定独立合法性基础。相对于传统民法私权保障模式，在草案通过前夕，有必要建立宪法上个人信息自决权作为该草案之基础，俾确立国家机关在个人信息保护法下作为信息处理者之功能角色。观察德国《联邦个人信息保护法》及我国台湾地区个人资料保护有关规定，皆是在该信息自决权框架下的具体化展现，借以同时兼顾行政机关任务履行及个人信息权益之保障。特别是关于公务机关个人信息的收集及传递行为，区分是否为敏感性信息，以及是否为目的外利用，为多层次的细腻化规定，规范逻辑相对清晰一致，对于《个保法》有积极的借鉴意义。

关键词：个人信息保护；信息自决权；目的外利用

Abstract：Personal Data Protection Act of PRC was passed on 20. Aug. 2021. As the fundamental legal framework of personal data protection, it demonstrates great ambition at regulating all kinds of behavior forms of state agencies by dealing with the personal data compared to civil code. While there is already lots of discussions concerning the foundation of data protection in the field of civil law, less attention is attributed to its constitutional foundation. This article asserts the positive meaning of widely accepted concept of "informative right of self-determination" under German and Taiwanese jurisdiction. Only with the constitutional foundation the

---

　* 单鸿升：慕尼黑大学法学院暨德国马克斯-普朗克社会法与社会政策研究所博士研究生。

conflicting interests between state agencies and citizens could appropriately be balanced in statute. Under these circumstances the legal requirements related to allocation and transmission of personal data will be thoroughly investigated.

Key words：Personal Data Protection；Informative Right of Self-Determination；Out-of-Purpose Use

一、问题之提出

2020 年 10 月 21 日,中国人大网公布《中华人民共和国个人信息保护法草案》(以下简称《个保法草案》),并公开征求意见。继《网络安全法》《中华人民共和国数据安全法(草案)》(已于 2021 年 6 月 10 日通过)后,2021 年 4 月 29 日,中国人大网公布《中华人民共和国个人信息保护法(草案二次审议稿)》(以下简称《个保法(草案二审稿)》),针对一审稿规范内容作出部分增补,并公开征求意见。2021 年 8 月 20 日,《中华人民共和国个人信息保护法》正式经人大常委会决议通过。作为首部专门规定个人信息保护的法律,《中华人民共和国个人信息保护法》(以下简称《个保法》)在正式出台后,将成为个人信息保护领域的"基本法"。特别是不同于传统之民法及刑法中关于个人隐私保护及处罚之规定,其为第一部完整规范公民信息处理使用限制之法规范。另观其整体内容,除了大范围地借鉴《欧盟通用数据保护条例》(GDPR)(以下简称《欧盟条例》)外,更具有诸多中国特色之立法[1]。相较于实务界关注未来对个人及企业带来的可能影响,我国大陆地区学界目前就此之讨论皆大略聚焦于以下两点:(一)关于信息保护的权利基础为何,特别是私法上独立于隐私权之个人信息权利是否存在,[2]而该草案出台后其与《民法典》中既有之隐私权保障条文之适用关系为何;(二)除了民刑法保护路径外,针对国家机关之行政法上保护路径是否将随着《个保法》出台而被广泛承认,特别是以国家机关作为监管及信息处理者之双重角色身份是否在《个保法》中得到完全之彰显,尚待进一步观察[3]。延续这样

---

[1] 其中《个保法草案》第 3 条第 2 款规定,境外团体针对境内自然人所为之信息活动,其符合一定要件者,亦有本法之适用。此等针对域外团体组织之规范效力,学说上一般称之为"长臂管辖"。就此本文不拟深入探讨。

[2] 就此详参王利明:《论个人信息权的法律保护——以个人信息权与隐私权的界分为中心》,载《现代法学》2013 年第 4 期;纪海龙:《数据的私法定位与保护》,载《法学研究》2018 年第 6 期;程啸:《论我国民法典中个人信息权益的性质》,载《政治与法律》2020 年第 8 期。

[3] 就此详参王锡锌:《个人信息国家保护义务及展开》,载《中国法学》2021 年第 1 期;赵宏:《从信息公开到信息保护:公法上信息权保护研究的风向流转与核心问题》,载《比较法研究》2017 年第 2 期;蒋伟龙:《论我国个人信息的行政法保护——基于民法典第 1039 条的思考》,载《湖南人文科技学院学报》2021 年第 38 期。

的思考路径,若立法机关有意借由《个保法》出台,广泛建立政府机关处理个人信息之基本原则及实质或程序要件,则其背后所涉之国家角色及其与信息主体间之利害情境关系,将导出与私法领域截然不同的立法设计考虑。观察历次立法文件就此的规定略有出入,初版《个保法草案》第13条在参考《欧盟条例》的基础下,明定除个人同意外的五项个人信息处理的一般合法性要件,二审稿另增加"依照本法规定在合理范围内处理已公开的个人信息",同时明定个人同意与其他六项合法性要件之适用关系,〔4〕正式通过版本再增加"依照本法规定在合理的范围内处理个人自行公开或者其他已经合法公开的个人信息"。对于以行政机关为信息处理者之情形,草案本于第35条与第36条分别针对"个人信息处理"及"公开及向第三人提供"定有"取得个人同意"与"法律或行政法规另有特别规定"的规定。然而最终通过的第35条,针对一般个人信息处理仅须告知,不以取得该个人同意为必要;此外,原先第36条针对"公开及向第三人提供信息"的规定被删除。基于此,必须面对以下的问题。宪法上针对国家不法侵害所生之防卫性质之信息自决权利是否已经确立?其保障内涵为何?具体到行政法领域,行政机关在行政任务满足的同时,应如何兼顾当事人之信息利益?是否得以兼顾具体个案中行政任务满足以及个人信息利益维护之利益,在未来施行后又可能出现如何之疑难?以上问题是为本文的研究重心。

二、国家机关作为信息维护者与信息处理者之双重角色

(一)民法中之公私法双重路径

甫通过之《民法典》第4编人格权编下第6章将隐私权和个人信息保护作为保护客体并列。在《个保法》施行后,首先将引发之问题为,其与民法间之适用关系为何。首先《民法典》总则编第111条明白揭橥:"自然人的个人信息受法律保护。"然而《民法典》第1034条第2款规定:"个人信息中的私密信息,适用有关隐私权的规定;没有规定的,适用有关个人信息保护的规定。"据此立法者有意区分隐私权及个人信息利益两者,并将《民法典》之适用范围限缩于具私密性的个人信息,〔5〕而未赋予不具私密性质之一般性个人信息权利适格,是以一般性个人信息在《民法典》第111条下仅

〔4〕　详参刘新宇、宋海新:《〈个人信息保护法(草案二审稿)〉十大修订要点解读》,2021年4月30日,http://www.zhonglun.com/Content/2021/04-30/1653580014.html(最后浏览日期:2021/6/18)。

〔5〕　举例而言,《个保法》第28条参考《欧盟条例》,针对敏感性个人信息作出有别于一般性信息的特别规定,显而易见与《民法典》第4编第6章所欲规范的个人私密信息出现重复情形,而可能造成适用上的混乱。

具有"法律上有保护必要的合法利益"的地位。[6] 虽然同条第 1 款与《个保法》第 4 条第 1 款就个人信息之范畴之界定方式略有不同，然而仔细观察，两法所欲规范之个人信息范畴仍高度重叠，未来如何适用仍将引发疑义，惟就此本文不拟深入探讨。[7]

其中值得注意者为，民法相关规定显然未将规范对象限缩于私人所为之隐私或个人信息侵害，而显然亦包含国家机关执行公权力，而对个人信息所为之一切收集、使用、加工及传输行为。首先，《民法典》第 111 条规定，个人信息保护指向"任何组织与个人"，当然包含国家机关，使得《民法典》超出传统私权汇总的范畴。[8] 第 1039 条规定了政府机关及其内部人员的一般性信息保密义务，显然立法者意图突破传统民法规范私人间法律关系的传统图像，而意图将本章隐私权保护的规定拉升至基本法之高度，从而超脱民事责任之范畴，然而针对其违反所生之法律效果或罚责，究竟为国家赔偿责任抑或民刑事责任却未有规定。

（二）个保法中之公法保护色彩

同样的，《个保法》第 2 章第 3 节名为"国家机关处理个人信息的特别规定"，据此第 33 条规定："国家机关处理个人信息的活动适用本法；本节有特别规定的，适用本节规定。"并于草案第 35 条进一步规定国家机关处理个人信息的准则，亦即"国家机关为履行法定职责处理个人信息，应当依照本法规定向个人告知并取得其同意；法律、行政法规规定应当保密，或者告知、取得同意将妨碍国家机关履行法定职责的除外"。因此，《个保法》之设计显然具有明显的公法保护色彩，其意图突显政府机关作为信息处理者的特殊保障需求。[9] 然而，显而易见者为，无限度地要求所有国家机关所为的信息处理行为皆必须取得个人的同意，一方面在大数据时代下欠缺实践可能性，并可能有碍于政府政策之推行或公共利益之实现。[10] 是以该条但书给予行政机关裁量权限而得豁免告知义务之规定，虽值肯定，但这意味着在此情形下《个保法》第 13 条一般合法性要件即无适用之余地，而变相造成国家机关受到的合法性控

---

〔6〕　程啸：《民法典编纂视野下的个人信息保护》，载《中国法学》2019 年 4 期，第 26—43 页。

〔7〕　关于隐私权与个人信息保护范围之探讨，详参范姜真媺：《个人资料保护法关于"个人资料"保护范围之检讨》，载《东海大学法学研究》第 41 期，2013 年 12 月，第 91—123 页。

〔8〕　赵宏：《民法典时代个人信息权的国家保护义务》，载《经贸法律评论》2021 年第 1 期，第 2 页。

〔9〕　就此详参张新宝：《从隐私到个人信息：利益再衡量的理论与制度安排》，载《中国法学》2015 年第 3 期。

〔10〕　就此详参韩旭至：《个人信息保护中告知同意的困境与出路-兼论〈个人信息保护法（草案）〉相关条款》，载《经贸法律评论》2021 年第 1 期，第 47—59 页；高富平：《个人信息使用的合法性基础——数据上利益分析视角》，载《比较法研究》2019 年第 2 期，第 73—74 页。

制较其他私部门较低的结果，实不无疑问。

三、建构宪法上信息自决权之必要性

（一）民法隐私权及人格权建构模式之局限性

相较于《民法典》中承认隐私权为民法中受保护之权利，虽然民法学界关于民事主体针对个人信息享有的是权利还是利益，又该权益之属性究竟为财产权或人格权，抑或为两者之综合，展开详尽深入之探讨，[11]唯不可否认者为，不具私密性之个人信息利益显然未具有相同之保护位阶，相反《民法典》对于个人信息的保护仍旧有所保留，仅将其视为一种值得保护的法律上利益。[12] 同时亦有学者从制度功能角度观察，依托于意思自治、主体平等基础的私法保护路径，认为若无法应对国家机构处理个人信息的非对称权力结构，则有建立公法上保护义务之需要。[13] 值得关注者为，《个保法草案》第 1 条揭示本法立法目的为"保护个人信息权益"，对于该"权益"的法律性质却未置可否。究竟作为《个保法》中个人信息权益的权利基础与《民法典》是否有所不同？毕竟两部法律的具体差别在于，《个保法》首次尝试在法律层面上系统性地定义、建构并整合个人信息保护与监管的机制，同时在域外制度经验上主要参考《欧盟条例》的规定。首先表现在保护范围的界定上，《个保法》第 4 条显然参考《欧盟条例》第 4 条第 1 项之规定，不再区分个人信息是否具有私密性，而将所有以电子或者其他方式记录的与已识别或者可识别的自然人有关的各种信息皆涵括在内。

（二）宪法上基本权利作为权利保护基础

欲探寻个人信息权利之基础，目前国内学者几乎皆采取参考域外法制经验之路径，特别是美国与欧洲两种模式。由于本草案大规模借鉴《欧盟条例》，多数学者似乎倾向借鉴欧洲模式。例如高富平教授认为我国在采取"隐私与个人信息分立体

---

〔11〕 在此脉络下的讨论，详参叶名怡：《论个人信息权的基本范畴》，载《清华法学》第 12 卷第 5 期，2018 年；王利明：《论个人信息权的法律保护》，载《现代法学》2013 年第 4 期；刘德良：《个人信息的财产权保护》，载《法学研究》2007 年第 3 期。

〔12〕 详参王利明主编：《中华人民共和国民法总则详解》，《中国法制出版社》，2017 年版，第 465 页；丁晓东：《个人信息权利的反思与重塑》，载《中外法学》2020 年第 2 期，第 348—352 页。

〔13〕 王锡锌：《个人信息国家保护义务及展开》，载《中国法学》2021 年 1 期，第 147 页及以下；赵宏：《从信息公开到信息保护：公法上信息权保护研究的风向流转与核心问题》，载《比较法研究》2017 年 2 期，第 31 页以下。

制"情况下，宜借鉴欧洲立法，将个人主体利益限定在尊严、自由和平等一般人格利益上。[14] 其中又以德国为代表，例如赵宏教授认为，德国和欧盟以"信息自决权"作为公法上信息保护的理论基础，其透过司法裁判和法释义学的长期形塑，呈现定位明确、意涵清晰、价值多元、体系开放等诸多优势。[15] 在此前提下，王锡锌教授进一步指出，欧洲确立了民法上的个人信息权观点，事实上属于对域外经验的误读，实际上欧洲个人数据保护的权利来源是宪法性权利，而非民事权利。[16] 然而，对于《欧盟条例》的上位法源基础，以及其与德国联邦宪法法院所广泛承认之信息自决权，两者在保护范围及权利内涵方面，究竟存在何种关系，仍待进一步探究。

1. 个人私领域保护作为欧盟法上位法源

关于数据保护条例的上位法规范，一般系从《欧盟基本权宪章》（Grundrecht-charta）（以下简称《宪章》）第 7 条个人私领域保障的规定出发，并认为《宪章》第 8 条明定个人信息应受到保护，本质上为第 7 条私领域保障之具体化，而承认个人对其信息的控制高权。[17] 然而，欧盟法院亦同时指出，《宪章》第 8 条单独承认个人信息的权利，并非认为其与第 7 条私领域保障有本质上之不同。[18] 作为对于《欧盟条例》最重要的上位法源，对于后者最大的影响在于，该条第 2 款揭橥了所有对于个人信息可能的侵害态样，并确立了"个人同意"和"法律另有规定"两者作为正当化事由的关键地位，进而形塑出该条例的主要架构。同时《宪章》第 52 条针对授权得为个人信息处理的法律规定，要求该针对个人信息权利限制之法律，必须符合一定的要件，特别是比例原则层面的要求。[19] 整体而言，如同王锡锌教授所正确指出者：个人信息受保护权在欧盟层面作为一项基本权利，主要调整个人与国家间的权利关系。[20]

2. 德国法上信息自决权对于个保法的指标意义

虽然欧盟法下个人信息权利保障之规定见于《宪章》基本权，属于欧盟法下的主要法源，在位阶上要高于《欧盟条例》，但对于该权利之内涵及保障范围仍有赖于各

---

〔14〕　详参前注〔10〕，高富平文，第 76 页。

〔15〕　详参赵宏，前揭（注〔13〕）文，第 40 页。

〔16〕　王锡锌，前揭（注〔13〕）文，第 147 页。

〔17〕　Leeb/ Liebhaber, Grundlagen des Datenschutzrechts, JuS 2018, 534, 535; *Mehde*, in: Heselhaus/Nowak, Handbuch der Europäischen Grundrechte, § 21, Rn. 13; Knecht, in: Schwartze GRCh Art. 8 Rn. 5.

〔18〕　EuGH Urt. 8. 4. 2014 - C - 293/12 u. C - 594/12.

〔19〕　此与传统德国基本权审查架构下，针对基本权限制的法规范，进一步审查其形式（特别是法律保留原则）及实体要件（特别是比例原则），即所谓"限制的限制"（Schranke-Schranke），实若合符节。就此详参许宗力：《基本权利：第六讲—基本权的保障与限制（下）》，载《月旦法学教室》第 14 期，2003 年 12 月，第 50—60 页。

〔20〕　王锡锌，前揭（注〔13〕）文，第 149 页。

国宪法的进一步形塑。在此特别应注意者为,宪法上信息自决权的建构,对于来自国家机关所为之侵害固然有其必要性,对于侵害源来自私人之情形,亦能有助于划定国家基于基本权保护义务所扮演之角色,包括建构一定之制度,以有效调和私人之间基于信息需求与信息保障间的利益冲突。[21] 在域外经验的观察方面,我国学界主要以美国宪法上之"信息隐私权"与德国《基本法》上之"信息自决权"为主要的探讨素材,并且指出两者间之规范路径存在显著差别,基本认为美国法上之信息自决权信息主要建构在隐私权保护的基础上,而德国法上之信息自决权则从一般人格权保障的角度出发,就此本文不再赘述。[22] 然而略较不同于我国学者就两者之间的观察,美国学者 James Q. Whitman 认为美国与欧陆对于隐私意义理解皆不脱对于个人人格保障之理念,惟欧陆法制较着重于人性尊严之维护,个人于公众中所呈现出的印象为何,其本身应得为决定,故任何机关搜集与散布个人资料之行为皆构成隐私权之侵害;美国法制相较而言则更强调免于国家对私领域侵犯之自由,[23]这或可说明何以美国法案例所承认的隐私保障类型多为一定领域内的自我决定,而未及于对个人资料之一般性控制权利。就保护范围而言,德国基本法下任何与个人相关的信息都可以成为信息自决的保障客体,质言之,并不存在有"不具保护价值的个人信息"(belangloses Datum)。反之,只有能发挥人格形塑作用的个人信息才是信息隐私权所保障的对象。[24] 观察我国台湾地区"司法院"大法官释字第 603 号解释,该解释指出,就个人自主控制个人资料之信息隐私权而言,系基于人性尊严与个人主体性之维护及人格发展之完整,并为保障个人生活私密领域免于他人侵扰及个人资料之自主控制所必要,具体而言系保障人民决定是否揭露其个人资料,及在何种范围内、于何时、以何种方式、向何人揭露之决定权,该论述方式亦显然受到德国学理之影响。我国大陆学者于此虽有论者指出德国法下之信息自决权作为一项独立的基本权利,其概念外延较为清晰,适合作为《个保法》主要的宪法权利基础。[25]另观《个保法》采取单一立法模式,且关于个人信息界定之方式亦不以具私密性者为

---

〔21〕 赵宏,前揭(注〔8〕)文,第 7 页以下;Vgl. auch Ipsen, StaatsrechtII Grundrechte, S. 85 - 86.

〔22〕 就此详参赵宏,前揭(注〔13〕)文,第 40 页以下;高富平,前揭(注〔10〕)文,第 75—76 页;邱文聪:《从信息自决与信息隐私的概念区分——评"计算机处理个人资料保护法修正草案"的结构性问题》,载《月旦法学杂志》第 168 期,2009 年 5 月,第 176—177 页;李震山:《论信息自决权》,收于氏著《人性尊严与人权保障》,元照出版有限公司,2001 年 11 月,第 295—299 页。

〔23〕 James Q. Whitman, The Two Western Cultures of Privacy: Dignity versus Liberty, 113 Yale L. J. 1151,1161,1163 (2004)

〔24〕 BVerfGE 65, 1, 45;邱文聪,前揭(注〔22〕)文,第 176—177 页。

〔25〕 赵宏,前揭(注〔13〕)文,第 40 页。

限,凡此皆与德国的立法与我国台湾地区的规定若合符节,[26]而其关于国家机关处理个人信息利益方面之规定及施行经验中可能出现的问题,皆对《个保法》具有积极之借鉴意义。

四、公务机关处理个人资料之合法性基础

（一）信息自决权下之信息处理行为界限

宪法上信息自决权作为《个保法》中信息保护的权利基础的主要积极意义在于,其得对限制国家机关信息处理行为之立法应具备如何之质量提供一定之指引。首先关于保护范围之确立,德国法上展现的是从一般人格权演进到信息自决权（Recht auf informationelle Selbstbestimmung）的一个具体化过程,其转折点是联邦宪法法院于 1983 年作出的"人口普查判决"[27]（Volkszählungsurteil）。在保障利益方面,该判决改变往昔限定于对个人"私密领域"资料搜集、储存、传递的管控的理解,而从"自我决定"的角度出发,将信息自决权界定为"个人原则对其个人资料决定是否泄漏与被使用的权能（Befugnis）,个人得以自己决定其生活事实何时以及在何种限度内被公开"。然而,联邦宪法法院亦多次指出,该权利虽得对抗来自国家的积极侵害,但并非不得限制[28]。事实上,行政实务上可能产生信息处理需求之情形包罗万象,例如税务机关的税籍资料查核需求、治安机关基于刑事案件预防及侦查之需求,[29]以及社会福利机关基于生存照顾给付提供之需求。整体而言,对于信息自决权之干预,一方面在德国《基本法》下须具备相当高之门槛要求,亦即需有立法之授权并符合比例原则,并且原则上需存在优势性之公共利益;[30]另一方面,具体个案中亦须考虑受影响的信息范围及种类,而相应提高审查密度。[31]基于上述对信息自决权的理解,德国法上赋予公务机关作为信息处理者较高之特殊性。相应地在行

---

〔26〕 我国台湾地区"个人资料保护法"自 2012 年至今已施行近十年,学说及实务上皆累积相当多可提供研究参考的素材。

〔27〕 BVerfGE 65,1.中文译本可参萧文生:《一九八三年人口普查法判决》,收于《西德联邦宪法法院裁判选辑（一）》,司法周刊杂志社,1990,第 288 页。

〔28〕 BVerfGE 65, 1, 43 f.

〔29〕 就此,详参许义宝:《警察搜集与利用个人资料职权之研究——以警察职权行使法第十七条为中心》,载《高大法学论丛》2019 年 9 月。

〔30〕 Scholz/Pitschas, Informationelle Selbstbestimmung und staatliche Informationsverantwortung, 1984, S. 27 ff.

〔31〕 Di Fabio, in: Maunz/Dürig, Grundgesetz-Kommentar, GG Art. 2 Abs.1 Rn. 181-182; *Murswiek*, in: Sachs, Grundgesetz Kommentar, Art. 2 Rn. 121.

政法层面,若信息处理行为构成基本权的侵害,其如同其他侵益性行政行为,原则上皆适用法律保留原则。[32]

(二)《个保法》关于公务机关处理个人信息的规范逻辑

相较《网络安全法》第 41 条只规定"同意"为处理个人信息的唯一合法性标准,《个保法》第 13 条大大拓宽了处理个人信息的合法性基础,范围由原先的"同意"机制拓展至六项合法性依据,包含"取得个人同意""履行合同所必需""履行法定职责或法定义务所必需""应对突发公共卫生事件或紧急情况下保护自然人生命健康和财产安全所必需""为公共利益在合理范围内处理""在合理的范围内处理个人自行公开或者其他已经合法公开的个人信息"及"法律和行政法规另行规定"。仔细观察,虽然该条所罗列的各项合法性基础,基本上系立基于《欧盟条例》第 6 条,作出些许微调或具体化,[33]并加入"法律和行政法规另行规定"的所谓"概括条款"。此外,即使依《个保法》第 4 条第 2 款,关于个人信息"处理"的范畴,包含一切针对个人信息的收集、存储、使用、加工、传输、提供、公开等活动,然而《个保法》针对向第三人提供信息之行为,显然设有不同于上述其他行为的合法性要件,此观该法第 23 条自明。

另外,《个保法》针对信息处理者为国家机关之情形,另有特别规定,原草案第 35 条规定,国家机关为履行法定职责处理个人信息,原则上应当依照本法规定向个人告知并取得其同意。然而已通过的《个保法》第 35 条则删除原同意规定,而改为仅须向该个人告知即可。倘若国家机关欲向第三人提供该个人信息,原草案第 36 条规定原则上应有当事人之同意或有法律或行政法规明文规定,已通过的《个保法》则删除此一规定,理论上依该法第 33 条,此时作为一般规定的第 23 条应有补充适用的余地,从而仍须取得该个人的同意。无论如何,上述规定皆与《个保法》第 13 条一般性个人信息处理及《欧盟条例》第 6 条的规定有异。值得注意者为,《个保法》所参考的《欧盟条例》第 6 条规定本质上仅为一开放性条款(Öffnungsklausel),而尚待各会员国在此基础上,在不低于《欧盟条例》所划定的最低保障限度内,以内国立法方式将"公务机关基于公共利益在合理范围内为信息处理"之规定另为具体化之特别规定(《欧盟条例》第 6 条第 2 款),[34]因此德国 2017 年为因应《欧盟条例》所修正通过之

---

〔32〕 Reimer, Verwaltungsdatenschutzrecht, DÖV 2018, 881, 886 - 887. 早于 1970 年联邦宪法法院即指出,将个人信息提供给其他机关的行为,构成基本权侵害,然而直至 1983 年才将该权利界定为《信息自决权》。Vgl. BVerfGE 27, 344.

〔33〕 例如《个保法》第 13 条第 4 款合法性基础是紧急情况下对自然人生命健康和财产安全所必需,而《欧盟条例》第 6 条则表述为"对自然人重大利益的保护"。对比看来,《个保法》规定得更为具体。

〔34〕 Vgl. Buchner/Petri, in: Kühling/Buchner, DS - GVO BDSG, Art. 6, 2018, Rn. 193 ff.

《联邦个人信息保护法》(Bundesdatenschutzgesetz)（以下称《德国个保法》）第 3 条，个别规定了公务机关处理个人信息的基本要件，据此公务机关（在此主要是履行行政任务之行政机关）或受托行使公权力的私人处理个人信息的机构，原则上须为执行其管辖权以内之任务所必需。此种公务机关与非公务机关处理个人信息的合法性要件，于同一立法内分别规定的模式，亦为我国台湾地区 2012 年开始实施的个人资料保护有关规定所采〔35〕。虽然 2017 年因应《欧盟条例》修正通过之《德国个保法》，关于信息的各类处理行为(Umgang)，已不再细部区分收集(Erhebung)、处理(Verarbeitung)及利用(Nutzung)，但实际上仍将"传递"(Übermittlung)作为一项单独的行为形式而予以特别规定。质言之，倘为原收集目的外之处理或传递，则另需符合第 23 条及第 25 条之规定。此类关于原始目的外之处理及传递行为，于《个保法》中亦有相应特别规定，然而其具体规范模式与德国及我国台湾地区存在相当大的差别，本文以下将详述之。

（三）公务机关个人信息收集行为

关于个人信息处理的合法性要件，《个保法》第 13 条参考了《欧盟条例》第 6 条。但这些合法性要件，于信息主体为公务机关之情形，是否仍有适用空间？观察《个保法草案》于第 2 章第 3 节以下针对国家机关处理个人信息，设有特别规定。虽然第 33 条规定，该节特别规定仅优先适用，而不排除该草案其他规定的补充适用。惟关于个人信息收集行为，《个保法草案》第 35 条似为第 13 条之特别规定，从而得优先适用。关于第 35 条的合法性要件设计，草案与正式通过版本有所出入，就此本文拟分别探讨之。

1. 同意作为一般性个人信息收集的缺陷性

2020 年 10 月公布的关于《个保法草案》的说明，确立以"告知-同意"为核心的个人信息处理一系列规则。同样地，即使在大数据时代下，"知情后同意"作为个人信息收集的主要合法化事由，能否有效发挥其功能，在学说上引发讨论〔36〕，其仍为《欧盟条例》第 6 条第 1 款下，除其他法定授权依据外，最主要的信息处理合法基础，并为《个保法》第 13 条及原草案第 35 条所采。观察我国台湾地区个人资料保护有关规定

---

〔35〕　关于公务机关所为之信息收集，详参洪家殷：《公务机关资料之搜集与个人资料之保护》，载《东吴法律学报》第 30 卷第 4 期，2019 年 7 月。

〔36〕　Katko/Babaei-Beigi, Accountability statt Einwilligung? Führt Big Data zum Paradigmenwechsel im Datenschutz?, MMR 2014, 360 ff. 中文部分论述详参张陈弘：《新兴科技下的信息隐私保护："告知后同意原则"的局限性与修正方法之提出》，2018 年 3 月，第 201—297 页；刘定基：《大数据与物联网时代的个人资料自主权》，载《宪政时代》第 42 卷第 3 期，2017 年 1 月，第 265 页以下。

"个保法"第 15 条亦将其作为公务机关资料收集的合法性事由。然而,台湾地区的行政实务中显示,于公务机关执行公权力或履行公部门任务时,此项要件往往遭到架空。首先就多数干涉行政领域而言,行政机关取得其履行法定职务之必要信息,在法律保留原则下,通常具有组织法及作用法上依据,不受当事人的意愿左右。而就其他给付行政领域而言,倘若政府机关将资料主体的同意与机关提供的服务加以联结时,个人同意的"真挚性"将受到极大的影响,从而影响该同意的效力。〔37〕此外,《欧盟条例》前言 43 亦提及:"为了确保当事人系出于自由意志给予同意,当数据控制者与数据当事人权利关系明显存在不平衡的情况时,同意不应作为取得合法处理个人资料的有效依据;特别当数据控制者是公务机关时,会认为该等情况下当事人不可能真正出于自由意愿给予同意。"〔38〕基于此,德国 2017 年 6 月新修正通过的《联邦个人信息保护法》第 3 条,关于公务机关处理个人信息的合法性要件,并未将个人同意作为单独的合法性要件,而仅以一概括条款规定,原则上仅以该管辖之公务机关执行法定职务所必需者即可。是以正式通过的《个保法》第 35 条鉴于一概要求公务机关原则上须有个人同意始得收集个人信息的规定,可能过于严格并进而有碍公务机关执行法定职责,以不以个人同意为合法收集之要件,应可支持。

2. 以同意作为敏感性个人信息收集唯一要件之妥当性

参考《欧盟条例》第 9 条,《个保法》第三章第二节针对敏感性个人信息的处理定有特殊规定,并在敏感性个人信息范畴的界定方面,考虑中国社会民情而采取与《欧盟条例》第 9 条第 1 款不同的界定方式。然而,关于此类敏感性个人信息处理的合法性要件,其首先引发的适用上疑义在于,《个保法》第三章第三节针对国家机关处理个人信息亦有特殊规定之下,则国家机关处理敏感性个人信息,究竟应优先适用第二节还是第三节以下之特殊规定。另外,《欧盟条例》第 9 条第 2 款针对敏感性个人信息之处理,以列举方式为更严格之规定,反观原草案第 29 条第 1 款仅要求信息处理者具有特定的目的和充分的必要性,呈现相较一般性个人信息处理的要件(《个保法》第 13 条),反而更为宽松的情形〔39〕。就此《德国个保法》第 22 条在上述《欧盟条

---

〔37〕 刘定基:《析论个人资料保护法上"当事人同意"的概念》,载《月旦法学杂志》第 218 期,2013 年 7 月,第 155 页。

〔38〕 Council Regulation 2016/679, recital (43), 2016 O.J. (L 119) 中文部分论述可参:李沛宸:《GDPR 当事人同意之实务实行建议》,载《商业法律与财金期刊》2019 年 2 月,第 78 页。

〔39〕 然而,2021 年 4 月 22 日全国人大常委会法工委发言人在记者会上表示,个人信息保护法草案将设专节对处理敏感个人信息作出更严格限制,只有在具有特定目的和充分必要性的情形下,方可处理敏感个人信息,并应取得个人的单独同意或书面同意,在事前进行风险评估。由此看来"特定目的和充分必要性"及"个人单独或书面同意"两要件应同时具备。具体新闻报道详参:http://www.npc.gov.cn/npc/c30834/202104/dc402598cff8442a9d6b234b4a48d2fe.shtml(最后浏览日期:2021 年 6 月 18 日)。

例》第 9 条的基础上,以相当详尽的方式列举公务机关及非公务机关得例外处理的事由,并针对主体为公务机关者,必须进行利益衡量,确保处理该类信息所生的利益显然优于信息主体自身的利益。同理,我国台湾地区《"个人资料保护法"》第 6 条亦采取相同的规范逻辑,对于敏感性信息处理设有更为严格的要件,[40]以符合敏感性信息处理"原则禁止,例外许可"的精神,以同时兼顾国家机关的信息使用需求与个人的信息保护利益。应注意者为,最终通过的《个保法》第 29 条规定所有敏感性个人信息的处理一概须经个人的单独同意,相较原草案规定虽能彰显敏感性信息的特殊性,仅以同意作为唯一要件,可能忽视行政实务上基于公共任务履行必要所生之信息收集需求,并引发行政机关未来信息收集的巨大成本,从而有再行斟酌的余地。

(四) 公务机关向第三人提供个人信息

1. 信息传递行为的特殊性
(1) 信息自决权之高度侵害

受《个保法》保护之信息处理行为,除了上述之信息收集外,其后之储存、处理、利用与传递等程序亦为保护之范畴,其中传递行为相对其他信息处理行为具有相当的特殊性。关于传递行为的定义,《个保法》第 4 条第 2 款并未进一步规定,我国台湾地区学者许文义参考德国法,认为系指将已储存或经资料处理所获得之个人资料,经由以下两种方式示告知第三者(接收者):(1) 由储存单位将资料传达(weitergeben)接收者;(2) 由接收者从储存单位查阅(Einsicht)或截取(Abruf)原已备妥之资料。无论"传达""查阅"或"截取",其共通概念皆必须具有"外部性",质言之,所获知之来源来自单位内部者,非属传递之行为。[41]关于传递行为的特殊性可从两个方面观察。首先传递行为将使所收集的信息逸脱原始信息处理者的控制,进而产生更多不可预见的风险,从而其对于个人信息自决权之侵害程度亦相应较高[42]。我

---

〔40〕 第 6 条规定:"有关病历、医疗、基因、性生活、健康检查及犯罪前科之个人资料,不得搜集、处理或利用。但有下列情形之一者,不在此限:一、法律明文规定。二、公务机关执行法定职务或非公务机关履行法定义务必要范围内,且事前或事后有适当安全维护措施。三、当事人自行公开或其他已合法公开之个人资料。四、公务机关或学术研究机构基于医疗、卫生或犯罪预防之目的,为统计或学术研究而有必要,且资料经过提供者处理后或经搜集者依其揭露方式无从识别特定之当事人。五、为协助公务机关执行法定职务或非公务机关履行法定义务必要范围内,且事前或事后有适当安全维护措施。六、经当事人书面同意。但逾越特定目的之必要范围或其他法律另有限制不得仅依当事人书面同意搜集、处理或利用,或其同意违反其意愿者,不在此限。"

〔41〕 许文义:《个人资料保护法论》,三民书局,2001 年,第 252—254 页。

〔42〕 Kühling/Seidel/Sivridis, Datenschutzrecht, 2011, S. 91;中文文献可参詹镇荣:《公务机关间个人资料之传递——以台湾桃园地方法院行政诉讼 102 年度简字第 2 号判决出发》,载《法学丛刊》第 237 期,2015 年 1 月,第 3 页。

国台湾地区"司法院"大法官释字第 603 号解释即指出："国家基于特定重大公益之目的而有大规模搜集、录存人民指纹,并有建立数据库储存之必要者,则应以法律明定其搜集之目的,其搜集应与重大公益目的之达成,具有密切之必要性与关联性,并应明文禁止法定目的外之使用。"据此,我国台湾地区学者詹镇荣进一步指出,公务机关对保有之个人资料为符合搜集时所设定的特定目的利用,为个人资料自决权的一种具体化展现。[43]

　　然而对于不同事务、区域甚至层级管辖的公务机关之间而言,将特定机关掌有的特定个人信息,以数据库联机方式作为数据共享或个案请求方式传递给其他机关,一方面在行政实务上确有其必要性,另一方面亦为行政法下基于行政一体及职务协助之具体要求。[44] 据此,《个保法草案》第 36 条针对公务机关向第三人提供信息的行为,亦定有相异于第 35 条一般处理行为的特殊合法性要件,不论是否为超出原始目的外,皆必须取得个人同意或法律法规另有规定,始得为之。然而,最终通过的版本已删除上述规定,理论上《个保法》第 23 条规定可补充适用。依该规定,无论是否变更原收集目的,皆须取得个人之同意。相应于此,《欧盟条例》对信息传递行为虽未有特别规定,但《德国个保法》第 25 条及我国台湾地区个人资料保护有关规定"个保法"第 16 条皆有相对其他处理行为的特别规定,然而其规范方式显然与《个保法》第 23 条有别,本文以下将详述之。

　　(2) 间接收集之备位性格

　　以信息控制者之角度而言,将所持有之个人信息传递与信息主体以外的第三方,可能破坏其收集信息主体资料初始的合法性基础,这样的基础可能来自初始的个人同意或其他法律明定之情形。对于信息接受者而言,即使其为公务机关,原则上其个人信息收集行为亦须受到信息保护法限制。因此,德国学理上即有"直接收集"与"间接收集"之分,并进一步确立"直接收集原则",以确保向信息主体直接收集的优先性[45]。此种直接收集优先的目的,很大程度是建立在个人知情权保障上,盖作为信息主体本有权知悉所被收集信息的范围与目的以及法律依据[46]。相应于此,间接搜集仅在有特别法授权或当事人同意下始得为之。至于作为授权依据的法规范密度要求如何,是否允许使用高度不确定法律概念的空白授权条款,容待后述。

---

〔43〕　詹镇荣,前注〔42〕,第 11 页。

〔44〕　关于行政法上职务协助之论述,我国大陆地区文献可参叶必丰:《行政法学》,武汉大学出版社,1996,关保英:《行政法的价值定位——效率、程序及其和谐》,中国政法大学出版社,1997,第 134 页;应松年主编:《比较行政程序法》,中国法制出版社,1999 年,第 90 页;王连昌、马怀德主编:《行政法学》,中国政法大学出版社,2002 年,第 55—56 页。

〔45〕　Kühling/Seidel/Sivridis, Datenschutzrecht, 2011, S. 89 - 91.

〔46〕　Friste, Datenschutz im öffentlichen Bereich, LKV 1991, 81, 82.

　　2. 兼顾职务履行需求与个人信息保护之传递合法性基础

　　如前所述,相较于原草案,《个保法》未对公务机关向第三人为信息提供的行为定有特别的合法性基础。依该法第23条规定,仅以个人的同意为唯一合法传递要件。比较观察德国与我国台湾地区,《个保法》第23条显然未能完整呈现机关职务履行需求与个人信息自决权保护间的紧张关系,以下本文将详述之。

　　(1) 目的拘束原则考虑之欠缺

　　观察《个保法》第23条,立法者并未区分是否为原始收集目的外之传递,而一概必须取得个人之同意。倘若我国对于信息保护权利基础的理解,立基于个人信息自决权的理解之上,则"目的拘束原则"具有宪法上位阶,盖如前所述,人民之个人信息自决权亦应包含其个人信息应在何等目的范围内受到利用的决定权。[47] 实定法上,相较于第一次的原始信息收集,后续的处理行为实际上相当多样,对于个人信息自决权亦可能产生不同的侵害程度。[48] 据此,《欧盟条例》第6条第4款亦规定,个人信息收集后的后续处理行为,倘其目的与原始收集目的有别者,原则上必须有个人的同意或内国法律另定有保护性措施,否则信息处理者必须另考虑其他因素,包括:(a) 收集个人数据的目的与预期的进一步处理的目的之间的任何关联;(b) 为信息处理的特殊情境,特别是个人信息拥有者与信息处理者之间的关系;(c) 个人信息的种类,尤其是否具有上述的敏感性信息特征;(d) 后续信息处理行为可能对个人带来的影响;(e) 存在的可能保护措施,例如加密或匿名化处理。值得注意者为,《欧盟条例》在此给予各国立法者一定的规范形成空间[49],据此《德国个保法》第23条规定,公务机关脱离原始收集目的所为的信息处理行为者,必须具备该条所明文列举的六项合法性事由之一,并且第25条向第三人传递者,亦联结至此六项事由,包含:(a) 显然基于当事人利益而为之,并且无合理理由认为其为知情者;(b) 当事人个人信息基于一定事实上迹象而有核实之需求;(c)基于防止重大公共福祉受损害或公共安全之危害、国家安全之维护、维护重大公共福祉或确保税收或货物进口所必要;(d)基于刑事不法或行政不法行为的侦查或刑罚或其他保安处分执行所必要;(e)防止对第三人权利的重大侵害;(f)行使其监督及控制的权限或有利于执行信息处理者的内部组织调查,又或出于内部培训或考核目的的需求,且不违背当事人值得保护之利益。立于第23条的合法性基础之上,第25条就公务机关间个人信息之传递,另外要求必须为受传递机关执行其管辖权内法定职务所必需。

　　与德国上述立法模式稍有不同,我国台湾地区所谓"个人资料保护法"有关规定

---

〔47〕 詹镇荣,前揭(注〔42〕)文,第11页。

〔48〕 就此详参吕信莹:《个人资料保护法上目的拘束原则之探讨》,新学林,2012年;李惠宗:《个人资料保护法上的帝王条款——目的拘束原则》,载《法令月刊》第64卷第1期,2013年1月,第37—61页。

〔49〕 Herbst, in: Kühling/Buchner, DS-GVO BDSG, Art. 23 , 2018, Rn. 1.

采取所谓"双元性评价基础",针对公务机关间个人信息传递行为,进一步区分"传递机关之个人资料利用行为"及"接受机关之个人资料搜集行为",而分别适用该规定第 16 条及第 15 条。对于前者,该规定第 16 条相当程度地体现了上述目的拘束性原则,亦即仅有目的外传递行为始须符合所列举的各项事由。仔细观之,仅第 7 款"经当事人同意"与《个保法》第 23 条所规定者相同,唯其同时亦创设其他得例外允许目的外传递的事由,以一定程度地兼顾行政实务上的需求。〔50〕就此应特别注意者为,所谓的"特定目的",实际个案适用上涉及如何使其目的获得具体化的确认,盖目的划定愈具体,愈能避免发生目的外利用的情事。〔51〕就此,台湾地区法务部门进一步在"个资法"第 53 条的授权下,修正发布"个人资料保护法之特定目的及个人资料之类别",以协助各机关确定其目的。〔52〕

(2) 基于行政任务履行的常态性事实调查需求

相对德国与我国台湾地区相关规定所列举的各项例外目的外传递允许事由,本文较为关心者为,行政实务上基于一般常态性行政任务履行所生的事实调查需求,得在《个保法》第 23 条规定的框架下获得多少满足,尤其与行政法上职务协助呈现如何的互动关系。如上所述,我国大陆学界对于职务协助的概念多有着墨,并见诸多位学者主持起草的《中华人民共和国行政程序法(试拟稿)》中,并且关于其适用范围,大多认为得参考德国立法及我国台湾地区规定,以列举方式界定得适用行政协助的情形,其中即包含"无法自行调查执行公务所需要的事实数据,且执行公务所必需的文书、资料、信息为被请求行政机关所掌握者"〔53〕。于此可能产生的疑问是,《个保法》第 23 条不同于原草案第 36 条规定,未将"法律另有明文规定"作为合法传递事由。在此前提下,未来公务机关之间的个人信息传递,是否仍得以行政程序法或部门特别法中关于职务协助规定作为依据?又其他法律授权必须具备如何的密度?未来在《个保法》施行后可能存在疑义。依笔者之见,若仅以"个人同意"作为唯一合法传递事由,显然忽视行政机关之间职务协助与行政任务履行的常态性事实调查需求,是以仍应肯认法律另为特别规定之空间。

由于我国大陆地区目前尚未将职务协助之规定明文化,是以德国与我国台湾地区学理上的讨论应有一定参考价值。首先,我国台湾地区通说认为其他法律规定应

〔50〕 此包括了"为维护国家安全或增进公共利益所必要"(第二款)、"为免除当事人之生命、身体、自由或财产上之危险""为防止他人权益之重大危害"(第三款)、"公务机关或学术研究机构基于公共利益为统计或学术研究而有必要,且资料经过提供者处理后或经搜集者依其揭露方式无从识别特定之当事人"(第四款)、"有利于当事人权益"(第五款)。

〔51〕 洪家殷,前揭(注 35)文,第 19 页。

〔52〕 其中分别罗列 182 种特定目的项目,并予以编码。

〔53〕 就此详参周春华:《行政协助制度的学理评析》,载《公法研究》2008 年 6 月,第 255 页以下。

限于"作用法",而排除组织法上的授权依据。[54] 然而得否以行政程序上职务协助之规定作为依据,在德国与我国台湾地区学界存在分歧见解。一般行政法教科书多认为台湾地区"行政程序法"第 19 条第 2 项第 4 款与第 5 款已足以作为机关相互间资料传递的依据,[55] 惟应参考德国法,尚须符合"临时性"的要求,亦即事件处理完毕就应停止,不能使事件成为长期例行工作。[56] 然而德国与我国台湾地区学者亦不乏持否定见解者,学者颜厥安认为基于"信息权力分立"(informationelle Gewaltenteilung)之要求,使用个人资料必须仅限于法定之目的范围内,尤其有必要透过"职务协助之防堵"(Amtshilfefest)来防止原本法定目的之偏离,因此个人信息之提取与处理既然属于基本权之干预,就应该被排除在职务协助的范围之外,否则笼统基于职务协助而为信息转交与转用,正好造成目的背离的效果。[57] 同样地,德国学者 Bonk 亦认为,职务协助之设计主要着眼于国家权力虽分散于各机关或主体间,行政组织中仍应强调一定程度之行政一体要求,故相互不隶属之各层级或各事务管辖之行政机关得透过资料之相互流通以增加行政决定之正确性并简化行政程序。然而,在"人口普查案"增加对当事人信息自决权之保护后,在基于事实调查所为之资料传递,并不能排除联邦个人信息保护法适用之空间。[58]

在此基础上,应进一步探寻,在个人资料保护法施行后,授权为目的外传递的特别法授权应具备如何之密度。就此台湾地区"警察职权行使法"第 16 条,对于警察机关受其他机关的请求提供或由其他机关取得个人信息,为原则性许可之授权,[59] 并于第 18 条进一步规定,经其他机关传递取得的个人信息,于任务完成后原则上应进行注销或销毁。[60] 值得注意者为,由于在台湾地区个人资料保护有关规定框架下,必须分别评价"传递机关所为信息传递行为"及"受传递机关所为信息收集行为",并

---

〔54〕 詹镇荣,前揭(注 42)文,第 13 页。若依此见解,则《中华人民共和国人民警察法》第 6 条规定各项警察机关的法定职责,尚不得认为该当《个保法草案》第 36 条"法律、行政法规另有规定"的要求。

〔55〕 陈敏:《行政法总论》(第五版),2007 年 10 月,第 919—920 页指出,职务协助之形式包含"传送档案或文书,以供阅览及使用"及"对所知悉之事实提供信息";李震山:《行政法导论》,三民,2011 年 4 月修订九版,第 100 页指出,即使欠缺特别法的授权依据,仅以"行政程序法"第 19 条作为请求他机关协助之法律依据亦已足够。

〔56〕 李震山,前揭(注〔55〕)书,第 101 页。

〔57〕 颜厥安:《户籍法第八条与全民指纹建档合宪性问题之鉴定意见》,载《台湾本土法学杂志》第 79 期,2006 年 2 月,第 150 页。

〔58〕 Bonk, in: Stelkens/Bonk/Sachs, VwVfG, 2008, § 4, Rn.4 - 6.

〔59〕 第 16 条第 1 项规定:"警察于其行使职权之目的范围内,必要时,得依其他机关之请求,传递与个人有关之资料。其他机关亦得依警察之请求,传递其保存与个人有关之资料。"

〔60〕 第 18 条第 1 项规定:"警察依法取得之数据对警察之完成任务不再有帮助者,应予以注销或销毁。但资料之注销或销毁将危及被搜集对象值得保护之利益者,不在此限。"

分别受到该法第 16 条〔61〕及第 15 条〔62〕之要件限制。因此,上述"警察职权行使法"授权规范的效力仅及于前者。相对于此,台湾地区"社会救助法"第 44—43 条则得同时作为两行为的授权基础。〔63〕对于其他行政部门领域未来的授权规范内容,有学者认为至少应揭示个人资料传递之意旨,而无须明示"为特定目的外利用之传递",可资借鉴。〔64〕

五、结语

《个保法》相较《民法典》人格权编的规定,为公务机关及非公务机关所有类别个人信息的各种处理行为提供了更为全面且完整的规范,并且意识到公务机关作为信息处理者的特殊地位,以及信息传递行为相较其他处理行为的特殊性,而予以特别规定,凡此皆值得肯定。然而,在《民法典》施行后学界着重探讨个人信息保护的权利基础之际,更为重要的是建立个人信息保护法中的公法保护基础,并在宪法基本界限划定前提下,以立法方式审酌国家机关信息处理与人民信息自决利益间利益,就此德国与我国台湾地区的学理开展有一定参考价值。立基于信息自决权保障的基础上,进一步检视《个保法》中国家机关为信息处理的合法性要件,则现行《个保法》第 23 条及 29 条尚有进一步商榷之处。

---

〔61〕 第 15 条规定:"公务机关对个人资料之利用,除第六条第一项所规定资料外,应于执行法定职务必要范围内为之,并与搜集之特定目的相符。但有下列情形之一者,得为特定目的外之利用:

一、法律明文规定。

二、为维护国家安全或增进公共利益所必要。

三、为免除当事人之生命、身体、自由或财产上之危险。

四、为防止他人权益之重大危害。

五、公务机关或学术研究机构基于公共利益为统计或学术研究而有必要,且资料经过提供者处理后或经搜集者依其揭露方式无从识别特定之当事人。

六、有利于当事人权益。

七、经当事人同意。"

〔62〕 第 15 条规定:"公务机关对个人资料之搜集或处理,除第六条第一项所规定资料外,应有特定目的,并符合下列情形之一者:

一、执行法定职务必要范围内。

二、经当事人同意。

三、对当事人权益无侵害。"

〔63〕 第 44—43 条第 1 项规定:"为办理本法救助业务所需之必要资料,主管机关得洽请相关机关(构)、团体、法人或个人提供之,受请求者有配合提供信息之义务。"

〔64〕 詹镇荣,前揭(注〔42〕)文,第 14 页。

中德法学论坛

第 18 辑·下卷,第 216~236 页

"环境国"下的国家扩张与宪法应对

——以环境风险预防为例

段　沁*

摘　要:从实践描述到规范塑造,"环境国"既服务于证成国家建构的合法性基础,又用以解释环境宪法的整体效果。虽尚有争议,但在我国"环境国"逐渐成为一种政治现实和规范状态。环境宪法的主要规范类型是国家目标条款等"目的性规范",其开放性及环境系统本身的复杂性,可能带来宪法对国家权力控制的乏力,使有效保护环境的目标实现"不足"或"过度"。尤其是在环境风险的预防上,"过度"问题甚为典型。为有效应对,应加强宪法的融贯解释并在此基础上持续进行工具创新。就环境风险预防而言,应明确排除国家的普遍风险预防义务,完善对预防行为的正当性补强并充分发挥基本权利的消极防御功能,加强宪法上组织与程序保障等国家义务的践履等。

关键词:环境国;国家目标;国家扩张;风险预防;宪法应对

Abstract:The functional expectation of the "environmental state" has experienced the transformation from the practical description to the normative shaping, which not only serves to prove the legitimacy foundation of the state construction, but also explains the overall effect of the environmental constitution. Although there are still controversies, the "environmental state" in China has gradually become a political reality and normative state. The main type of norms of environmental constitution is "objective norms" such as national goal clauses. Its openness and the complexity of environmental system itself may lead to the lack of control by the Constitution and the "insufficient" or "excessive" realization of the objective of effective environmental protection. Especially in the prevention of environmental

---

＊　段沁:中国人民大学法学院、德国慕尼黑大学博士研究生。

risk, "excessive" problem is very typical. In order to deal with it effectively, we should strengthen the integration and interpretation of the constitution, and on this basis, we should continue to innovate tools. In terms of environmental risk prevention, we should clearly exclude the state's general risk prevention obligations, improve the legitimacy of preventive actions and give full play to the negative defense function of basic rights, and strengthen the implementation of state obligations such as the constitutional organization and procedural protection.

Key words: Environmental State; National Goal; National Expansion; Risk Prevention; Constitutional Response

进入新时代,我国的环境法制走向了向宪法要动力的新阶段。随着我国宪法的补充调整,环境宪法的规范及理论体系日渐形成。为了更加系统地理解其中的学理并适用相关的条文,需要总结、凝练出一些概括性更强的概念范畴并置之于整体宪法的视角下予以分析。只有这样,才能防止环境宪法释义上的片面性和碎片化。以"环境国"概念为抓手,可以较为清晰地看到"宪法环保规范变动—国家公权力扩张—宪法秩序反思回应"这样一条环境宪法乃至整体宪法的运行轨迹,而环境风险的预防又是这一轨迹的典型展现,粘连着许多重要的理论议题。对此,本文将结合中、德两国的规范依据和学理认识予以具体的阐述剖析。

一、国本扩容:迈向"环境国"?

"环境国"(Umweltstaat)这一概念滥觞于德国,其德文是由"环境"(Umwelt)与"国家"(Staat)两个单词复合而来,其构词法与中国学界所熟知的"法治国"(Rechtsstaat)、"社会国"(Sozialstaat)等概念相同。作为"环境国"主要提出者的德国公法学者米夏埃尔·克勒普弗(Michael Kloepfer),从二十世纪八十年代开始就试图以此概念来统摄乃至引导逐渐发育成形的"环境宪法",通过阐释"环境国"的法哲学背景、实定法基础等内容来证成其理论抱负与效用。[1] 他认为该概念表征的是一种"国本"(Staatswesen),指向的是一种将环境完整性作为决断的基本目标及准绳的国家。[2]

---

〔1〕 与"环境国"概念相似的还有"生态立宪国"(Ökologischer Verfassungsstaat)等概念,对此参见 Rudolf Steinberg, Der ökologische Verfassungsstaat, Suhrkamp Verlag, Frankfurt am Main 1998.

〔2〕 Michael Kloepfer, Aspekte eines Umweltstaates Deutschland. Eine umweltverfassungsrechtliche Zwischenbilanz, in: Klaus-Peter Dolde (Hrsg.), Umweltrecht im Wandel: Bilanz und Perspektiven aus Anlass des 25-jährigen Bestehens der Gesellschaft für Umweltrecht, S. 747, Erich Schmidt Verlag, Berlin 2001.

所谓"国本",其德文直译是"国家本质",亦有中文译者称之为"国体"[3]。"国本"在宪法中是由具有规范性的"基本决断"(Die verfassungsrechtlichen Grundentschei-dungen)形成的,[4]其反映了一个国家在形式上和实质上最为基本重大的特征。[5]因此,克勒普弗的论断无疑是对德国《基本法》框架下自1949年以来形成的五元国本论——联邦国、共和国、民主国、法治国、社会国——的扩容。并且随着环境保护在1994年以"国家目标"(Staatsziel)的范式成为与《基本法》第20条国本条款紧密相连的第20a条,"环境国"的宪法存在愈加浓厚。诚然,德国学界对此也有颇多异议,很多学者反对用"环境国"解释环境保护条款的规范意涵并充任环境宪法的教义工具。发生在德国的争论自有其特别的释义学背景,但这不妨碍中国学界凭借其中的学理观察我国的宪法学材料。为此有必要详细剖解"环境国"这一概念的生发脉络、学理企图和具体功用,并结合我国的宪法实践进行综合性反思。

(一)"环境国"的实践基础

在概念诞生之初,"环境国"尚不具备非常显性的宪法规范基础,在1994年修宪前《基本法》中没有明言的环境保护条款,遑论对国家架构及政权的组织、运行具有基础性形塑引导作用的、指向"环境国"的国本条款。因此,"环境国"的初心主要是对现实政治实践的描述总结和对未来宪政实践的期待。

在德国,国家一度在保护环境方面走在了一般民众的前面,绿色理念和环保意识的兴起主要是由国家所激起,这区别于其他社会思潮的"社会走向国家"的变革过程。联邦德国政府于1971年制定了"环境纲领"(Umweltprogramm),并开始在此框架下致力于环境法律和环保法制的体系化建构。[6]经过若干年国家的积极作为和宣导,环保法律遍地开花,民众产生了较高的环保意识,并逐渐演变为独特的意识形态和政治性力量。[7]因此到二十世纪九十年代,保护环境已经成为德国社会各界的重要共识,在政治决策及国家前途的选择中占据着颇有分量的位置,环保的动机

---

[3]　在中国宪法学语境中,"国体"这一概念着重强调的是国家存在的意识形态基础,有特殊的政治哲学前设。为避免混淆,本文将"Staatswesen"一词译为"国本"。

[4]　Vgl. Hartmut Maurer, Staatsrecht I-Grundlagen, Verfassungsorgane, Staatsfunktionen, § 6 Rn. 9, 6.Aufl., Verlag C.H. Beck, München 2010.

[5]　Vgl. Hartmut Maurer, Staatsrecht I-Grundlagen, Verfassungsorgane, Staatsfunktionen, § 6 Rn. 1, 6.Aufl., Verlag C.H. Beck, München 2010.

[6]　Vgl. Umweltprogramm der Bundesregierung vom 21.09.1971, BT-Drucks 6-2710.

[7]　例如自20世纪80年代起,德国"绿党"兴起并逐渐成为联邦议会颇具政治分量的政党,时至今日其已成为德国乃至欧盟可与传统执政党匹敌的重要政治力量。有关新闻参见《德国环保主义政党绿党在德民调支持率首次登顶》,载"新华网",http://www.xinhuanet.com/2019-06/03/c_1124577257.htm,最后访问日期2019年8月19日。

及必要性也在多个学科层面得到了讨论。

　　诚如前文所述,"环境国"的核心主词是"国家",这一概念首要服务于对国家的认识及描述。因此,国家与环境的关联首先要在国家学上得到批判和反思,环境对于国家的意义要在新的历史阶段得到理解。[8] 国家学中的一个重要内容是研究国家目的(Staatszweck),以此分析国家建构的正当合法性、政权组织模式的原因及边界等问题。这一传统在西方学界从古希腊时代延续至今,并几乎被所有的哲学、公法学巨擘所关注思考过,具体的国家目的有哪些亦是众说纷纭。[9] 耶林内克曾对国家目的理论做过分类,其中的相对理论认为国家目的会随着岁月变迁而发生改变,通过合法性证成从而使国家的形态与结构契合时代要求。[10] 德国国家学学者大多认为,传统的国家目的主要有三个,即安全保障、福祉保障以及自由保障,其中的自由保障是启蒙运动后所形成的普遍期待,这也印证了相对理论有关"动态变化"的主张。[11]

　　应当看到,适宜的自然生态环境是人类共同体生存发展的基础,是实现共同体安全这一国家目的的重要方面,[12]也是基本权利得以展开实现的基本前提。[13] 环境保护本来就蕴藏在传统的国家目的之中。当科技革命使现代国家全面进入工业社会,国家所赖以存在的生态环境与人类共同体本身发生重大密切关联时,国家存在的动因就更不能忽视环境保护对于公民的重要性乃至必要性。因此保护环境在一定程度上是国家建构时的正当性基础之一,亦是建构完成后国家公权力应继续秉

〔8〕 Vgl. Michael Kloepfer, Aspekte eines Umweltstaates Deutschland. Eine umweltverfassungsrechtliche Zwischenbilanz, in: Klaus-Peter Dolde (Hrsg.), Umweltrecht im Wandel: Bilanz und Perspektiven aus Anlass des 25-jährigen Bestehens der Gesellschaft für Umweltrecht, S. 747, Erich Schmidt Verlag, Berlin 2001.

〔9〕 Vgl. Josef Isensee, Das Grundrecht auf Sicherheit, S. 17ff., Walter De Gruyter, Berlin 1983.

〔10〕 Vgl. Georg Jellinek, Allgemeine Staatslehre, 3. Aufl., S. 250 ff., Verlag von Julius Springer, Berlin 1920.

〔11〕 Vgl. Joachim Schwind, Zukunftsgestaltende Elemente im deutschen und europäischen Staats- und Verfassungsrecht, S. 198 - 201, Duncker & Humblot GmbH, Berlin 2008.

〔12〕 参见[德]齐佩利乌斯:《德国国家学》,赵宏译,法律出版社 2011 年版,第 160—165 页。

〔13〕 Vgl. Michael Kloepfer, Aspekte eines Umweltstaates Deutschland. Eine umweltverfassungsrechtliche Zwischenbilanz, in: Klaus-Peter Dolde (Hrsg.), Umweltrecht im Wandel: Bilanz und Perspektiven aus Anlass des 25-jährigen Bestehens der Gesellschaft für Umweltrecht, S. 747, Erich Schmidt Verlag, Berlin 2001.

持的重要奋斗目标。[14]

工业社会的全面来临使个人生存与自然生态的关系变得极为紧密,新兴科技带来各种福祉增进的同时也加重了环境负担,产生许多不可逆的损害、危险或风险。换言之,人类科技活动对客观环境的巨大重构性以及重构结局的不确定性,使自然生态对个体及共同体的生存意义骤然凸显出来,人类共同体有必要为自我所致之现实危害或潜在风险而行动起来,因此保护环境势在必行。然而若仅仅是重要性的彰显还不足以使"环境的良好完整"升至国家目的的高度。之所以要将"环境"要素嵌入国本证立及建构,是因为自然生态环境具有结构复杂性、牵连广泛性和干预综合性,若缺少国家这一最具能力的工具就不能有效应对。[15] 垄断暴力、能够全面协调并有效整合个体的国家,相比于社会动员、市场调节等机制而言,其推进环境保护的优势是不言而喻的。易言之,环境保护虽不排斥社会力量的参与,但绝不能缺少国家的组织和介入。并且,环境保护的客观形势也要求其不再是,也不能再是行政机关施政纲领中的只言片语。"环保"需要已然跃升为整体国家的行动方向。当现代国家走向民主化、法治化后并致力于社会公平正义时,绿色化似应成为国家形态的新型标签。

虽然经过政治哲学和国家学的反思,环保应成为国家的合法性基础之一,且环保实践也在政策和普通法律层面充分展开,但直到 1994 年《基本法》修改前,德国宪法中可堪构成国家义务的环保存在仍旧是片面和隐性的。这些碎片化的宪法存在主要来自基本权利条款和立法权限条款,但其不是无法涵盖全面环保的内容,就是无法形成对国家各权力的宪法义务,[16]因此增强宪法对环保的全局性、强制性规定就颇为必要并呼声高涨。最终环境保护作为一种国家目标被写入《基本法》,[17]该条款对所有国家权力都形成拘束力,并被认为是国家负有义务的、高阶且基本的任务,与《基本法》第 20 条第 1 款中所规定的国家目标及政权建构原则具有同等分量。[18]至

---

〔14〕　Vgl. Dietrich Murswiek, Staatsziel Umweltschutz (Art. 20a GG) -Bedeutung für Rechtsetzung und Rechtsanwendung, NVwZ 1996, 222, 223.

〔15〕　Vgl. Michael Kloepfer, Auf dem Weg zum Umweltstaat?, in: Michael Kloepfer (Hrsg.), Umweltstaat, S. 46, Springer-Verlag, Berlin 1989.

〔16〕　参见张翔、段沁:《环境保护作为'国家目标'——〈联邦德国基本法〉第 20a 条的学理及其启示》,载《政治与法律》2019 年第 10 期,第 4 页。

〔17〕　国家目的(Staatszweck)和国家目标(Staatsziel)是两个不同的学理概念,其主要区别在于是否具有规范属性,前者是超越实定法的国家学概念,后者是实定法下的国家法学概念。对此参见 Josef Isensee, Staatsaufgaben, in: Josef Isensee / Paul Kirchhof (Hrsg.), Handbuch des Staatsrechts der Bundesrepublik Deutschland, Band. IV § 73 Rn. 6, 3. Aufl., Verlag C.F. Müller, Heidelberg 2006.

〔18〕　BT Drucks 12 - 6000, S. 65.

此,"环境国"概念的面貌才从一个主要服务于法哲学省思和政治实践描述的自发事实层面,迈向了具有最高法律效力的、指向国家的应然规范层面。

(二)"环境国"的规范争议

然而,争议也随之而来。核心争论点在于,作为国家目标的环境保护是否能切实在法解释上成为可堪与国本条款相当的规范类型。如贝格(Wilfried Berg)等学者都对克勒普弗的"环境国"表述提出了意见。首先,《基本法》第 79 条第 3 款规定,第 20 条所确立的各类原则属于不可修宪范围。这意味着,第 20 条中的国本条款是在既有宪法秩序下恒定坚守的纲领规范,难以想象可修改的第 20a 条能够比肩宪法对国家共同体的整体性、本质性决断,进而综合进去,使既有的各个国本价值相对化。故而从规范效力上看相关的国本条款应是高于第 20a 条的。[19]

并且,"环境国"指向的是极为笼统的国家作为。换言之这一概念借由"环境保护"这样的外壳给国家的"全面出手"打开了方便之门。在这样的意义上,"环境国"与"法治国""民主国"等原则之间形成的张力过于强大,很难协调。[20] 若侧重倒向"环境国",则有滑向"预防国家"的危险。这意味着,由于现代环境政策的核心是重在预防,国家为了有效预防,完全可以以保护生态环境为名行切实全面控制之实。[21] 预防原则的展开意味着法治国原则中确定性要求的削弱。若缺少了行动标准和衡量标尺,则行政活动等受到法律的约束性就会大大减弱,依法行政有被掏空之虞。[22]

最后要指出的是,自然生态诚然是至关重要的公共利益,保护环境也是国家的重大职责,但有论认为环境保护本身并不能成为全领域的国家政权建构或运行的原则。由宪法"基本决断"塑造的"国本"是国家在时空流变中的同一性标志,其他的宪法规范和国家架构的展开都以"基本决断"为总依据,国家目标条款亦然。[23]因此

---

〔19〕 Vgl. Klaus Stern, Das Staatsrecht der Bundesrepublik Deutschland, Band Ⅰ, 2. Aufl., S.564 ff., C.H. Beck'sche Verlagsbuchhandlung, München 1984.

〔20〕 Vgl. Wilfried Berg, Über den Umweltstaat, in: Joachim Burmeister (Hrsg.), Verfassungsstaatlichkeit. Festschrift für Klaus Stern zum 65. Geburtstag, S.433 - 434, C.H. Beck'sche Verlagsbuchhandlung, München 1997.

〔21〕 Vgl. Reiner Schmidt, Einführung in das Umweltrecht, 4.Aufl., § 1 Rn.7, C.H. Beck, München 1995.

〔22〕 Vgl. Wilfried Berg, Über den Umweltstaat, in: Joachim Burmeister (Hrsg.), Verfassungsstaatlichkeit. Festschrift für Klaus Stern zum 65. Geburtstag, S.424, C.H. Beck'sche Verlagsbuchhandlung, München 1997.

〔23〕 Vgl. Hartmut Maurer, Staatsrecht I-Grundlagen, Verfassungsorgane, Staatsfunktionen, § 6 Rn. 9, 6.Aufl., Verlag C.H. Beck, München 2010.

"绿色化"至多只能是"社会化"后,对既有的自由民主法治国这一基本国体的丰富和再具体化,目的在于促使国家正视并解决新时代的新使命和新矛盾,其本身是一种手段、工具而非对国家的实质价值的定位描述。[24]

综上所述,时至今日"环境国"是否具备宪法规范上的国本条款地位依然极具争议,德国学界的基本共识仅认为环境保护条款属于国家目标这一宪法规范类型,其对国家施以持续的重视或实现特定任务及目标的义务。[25]虽然学界认为,国家目标中标示的法益充入了宪法的整体价值体系,各类国家权力的活动都需要对此予以权衡或关照,[26]但能否在实质性的原则方向上使国家的体制结构和基础追求"绿色化",则仍有待商榷。[27]与德国相似的是,我国宪法中的主要环保条款同样是国家目标的范式,并且以此为核心形成了环境宪法的规范体系。[28]

但略有不同的是,2018 年的修宪使生态环境保护多生出对国家而言更为重大、整全的意味。这主要是因为,宪法"序言"第七自然段集中阐述了"国家的根本任务",以统筹、综合、体系化的用语进行了规范叙事,擘画了国家的未来前途。[29]虽然使用的是"任务"二字,但在效力意涵上属于国家目标,区别于"国家任务"的非义务性特征。[30]"序言"对环境保护这一国家目标的原则性加强和拔高,尤其是"美丽中国"的出现,令人不得不思考,我国宪法是否将整体的宪法秩序引向了"环境国"的新维度。但不论如何,自 2018 年修宪后,环境保护工作得到了前所未有的加强和重视,绿色理念逐渐渗透到各类国家活动的方方面面,甚至国家机构组织的建设调整

〔24〕　Vgl. Wilfried Berg, Über den Umweltstaat, in: Joachim Burmeister (Hrsg.), Verfassungsstaatlichkeit. Festschrift für Klaus Stern zum 65. Geburtstag, S. 426 - 427, C.H. Beck'sche Verlagsbuchhandlung, München 1997.

〔25〕　Vgl. Der Bundesminister des Innern / Der Bundesminister der Justiz (Hrsg.), Staatszielbestimmung/Gesetzgebungsaufträge, Bericht der Sachverständigenkommission, S.21, Konkordia GmbH für Druck und Verlag, Bühl/Baden 1983.

〔26〕　Vgl. Theodor Maunz / Günter Dürig, Grundgesetz Kommentar Band Ⅲ, Art.20a Rn. 14, 40. Lieferung 06.2002, Verlag C.H.Beck, München.

〔27〕　Vgl. Jürgen Salzwedel, Schutz natürlicher Lebensgrundlagen, in: Josef Isensee / Paul Kirchhof (Hrsg.), Handbuch des Staatsrechts der Bundesrepublik Deutschland, Band.Ⅳ § 97 Rn. 25., 3.Aufl., Verlag C.F. Müller, Heidelberg 2006.

〔28〕　参见张翔:《环境宪法的新发展及其规范阐释》,载《法学家》2018 年第 3 期,第 97 页。

〔29〕　参见张翔:《环境宪法的新发展及其规范阐释》,载《法学家》2018 年第 3 期,第 97 页。

〔30〕　有关国家任务(Staatsaufgabe)与国家目标(Staatsziel)的区别,参见 Josef Isensee, Staatsaufgaben, in: Josef Isensee / Paul Kirchhof (Hrsg.), Handbuch des Staatsrechts der Bundesrepublik Deutschland, Band.Ⅳ § 73 Rn.16, 3.Aufl., Verlag C.F. Müller, Heidelberg 2006.

也积极回应了宪法新的目标要求。[31]尽管"环境国"能否成为我国环境宪法规范的解释总结尚有待厘清,但不可否认的是,新的宪法秩序下国家的政治实践越来越"生态文明化"。在环境宪法的综合做功下,"环境国"越来越成为一种政治现实,并实实在在地开始统摄环保政策的制定执行。

因此,新的环境宪法在相当程度上为国家扩张打开了口子。如此一来,这似乎与宪法的控权秉性产生了矛盾。不论是德国还是中国,环境保护的宪法表达都采取了国家目标条款这一规范类型,其基本出发点在于确保环境保护的"有效性"。然而,由于此类规范的独特结构和属性,在践履相应条款的过程中可能会出现令人意想不到的困境。这些困境或许会给宪法本身的有效施展带来危机,这在环境风险的应对方面则尤为突出。

二、潜在危机:有效保护的两端困境

(一)从务实到务虚的宪法规范

近代立宪主义兴起的重要历史背景,是等级社会、封建专制的逐步瓦解和市民社会、自由秩序的逐渐形成。[32]立宪的直接目的,在于在一系列启蒙认识和对传统共同体秩序进行批判反思的基础上,以法的形式重新调整个体与国家的关系,通过限制国家、约束国家,把个人解放出来,使政治强力围于一定范围,防止出现个人生活的方方面面都被国家机器所裹挟的情况。[33]在这样的情形下,国家与社会开始脱钩,二元并立开始出现。[34]也就是说,宪法自诞生伊始就毫不迟疑地表明了其政治法的属性,调控政治过程、建构并约束国家组织是其天然使命。在"国家-社会"的二元结构下,宪法专注于以国家为规范对象的各类关系调整,国家在宪法的控制下也与个人、社会产生了相对清晰的界分。其中最为重要的,就是以基本权利的形式确立了个人的自由圈域。通过基本权利的防御功能,个人的自决被予以尊重和保障,"公平正义""幸福生活""善"等过去被认为是共同体的实质性价值的定义也被相

---

〔31〕 参见《中央生态环境保护督察工作规定》,载"新华网",http://www.xinhuanet.com/2019 - 06/17/c_1124635565.htm,最后访问日期 2019 年 8 月 19 日。

〔32〕 Vgl. Dieter Grimm, Der Wandel der Staatsaufgaben und die Zukunft der Verfassung, in: Dieter Grimm (Hrsg.), Staatsaufgaben, S. 615, Nomos Verlagsgesellschaft, Baden-Baden 1994.

〔33〕 Vgl. Kay Waechter, Ist eine Wirtschaftsverfassung heute nützlich?, JZ 2016, 533, 535.

〔34〕 Vgl. Peter Badura, Wirtschaftsverfassung und Wirtschaftsverwaltung, Rn. 1, 4. Aufl., Mohr Siebeck, Tübingen 2011.

对形式化了,其内容不再服从于特定宗教、哲学或意识形态的论述,而是交由自由秩序下的个人自由意志的共同商讨来动态形成。[35] 国家从"父亲"的形象变为了"守夜人"。这也是自由放任主义及其经济制度勃兴的重要条件。

　　然而,随着历次工业革命带来的生产力的高度解放,经济性的社会分化愈加严重。新的被客体化和强制层出不穷,扁平化的市民社会再度受到变相的等级控制。[36] 也就是说,由于社会成员间经济力量的巨大差距以及经济力量对社会秩序的深重影响,二元结构建立时所期待的个人自决不再是仅通过"国家克制"就可实现的。社会自身的调节能力出现了真空,社会成员不再能相对自立甚至"老死不相往来",社会整体的功能系统产生了越来越细的分化,这些都决定了严格恪守二元结构将会和其初心严重相悖。在这种时代背景的变迁下,国家逐渐地从被防御的对象变为了被需要的对象,民众呼唤国家不再游走于社会之外,而是要求国家参与到社会秩序的建构、调整和监督维系中去。[37]

　　面对这种国家使命的时代转换,宪法自然也在规范层面发生了新的演进。宪法的政治法属性不再强势,其经济法、社会法倾向则愈加明显。这表明,宪法的调整重心逐渐囊括了共同体具体形态的构造和发展。与之相应的,宪法中出现了越来越多的具有实质性价值目的的条款。例如,20 世纪初的魏玛宪法中出现了大量的国家目标条款和社会权条款,其旨在纠正诸多社会公正和经济发展的失衡。[38] 又例如,联邦德国成立后,一系列联邦宪法法院的裁判拓展出了基本权利条款的客观法面相,[39] 基本权利从单纯的防御性主观权利变为了兼具客观法效力的规范,并同时成为整个国家共同体所珍视尊重的价值。[40] 甚至,基于基本权利条款产生的国家保

---

　　〔35〕　Vgl. Dieter Grimm, Der Wandel der Staatsaufgaben und die Zukunft der Verfassung, in: Dieter Grimm（Hrsg.）, Staatsaufgaben, S. 616, Nomos Verlagsgesellschaft, Baden-Baden 1994.

　　〔36〕　Vgl. Dieter Grimm, Der Wandel der Staatsaufgaben und die Zukunft der Verfassung, in: Dieter Grimm（Hrsg.）, Staatsaufgaben, S. 621, Nomos Verlagsgesellschaft, Baden-Baden 1994.

　　〔37〕　Vgl. Dieter Grimm, Der Wandel der Staatsaufgaben und die Zukunft der Verfassung, in: Dieter Grimm（Hrsg.）, Staatsaufgaben, S.623 - 624, Nomos Verlagsgesellschaft, Baden-Baden 1994.

　　〔38〕　Vgl. Kay Waechter, Ist eine Wirtschaftsverfassung heute nützlich?, JZ 2016, 533, 535.

　　〔39〕　其中最重要的系"吕特案"的裁判,对此参见 BVerfGE 7, 198, 205.

　　〔40〕　Vgl. Udo Di Fabio, Zur Theorie eines grundrechtlichen Wertesystems, in: Detlef Merten / Hans-Jürgen Papier（Hrsg.）, Handbuch der Grundrechte, Band II, § 46 Rn.1 - 7, C. F. Müller Verlag, Heidelberg 2006.

护义务,同样被认为是一种国家目标。[41] 这些宪法中出现的新规范或者新解释有一个重要特征,就是其拘束性相对变弱,不确定性相对增强。这种特征在《基本法》的环境保护条款上格外突出。

德国《基本法》第 20a 条规定:"同样出于对后代的责任,国家在宪法秩序的范围内,通过立法并依法由行政和司法机构对自然生存基础和动物予以保护。"该条是典型的国家目标条款,即为国家权力设立了一种指向未来的、动态的建构性要求,并且属于无止境的国家目标,国家需要持续地保护环境和动物,不像国家统一这种阶段性国家目标。为此,国家虽负有宪法上的义务去实践特定目标,但具体方案和路径选择则需要由立法者进一步形成创制。[42] 因此在规范分类上,卢曼将之称为"目的性规范"(Finalprogramm),以区别于"条件性规范"(Konditionalprogramm),即区别于有明确的要件前提和与之对应的法律后果的规范。[43] 相似地,德沃金也相应地做了"原则"与"规则"的区分。[44] 如此一来,国家目标的实现在相当大程度上要依赖于民主代议机关的决策部署,在立法空白时要依赖于行政机关的积极作为。在这种情形下,宪法对国家权力的控制能力可能会逐渐下降。具体而言,这种宪法控制力弱化的境况或有两种情形。

(二)从不足到过度的两端困境

从消极情形看,或许会有各类国家权力怠于践履国家目标的可能。这主要是因为,根据这类规范立法者在何种情形下应如何做,不做会有哪些后果等问题都不甚明了。摆在立法者面前的只有一个抽象价值的路径指示,并没有按图索骥般的确切行动模式。诚然,这种规范的优势在于,充分授权国家权力在综合各种实际情况和所要履行的义务情况下,实事求是、统筹协调地制定环保法律和政策。但是劣势在于,难以有充分的法律工具来促使其积极践行,仅能通过民主意见辩论和选票压力给立法者施以影响。若立法者授权立法或者怠于立法,则行政机关就有较大的恣意空间而更为怠惰。现实中的裁判虽然表明,立法者必须做出一些最低限度的努力,

---

〔41〕 Vgl. Josef Isensee, Staatsaufgaben, in: Josef Isensee / Paul Kirchhof (Hrsg.), Handbuch des Staatsrechts der Bundesrepublik Deutschland, Band.Ⅳ § 73 Rn.43, 3.Aufl., Verlag C.F. Müller, Heidelberg 2006.

〔42〕 Vgl. Josef Isensee, Staatsaufgaben, in: Josef Isensee / Paul Kirchhof (Hrsg.), Handbuch des Staatsrechts der Bundesrepublik Deutschland, Band.Ⅳ § 73 Rn.9, 3.Aufl., Verlag C.F. Müller, Heidelberg 2006.

〔43〕 Vgl. Niklas Luhmann, Lob der Routine, VerwArch 55 (1964), 1, 7 ff.

〔44〕 Vgl. Ronald Dworkin, Taking Rights seriously, P.22, Harvard University Press, London 1977.

确保一些基本的环保措施的落实,[45]且在必要时可以通过公民宪法诉愿等宪法诉讼的方式进行倒逼,[46]但相关的限度标准依然较为模糊。也就是说,立法者或可很轻易达到宪法的要求性规定,很容易跨过宪法设置的对环境保护有效性的最低标准。[47]

德国曾有学者提出"禁止不足"的概念,希望以此来控制国家目标条款落实中可能出现的滞后消极。虽然有学者认为,禁止不足和禁止过度是一体两面,故可以抛弃禁止不足的概念,[48]但亦有学者对此提出批评,认为前述观点局限在经典的三角关系(国家-受害人-侵害人)中,并认为两者解决的问题和出发点各不相同,从禁止过度无法完全推导出禁止不足的内容。[49]为了防止内容空洞化,有学者仿照"禁止过度"亦即比例原则的分析模式提出了"禁止不足"的三阶层分析结构,其结构主要由有效性、必要性和狭义比例审查组成,有效性旨在判断相应措施是否能对环境保护产生效果,必要性旨在判断是否有另外的保护措施可以更为有效地实现保护且对第三人的权益限制更少,狭义比例审查旨在判断经受了前两者审查通过的措施,是否仍然不足以形成必要有效的环境保护。[50]但是若对此仔细考量就会发现,"有效性"已然蕴含于国家目标条款的正向要求中,"必要性"和"狭义比例审查"最终指向的实则就是不同法益的权衡,这与国家目标条款固有的"最优化要求"无甚差别。[51]并且,若借由"禁止不足"而实现针对国家目标条款的主观化诉讼,则环境保护措施的创制选择权就由立法者滑向了宪法法院,[52]这就有悖于宪法"目的性规范"的初衷,剥夺了立法者的形成自由,有损于民主原则和分权原则。

---

〔45〕 Vgl. Michael Kloepfer, in: Wolfgang Kahl / Christian Waldhoff / Christian Walter (Hrsg.), Bonner Kommentar Grundgesetz, Art. 20a Rn. 35, 116. Aktualisierung 04. 2005, C. F. Müller.

〔46〕 Vgl. BverfGK 16, 370, 377, 383.

〔47〕 Vgl. BVerfGE 79, 174, 202.

〔48〕 Vgl. Karl-Eberhard Hain, Der Gesetzgeber in der Klemme zwischen Übermaß-und Untermaßverbot?, DVBl 1993, 982, 983.

〔49〕 Vgl. Fritz Ossenbühl, Verkehr, Ökonomie und Ökologie im verfassungsrechtlichen Spannungsfeld, NuR 1996, 53, 57.

〔50〕 Vgl. Christian Calliess, Rechtsstaat und Umweltstaat. Zugleich ein Beitrag zur Grundrechtsdogmatik im Rahmen mehrpoliger Verfassungsrechtsverhältnisse, S. 460, Tübingen 2001.

〔51〕 相关的综合批评,参见 Vgl. Rico Faller, Staatsziel „Tierschutz"—Vom parlamentarischen Gesetzgebungsstaat zum verfassungsgerichtlichen Jurisdiktionsstaat?, S. 169 - 171, Duncker & Humblot GmbH, Berlin 2005.

〔52〕 Vgl. Ernst-Wolfgang Böckenförde, Grundrechte als Grundsatznormen. Zur gegenwärtigen Lage der Grundrechtsdogmatik, Der Staat 29 (1990), 1, 25.

可见探索防止消极情形的宪法教义工具是困难的。但客观地看,当环境保护经过广泛的社会讨论和政党切磋,以绝对多数的姿态强势进入宪法文本,已然说明环保理念确已深入人心。实际上,包括德国联邦国会议员在内的各类政治人物,对环保议题都不敢掉以轻心,德国的环保法制也越来越健全完善。环保措施供给不足、环保事务出现漏洞的情形少之又少,即使出现也能以较高的效率和全局的视角予以立法或行政上的弥补。与"不足"相反,恰恰是一些积极的、在"目的性规范"适用中的"过度"情形,使宪法陷入了约束乏力的困境之中。

如前所述,国家目标条款等目的性规范在保持开放性、给立法者充分的形成自由的同时,也为国家权力的膨胀扩张打开了暗门。从能力上看,现代国家具有全权性(Allzuständigkeit),即有能力处理调整各个生活领域的事务。[53] 宪法作为框架秩序(Rahmenordnung)对国家全权性予以控制,防止潜在的全权性任由国家"变现"从而走上极权国家的道路。[54] 这也就意味着,公权力的活动虽无须事事皆由宪法授权(宪法尤其未对各类国家任务的实现予以保留),但以各类宪法保留(尤其是基本权利保护)为边界。"目的性规范"并不含有禁止性的要件与后果,规范本身主要是授权性、要求性的,几乎不对国家权力施以束缚,即使有也是一种导向积极作为的义务负担。也就是说,国家目标条款非但不是一种"逆全权性"的控制规范,反而是一种补强某类国家行动的宪法诫命,使原本由国家可开放选择的国家任务转为国家必须积极履行的宪法义务。在这种情形下,国家具有更强的正当性和更轻的合宪性论证负担,从而能够更加放开手脚、主动出击。并且,国家目标条款所蕴含的常被认为是宪法上的客观法益或价值,能够成为限制无法律保留基本权利的理由,[55]故而为实现国家目标公权力的行动领域和可干涉范围也就更加宽广。

基于这种理论特征,环境保护条款的落实有极大的"过度"可能,这种"过度"往往表明的是公权力的"溢出"效应,即国家为了自然生态保护,甚至仅是以环保为名义对各个生活领域展开了彻底的干预和限制。导致这种可能的原因还在相当大程度上,与环境保护本身的属性特点及市场经济下国家行动的新手段有关。

环境本身即为一个复杂的系统,常常牵一发而动全身。生态损害的治理改善和预防,需要各个领域的工作形成合力。此外,或许仅是环保工作某一个细节的缺漏,

---

〔53〕 Vgl. Josef Isensee: Staatsaufgaben, in: Josef Isensee / Paul Kirchhof (Hrsg.), Handbuch des Staatsrechts der Bundesrepublik Deutschland, Band IV, § 73 Rn. 55, 3. Aufl., C. F. Müller Verlag, Heidelberg 2006.

〔54〕 Vgl. Josef Isensee: Staatsaufgaben, in: Josef Isensee / Paul Kirchhof (Hrsg.), Handbuch des Staatsrechts der Bundesrepublik Deutschland, Band IV, § 73 Rn. 57 - 59, 3. Aufl., C. F. Müller Verlag, Heidelberg 2006.

〔55〕 Vgl. BVerwGE 125, 68.

就会导致重大且不可逆的生态损害。也正是基于这种特性，环保政策的核心是预防，生态安全保障不再满足于消除损害、抵御危险，风险防范构成了环境法制的重要内容。[56] 风险可以被界定为处理现代化自身引起的危害（hazards）和不安（insecurities）的系统方式，其具有现代性、社会性或人为性、不确定性、系统性、广泛联系性和因果循环性。[57] 风险不同于损害与危险，其为一种潜在的不安状态，在未发生转化前并不必然地会对主观权利或客观法益产生侵害。[58] 因此风险是一种模糊状态，很多情况下都难以把握风险转化的条件与机理，难以确定国家应当约规的对象与范围，法规范无法给国家权力提供准确的行动前提与准则指南。同时，风险数量总是远超实际的损害或危险，并且其产生往往源自复杂的社会交往与沟通之中，与人们的思想态度、生活模式及价值追求等要素关联密切。[59] 因此，要实现切实有效的环境保护国家就不得不全面撒网、广泛干预，以期有效化解环境风险。并且，在新的市场经济环境下，国家履职的手段也不再局限于传统的命令或强制，而是拓展出更多的柔性措施。[60] 这些措施往往是通过间接、杠杆式的影响来实现不同领域的规制调控，隐蔽性、不确定性都更强，常常能够规避宪法和法律的有效约束。这从某种程度上更协助国家摆脱了既有的法律工具（如基本权利的防御权功能）的控制。

综上所述，面对"有效保护"这一宪法要求在落实中的两端困境，宪法有必要予以及时的回应，尤其是对可能滑向"预防国家"的"过度保护"危机。进一步加强宪法的综合性运用解释并从中厘清控制机制和创新教义工具，[61] 或许是较为妥当的应对之法。

---

〔56〕 Vgl. Josef Isensee, Staatsaufgaben, in: Josef Isensee / Paul Kirchhof（Hrsg.），Handbuch des Staatsrechts der Bundesrepublik Deutschland, Band. IV § 73 Rn. 11, 3. Aufl., Verlag C. F. Müller, Heidelberg 2006；Dietrich Murswiek, Staatsziel Umweltschutz（Art. 20a GG）-Bedeutung für Rechtsetzung und Rechtsanwendung, Neue Zeitschrift für Verwaltungsrecht（NVwZ）1996, 222, 225；参见陈海嵩：《环境风险预防的国家任务及其司法控制》，载《暨南学报（哲学社会科学版）》2018 年第 3 期，第 17 页。

〔57〕 参见［德］乌尔里希·贝克：《风险社会》，张文杰、何博闻译，译林出版社 2018 年版；王贵松：《风险社会与作为学习过程的法——读贝克的〈风险社会〉》，载《交大法学》2013 年第 4 期。

〔58〕 Vgl. BVerfG, NJW 1979, 359, 363.

〔59〕 参见［德］迪特尔·格林：《宪法视野下的预防问题》，载刘刚编译：《风险规制：德国的理论与实践》，法律出版社 2012 年版，第 113 页。

〔60〕 Vgl. Dieter Grimm, Der Wandel der Staatsaufgaben und die Zukunft der Verfassung, in: Dieter Grimm（Hrsg.），Staatsaufgaben, S. 627 - 629, Nomos Verlagsgesellschaft, Baden-Baden 1994.

〔61〕 已有学者对此做出了初步的有益尝试，参见王旭：《论国家在宪法上的风险预防义务》，载《法商研究》2019 年第 5 期。

三、宪法应对：风险预防与工具创新

（一）普遍风险预防义务的排除

国家如果要全面地承担起风险预防的职责，为避免挂一漏万，就需要将权力之手伸向社会生活和私人领域的每个角落，以确保一切尽在掌控之中。否则若国家仍然仅以传统上消减损害、抵御危险的限度和可允许的手段来对待危险源的形成和发展，则国家必然在风险预防上力不从心，并且无法做到绝对。然而，法治国原则的关键就在于以民主性法规范对垄断了暴力的国家进行限制，反对公权力基于不确定因果链条就恣意行动，主张就国家潜在的对自由权利的威胁予以控制。[62]从整体世界观的角度看，人类活动往往影响深远，与各类社会或自然生态现象存在复杂的因果关系，常常超出人类自身可把握认识的范围。如果贸然对各类环境风险进行普遍的过早介入，可能会适得其反，这无疑是在人类认知能力与深刻的客观世界变化中盲目地豪赌于人的知性。正是鉴于风险的上述特殊性和以自由为底色的宪法秩序，一般认为现代法治国家并不具有普遍的风险预防义务，[63]否则现代立宪主义所坚持的控权与自由保障将在因忌惮于恐惧而对风险进行全面预防的追求下消失殆尽。

德国联邦宪法法院也曾在"第一次卡尔卡案"的裁定中强调，为了履行对公民基本权利的保护义务，实现绝对安全，立法者试图将因技术设施的建立及运行所产生的对基本权利的威胁完全排除是不现实的，[64]因为这超出了人类认知能力与实践理性的边界。不确定性是无法避免的并且其作为社会性的负担应当由全体社会成员共同承受，否则一味地追求安全与确定性将实际上导致放弃利用任何技术，为此立法应当对剩余风险予以容忍。[65]美国核能立法同样平衡了风险控制与产业发展，[66]防止出现因噎废食的新兴科技产业发展困境。可见在面对各种关涉公民基本权利或社会整体安全的各类可能威胁时，国家公权力应当在审慎分析的基础上有所为有所不为。对待风险既不能坐视不管，也不能全面控制以追求"零风险"，有些

---

〔62〕 参见［德］莱纳·沃尔夫：《风险法的风险》，载刘刚编译：《风险规制：德国的理论与实践》，法律出版社 2012 年版，第 84—85 页。

〔63〕 Vgl. Theodor Maunz / Günter Dürig, Grundgesetz Kommentar Band Ⅲ, Art.20a Rn. 10, 40. Lieferung 06.2002, Verlag C. H. Beck, München.

〔64〕 Vgl. BVerfG, NJW 1979, 359, 363.

〔65〕 Vgl. BVerfG, NJW 1979, 359, 363.

〔66〕 参见胡邦达：《安全和发展之间：核能法律规制的美国经验及其启示》，载《中外法学》2018 年第 1 期，第 209 页。

风险是无法充分认识与排除的。[67]因此,国家进行普遍的风险预防既是不法的也是不能的。

  风险预防究竟在哪些事项上应构成公权力行动的内容,风险预防又意味着怎样的政府决策机制,仍然给人以茫然之感。有学者就外国对风险预防在规范层次上的具化路径做出了分类总结,即"风险预防"可以是程序上对决策的提示性目标与框架,也可以在微观上转化为"成本–效益分析"式的决策工具,但前者的规范性不足,没有可靠的规则指引,后者易产生"价值的空洞化"。[68]应当看到,风险判断对专业性有着高要求,专业知识的结论应当是风险决策的重要依凭。但即使科学论断已然尽可能精准,其依然受制于人类的知性极限。并且,何为"安全"何为"风险",哪些"安全"必须保障哪些"风险"可以忍受,这在很大程度上又关乎主观感受与个人经验。[69]故而基于风险预防议题上的多元利益诉求,其开展还应当同时关照政治共识与价值选择,避免对风险的界定沦为纯粹的数字推演。因此,"国家要进行风险预防"这一朴素的经验感性直观,应当借助认识能动找到宪法上的理性综合,以宪法的精神和规范为风险预防的实践提供理性指导。毕竟,宪法是权力的根本控制法,是社会治理的共识根基。[70]

  风险预防需经具体的公权力活动方得以推进,因此部门法规范对于风险预防的考察往往较为敏锐和具体。事实上,风险行政、预防刑法、风险预防原则等课题已然成为行政法、刑法、环境法等法部门的新兴研究重点。[71]然而正如前所述,风险规制作为传统法治原则的新突破与新发展,在规范层面的有序展开少不了宪法这一最高法的检视。并且宪法的根本法性质,使其可以在部门法遭遇学理瓶颈或争端困境

---

〔67〕 参见陈海嵩:《环境风险预防的国家任务及其司法控制》,载《暨南学报(哲学社会科学版)》2018 年第 3 期,第 18 页。

〔68〕 参见陈海嵩:《风险预防原则的法理重述——以风险规制为中心》,载《清华法治论衡》2016 年第 1 期,第 109—110 页。在该文中,陈海嵩教授进一步提出了"双规双阶"理论以进行风险预防原则的实质规范性展开。

〔69〕 参见[德]乌尔里希·K.普洛伊斯:《风险预防作为国家任务——安全的认知前提》,载刘刚编译:《风险规制:德国的理论与实践》,法律出版社 2012 年版,第 139—140 页。

〔70〕 参见[美]卡尔·罗文斯坦:《现代宪法论》,王锴、姚凤梅译,清华大学出版社 2017 年版,第 348 页。

〔71〕 部门法的代表性论文有,宋华琳:《风险规制与行政法学原理的转型》,载《国家行政学院学报》2007 年第 6 期;金自宁:《风险规制与行政法治》,载《法制与社会发展》2012 年第 4 期;劳东燕:《风险社会与变动中的刑法理论》,载《中外法学》2014 年第 1 期;程岩:《风险规制的刑法理性重构——以风险社会理论为基础》,载《中外法学》2011 年第 1 期;竺效:《论中国环境法基本原则的立法发展与再发展》,载《华东政法大学学报》2014 年第 3 期;梅宏:《生态损害:风险社会背景下环境法治的问题与思路》,载《法学论坛》2010 年第 6 期。

时,向其提供高级法意义上的法理资源与价值导向。[72] 何况风险预防本身就需要大量的共识基础和权力作为,这些无疑都是宪法最重要的作用领域。故而风险预防和风险规制的规范建构,必须有宪法的控制和约导,不能超越宪法上的限度。

　　国家对环境等领域发生的风险进行预防,应当综合考量法秩序的多重因素。宪法上的国家目标与基本权利条款等规范对国家形成的义务性要求,是国家进行风险预防的根本动力,也是对预防行为主张合宪性的主要依据;风险形成后的利益牵涉的广泛深远性和转化为实害时的不可逆转性等,是国家进行风险规制的必要条件;因规制风险而产生的对基本权利或行为自由的限制,或由此产生的人民福祉的减损,是国家进行风险防范时必须权衡的重要因素。因此风险预防并不是宪法上的一种概括的、普遍的国家义务,而是个案中具体向度上的国家行动要求,是法秩序经利益权衡和政治商讨后,对于国家可在不确定的要件构成和因果关系下,就某种状态现象进行确定的法律后果处理的个别授权。

(二)动因补强与权利保障

　　风险预防表现为一种国家的积极作为,其目的是在危险源尚未形成或初始形成阶段就尽可能地对之予以扼制,使其消失或处于可控状态。在这种情况下,不论是具体的行政行为还是概括性授权的法律创制,只要公权"主动出击",其都在不同程度上表现为侵益的面相。并且,这种侵益追求的还是一些在实害因果律上不确定、在价值选择上常有争议的风险状态的排除,故其面临着民主控制和法治原则中的确定性等要求的诘问。

　　尽管国家的全权性属性并不要求所有的立法活动必须有宪法授权,但面对风险防范这种国家大限度扩张的路径选择,宪法应当予以必要的保留。一如宪法中的无法律保留基本权利或者有特别法律保留的基本权利一样,国家的有关侵益性权力行为必须要符合宪法的特别要求。这种保留表现为风险防范必须要有宪法上的理由,一如比例原则第一个层次中所要求的"合法目的"。这意味着风险预防不应当轻易启动,否则须有充分的目的正当性论述。这种正当性的主要来源应当是宪法课以的国家义务,其规范基础主要是国家目标/任务条款和基本权利条款。[73]

　　就环境风险而言,国家进行预防的主要宪法动因是环保条款,其可被国家目标条款形成的国家义务所涵盖。此外,其同样是基本权利的客观功能要求。基本权利

---

〔72〕　参见张翔:《环境宪法的新发展及其规范阐释》,载《法学家》2018 年第 3 期,第 95 页。

〔73〕　Vgl. Der Bundesminister des Innern / Der Bundesminister der Justiz (Hrsg.), Staatszielbestimmung/Gesetzgebungsaufträge, Bericht der Sachverständigenkommission, S.21, Konkordia GmbH für Druck und Verlag, Bühl/Baden 1983.有关基本权利与国家义务对应关系的论述,参见张翔:《基本权利的规范建构》,法律出版社 2017 年版,第 37 页。

的一个重要的客观面向即形成国家保护义务,国家不仅要约束自身权力不去侵犯公民权利,还应当有力担当以防止公民的基本权利遭受来自第三人的侵害或客观环境的威胁。[74] 我国《宪法》第 33 条第 3 款规定"国家尊重和保障人权",即明确了国家对基本权利的客观保护义务,[75] 因此在这个向度内,国家同样应当对环境风险进行防范,以防止客观自然环境的运动变迁形成对于人的不利和损失。

不论是从国家目标条款还是公民基本权利条款出发,国家义务形成与践履的根本追求是保障人的利益,人本主义是现代宪法的立基哲学。[76] 国家在一些领域和事项上进行风险预防,并不意味着只要动因、目的正当,法秩序就可对风险预防大开方便之门。强调风险防范须有宪法上的动因的根本缘由在于,所谓的"风险"归根结底是对权利的风险,而非对权力和特权的风险。公权力的发动不能犯方向性的错误,风险预防应当以宪法上的动因为出发点和落脚点,真正做到为了人、保障人。

基本权利的防御范围乃权力运行的消极边界,[77] 宪制民主制的要义在于多数决断的同时保护个体。[78] 因此当风险预防涉及对公民基本权利的干预限制时,公权力就应当十分审慎,必须承担合宪性论证的负担。这也是宪法应对"目的性规范"下的国家扩张的传统工具。例如在"第一次卡尔卡案"中德国联邦宪法法院就认为,宪法中的首要价值准则即是基本权利规范,正是由于和平利用核能事宜之决断会对公民的自由权、平等权等基本权利产生深远影响,故而在这种情况下对于其中相应重大基本问题的决断依法律保留原则交由立法者承担方为合宪的。[79] 这种宪法上的法律保留要求即基本权利规范效力的展开,其对风险预防施加了保障权利的注意义务,是对国家公权力活动的一种约束。

具体而言,国家为实现风险预防或采用多种手段,其中的大多数会对特定或不特定的私主体产生基本权利的限制,鉴于基本权利因有无法律保留之规定而具备强度不一的可限制性,故不同的限制行为需进行不同程度的合宪性论证。对于有法律保留的基本权利限制而言,公权力应当同时满足形式与实质合宪性。形式合宪性主要考察限制性法律本身或限制行为所据之法律的创制主体、权限以及程序等是否符合宪法规定,实质合宪性主要考察相应法律的一般性、确定性、合保留性、是否符合

〔74〕 参见张翔:《基本权利的双重性质》,载《法学研究》2005 年第 3 期,第 28—29 页。

〔75〕 参见张翔:《基本权利的体系思维》,载《清华法学》2012 年第 4 期,第 31—32 页。

〔76〕 Vgl. Bericht der Gemeinsamen Verfassungskommission, Bundestagsdrucksache 12/6000, S.66.

〔77〕 参见张翔:《基本权利的规范建构》,法律出版社 2017 年版,第 114 页。

〔78〕 Vgl. Hartmut Maurer, Staatsrecht I-Grundlagen, Verfassungsorgane, Staatsfunktionen, § 7 Rn. 65 - 68, 6.Aufl., Verlag C.H. Beck, München 2010.

〔79〕 Vgl. BVerfG, NJW 1979, 359, 360.

比例原则、是否未有违本质保障以及对相应法律的合宪性适用或合宪性解释等内容。[80] 对于无法律保留的基本权利限制而言，宪法规范对其的保护态度是更为严格的，即原则上即使通过或依据法律亦不得对基本权利做出限制。只有在为保障宪法上其他的基本权利或宪法法益时，[81] 才可以通过合宪法律或基于合宪法律对基本权利做出限制，并且还要仔细权衡不同权利、法益间的轻重，详细论证限制此权利保障彼权利或法益的必要性，并且限制行为不能侵入基本权利的本质内容。[82]

例如为了避免核风险，德国于 2011 年修改了《原子法》(Atomgesetz)以加速关闭境内核电站。有诉愿人提出修法侵犯了其依《基本法》第 14 条所享有的财产权。经过审查联邦宪法法院认为加速关闭核电厂的法案充分考虑了过渡时间，并未对诉愿人的财产所有状态产生限制损害故不属于征收，并且符合信赖保护原则，因此并未违宪。[83] 但判决中也同样强调了，如果加速关闭的做法导致部分诉愿人的剩余发电量未能得到实质利用，则相应法案就对诉愿人的财产构成了不合理的限制，从而有违宪之虞。[84] 此外美国通过的《普莱斯—安德森法》妥当地兼顾了公共利益与私人利益，防止为了有效实现公众安全而过度加重企业不益。[85] 可见风险预防举措应受到宪法基本权利规范的合宪性检视与控制。

（三）组织与程序保障

在正当的目的和权利保护边界之间，风险预防的展开还应当综合专业判断和政治决断。这主要是因为认识风险、规控风险离不开科学的分析评价和民主的商讨妥协，而这些归根结底仍在于对各类权利的权衡保障，应当通过宪法上基本权利的组织保障与程序保障的要求进行有条理地整合。

---

〔80〕 Vgl. Thorsten Kingreen / Ralf Poscher, Grundrechte Staatsrecht Ⅱ, Rn. 346 - 347, 34. Aufl, Verlag C.F. Müller, Heidelberg 2018.

〔81〕 Vgl. Detlef Merten: Immanente Grenzen und verfassungsunmittelbare Schranken, in: Detlef Merten/ Hans-Jürgen Papier (Hrsg.), Handbuch der Grundrechte in Deutschland und Europa, Band Ⅲ, § 60 Rn. 10 - 14, C.F. Müller Verlag, Heidelberg 2009. 就环境风险的预防措施而言，能对无法律保留基本权利做出限制的重要宪法依据包括保障公民生命权、健康权以及宪法上的自然生态环境利益。

〔82〕 有关基本权利权衡理论的研究，参见雷磊：《基本权利、原则与原则权衡——读阿列克西〈基本权利论〉》，载《法律方法》2011 年第 1 期；雷磊：《为权衡理论辩护》，载《政法论丛》2018 年第 2 期。

〔83〕 Vgl. BVerfG, NJW 2017, 217.

〔84〕 Vgl. BVerfG, NJW 2017, 217.

〔85〕 参见胡邦达：《安全和发展之间：核能法律规制的美国经验及其启示》，载《中外法学》2018 年第 1 期，第 222—223 页。

　　风险预防的决策不能含混简单地通过对宪法上某种抽象的价值援引就得以实现。宪法中的精神、价值和规范要求应当具化为一定的机制程序，为风险预防提供实践理性。如上文所述，既然防范风险的本位是权利保障，则其过程就应满足基本权利客观面向中的组织保障与程序保障要求，即风险预防应有特别的组织法构造与程序法框架。[86]在进行组织与程序的建构时，需要着重考量专业判断问题和政治决断问题。[87]这是由风险本身的特性所决定的，即风险状态的不确定性和因果关系复杂性导致预防行为不一定是有效的，尽管其目的可能正当，但仍然可能在花费公帑、限制权利后事与愿违。[88]因此为了补强进行风险预防的正当性，有必要加强预防启动和手段选择等环节的科学论证和民主控制。前者是为了尽可能在理性的能力内减少未知和不确定带来的盲目与偏执，后者是为了在潜在的危险与实在或可能的权益间进行政治商讨。

　　风险预防的一个重要前提是识别、把握风险，也就是要了解危险源的形态、成因，转化为实害的概率、可能的危害后果等到底是什么。并且按照"三分理论"，要在甄别危险、风险与剩余风险的基础上方可明晰不同向度的国家义务内容，甄别的重要依凭则是损害发生的可能性与可否排除性。[89]这些都需要专业的科学分析，在有了系统严谨的认识后，才可能相对准确地应对决策。因此，不论是在风险预防的组织还是程序中，都应当酌情引入科学咨询的要素予以建构。毕竟科学家有着更强的信息掌握与分析能力，得出的结论较之大众的直觉定性有着更强大的定量证据和综合考量。[90]然而风险之所谓风险，就在于其统计学上的概率并非百分之百，科学论证再缜密也不能完全排除多种可能性的存在。事物运动发展的过程是否定之否定的过程，科学的进步也是在不断的批判怀疑中发生，人类的理性形成有阶段性的射程极限，因此科学结论只能是分析性的而不能是决断性的。[91]但是，风险预防中的专业判断至少给处于迷茫混乱中的决策者和大众带来了一定的认识论上的理性，避

---

〔86〕　参见张翔：《基本权利的双重性质》，载《法学研究》2005 年第 3 期，第 27—28 页。

〔87〕　就风险行政而言，已有学者就其组织法的要求、模式与具体构造做出了富有成果的研究，其中科学性与民主性是组织构造的重要基本要求，参见王贵松：《风险行政的组织法构造》，载《法商研究》2016 年第 6 期，第 14—15 页。

〔88〕　参见［德］莱纳·沃尔夫：《风险法的风险》，载刘刚编译：《风险规制：德国的理论与实践》，法律出版社 2012 年版，第 95—101 页。

〔89〕　参见陈海嵩：《环境风险预防的国家任务及其司法控制》，载《暨南学报（哲学社会科学版）》2018 年第 3 期，第 18—19 页。

〔90〕　参见［美］凯斯·R·孙斯坦：《风险与理性——安全、法律及环境》，中国政法大学出版社 2005 年版，第 78—79 页。

〔91〕　参见［英］伊丽莎白·费雪：《风险规制与行政宪政主义》，法律出版社 2012 年版，第 7 页。

免了之后的政治过程完全陷于怀疑论的混乱泥沼之中，至于实践论上的取舍应在此基础上依循"商谈—共识—决断"的进路展开。

　　科学的分析能呈现出风险的概率与可能后果，却不能告诉人们如何作为才是正当和正确的。风险预防的最终抉择关乎人们心中的道德律，需要通过民主商决。对待一项风险是应该预防，还是应该容忍，如果预防应采取什么样的手段，这些问题都被转化为人们在不同权益间进行的价值衡量。例如有的科幻发烧友会认为，科学技术应当不受限制，越新越好、越高越好，而宗教徒却可能主张警惕科技带来的伦理崩坏的风险；有的激进环保主义者认为，现代工业带来太多不确定的环境风险问题，人类应该回到刀耕火种以享受人与自然的和谐，但极度贫困地区的民众或许会容忍高污染产业带来的健康风险以追求基本的温饱。德国联邦宪法法院曾在判决中指出，面对风险人们应当作出区分选择，对于一部分风险应当予以预防，对于另一些风险即剩余风险应当予以容忍，而这种选择立基于人们的共识。[92] 美国的核能规制在定义"安全"时发生了由"技术可靠"向"风险可接受"的转变，这表明纯粹的技术评价不能有效涵盖风险识别过程中的其他主客观要素。[93] 在这种情形下，虽然科学论证会作为互相说服商讨的重要论据，但最为关键的还是不同利益与价值取向的碰撞妥协。如是，预防什么、限制什么、容忍什么在很大程度上无法凭科学予以判断，而只能通过社会共同体中你来我往的辩论、说服和让步后进行共决。[94] 故而风险预防的组织和程序构造中，必须引入民主政治的过程，这也是在面对风险这一不确定状态时避免权力恣意独断的应有之义。

　　例如，承担民主代议职责的立法机关，可基于"重要性理论"对风险防范中一些关涉重大基本权利与宪法法益的事项予以立法保留，但鉴于民主审议过程中的专业性不足，又可基于功能适当原则，通过在立法中使用不确定法律概念以保持开放的法律结构，从而使更具专业优势的行政机关实现最优、动态的风险预防。[95] 这样的过程兼顾了民主合法性控制与专业判断，在更具体的层面上，行政机关同样应在形

---

〔92〕　参见乌尔里希·K.普洛伊斯：《风险预防作为国家任务——安全的认知前提》，载刘刚编译：《风险规制：德国的理论与实践》，法律出版社 2012 年版，第 142—143 页。

〔93〕　参见胡邦达：《安全和发展之间：核能法律规制的美国经验及其启示》，载《中外法学》2018 年第 1 期，第 213—216 页。

〔94〕　既不能科学治国亦不能民粹治国，科学理性与民主政治应通过信息共享、商谈共建的路径予以结合，参见［美］凯斯·R·孙斯坦：《风险与理性——安全、法律及环境》，中国政法大学出版社 2005 年版，第 93—94 页。

〔95〕　参见伏创宇：《论行政功能保留——以德国核能规制为论域》，载《河南财经政法大学学报》2014 年第 3 期，第 42—43 页。

成空间内继续满足民主审议与专业咨议的要求。[96]

代结语：未尽的宪法约导

　　风险预防是"环境国"这一概念的阴影中，最能促进国家扩张的途径与手段。传统的宪法控权手段，例如权力分立、基本权利保障等，在国家权力的快速延展中日渐乏力。"环境国"的崛起在很大程度上源于宪法中"目的性规范"的开放要求，源自宪法中国家目标条款向未来法秩序建构的概括诫命。因此在本质上，要实现新的时代环境中对公权力的有效监督与限制，就必须对宪法中正逐渐得到实践的大量目标性、政策性条款进行细化研究，进一步通过宪法规范体系的融贯适用与解释，创新教义工具和认识范畴，为相应宪法条款的准确适用乃至修改提供智识供给与理论准备。只有这样，才能实现宪法的应有功能并顺应时代的发展要求。所谓"过犹不及"，宪法对国家的约导姿势和手法应在传统累积的基础上，继续发展更新，做到不落后也不冒进，使国家既有能量又有规矩。唯有如此，"依法治国"才能永葆青春活力。

---

〔96〕 参见伏创宇：《论行政功能保留——以德国核能规制为论域》，载《河南财经政法大学学报》2014 年第 3 期，第 43 页。

中德法学论坛

第 18 辑·下卷,第 237~258 页

德国秩序罚的定位沿革与启示

李　晴*

摘　要:德国《违反秩序罚法》堪称当前世界行政处罚立法之典范。然其制度缘起却历经坎坷、反复与博弈,关涉核心走向的制度定位也不断变换。德国秩序罚最初发端于帝国警察罚。随着立法权和行政权(警察权)的分立,19 世纪初期警察罚得以通过若干邦法确立并法典化。之后,自由主义思想日趋浓厚,国家权力面临再度分配,司法权主导国家制裁,随着 1871 年《刑法典》和 1877 年《帝国刑事诉讼法》的制定,只有一个"小口子"被留下了,警察罚也沦为刑罚的例外。20 世纪初,因应社会行政国家的发展大势,行政罚被呼吁并得以集中讨论,直至 20 世纪 30 年代,纳粹政府借由行政罚的便宜性将其极端化。二战后,行政处罚限缩成秩序罚,相关立法几经修改,得以沿用至今。德国秩序罚的定位沿革对于同属于二元惩罚体系、具有功能相似性和历史耦合性的中国治安管理处罚制度的发展具有重大借鉴意义。

关键词:德国秩序罚;治安管理处罚;行政处罚;警察罚;秩序罚

Abstract:Germany's "Ordnungswidrigkeitenrecht" can be regarded as a model of administrative punishment legislation in the world. However, the origin of the system has gone through ups and downs, repeated games, and the positioning of the system related to the core trend is constantly changing. German order punishment originated from imperial police punishment. With the separation of legislative power and executive power(police power), police punishment was established through several state laws and codified in the early 19th century. After that, the liberalism thought became increasingly strong, the state power was faced with re-

---

* 李晴:法学博士,南京大学法学院助理研究员,中国法治现代化研究院法治政府研究所特邀研究员。本文系余凌云教授主持的国家社科基金重大项目"大数据、人工智能背景下的公安法治建设研究(19ZDA165)"的阶段性成果。

distribution，and the judicial power dominated the state sanctions. With the enacting of the Penal Code in 1871 and the Imperial Criminal Procedure Law in 1877，only a "small gap" was left，and the police punishment became an exception to the punishment. In the early 20 th century，in response to the development trend of the social administrative state，administrative punishment was called for and focused on discussion. Until the 1930s，the Nazi government radicalized it by virtue of the convenience of administrative punishment. After World War Ⅱ，administrative was reduced to order punishment，and relevant legislation has been amended several times and is still in use today. The evolution of the positioning of order punishment in Germany is of great significance for the development of public security management punishment system in China，which belongs to the dual punishment system and has similar functions and historical coupling.

Key words：German Order Punishment；Public Security Management Punishment；Administrative Punishment；Police Punishment；Order Punishment

　　《中华人民共和国治安管理处罚法》(以下简称《治安管理处罚法》)(修改)被列入全国人大常委会 2021 年度立法工作计划。一般而言，《治安管理处罚法》被认为是《行政处罚法》的分则。然而，近年来有关《治安管理处罚法》入刑的呼声不绝于耳[1]，将《治安管理处罚法》称为"小刑法"的理论和实务工作者也不在少数。[2] 制度定位是当前《治安管理处罚法》修改面临的重大且关键问题。德国秩序罚的定位沿革可以为解答这一问题提供借鉴。

　　早在 16 世纪中叶，神圣罗马帝国通过《帝国警察条例》(Reichspolizeiordnungen，1530 年制定，并于 1548 年、1577 年和 1747 年进行修订)管制经济和社会生活，其中包含了警察罚，这是德国秩序罚的雏形。[3] 19 世纪初，费尔巴哈(Feuerbach)提出

〔1〕　参见陈兴良：《犯罪范围的合理定义》，载《法学研究》2008 年第 3 期，第 142—143 页；陈兴良：《犯罪范围的扩张与刑罚结构的调整——〈刑法修正案(九)〉述评》，载《法律科学(西北政法大学学报)》2016 年第 4 期，第 183 页；张明楷：《犯罪定义与犯罪化》，载《法学研究》2008 年第 3 期，第 145 页；刘仁文：《关于调整我国刑法结构的思考》，载《法商研究》2007 年第 5 期，第 40 页；刘仁文：《调整我国刑法结构的一点思考》，载《法学研究》2008 年第 3 期，第 151—154 页。

〔2〕　参见刘传稿：《治安管理处罚法与刑法的衔接与展望——访中国人民大学法学院教授黄京平和清华大学法学院教授余凌云》，载《人民检察》2017 年第 9 期，第 58 页。

〔3〕　Cf. Daniel Ohana, *Administrative Penalties in the Rechtsstaat：On the Emergence of the Ordnungswidrigkeit Sanctioning System in Post-War Germany*，The University of Toronto Law Journal，Vol. 64，No.2，2004，p.247.

"警察罚法"的设想,并在符腾堡、汉诺威、黑森、巴登、拜仁等邦付诸实施。[4] 1871年《帝国刑法典》试图将惩罚权全部收归司法权,但1877年《帝国刑事诉讼法》认可了"警察即决处分",从而例外性地保留了警察罚。[5] 20世纪初,行政罚立法问题获得了空前讨论,其中郭施密特(James Goldschmdit)所著《行政罚法》一书奠定了行政罚的理论基础。[6] 1931年之后,由于经济刺激的迫切需要,行政罚被纳粹政府广泛应用于经济领域,成为当时推行专制极权的工具之一。[7] 直到战后重建,同时包含刑罚与秩序罚的二元惩罚体系仍然保留,但得到了深入反思。从立法上来看,秩序罚立法首先体现在1949年《经济刑法》,其后于1952年形成统一的《违反秩序罚法》,并经过1968年、1987年、1992年[8]和2013年等多次修订,直至今日。从警察罚到行政罚再到秩序罚,制度定位有无变化?原因为何?对中国治安管理处罚制度的发展有何启示?

一、作为发端的警察罚

德国秩序罚起源于神圣罗马帝国时期的警察罚。这一时期的警察罚由《帝国警察条例》和若干邦立法予以规范,被作为"专制的禁令",由警察机关行使,干预民众各色行为,从而维护社会秩序。[9]

(一) 帝国时期的警察罚

1532年,德国帝国议会通过《卡洛林那法典(Constitutio Criminalis Carolina)》。该法典用以规范由于生活关系改变而产生的不法行为。这些不法行为对宗教、习俗、公共秩序和经济交往等构成威胁。然而,除了《卡洛林那法典》规定的不法行为,

---

[4] 参见林山田:《论刑事不法与行政不法》,载林山田:《刑事法论丛(二)》,兴丰印刷厂有限公司1997年版,第48—49页。

[5] 参见商务印书馆编译所编译:《德国六法》,冷霞点校,上海人民出版社2013年版,第527页。

[6] Vgl. James Goldschmidt, *Das Verwaltungsstrafrecht*, Vorrede, Berlin: Carl Heymanns Verlag, 1902, SS. Ⅶ-Ⅷ.

[7] 参见[德]汉斯·海因里希·耶塞克、托马斯·魏根特:《德国刑法教科书(上)》,徐久生译,中国法制出版社2017年版,第83—84页。

[8] Vgl. Dr. Erich Göhler, *Gesetz über Ordnungswidrigkeiten*, Verlag C.H.Beck München, 2002, SS.1-8.

[9] Vgl. Wilhelm Brauneder, *Der Soziale und Rechtliche Gehalt der österreichisch Polizeiordnungen der 16. Jahrhunderts*, Zeitschrift für Historische Forschung, Vol. 3, No. 2, 1976, S.209.

仍然存在大量有损经济和社会秩序的行为。为此,《帝国警察条例》得以制定,用以弥补《卡洛林那法典》等刑事立法的疏漏。[10]《帝国警察条例》的功能被鲜明地定位为维护社会公共秩序。根据有些学者的考察,当时的帝国统治者试图借助条例来管制经济和社会活动,从而维持公共和平与秩序。[11] 基于社会秩序维护之目的,《帝国警察条例》从警察不法行为构成、处罚手段和处罚程序三方面建构了警察罚制度。

《帝国警察条例》中规定的不法行为,无所不包,涉及方方面面。[12] 根据相关研究:"十六世纪时,帝国及其占领地内的警察条例,已清楚显示与人民之关系,其范围广及风俗、服装、营业及度量衡等有关规定。"[13]违反以上警察规定的行为即被认定为警察不法。《帝国警察条例》时期的警察不法大大侵入了道德失范的边界。此外,警察不法与犯罪的边界也值得关注。《卡洛林那法典》禁止大部分严重的道德不法,例如杀人、强奸和偷盗;《帝国警察条例》禁止的则是一系列被认为有害于社会秩序和经济秩序的行为。然而,在有些学者看来,《卡洛林那法典》规定的刑事不法与《帝国警察条例》规定的警察不法的边界"绝不是无懈可击的"。[14] 除此之外,由于当时的警察是"共同体的良好秩序"的代名词,与国家的活动或行政几乎同义。警察活动既包括防止危险,又包括推进福利。[15] 也就是说,当时并不存在警察与其他行政机关的职权划分,警察不法也即行政不法。

针对警察不法,《帝国警察条例》设定了"非常刑(poena extraordinaria)",尤其是金钱制裁(monetary sanctions)和短期监禁(short terms of imprisonment)。[16] 相较而言,《卡洛林那法典》针对刑事不法设定的是死刑、监狱刑、身体刑等刑罚。[17]

---

〔10〕　〔德〕弗兰茨·冯·李斯特:《德国刑法教科书》,徐久生译,法律出版社 2000 年版,第 47 页。

〔11〕　Cf. Karl Härter, *Security and "Gute Policey" in Early Modern Europe: Concepts, Laws and Instruments*, 35 Historical Social Research, 2010, P41; Franz-Ludwig Knemeyer, *Polizei*, 9 Economy&Society, 1980, p.172.

〔12〕　Vgl. Dieter Kugelmann, *Polizei und Ordnungsrecht*, Springer-Verlag Berlin Heidelberg, 2006, S. 23.

〔13〕　〔德〕Scholler、Schloer:《德国警察与秩序法原理》,李震山译,登文书局 1995 年版,第 1 页。

〔14〕　Vgl. Karl Härter, *Policeygesetzgebung und Strafrecht: Criminal policey Ordnungsdiskurse und Strafjustiz im frühneuzeitlichenAlten Reich'in Sonderdruck aus Kriminalität in Mittelalter und Früher Neuzeit*, Wiesbaden, Germany: Harrosowitz, 2007, S.189.

〔15〕　参见陈鹏:《公法上警察概念的变迁》,载《法学研究》,2017 年第 2 期,第 25 页。

〔16〕　Cf. Daniel Ohana, *Administrative Penalties in the Rechtsstaat: On the Emergence of the Ordnungswidrigkeit Sanctioning System in Post-War Germany*, The University of Toronto Law Journal, Vol.64, No.2, 2014, p.249.

〔17〕　参见陈惠馨:《1532 年〈卡洛林那法典〉与德国近代刑法史——比较法制史观点》,载《比较法研究》,2010 年第 4 期,第 20—29 页。

与刑罚相比,警察"非常刑"的设立被认为"促进了由官方采取各种不同形式对犯罪行为进行追诉,并不断增加果断性和适用范围,将法院外使用的、法律未作规定的刑讯作为进行判决的有效方法"[18]。

而就处罚程序而言,从整体上来看,简易程序适用于少量的警察不法。但是,16世纪警察不法的管辖主体和程序规则并未被系统地规定。[19] 也就是说,《帝国警察条例》中的警察罚程序是被忽略的、十分简单的,且不系统的。对此,有学者将之生动地形容为"一种专制的禁令",也即"它在社会结构中进行创造性的干预,这种结构并没有将行为的决定权留给法律合作伙伴,而是(留给)强制性和强制性的规定"。[20]

从施行结果来看,《帝国警察条例》导致大量民众成为国家的附庸。《帝国警察条例》的颁布并不是为了实现完全自由的理性状态,而是为了社会秩序的塑造。作为立法的规范对象,公众必须依据《帝国警察条例》的规定,进行衣食住行等日常活动,否则将受到"非常刑"。这将渐渐消磨公众的自由意志,而逐步使其成为条例与帝国的附庸。

无独有偶,除了《帝国警察条例》,帝国下的若干邦也制定了警察法规,如《勃兰登堡警察条例》《普鲁士警察条例》,[21]用以规范本统治区域内的贸易、手工业、矿业、农业、衣着、宗教仪式、救贫制度及生存照顾等事项。[22] 这些"警察法规"有着更多的警察内容,或与《帝国警察条例》紧密相关,或重复着《帝国警察条例》的内容。相较于《帝国警察条例》,这些邦法或邦条例的实践意义更大,这是因为这一时期邦法与邦条例占据主导地位。[23]

---

〔18〕 〔德〕弗兰茨·冯·李斯特:《德国刑法教科书》,徐久生译,法律出版社2000年版,第41页。

〔19〕 Daniel Ohana, *Administrative Penalties in the Rechtsstaat: On the Emergence of the Ordnungswidrigkeit Sanctioning System in Post-War Germany*, The University of Toronto Law Journal, Vol.64, No.2, 2014, p. 249.

〔20〕 Wilhelm Brauneder, *Der Soziale und Rechtliche Gehalt der österreichisch Polizeiordnungen der 16. Jahrhunderts*, Zeitschrift für Historische Forschung, Vol.3, No.2, 1976, S. 209.

〔21〕 Vgl. James Goldschmidt, Verwaltungsstrafrecht, Eine Untersuchung der Grenzgebiete zwischen Strafrecht und Verwaltungsrecht auf rechtsgeschichtlicher und rechtsvergleichender Grundlage, Berlin, Carl Heymanns Verlage, 1902, S.118.

〔22〕 参见陈惠馨:《德国法制史——从日耳曼到近代》,中国政法大学出版社2011年版,第252页。

〔23〕 Vgl. Richard, Kunssberg Schroder, Eberhard Frch. v., *Lehrbuch der Deutschen Rechtsgeschichte* (7), Zeuzeit bis zur Auflösung des Reiches, S.974.

(二) 警察罚形成之缘由

帝国时期兴起的警察罚具有鲜明的行政处罚属性。通过警察罚维护社会公共秩序是国家理性的体现,其有赖于宗教改革后主权意识的形成,更得益于警察权的强势地位。

16 世纪,国家主权意识逐步觉醒。16 世纪初马丁·路德提出"95 条论纲",之后又完成《致德意志民族的基督教贵族书》,从而开启轰轰烈烈的宗教改革大幕。宗教改革者逐渐摧毁了教会特权,世俗领导者借此机会扩张对社会的支配,人民生活因此发生重大变化。整个法律与社会秩序随着宗教改革产生了巨大的变迁。最为重要的结果是,通过宗教改革,德国世俗社会的领导者开始脱离教会的控制与影响,建立起在世俗的统治力量。[24] 而几乎同时,欧洲出现了中央集权国家,逐渐取代地方势力强大的封建制度。[25] 宗教势力和地方封建势力的削弱使神圣罗马帝国的主权意识得以形成,现代国家逐渐在德国产生。"作为中世纪世俗政权的最高代表,神圣罗马帝国皇帝负有维持西欧大陆政治秩序,保卫基督教的神圣职责。"[26]

主权意识的形成促进了国家理性的提倡和国家权力的建构。所谓国家理性(Staatsräson),是指"为了国家的利益,统治者得以采取的各种有效的统治方式"[27]。宗教改革之后,帝国皇帝的职责被强化,帝国主权发展为真正的国家权力[28],即"国家有权独占法律的制定权及权力的行使,并可以有权自我决定"[29]。为了重塑宗教改革之后的社会秩序,当时的统治者试图通过国家权力对公民的日常生活、经济生活、宗教生活等等进行全面的安排,从而使社会有序,并且形成所谓的"尊重的和高尚的基督徒生活"[30]。

作为国家权力的重要组成部分,神圣罗马帝国时期的国家惩罚权逐步确立,并

---

〔24〕 参见陈惠馨:《德国法制史——从日耳曼到近代》,中国政法大学出版社 2011 年版,第 231—233 页。

〔25〕 参见[英]玛丽·富布卢克:《剑桥德国史》,高旖嬉译,李雪涛审校,新星出版社 2017 年版,第 32 页。

〔26〕 泮伟江:《民族与宪政的双重变奏——以德国宪政的生成与发展为例》,载《学海》,2013 年第 6 期,第 93 页。

〔27〕 陈惠馨:《德国法制史——从日耳曼到近代》,中国政法大学出版社 2011 年版,第 246 页。

〔28〕 Vgl. Richard, Kunssberg Schroder, Eberhard Frch. v. Lehrbuch der Deutschen Rechtsgeschichte(7), Zeuzeit bis zur Auflösung des Reiches, S.972.

〔29〕 陈惠馨:《德国法制史——从日耳曼到近代》,中国政法大学出版社 2011 年版,第 247 页。

〔30〕 Vgl. Karl Härter, "*Policeygesetzgebung und Strafrecht: Criminalpolicey Ordnungsdiskurse und Strafjustiz im frühneuzeitlichenAlten Reich*", in Sonderdruck aus Kriminalität in Mittelalter und Früher Neuzeit, Wiesbaden, Germany: Harrosowitz, 2007, S.189.

由司法机关和警察机关共享。在现代国家出现之前,国家并不当然享有主要的惩罚权,这是因为当时的人民面对私人恩怨往往根据习惯通过决斗的方式解决。[31] 直至现代国家产生之后,受外国法律与著述(尤其是以罗马法为基础的意大利法)的影响,国家权力不断取代私人权利对不法行为进行追诉。[32] 只是需要注意的是,这时的国家追诉权抑或惩罚权并不仅仅由传统意义上的司法机关所独有。随着警察概念的产生及警察机关的创设,[33] 警察机关作为"专制政体下全能且大权在握的人"[34]被分配了惩罚权,以至于有学者认为帝国时期国家"自然而然地倾向于以牺牲司法机关为代价来扩大行政部门的权力"[35]。

1648 年《威斯特伐利亚合约(Peace of Westphalia)》签订前后,权力从帝国皇帝转移到邦统治者。警察手段是行使主权的重要标志。于是各邦纷纷通过"警察法规"确认警察权,并赋予其惩罚权用以积极地干预经济和社会事务,从而维护本邦的社会秩序。[36]

二、警察罚的法典化

19 世纪初,警察罚立法得以从警察法中提炼出来,在若干邦形成专门的警察罚法典,与刑法典并行而立。

(一)19 世纪初各邦警察罚的法典化

1813 年《巴伐利亚邦刑法典》的起草为这一时期警察罚法典的编纂奠定了基调。该法典由德国著名刑法学者费尔巴哈担任起草者。费尔巴哈被称为"第一个科学建

---

〔31〕 参见陈惠馨:《1532 年〈卡洛林那法典〉与德国近代刑法史——比较法制史观点》,载《比较法研究》2010 年第 4 期,第 17—18 页。

〔32〕 参见[德]弗兰茨·冯·李斯特:《德国刑法教科书》,法律出版社 2000 年版,第 40—42 页。

〔33〕 Vgl. James Goldschmidt, *Das Verwaltungsstrafrecht*, *Eine Untersuchung der Grenzgebiete zwischen Strafrecht und Verwaltungsrecht auf rechtsgeschichtlicher und rechtsvergleichender Grundlage*, Berlin, Carl Heymanns Verlage, 1902. S. 70

〔34〕 参见余凌云:《警察权的"脱警察化"规律分析》,载《中外法学》2018 年第 2 期,第 395 页。

〔35〕 Vgl. James Goldschmidt, *Das Verwaltungsstrafrecht*, *Eine Untersuchung der Grenzgebiete zwischen Strafrecht und Verwaltungsrecht auf rechtsgeschichtlicher und rechtsvergleichender Grundlage*, Berlin, Carl Heymanns Verlage, 1902, S. 79.

〔36〕 Cf. Daniel Ohana, *Administrative Penalties in the Rechtsstaat*: *On the Emergence of the Ordnungswidrigkeit Sanctioning System in Post-War Germany*, The University of Toronto Law Journal, Vol.64, No.2, 2014, p. 248.

构行政罚理论,并将之引入官方通用话语的人"〔37〕。他主张不法行为包含法律破坏
(Rechtsverletzung)和警察违反(Polizeiübertretung)两类。前者分为重罪与轻罪,予
以刑罚,规定于刑法之中;后者为违警罪予以警察罚,规定于警察罚法之中。〔38〕 之
所以作此区别,是因为费尔巴哈认为,与刑罚的威慑目的相反,警察罚的目的在于警
告和改善〔39〕,"警察为了改善目的而科处的单纯的惩戒罚,允许且必须部分地秘密
执行,因为对于受惩戒之人来说这是预料中的事情,而且公开执行很可能有违改善
的目的"〔40〕。依此设想,《巴伐利亚刑法典》第 2 条第 4 款规定警察不法本身不侵害
国家法及从属法,但由于可能导致刑法所禁止的作为或不作为,从而形成对法律秩
序和安全的威胁,应当根据特别法由警察机关调查和惩罚。〔41〕

　　费尔巴哈的设想之后得以在更多邦付诸实施,并蜕变成专门法典。1839 年符腾
堡邦、1845 年汉诺威邦、1847 年黑森邦、1855 年布伦瑞克公国、1861 年拜仁邦和
1863 年巴登邦分别订立警察罚法典(Polizeistrafgesetzbuch)。〔42〕 19 世纪初各邦警
察罚的种类和程序并无太大变化,但相较于帝国时期警察不法的无所不包,19 世纪
初各邦警察不法的范围有所限缩,主要是威胁公共安全和秩序的行为。〔43〕

(二) 得以法典化的成因

　　曾有学者对这一时期警察罚法典的编纂作出如下评价:"随着德意志帝国的终
结,随着有关国家目的的新理论的引入,随着司法与行政权的重组,随着旧刑法体系
的任意废除和任意恢复,随着对法国及其无耻警察的看法,随着编纂的努力和将多

---

〔37〕 James Goldschmidt, *Das Verwaltungsstrafrecht*, Eine Untersuchung der Grenzgebiete zwischen Strafrecht und Verwaltungsrecht auf rechtsgeschichtlicher und rechtsvergleichender Grundlage, Berlin, Carl Heymanns Verlage, 1902, SS. 240.

〔38〕 参见林山田:《论刑事不法与行政不法》,载林山田:《刑事法论丛(二)》,兴丰印刷厂有限公司 1997 年版,第 48—49 页。

〔39〕 Vgl. James Goldschmidt, *Das Verwaltungsstrafrecht*, *Eine Untersuchung der Grenzgebiete zwischen Strafrecht und Verwaltungsrecht auf rechtsgeschichtlicher und rechtsvergleichender Grundlage*, Berlin, Carl Heymanns Verlage, 1902, SS. 231.

〔40〕 徐久生编译:《德国刑法教科书》,中国方正出版社 2010 年版,第 137—138 页。

〔41〕 Vgl. James Goldschmidt, *Das Verwaltungsstrafrecht*, *Eine Untersuchung der Grenzgebiete zwischen Strafrecht und Verwaltungsrecht auf rechtsgeschichtlicher und rechtsvergleichender Grundlage*, Berlin, Carl Heymanns Verlage, 1902, SS. 231 - 232.

〔42〕 参见林山田:《论刑事不法与行政不法》,载林山田:《刑事法论丛(二)》,兴丰印刷厂有限公司 1997 年版,第 48—49 页。

〔43〕 参见[德]哈特穆特·毛雷尔:《行政法总论》,高家伟译,法律出版社 2000 年版,第 16 页。

种犯罪的中止点宣布为警察不法行为的尝试,在警察刑法典成为刑法典的附属之后,历史要素的彻底消解得以实现,实践规则的任意性几乎遍布德国各州的所有角落。"〔44〕以上评价实则涵括了 19 世纪初警察罚法典编纂的主要原因。

截至 19 世纪上半叶德国各邦的公共行政并未限于单纯的秩序保障和安全维护,而是很大程度上保留了福利国家(警察国家)的风格。〔45〕不过,自 18 世纪末,国家权力内部进行了重大的重组。一方面,司法职能与行政职能进一步分离。"在十八世纪的德国,由于经济的发展,社会关系日趋复杂,警察活动的范围也相应扩大,产生了由行政官厅(警察官厅)行使刑罚权的必要性。这种实际需求,导致形成了作为警察官厅的刑罚权对象的'警察犯'概念。"〔46〕另一方面,警察机关与其他行政部门开始进行分工,出现"脱警察化"的趋势。〔47〕18 世纪末,随着启蒙运动的深入,开始从目的角度对警察概念进行约束与重构。例如皮特儿(Joannis Stephan Pütter)将警察职责理解为防止一切威胁国家行政的危险,将积极增加人民幸福排除在警察活动之外。1794 年《普鲁士一般邦法》遵循了这种理解,该法第二章第十七节第 10 条规定"警察的职责是为了维持公共安宁、安全和秩序,为了消除对公众及个人造成的危险,而采取必要措施"。〔48〕19 世纪初,普鲁士进行行政改革,政府开始实现现代意义上的分工,警察机关与其他行政部门逐渐并立。此时,警察权"已不再是行政权力的中心,但仍然拥有所谓的除外权和剩余权,即对其他各部门职权以外事务的管辖权"。〔49〕1882 年"十字架山案"成为"脱警察化"的里程碑。〔50〕这一趋势亦是依据"新国家理论"划分行政职能的实践,且影响远远超出普鲁士邦,遍及其他邦或公国。〔51〕随着司法权与行政权的分离和"脱警察化"趋势,警察罚得以独立于刑罚的

---

〔44〕 James Goldschmidt, *Das Verwaltungsstrafrecht*, *Eine Untersuchung der Grenzgebiete zwischen Strafrecht und Verwaltungsrecht auf rechtsgeschichtlicher und rechtsvergleichender Grundlage*, Berlin, Carl Heymanns Verlage, 1902, SS. 242.

〔45〕 参见[德]汉斯·J·沃尔夫、奥托·巴霍夫、罗尔夫·施托贝尔:《行政法》(第一卷),高家伟译,商务印书馆 2007 年版,第 76 页;Cf. Daniel Ohana, *Administrative Penalties in the Rechtsstaat: On the Emergence of the Ordnungswidrigkeit Sanctioning System in Post-War Germany*, The University of Toronto Law Journal, Vol.64, No.2, 2014, p. 249.

〔46〕 黄河:《行政刑法比较研究》,中国方正出版社 2001 年版,第 6 页。

〔47〕 参见余凌云:《警察权的"脱警察化"规律分析》,载《中外法学》2018 年第 2 期,第397 页。

〔48〕 陈鹏:《公法上警察概念的变迁》,载《法学研究》2017 年第 2 期,第 26 页。

〔49〕 陈实:《警察罚理论研究》,武汉大学博士学位论文 2010 年,第 3 页。

〔50〕 陈鹏:《公法上警察概念的变迁》,载《法学研究》2017 年第 2 期,第 26 页。

〔51〕 Vgl. James Goldschmidt, *Das Verwaltungsstrafrecht*, *Eine Untersuchung der Grenzgebiete zwischen Strafrecht und Verwaltungsrecht auf rechtsgeschichtlicher und rechtsvergleichender Grundlage*, Berlin, Carl Heymanns Verlage, 1902, S. 118.

同时,也被限缩在秩序行政的范围之内。

如果说国家权力的重组厘清了警察罚的适用范围,那么警察不法与犯罪区分理论的转变促使警察罚的专门法典化获得了理性基础。"16、17 世纪的勃兰登堡警察条例,甚至 18 世纪上半叶的普鲁士警察条例,由于受到警察国家观点的偏见,只对犯罪和警察犯罪进行数量上的区别说。"[52]据此,学者们往往将警察罚视为针对犯罪的预防性措施。[53] 然而,19 世纪初开始,法学者们直接达成普遍共识,认为"警察不法本质上不同于犯罪,惩罚也不同于犯罪"。据此主张警察罚法典与刑法典应当分开。[54] 在此大背景下,费尔巴哈也提出区分警察不法与犯罪本质的标准,即是否侵犯主观权利,在他看来,犯罪是对主观权利的侵犯,警察不法并非对主观权利的侵犯。阿克定(Akkerdings)进一步为费尔巴哈的观点进行辩护并提出,警察不法是对客观法律的违反,而犯罪是对法的违反。[55]

三、"沦为"刑罚例外的警察罚

19 世纪下半叶,自由主义理念日渐兴起,警察权与司法权的关系再度发生变化。司法权试图垄断惩罚,警察罚由此成了例外。

(一) 19 世纪 70 年代刑罚一元化及警察罚的例外

1871 年《帝国刑法典》和 1877 年《帝国刑事诉讼法》奠定了 19 世纪下半叶国家行使惩罚权的主要基础。

《帝国刑法典》将刑事不法进一步划分为重罪(crimes,Verbrechen)、轻罪(delicts,Vergehen)和违警罪(contraventions,übertretungen)。违警罪又被称为品行不端,也被称为警察不法。这意味着警察不法被包含于刑事不法,置于刑事立法

---

〔52〕　James Goldschmidt, *Das Verwaltungsstrafrecht*, *Eine Untersuchung der Grenzgebiete zwischen Strafrecht und Verwaltungsrecht auf rechtsgeschichtlicher und rechtsvergleichender Grundlage*, Berlin, Carl Heymanns Verlage, 1902, S. 118.

〔53〕　Vgl. James Goldschmidt, *Das Verwaltungsstrafrecht*, *Eine Untersuchung der Grenzgebiete zwischen Strafrecht und Verwaltungsrecht auf rechtsgeschichtlicher und rechtsvergleichender Grundlage*, Berlin, Carl Heymanns Verlage, 1902, S. 131 - 132.

〔54〕　Vgl. James Goldschmidt, *Das Verwaltungsstrafrecht*, *Eine Untersuchung der Grenzgebiete zwischen Strafrecht und Verwaltungsrecht auf rechtsgeschichtlicher und rechtsvergleichender Grundlage*, Berlin, Carl Heymanns Verlage, 1902, SS. 230 - 231.

〔55〕　Vgl. James Goldschmidt, *Das Verwaltungsstrafrecht*, *Eine Untersuchung der Grenzgebiete zwischen Strafrecht und Verwaltungsrecht auf rechtsgeschichtlicher und rechtsvergleichender Grundlage*, Berlin, Carl Heymanns Verlage, 1902, SS. 232 - 233.

之内。刑事立法囊括了国家予以干预的所有公民失范行为。[56]

重罪、轻罪和违警罪的划分基准在于惩罚方式。重罪即"以死刑、惩役或五年以上之禁狱而罚之行为";轻罪即"以五年以下之禁狱禁锢或百五十马克以上之罚金而罚之行为";违警罪即"以拘留或百五十马克以下之罚金而罚之行为"。[57] 由各类刑事不法对应的惩罚方式可以发现,当时德国的惩罚体系包含死刑、惩役、禁狱、禁锢、罚金、拘留等诸多惩罚种类。

《帝国刑事诉讼法》对施以刑罚的程序作了相当详细的规定,包括证据规则、鉴定、检证、差押、搜索、拘留、逮捕、讯问、辩护、一审和上诉审程序。然而,需要注意的是,除了以上一般性的刑事诉讼程序,《帝国刑事诉讼法》还认可了"警察即决处分"。该法第 453 条第 1 款规定"各邦法律之规定上,警察署有以其处分确定刑法上所科之刑之权时,此权唯及于违警罪。"该条第 2 款规定"警察署不能征收十四日以内之拘留罚金或罚金者,不得科以所换刑之拘留及没收以外之刑。"[58]有学者将之称为行政性的诉前分流机制(administrative pre-trial diversion mechanism)[59]或者行政主体的诉前制裁(die vorgerichtliche Ahndung durch Verwaltungsbehörden)[60],也称之为"警察罚款令(Polizeistrafverfügung)"。"警察即决处分"被认为是程序上的"退让妥协"[61]。通过"警察罚款令",警察机关可以通过简易程序对违警行为施以处罚。在邦层面,《帝国刑事诉讼法》的这一授权使得各邦基于此订定诸多附属刑法,以逃避刑事繁复程序。[62]

因此,1871 年《帝国刑法典》虽然在德国建立了一元惩罚体系,但是这一体系并非无懈可击。刑事诉讼程序中预留的"警察即决处分"是一个"小口子",使得警察机

---

〔56〕 Vgl. Joachim Bohnert,"*Die Entwicklung des Ordnungswidrigkeitenrechts*", 5 Jura 11, 1984,S.13.

〔57〕 参见商务印书馆编译所编译:《德国六法》,冷霞点校,上海人民出版社 2013 年版,第439 页。

〔58〕 参见商务印书馆编译所编译:《德国六法》,冷霞点校,上海人民出版社 2013 年版,第527 页。

〔59〕 Daniel Ohana, *Administrative Penalties in the Rechtsstaat*:*On the Emergence of the Ordnungswidrigkeit Sanctioning System in Post-War Germany*, The University of Toronto Law Journal, Vol.64, No.2, 2014, p. 251.

〔60〕 Wolfgang Mitsch, *Recht der Ordnungswidrigkeiten*, Springer-Verlag Berlin Heidelberg, 2005,S.23.

〔61〕 蔡震荣:《行政罚与刑事罚界限问题之探讨》,载《法令月刊》2014 年第 65 卷第 1 期,第46 页。

〔62〕 参见林山田:《论刑事不法与行政不法》,载林山田:《刑事法论丛(二)》,兴丰印刷厂有限公司 1997 年版,第 47 页。

关的惩罚权在一定程度上得以保留。

（二）一元化的必然和例外的因由

惩罚权配置的本质是国家权力的分配。二元惩罚体系的基本特征在于由行政权和司法权共享惩罚权。一元惩罚体系的基本特征在于由司法权独享惩罚权。1871 年《帝国刑法典》建构的一元惩罚体系试图将惩罚权全部纳入司法权的范围之内。这一转变缘于自由主义思想的传播、国家权力的再度分配以及区分技术的局限。

19 世纪中下叶，自由主义思想开始在德国盛行。自由主义思想体现为通过限制国家权力来保障人民财产及其他自由权利。[63] 自由主义思想的践行要求珍视公民生命、自由、财产等权利，不经国家控诉，不经仔细审查，不经辩护，决不能随意剥夺公民的权利。[64]

盛行的自由主义思想通过宪法予以确认，并衍生出分权原则(the separation of powers doctrine)，尤其是确立了司法权的地位，否认了警察机关的惩罚权。分权原则是指将国家权力分为立法权、行政权和司法权。具体而言，将法律置于优位，从而产生行政权与立法权的分立；将司法权从行政权中独立，作为中立的裁判者。[65] 以司法权为惩罚权的唯一主体，是分权原则的体现。1849 年《法兰克福保罗教堂宪法(Paulskirchenverfassung、the Constituton of St Paul's Church)》确认了分权原则，既包含了从政府的行政部门中分离出司法权的一般原则条款，也包含了明确否认警察机关裁决犯罪和惩罚的特别条款。[66] 1852 年《瓦尔德克宪法(Charte Waldeck)》第 81 条第 2 项规定"刑事裁判权不属警察"[67]。之所以会出现此一情形，是因为随着神圣罗马帝国的解体和原来领土上主权国家联盟的建立，警察机关的惩罚权受到质疑；司法管辖权被认为应当是无偏私的，独立于其他政府部门的；应受处罚行为的裁决和相应处罚的决定应当被归为司法管辖权的范畴。[68] 以上确立了一元惩罚体系的宪法基础。1871 年《帝国刑法典》将惩罚权收归司法权所有，体现的就是这一时期权力分立的趋势。1877 年《帝国刑事诉讼法》主要规定由司法权经刑事诉讼程序行

---

〔63〕 陈新民：《德国公法学基础理论(增订新版·上卷)》，法律出版社 2010 年版，第 31 页。

〔64〕 参见[法]孟德斯鸠：《论法的精神(上卷)》，徐明龙译，商务印书馆 2012 年版，第 92 页。

〔65〕 参见陈新民：《德国公法学基础理论(增订新版·上卷)》，法律出版社 2010 年版，第 31 页。

〔66〕 Daniel Ohana, *Administrative Penalties in the Rechtsstaat : On the Emergence of the Ordnungswidrigkeit Sanctioning System in Post-War Germany*, The University of Toronto Law Journal, Vol.64, No.2, 2014, SS. 249 - 250.

〔67〕 [德]Scholler、Schloer：《德国警察与秩序法原理》，李震山译，登文书局 1995 年版，第 3 页。

〔68〕 [德]Scholler、Schloer：《德国警察与秩序法原理》，李震山译，登文书局 1995 年版，第 3 页。

使惩罚权也与上述思想不谋而合。

需要补充的是,之所以由司法机关统一形成惩罚权,而非由司法机关与警察机关继续共享惩罚权,对刑事不法与警察不法区分的绝望是另一原因。尽管 18 世纪末、19 世纪初试图区分刑事不法与警察不法,并在当时达成了共识,然而,随着时间的推移,共识被打破并逐渐衍生出很多质疑。有学者甚至认为"从中世纪的法学院一直到我们这个时代,试图找出犯罪和警察不法之间的界线是徒劳的。即使在最近的时期,它也未能成功地确定和统一地执行使法律人感到失望的区别"。[69] 在此背景下,"基于自由主义理念,为了通过更为详细的实体规则和程序规则更好地保障公民基本权利,将所有失范行为均纳入刑法典,是相对稳妥的办法。结果,所有受国家制裁的行为都被称为犯罪行为"[70]。

当然,自由主义思想在 19 世纪中下叶惩罚体系的运用虽然广泛,但并不是绝对的。《帝国刑事诉讼法》规定的"警察罚款令"之所以存在是公共秩序维护的必然选择。警察罚程序的便宜性使得轻微受损的公共秩序可以迅速恢复。

四、走向行政处罚及其极端化

20 世纪初,随着自由主义思想的式微与社会行政国蓝图的建构,作为刑罚之例外的警察罚被一般化为行政罚,与刑罚相并列,用以确保国家干预手段的贯彻。学界的呼吁使得行政罚在实践中受到重视,并一度被纳入立法草案,然而随着时局的变化相关立法终究没有出台。纳粹时期行政罚成为推行极端统治的重要工具。

(一)20 世纪初行政处罚的呼吁和立法起草

20 世纪初,秩序罚立法的问题获得了进一步的空前讨论,讨论的核心仍然是刑事不法与警察不法(或称行政不法)的区分。相较于 19 世纪中下叶的迷茫与失望,这一时期针对区分问题有了突破性的进展。郭施密特在《行政罚法》一书中提出"证明 19 世纪盛行的关于所谓警察不法的性质的相关原理是不正确的,行政与违法是并列的,行政罚法与原来刑法是分离的"[71]。其论证的基础在于区分法律秩序和公共管

---

[69] Erich Göhler, *Das neue Gesetz über Ordnungswidrigkeiten*, *Juristenzeitung*, 20, 1968, 23. Jahrg, Nr.18, S. 584.

[70] 王世洲:《罪与非罪之间的理论与实践——关于德国违反秩序法的几点考察》,载《比较法研究》2000 年第 2 期,第 185 页。

[71] Vgl. James Goldschmidt, *Das Verwaltungsstrafrecht*,*Eine Untersuchung der Grenzgebiete zwischen Strafrecht und Verwaltungsrecht auf rechtsgeschichtlicher und rechtsvergleichender Grundlage*,Berlin, Carl Heymanns Verlage, 1902,SS. Ⅶ-Ⅷ.

理秩序两种不同的秩序。法律秩序针对的是社会和平共处秩序。侵越社会和平共处秩序的行为对共同体的损害是实质性的、道德性的,需要通过司法权对其进行确认和惩罚。公共管理秩序,又称行政秩序,其以实现公共利益为主要目标。公共利益是难以完全实现的,当没有履行职责来帮助行政机关追求公共福利时,其内核与违反法律秩序的行为完全不同,并不一定包含道德上的可责性。对此,郭施密特认为纠正公共管理秩序的错误,无须通过司法系统,由行政机关施以行政处罚即可。[72] 1902 年第二十六届德国法学者会议期间,郭施密特的观点得到了李斯特(Von Liszt)和卡尔(W. Kahl)等学者的赞同,他们一致主张警察不法系纯正的秩序违反行为,应当从刑法典中提取出来,专门为其订立独立的法典。

　　郭施密特的观点最终体现在其与卡尔和李斯特联名提出的与预备草案[73]相对的草案及其说明。[74] "该相对之草案试图通过进一步的要求来实现预备草案中最重要的内容,主要涉及将违警罪与普通犯罪区分开,并至少增加一部分刑法附律。为此,努力将草案中的刑罚体系严格加以区分,将混乱的刑罚体系整理好,为量刑制定明了的规定。"[75]自此之后,关于重罪、轻罪和违警罪(警察不法)的基本区分在之

---

〔72〕　Cf. Daniel Ohana, *Administrative Penalties in the Rechtsstaat: On the Emergence of the Ordnungswidrigkeit Sanctioning System in Post-War Germany*, The University of Toronto Law Journal, Vol.64, No.2, 2014, pp. 251 - 253.德国刑法学者 Erik Wolf 在《刑法体系中行政不法的定位》(Die Stellung der Verwaltungsdelikte im Strafrechtssystem,1930)一书中从法哲学、法伦理与法政策的观点将 Goldschmidt 的理论与主张加以发扬光大。参见林山田:《论刑事不法与行政不法》,载林山田:《刑事法论丛(二)》,兴丰印刷厂有限公司 1997 年版,第 61 页。

〔73〕　该预备草案是指 1906 年由有实际经验的法学家组成的委员会接受委托起草的一部新的《德国刑法典》草案及其说明。该委员会于 1909 年完成草案起草和说明,并交付出版,被称为"预备草案"。该草案没有代表某一特定学派的特点,从古典学派的观点出发,但也向现代学派作了一些妥协,从而考虑到了现实情况。该草案基本特征是"未能全面地改造刑法典,但从总体上看,它进一步发展了现有之法律",但是该草案"关于增加附律和废除违警罪的要求被作者们拒绝了"。参见[德]弗兰茨·冯·李斯特:《德国刑法教科书》,徐久生译,法律出版社 2000 年版,第 89 页。

〔74〕　关于相对草案的提出时间,有着不同的说法,弗兰茨·冯·李斯特教授的《德国刑法教科书》认为三位教授"于 1919 年出版了一个附有说明的与预备草案相对之草案",参见[德]弗兰茨·冯·李斯特:《德国刑法教科书》,徐久生译,法律出版社 2000 年版,第 89 页。汉斯·海因里希·耶塞克、托马斯·魏根特教授的《德国刑法教科书》认为三位教授于 1919 年"提出了自己的较为先进的相对之草案",参见[德]汉斯·海因里希·耶塞克、托马斯·魏根特:《德国刑法教科书(上)》,徐久生译,中国法制出版社 2017 年版,第 137 页。由于国内无法找到该草案的原本和一手资料,且该时间点对本文的观点没有重大影响,因此,本文对该时间点不作过多追溯。

〔75〕　1913 年草案、1919 年草案、1925 年草案以及 1921 年由刑法教授拉德布鲁赫及 1930 年由卡尔所提出的草案均是。参见林山田:《论刑事不法与行政不法》,载林山田:《刑事法论丛(二)》,兴丰印刷厂有限公司 1997 年版,第 49 页。

后的新刑法内容中均有所包含。1936 年刑法草案将违反公共秩序行为完全排除出去,而违反公共秩序行为被认为应当包含在特殊的行政罚法之中。[76]

尽管专门的行政罚立法由于时局缘由没有出台,但是郭施密特等学者关于二元惩罚体系的相关理论在之后的草案中得以持续。有学者认为"1911 年以后的所有刑法草案中,均有将违法行为的构成要件从刑法中去除的思想"[77]。此外,该理论设计为战后《秩序违反罚法》的制定奠定了基础。

尽管 20 世纪初没有形成专门的行政罚立法,但并这不意味着不存在包含行政罚的单行法。据有些学者梳理,系受郭施密特理论的影响,1910 年德国颁布了帝国《钾盐法》,其标志着德国的经济行政罚法发展到新阶段,为战后经济刑法的制定提供了重要立法蓝本。[78] 1919 年的《帝国租税条例》亦是建立行政刑法的较早尝试。该条例以行政罚作为租税违法行为的法律效果,由租税主管机关依职权处理。"一战"后,建立单独的经济财税刑法,赋予行政机关对经济违反行为科处刑罚的立法有增无减,以便减轻法院在审理轻微案件的超重负担,同时便于执行经济管制工作。[79]

(二)行政罚集中讨论的原因

当时社会背景下,行政罚的呼吁是由当时的制度"供求"关系导致的。所谓制度需求,即社会行政国家背景下公共秩序维护的需求。所谓制度供给,即一元惩罚体系对于公共秩序维护的充分程度。

相较于自由主义法治国,社会行政国家对公民的干预更为广泛。这一时期国家的职能发生了转换,由消极的保障转化为积极干预。而法律成为"治理国家及科于人民服从义务的工具"[80]。法律的建构产生了大量的公民行为规范,"越来越多的国家规定来明确什么是应当实行的行为和什么是不允许实行的行为"[81]。而这些规范的贯彻必然要求通过的一定的制裁手段确保制度的强制性。

若继续坚持当时不加区分刑事不法与行政不法的刑事立法,那么这些行为"只

[76] Vgl. Dr. Erich Göhler, Gesetz über Ordnungswidrigkeiten, Verlag C.H.Beck München, 2002, S.2.

[77] [德]汉斯·海因里希·耶塞克、托马斯·魏根特:《德国刑法教科书(上)》,徐久生译,中国法制出版社 2017 年版,第 83 页。

[78] 参见王世洲:《德国经济犯罪与经济刑法研究》,北京大学出版社 1999 年版,第 31 页;李晓明:《行政刑法新论》,法律出版社 2014 年版,第 4 页。

[79] 参见林山田:《论刑事不法与行政不法》,载林山田:《刑事法论丛(二)》,兴丰印刷厂有限公司 1997 年版,第 49—50 页。

[80] 陈新民:《德国公法学基础理论(增订新版·上卷)》,法律出版社 2010 年版,第 91 页。

[81] 王世洲:《罪与非罪之间的理论与实践——关于德国违反秩序法的几点考察》,载《比较法研究》2000 年第 2 期,第 185 页。

能毫无区别地按照其严重性或者根据其道德上无价值的内容,使用仅有的法律性质是刑罚的手段来加以惩罚"〔82〕。随着违法行为数量的增加,国家的制裁成本将大量提高。如若不同时增加相应的惩罚机构设置和惩罚人员分配,新制定的法律规范将流于形式,难以实现管理效果。如若增加了相应的惩罚机构和惩罚人员,公民的行为虽然得到了有效的制约,但由于其中大量的行为可责性是轻微的,又可能导致"大炮打麻雀"的窘境,使得罪罚不相当,从而实质上侵犯公民的权利。19 世纪中叶以来存在着的"警察罚款令"固然可以一定程度上缓解以上压力,但是其程序过于简略,同样可能侵犯公民的权利。

以上制度需求和供给窘境,就要求寻找一种平衡之策,可以较好地平衡公共秩序维护和公民权利保障以及国家权力规范等几者之间的关系,行政处罚理论和立法起草便是在这样的背景下应运而生。

(三)纳粹时期行政罚的极端化

1931 年之后,由于纳粹政府进行经济刺激的迫切需要,行政机关的秩序罚得以引入并大范围应用于经济领域。《价格刑法条例》和《战时经济条例》等立法确立了刑罚与秩序罚并立的二元惩罚体系。但是该二元惩罚体系是畸形的,主要表现在以下方面:

一是狭隘地应用于经济领域。有学者提出"秩序罚成为纳粹政权推行的经济刺激计划这一庞大体制的一个不可分的部分"〔83〕。具体来讲,仅仅适用于以下经济领域:首先是价格控制,最早主要针对哄抬物价,当时的哄抬物价行为源于军备的高需求与企业有限生产力之间的矛盾。其次是原材料控制,其针对的是没有遵守要求和相关规章违法分配和使用原材料的行为。再次是分配、消费的控制,其针对的是囤积制定配给货物或将货物卖给没有配给券的个人的行为。〔84〕

二是完全作为推行专制极权的工具。有学者将纳粹时期的行政罚立法称为"越来越具有专制国家特征的经济领域的行政刑法"〔85〕。行政罚的不可申辩、不可易

---

〔82〕 王世洲:《罪与非罪之间的理论与实践——关于德国违反秩序法的几点考察》,载《比较法研究》2000 年第 2 期,第 185—186 页。

〔83〕 Daniel Ohana, Administrative Penalties in the Rechtsstaat: On the Emergence of the Ordnungswidrigkeit Sanctioning System in Post-War Germany, The University of Toronto Law Journal, Vol.64, No.2, 2014, p. 262.

〔84〕 Cf. Daniel Ohana, Administrative Penalties in the Rechtsstaat: On the Emergence of the Ordnungswidrigkeit Sanctioning System in Post-War Germany, The University of Toronto Law Journal, Vol.64, No.2, 2014, p. 254.

〔85〕 [德]汉斯·海因里希·耶塞克、托马斯·魏根特:《德国刑法教科书(上)》,徐久生译,中国法制出版社 2017 年版,第 83—84 页。

处、部分情况不设上限以及分散性是专制性、极权性的体现。被施以行政罚的相对人没有资格在刑事法院提出司法裁决。而当处罚相对人无法履行支付义务（a default of payment）时，不能易处拘留（a custodial sanction）。针对价格违法行为，起初会受到最高 1000 帝国马克的罚款，后来违法范围逐渐扩大并明确要求对违反价格控制的相对人的处罚不设上限。[86] 然而如此严苛的行政罚并未被有效约束和规范。在第三帝国的成文法体系中，没有颁布统一的规则来约束秩序罚的实体和程序，而只是散落在授予行政机关处罚权的特殊条款里。[87] 因此，当时的惩罚体系被认为"成为纳粹手中一种灵活的进行国家干预的工具"，而"导致了法律保障的完全丧失和法制原则的彻底破坏"[88]。

这一时期，行政罚完全沦为纳粹手中"一种灵活地进行国家干预的工具"，司法机关的权限被大大削减，对于公民的法律保障完全丧失，法制原则也被彻底破坏。[89]

五、限缩后的秩序罚

"二战"结束之后，行政罚制度经过深刻的反思，得以保留，却受到了全面性的限缩。限缩之后的行政罚制度由《经济刑法》逐步演变发展为《违反秩序罚法》，对于战后德国秩序的恢复以及当今公共秩序的维护有着至关重要的作用。

（一）"二战"后经限缩的秩序罚

1949 年 7 月 26 日，联邦德国制定了简化《经济刑法》。该法明确区分经济犯罪与经济违法行为；包含禁止从事特定行业，关闭企业，没收、上缴额外收入，公开发布判决等特别惩罚种类；取消行政机关独立判处秩序罚的权力，同时为经济罚规定了一个独特的、符合法制国家要求的程序模式。随着战后经济状况的改善，战后初期通过国家干预施行的计划经济逐渐为通过竞争控制的市场经济所替代，经济刑法以

---

〔86〕 Cf. Daniel Ohana, Administrative Penalties in the Rechtsstaat: On the Emergence of the Ordnungswidrigkeit Sanctioning System in Post-War Germany, The University of Toronto Law Journal, Vol.64, No.2, 2014, pp. 254 – 255.

〔87〕 Cf. Daniel Ohana, Administrative Penalties in the Rechtsstaat: On the Emergence of the Ordnungswidrigkeit Sanctioning System in Post-War Germany, The University of Toronto Law Journal, Vol.64, No.2(Spring 2014), pp. 253 – 262.

〔88〕 参见王世洲:《罪与非罪之间的理论与实践——关于德国违反秩序法的几点考察》，载《比较法研究》，2000 年第 2 期，第 187 页。

〔89〕 王世洲:《罪与非罪之间的理论与实践——关于德国违反秩序法的几点考察》，载《比较法研究》2000 年第 2 期，第 187 页。

及其所保障的经济行政法的作用渐渐衰弱，后经 1954 年、1962 年、1975 年、1986 年、1993 年等多次修改，大量的经济犯罪与经济不法行为已被废除。[90]

《经济刑法》制定不久，具有一般法意义的《违反秩序罚法》进入立法议程并于1952 年 3 月 25 日得以颁布。《违反秩序罚法》的颁布使得争论不休的刑事不法与行政不法区分问题落下帷幕。1954 年成立的刑法改革委员会在研讨并起草刑法修正草案时直接对警察不法问题予以定调：一是将警察不法从刑法中提取出来，不再规定于新刑法之中；二是将警察不法行为中有必要升格为犯罪的，仍旧规定于新刑法，其余的警察不法行为则迁移至《违反秩序罚法》中。1975 年 1 月 1 日生效的联邦德国新刑法依照以上规定，将旧刑法分则第二十九章的违警罪全部删除，并将一些较常为人所违犯的不法行为纳入《违反秩序罚法》之中。[91]

根据当前《违反秩序罚法》之规定，行政机关仍被赋予罚款、没收、充公、警告和警告罚款等权力。有秩序惩罚权的行政机关包括：法律规定的行政机关；在无法律规定时州的最高专业主管机关；由联邦机关实施法律的情形中联邦的专业主管部长；被州政府或联邦部长授权的另外的机关或者其他机构。尽管保留了行政机关的处罚权，但其处罚对象、种类、幅度等方面被限缩。

第一，将秩序罚的处罚对象限定在了违反秩序行为。根据该法第 1 条之规定，包括两种：一种是"违反法的和应受谴责的，使法律规定的事实构成得到实现并为该法律准予罚款处罚的行为"；另一种是"应受罚款处罚的，使本条第（1）款所指的法律规定的事实构成得到实现的行为，即使其实施不应受谴责，仍属违法行为"。具体而言包括违反国家规章的行为（第三编第一章）、违反公共秩序的行为（第三编第二章）、滥用国家标志和国家保护的标志的行为（第三编第三章）和违背在经营场所和企业中的监督义务的行为（第三编第四章）。

第二，就处罚方式而言，《违反秩序罚法》将处罚种类限于罚款（第 17 条）、没收（第 22 条）、充公（第 29a 条）、警告、警告罚款[第 56 条第（1）款]。其中罚款的额度限制在"最低为 5 德国马克，并且如果法律没有其他规定，最高为 1000 德国马克"（第17 条）。而拘留等自由罚被完全放弃。

第三，就处罚程序而言，《违反秩序罚法》试图实现公民权利保障与秩序罚程序效率的平衡。一方面，《违反秩序罚法》第二编专编规定了罚款程序及快速转换机制。罚款程序包含管辖权的权限划分，查阅案卷、公布、送达等一般程序规定以及听取当事人建议、警告、辩护、调查等前期程序等。罚款程序的各个阶段均包含进入司

---

〔90〕　参见王世洲：《德国经济犯罪与经济刑法研究》，北京大学出版社 1999 年版，第 58—60 页。

〔91〕　参见林山田：《论刑事不法与行政不法》，载林山田：《刑事法论丛（二）》，兴丰印刷厂有限公司 1997 年版，第 51 页。

法程序的快速转换机制。首先在管辖阶段,第 40 条、第 41 条和第 42 条第(1)款规定了检察院对秩序违反行为的管辖权,第 45 条赋予法院对秩序违反行为的管辖权;在具体处罚程序中,第 63 条建立了司法程序中的行政机关参与程序;处罚程序之后,第 68 条规定了法院对异议的裁判程序,第 69 条第(3)(4)款规定了移送检察院程序;而在罚款执行阶段,96 条第(1)款规定法院有罚款执行中强制拘留的审查权。另一方面,《违反秩序罚法》通过效率促进机制,进一步突出了秩序罚追求效率的特点。该法第 39 条第(2)款规定"在本条第(1)款第 1 句的情形,如果显然有利于加快或简化程序或者出于对程序有利的原因,可以通过有管辖权的行政机关之间的协议而授权一个另外的行政机关进行追究和处罚,如果数个行政机关均有案件管辖权,则依照本条第(1)款第 1 句:具有优先权的行政机关,应当至迟于调查结束之前停止其他具有案件管辖权的行政机关发表意见的权力";第 42 条第(2)款规定"只在接管显然有利于加快程序,或者因为案件存在相互关联,或者出于其他原因有利于调查或做决定的情形,检察院方应当接管";第 68 条第(3)款最后一段规定"如果程序过多或行为地或居住地距离本条第(1)款规定的有管辖权的初级法院所在地过远而出于显然有利于程序的考虑,可以将程序分给数个初级法院;本法第 37 条第(3)款相应适用。依照本款第 1 句所指定的、属于该初级法院管辖的辖区可以包括数个初级法院的辖区。州政府可以将此种授权授予州司法行政机关"。

只是需要注意的是,警察机关在《违反秩序罚法》中能够发挥的作用有限。违反秩序行为原则上由一般行政机关管辖。警察机关仅在轻微案件以及有现场取缔必要的情形下有权管辖违反秩序行为。[92]

(二) 限缩的三重理由

权力分立原则的改良使得秩序罚的存在有了可能。权力分立原则的改良是指将惩罚权一分为二,司法机关仅具有刑事惩罚权。之所以能够将惩罚权一分为二,主要源于秩序惩罚权的价值中立性的正当性论证。秩序惩罚权的价值中立性理论,可以追溯到 20 世纪初郭施密特的理论。在郭施密特看来,秩序惩罚权是以维护行政秩序为目标的,而行政秩序背后体现的是公共福利。行为人违反行政秩序的本质是作为共同体的一员没有履行其职责来帮助行政机关追求公共福利。行政机关对违反秩序的行为进行处罚,是为了要求公民履行其作为共同体一员而应履行的相应的职责。作为公共福利的行政秩序是通过规章而非道德确立的。因此违反行政秩序

---

[92] 参见蔡震荣:《行政罚与刑事罚界限问题之探讨》,载《法令月刊》2014 年第 65 卷第 1 期,第 47 页。

的行为也就不一定包含道德的可责性。[93] 因此,针对行政不法的秩序罚具有价值中立性。秩序罚的价值中立性使得秩序罚成为"一种有效的符合现代法制标准的执法手段"[94],由行政机关行使秩序罚权对于司法权(主要是刑罚权)的冲击便减弱了。除了价值中立性的论证,《违反秩序罚法》也通过事后向法院抗告和事中程序转换等形式,使得秩序罚权可以向司法权及时过渡,在现有体制内最大限度地实现了对秩序罚权的监督和公民权利的保障。因此联邦宪法法院认为该制度"已充分考量到权力分立原则,以及刑罚判决由独立法院行使之原则"[95]。

其次,在秩序罚得以存在的前提下,脱警察化的趋势促使秩序罚的内部规范化。这里的"脱警察化"主要是指第二次"脱警察化",即将卫生、建筑、环保、劳动、税务等以往属于警察行政事务的权限划归一般行政机关。[96] 在秩序罚中,警察机关与一般行政机关的分工主要体现为警察机关作为调查机关,"依据与其义务相符的裁量查究违反秩序行为和为此发布一切不容迟延的命令,以防止案件真相受到掩盖"。而其他行政机关为命令机关。调查权与命令权的分立一定程度上促进了秩序罚的自我规范。从而,一定程度上赋予行政机关对于违反秩序行为的处罚权,通过行政机关的内部分工使得其不受"自己做自己案件法官"的指摘。

此外,除罪化的趋势推动秩序罚和刑罚的并存分立。除罪化是指"在整体刑法中排除无罪责非难性之行为构成要件,而将这些条款集中纳入秩序违反行为之体系,交由一般内务行政机关追究处理"[97]。德国的除罪化运动开始于战后。战后德国社会陷入矛盾:一方面,违反经济法规的行为大量增加,为司法带来过重的负担,另一方面,对于这些违反经济法规的行为,若完全不惩罚将对社会秩序带来巨大的隐忧。为了平衡该矛盾,将部分违法行为从刑法中分离出来,赋予行政机关一定的

---

〔93〕 Cf. Daniel Ohana, Administrative Penalties in the Rechtsstaat: On the Emergence of the Ordnungswidrigkeit Sanctioning System in Post-War Germany, The University of Toronto Law Journal, Vol. 64, No.2, 2014, pp.251-253.

〔94〕 王世洲:《罪与非罪之间的理论与实践——关于德国违反秩序法的几点考察》,载《比较法研究》2000 年第 2 期,第 186 页。

〔95〕 [德]Scholler、Schloer:《德国警察与秩序法原理》,李震山译,登文书局 1995 年版,第 241 页。

〔96〕 参见余凌云:《警察权的"脱警察化"规律分析》,载《中外法学》2018 年第 2 期,第 397 页。在此之前,还经历了第一次脱警察化的过程,主要是司法权、军事权、财政权从警察权中分离出来。

〔97〕 [德]Scholler、Schloer:《德国警察与秩序法原理》,李震山译,登文书局 1995 年版,第 241 页。

惩罚权,成为平衡之策。[98] 之后除罪化运动也超出了经济领域,而逐渐扩展到整个行政管理领域。

六、对中国的启示

跳脱出现有立法,从更广阔的视野中寻找变革灵感,既是捷径,也是坦途。正如著名比较法大师茨威格特和克茨所说:"如人们在创制和发展本国的法律规则时竟然对外国相似的规则凝结成的经验财富视而不见或不加利用,便是不明智的。"[99]

德国秩序罚立法与中国治安管理处罚立法有着功能定位、体系定位和历史进程的相似性。第一,以制裁轻微治安违法行为作为功能。对扰乱治安秩序的不法行为进行惩罚是各国治理过程中不可或缺的组成部分。不法行为有轻重之分,相应制裁也有轻重之分。治安管理处罚的功能在于制裁较犯罪性质更轻微的治安违法行为。德国《违反秩序罚法》从由警察处理的轻微违法发展起来。[100] 第二,基于二元惩罚体系。惩罚权是国家权力的组成部分。根据惩罚权归属主体的不同,可将国家的惩罚体系分为一元惩罚体系和二元惩罚体系。一元惩罚体系是指由某一个国家机关行使惩罚权,通常是指司法机关通过审判程序行使唯一的国家惩罚权。二元惩罚体系是指由国家司法机关和行政机关分别行使惩罚权,国家司法机关通过司法审判程序惩治犯罪,国家行政机关通过行政程序惩治违法。我国的惩罚权分别由法院和行政机关行使,属于典型的二元惩罚体系。我国《治安管理处罚法》属于二元惩罚体系中的行政处罚序列。德国同样是典型的二元惩罚体系国家,既有刑罚,也有行政罚(秩序罚)。第三,以行政处罚为改革起点。我国治安管理处罚缘起于清末民国作为行政处罚的违警罚,并在新中国成立之后得以易名延续。当前德国的秩序罚同样起源于具有行政处罚属性的警察罚与经济罚。[101] 因此,德国秩序罚的定位沿革对我国《治安管理处罚法》的发展具有重大参照意义。

具体而言,德国秩序罚的定位沿革可为我国《治安管理处罚法》的制度走向提供

---

〔98〕 参见王世洲:《罪与非罪之间的理论与实践——关于德国违反秩序法的几点考察》,载《比较法研究》2000 年第 2 期,第 186 页。

〔99〕 [德]茨威格特、克茨:《比较法总论(上)》,潘汉典、米健、高鸿钧等译,中国法制出版社2017 年版,中译本序,第 1 页。

〔100〕 参见王世洲:《罪与非罪之间的理论与实践——关于德国违反秩序法的几点考察》,载《比较法研究》2000 年第 2 期,第 186 页。

〔101〕 Cf. Daniel Ohana, *Administrative Penalties in the Rechtsstaat*: *On the Emergence of the Ordnungswidrigkeit Sanctioning System in Post-War Germany*, The University of Toronto Law Journal, Vol. 64, No.2, 2014, p.247.

以下几点启示与借鉴。第一,坚持秩序罚的行政处罚属性具有历史的必然性和体系上的自洽性。数个世纪的发展沿袭过程中,德国秩序罚虽几经波折但最终仍然坚持行政处罚属性。这其中包含了不同时期社会情势的历史选择,但也因行政刑法理论的阐释得以在逻辑上自洽。这为我国《治安管理处罚法》仍然延续行政处罚立法的属性而非必然转变为刑事立法提供参照。第二,明确秩序罚的界限而不僭越司法方能符合有效控制行政权力和保障人权的历史潮流。"二战"之后,随着人权保障理念的加强,人身自由罚被纳入司法权的"核心领域",逐渐成为国际公约和各国立法例的主流趋势。德国秩序罚相较于一般意义上的行政处罚进行了限缩,尤其是将人身自由罚剥离出去,从而与"二战"后的潮流相匹配。当前,我国《治安管理处罚法》中包含大量的行政拘留条款,饱受质疑。[102] 德国秩序罚中人身自由罚的舍弃对我国当前行政拘留去留问题形成警醒。第三,秩序罚的发展应当注重规范与效能的均衡,不可偏废。德国《违反秩序罚法》将原有的行政处罚种类、对象等限缩为秩序罚,部分处罚种类、对象等被纳入刑罚。在此情形下,被排除及限缩后的秩序罚适用更严格的程序,规范性均加强。然而,限缩之后的行政处罚的种类单一,效能不足。根据处罚法定原则,得以保留违反秩序行为。由于秩序罚种类的界限,只能根据现有的处罚种类"点到即止",无法实现"药到病除"的制裁效果,且无法及时治愈社会秩序的"小疾",而任由其发展为"重疾",从而其秩序罚的制裁效果大大减弱。我国《治安管理处罚法》在重构制度时,应当汲取德国的教训,既要对治安管理处罚权予以严格规范,也应注意保障治安管理处罚权的效能。

---

[102] 参见张永强:《论 ICCPR 语境下行政拘留制度的"司法化"改革》,载《西南政法大学学报》2015 年第 5 期,第 72 页;李长城:《行政拘留:被法治遗忘的角落》,载《行政法学研究》2006 年第 3 期,第 65—66 页;翟中东:《关于我国治安行政拘留"最后手段化"的思考》,载《河南警察学院学报》2018 年第 4 期,第 109—110 页。

域外经典

［德］鲁道夫·冯·耶林 著　张焕然 译
一位不知名人士关于当今法学的秘密来信（上）

中德法学论坛

第18辑·下卷,第261~280页

一位不知名人士关于当今法学的秘密来信(上)[*]

[德]鲁道夫·冯·耶林^{**} 著

张焕然^{***} 译

第一封信^[1]序言:论民法建构

我是抱着出版的目的才写下下面这几封信的。也就是说,我不打算在死后才出版这些信——毕竟只有著名人士才可以如此妄为——而是在我还活着的时候就将其出版。只要能找到足够好心的出版商或者编辑愿意为此冒上纸张和油墨的风险,那么即便是一个普普通通的孩子也敢于做这样的打算。几乎所有的科学、艺术和行业都已经在书信中被讨论过,我们已经有化学的书信、植物学的书信、动物学的书信以及音乐的书信……只有我们可怜的法学,这个科学中的灰姑娘,还是跟往常一样一无所有,至少落后于时代二三十年,因为据我所知,她连一次都没能成为书信的主题。人们似乎想赋予她另一种更好的现代形式,即精神的形式。自从孟德斯鸠以《论法的精神》^[2]开辟了这条先河,就有不少像他这样的人提炼出了"罗马法的精神""普鲁士法的精神"以及其他各种法的精神。为了赚几个小钱,这些人就把这些

---

* 译自 Rudolph von Jhering, Scherz und Ernst in der Jurisprudenz: Eine Weihnachtsgabe für das juristische Publikum, 13. Aufl., Leipzig: Breitkopf und Härtel, 1924, S. 3 - 34.

** 鲁道夫·冯·耶林(Rudolf von Jhering):19世纪德国著名法学家,目的法学派创始人。

*** 张焕然:德国波恩大学罗马法与比较法律史研究所博士研究生,研究兴趣为民法基础理论、民法与民事诉讼法交叉领域、法学方法论以及耶林的法学思想。

[1] Preußische Gerichtszeitung, Jahrg. Ⅲ, Nr. 41. 16. Juni 1861.

[2] 孟德斯鸠(Montesquieu,1689 - 1755),法国启蒙运动时期思想家。他的重要著作《论法的精神》(De l'esprit des lois)于1748年出版(该书较新的一个中译本是[法]孟德斯鸠:《论法的精神》,钟书峰译,法律出版社2020年版)。——译者注

"精神"都兜售给好这口的读者们。要是这种风气传播开来,那我们肯定得期待一下"卡岑埃恩博根邦的邦法精神""黑森选侯国的国法精神"以及其他的精神(Geiste)和鬼神(Geister)了。[3]

至于我,我采用的则是更加简朴的书信形式。就此,即使我不能说自己做出了其他的什么贡献,但至少是我首先将书信的形式从别的学科那里引入了法学。这些法学书信将会把"业余时间""法学思考""专题研讨""不合时宜的思想"以及其他广为接受的形式都挤到一边[4]——只有正经的法学家才会用这些形式表达自己的想法。既然现在的法学已经无聊得不能再无聊了,那我们为什么就不能在书信里写一写"普鲁士邦法上弱者的权利""罗马法上傻瓜的特权"以及其他有趣的话题呢? 好让地位优越的初级法院法官、高等法院律师乃至高等上诉法院顾问和枢密高等法院顾问都可以在业余时间里拿起来读一读,而不是像韦茨拉尔的帝国枢密法院顾问克拉默那样,把他的业余时间都花在撰写 100 多卷的"业余时间"上。[5] 尽管我的这些信将会在《法院报》上刊载,也就是说,尊敬的编辑部是希望对信的内容负责的,但那是他们的事,我自己是绝不会为此承担责任的。没错,为了完全打消那种"我是在给一份法院报写信"的这种受约束的感觉,我在写作时严格地遵循了这一原则,即"我是写给编辑看的",其他的事一概同我无关。正是为了无损这种不偏不倚的原则,我同样要非常严格地保持我的匿名身份。这是一种登台表演的形式,众所周知,就像那些高贵的先生和旅行的冒险家一样,这种做法在作家那里也并不少见,他们都是基于充分的理由才这么做的。编辑先生,您是知道的,您到底费了多大的劲才让我这样一个不擅长写作的人克服自己天生的恐惧到公众面前登台献丑;您是知道的,如果我把每年可以从国家那里赚到 600 塔勒的大把时间用在法学书信这种胡闹的东西上,而不是只用在档案摘录和判决草拟上,我会是多么危险。考虑到数量巨大,自第一届法学家大会以来就遍布全德的本报读者,我非常正式地请求您:请为我保守这个秘密! 即便在毫无防备的情况下,您也要防止秘密泄露——在一个编辑那里,这种情况是完全可能发生的! 要是我的身份被泄露了,那就只能怪您。因为除了您和我自己知道这个秘密之外,再也没有人知道作者是谁了。正是为了保护您不

---

〔3〕 德文中单数形式的"Geist"既可指"精神",也可指"精灵""鬼怪""鬼神",但前者的复数形式为"Geiste",后者的复数形式为"Geister"。——译者注

〔4〕 耶林列举的这些形式都是当时的法学著作常用的标题名称,为了便于读者进一步检索,此处给出相应的德文原文:"Nebenstunden"(业余时间)、"rechtliches Bedenken(法学思考)、"Erörterungen"(专题研讨)、"unvorgreifliche Gedanken"(不合时宜的思想)。——译者注

〔5〕 此处耶林指的德国法学家约翰·乌尔里希·冯·克拉默(Johann Ulrich von Cramer,1706-1772)的系列著作《在韦茨拉尔的业余时间》(Wetzlerische Nebenstunden)。该系列从 1755 年出版第 1 卷,至克拉默去世时出到了第 124 卷,最后到 1779 年为止共出版了 129 卷。——译者注

受那些鲁莽之辈的逼问,我才选择了书信的形式,因为当您在本报的注释里公开向我保证您会严守这个秘密(就连即将在 12 月发表的第二封信,您也要严守秘密),谁还会对您纠缠不休呢? 这就是我特地请求您这么做的原因。[6]

如果您想知道我是谁,那么我不妨给您一点提示。对于下面这件趣事,您肯定不会陌生。在柏林的某场宫廷假面舞会上,一个戴着同一副面具的人连续好几个小时在餐台那儿又吃又喝,而通常情况下,来参加舞会的人是不会做这种事的。无数的杏仁露、柠檬水、葡萄酒、主菜及相应的配菜就这样消失在了面具之下,直到人们想到一个办法——在例外情况下打破戴面具的惯例,以查明是谁犯下了这种"现象级"的偷吃行为。结果大家发现,躲在面具下的是一名城堡守卫,他已经用这种方式满足了自己十四年的吃喝。您是否也要用类似的方式揭开我这位"不知名人士"的面具,那是您的事;无论如何,我一个人的知识是肯定不够写完为描绘当今法学的整体面貌所需的全部书信的。

此外,在读者的见证下,我还要同您订立一项协议。协议的内容就是,我要完全按照自己的喜好来写信。也就是说,在写信的过程中,我既不受时代的限制,也不遵循任何体系上的顺序。相反,我开出的条件是"面具下的行动自由",也就是我可以对任何人都加以戏谑和抨击。要是您觉得我说得太过了,您毕竟还可以在注释里写下反对意见,或是删掉一些您认为不大合适的段落。

以下是您收到的第一封信。

论民法建构

您肯定知道那个掀开屋顶让其同党偷看屋子里秘密的瘸腿恶魔。[7] 现在,请让我扮演一下他的角色,好让您看看我们法学理论家的书房:夜里,灯光下,《国法大全》放一旁。在这里,您可以看到整个民法智慧阶层,也就是那些"共同法"的科学担当。他们正在孜孜不倦地工作。他们在忙什么? 我敢打赌,他们当中有一半的人——至少是那些成了德意志希望的科学信徒们——正在"建构"。"建构"又是什么? 大概在 50 年前,人们还对它一无所知,他们"一向平静地生活,善良随和,弓箭只是瞄准《学说汇纂》里的片段"。[8] 但是如今就完全不一样了! 现在,不擅长"民法

---

〔6〕 此处已按作者的要求做了。——编辑部

〔7〕 耶林在此借用了法国小说家勒萨日(Alain-René Lesage,1668—1747)1707 年出版的小说《瘸腿魔鬼》(法文书名:Le Diable boiteux,德语译名:Der hinkende Teufel)中的情节:西班牙马德里的一位大学生闯进法师的屋子里,解救了被封印在瓶子里的一个魔鬼;魔鬼为了报答他,就带着这位学生飞到马德里上空,掀开屋顶让他看到各个房子里发生的事情。该小说已有中译本,即[法]勒萨日:《瘸腿魔鬼》,张道真译,人民文学出版社 1957 年版。——译者注

〔8〕 这里耶林改编了席勒的戏剧《威廉·退尔》第 4 幕第 3 场中退尔所说的一句话,原句为:"我一向平静地生活,善良随和,弓箭只是瞄准林中的野兽。"中译文参见[德]席勒:《威廉·退尔》,张玉书译,载张玉书选编:《席勒文集 5:戏剧卷》,人民文学出版社 2005 年版,第 308 页。——译者注

建构"的人可能真得好好操心一下，自己该怎么度过这一生了。就像现在的女人不穿克里诺林裙撑〔9〕就不敢出来露脸，当今的民法学者不懂建构也不敢出版著作。这种新的民法风气到底是由谁引起的？我不知道。我只是非常清楚地知道，有一个人甚至再次建构了这一建构，并且还给出了自己的建构指南，乃至为了实施此项工程而建造出一个更高的法学楼层，据此，该建构获得了"更高级法学"的称号。〔10〕在底层完成的工作是更加粗糙的，在那里，原材料被碾轧、鞣制和酸洗，简单地说就是被解释，然后它们要去到更高层，去到民法艺术家的手里。这些艺术家塑造它们、赋予它们民法的艺术形式。一旦他们找到了这种形式，这些大量的无生命素材就会转变为有生命之物。经过某道神秘的工序，这些生物就像普罗米修斯的泥人一样被注入了生命和精气。然后，这个民法中的人造人，也就是所谓的"概念"，将会获得生育能力，它将与同类交配，繁衍后代。

　　现在您知道了，一切的关键都在于这种民法塑形技艺，都在于建构。如果在建构过程中出现疏忽，比如把腿安在了头上，把鼻子安到了后面，把我们长在后面的器官安到了脸上，那么整个建构就毁了——被建构出来的将是一个怪胎。所以，这个值得高贵之人付出心血的组装任务要求人们投入一切精力并不断发挥自己的创造力和组合天赋，也就一点儿也不奇怪了。现在，我想通过几个典型的例子向您形象地展现这项工作的艰辛。

　　要说无比倔强、极难驾驭的"法律形体"（Rechtsfiguren）〔11〕有哪些，共同连带之债（Korrealobligation）肯定算一个。您想看看关于它的共同法文献？光是把这些文献列举完就要一个很长的注释。〔12〕我们可以把当代的法学家分成两类：一类是写过共同连带之债的、另一类是没有写过共同连带之债的。跟我们法学家要研究的这

---

　　〔9〕　克里诺林裙撑（Krinoline），是一种用马尾、棉布或亚麻布浆硬后做的硬质裙撑，首次出现在 1830 年。1850 年，英国人发明了不用马尾硬衬的新型克里诺林，这种裙撑于 1860 年传入法国，迅速成为流行服饰，以至于影响了西欧各国的所有阶层，甚至农妇们也仿效该形式，故服装史上也把这一时期（大约是 1842 年至 1870 年）称为"克里诺林时代"。耶林写这封信时正值 1861 年，是该裙撑最流行的时期。——译者注

　　〔10〕　耶林在其《罗马法的精神》（Geist des römischen Rechts, Bd. 2, S. 385 ff.）以及在他和格贝尔（Gerber）主编的《年刊》第 1 卷的第一篇论文（Jahrbücher, Bd. 1, Abt. 1）里就是这样说的。

　　〔11〕　这是昆策（Kuntze）的表述。

　　〔12〕　自 1857 年以来（至 1861 年），关于共同连带之债的著作至少出版了三本，例如赫尔默特（Helmolt）1857 年出版的专著、费廷（Fitting）1859 年出版的专著以及桑哈勃尔（Samhaber）1861 年出版的专著，更不用提论文和书评等其他文献里对该理论的大量论述了。[更多的文献，参见 Windscheid, Lehrbuch des Pandektenrechts Aufl. 5, Bd. 2 § 292。在 1829 年那会儿甚至还能看到这样的话（Guyet, Abh. aus dem Gebiete des Civilrechts S. 262）："关于罗马法任何其他主题的文献要像关于这个主题的文献那样贫乏，那是很不容易的。"有些人或许正在盼望这一现象的出现。]

个"两位一体"或"多位一体"的民法概念相比,"三位一体"对神学家来说再也不是什么伤脑筋的事了。共同连带之债是包含多个主体的一个债,还是与主体数量相等的多个债?您可以到处去问,看看谁没有为这个问题劳过神;您可以数一数,从事法学研究的年轻人为此葬送了多少个不眠之夜。每当我深入阅读这些文献,我就会头晕,而且读得越多就越是混乱;每当我要对实务中的某个案件作出判断,先生们,我只能把自己听过的、看过的关于共同连带之债的一切都统统忘掉才行。文献里说,共同连带之债和单纯连带之债(solidarische Obligation)的差异是巨大的,就像二足动物和四足动物的区别那么大。然而,要是您问我们的民法动物学家,如果让四足动物和二足动物都去拉犁,那么在实践中,这一区别还存不存在呢?我相信,大多数人都会答不上这个问题,并为此感到抱歉:"动物学跟犁无关。"我从一本研究"物质"的书里找到了这个缺失的答案:"原则上,我把实践方面的问题排除在外,我的研究仅限于理论问题。"一本巨厚无比、却完全忽视了实践的法学著作就好比一面极为精致,但却不会走的钟!弊端正是出在这里:法学被提升为了一门动物学,尽管它的确是一种使用民法牲畜来拉犁的技艺。[13]

既然说到了债,我还想从里面取几个有趣的建构样本。您觉得债长什么样?换句话说,您是怎么想象债的"法律形体"或"逻辑构造"的?您回答说,您并没有为此想破头。这您也能应付得了?那您真是太幸运了!但也有人可能会说,您真是太可怜了!债可以被想象成"在行为上面的权利"或是"在行为上边的权利"。[14] 根据前者,债是针对人的一项权利;根据后者,债的客体是行为本身。没错,还有一种可能

---

[13]　基于我的以上论述,有人可能会把这样的错误同样归咎于我。借此机会,我要作一声明:这个黑锅我不背。正所谓"肯定其一不能排除其他"(unius positio non est alterius exclusio),"强调法律的形式技术层面即法学技术的巨大价值"与"承认法学乃至所有理论教义式研究的最终目标都是实践性的",这两者并不存在任何矛盾。我从来都不缺少对后者的认识,并且我认为,我在自己的作品中从来都没有忽略这一点,那些没有任何实用价值的教义学研究对我是毫无吸引力的。在《罗马法的精神》(Geist des R. R. Ⅲ, Abt. 1 § 59)中,我早已把矛头指向了"将法学提升为一门数学的逻辑崇拜",并且还尝试用具体而鲜明的例子来证明这整个方向都是错误的。此外,我还为《法律中的目的》一书设立了这样一个目标:通过揭示一切法律制度和法律规则中的实践动机,以使"实践的法律观"与"形式的或先验哲学法律观"相抗衡。我要感谢当今的概念法学为我提供了用于嘲讽的素材,在本书中它们是不可或缺的,对此读者马上就会意识到。

[14]　原文为"Recht auf die Handlung oder an der Handlung"。若脱离语境,则"Recht auf die Handlung"和"Recht an der Handlung"均可译为"在行为之上的权利",但实际上,"auf"和"an"这两个介词在德语中是有细微差别的,前者表示某个物体位于某个平面之上(属于点和面的接触),故译为"在……上面";后者表示某个物体在另一个物体之上(属于点和点或点和线的接触),故译为"在……上边"。——译者注

性,我们还可以把债想象成"在行为上方的权利"。[15] 到您选择的时候了! 您会说,人怎么才能在一个尚不存在的行为上边拥有权利呢? 在行为被实施前,权利的客体还不存在;在行为被实施后,也就是说在债被履行的那一刻,这个客体马上又消失了。您可以去问问普赫塔,他是怎么想出来的。[16] 此外,其他的人还会向您展示一种完全类似的辩证法特技。遗产被许多人定义成"在死者人格之上的权利"。既然如此,您一定会认为,只有当继承人接受了遗产,他才享有这项权利,因为直到这一刻,继承人在遗产上的权利才得以产生。不对,错了! 尽管在有些人看来,死者的人格于此刻停止了,就像两片云在彼此接触时即消失于无形;但其他人,尤其是像普赫塔这样宽厚的人却让被继承人的人格在他的下一代乃至所有后代继承人的人格中延续,直到世界末日。据此,从法学的角度看,毕达哥拉斯所谓的"灵魂转世",或者像我们更喜欢说的"人格不死"是完全可以实现的! 一个人格套着另一个人格,就像俄罗斯套娃,一个套着另一个。在继承法上,我们每个人身上都还带有亚当被无尽稀释的一部分人格;我们每个人都是民法上的阿特拉斯[17],必须共同托起迄今为止一代又一代的人类。

　　您务必要知道,借此我又一次触及了一种民法"现象"和一个备受欢迎的建构对象(人们管它叫"待继承的遗产"[18])。如果您想要通过一个注释来了解该主题的文献,那么您肯定会对民法学界投入其中的旺盛精力感到惊讶。经常出现的情况是,像我们这样的人自己都不知道自己做过什么! 通过行使被继承人的权利和债权,继承人在毫不知情的情况下接受了遗产,他从未想过,如果没有主体,这些权利是不能存在的;他也从未想过,一旦他接受了具有永久性的遗产,他也就让被继承人具有了永久性,其结果是,他不仅接受了被继承人的财产,而且还接受了被继承人本身。"被继承人并没有继续存活在遗产中",这种想法会让训练有素的民法学者感到害

---

　　〔15〕 原文为"Recht über die Handlung"。若脱离语境,这一概念同样可译成"在行为之上的权利"。但实际上,作为介词的"über"表示的是某个物体虽位于另一个物体之上,但彼此不接触。因此,将"über"译成"在……上方"既可以译出该介词"彼此互不接触"的特征,也可以与上文的"auf"(在……上面)和"an"(在……上边)相区分。——译者注

　　〔16〕 Puchta, Pandekten § 219.

　　〔17〕 阿特拉斯(古希腊语:Ἄτλας,德语、英语:Atlas),古希腊神话中的擎天巨神,属泰坦神族。在泰坦之战中,泰坦神族和奥林匹斯神族敌对,最终以泰坦神族战败为结果,阿特拉斯因此被宙斯惩罚,永远在世界最西处用头和手托住天空。欧洲人多以他的画像装饰地图封里,因此"Atlas"现也被用来指"地图集"。——译者注

　　〔18〕 原文为"hereditas jacens",这一拉丁文概念所对应的德文是"ruhende Erbschaft",二者的字面含义均为"在休息中的遗产""处于睡眠状态的遗产"或"闲置的遗产",用于表示被继承人死亡后、家外继承人接受继承前这段时间内的遗产状态,因此目前的通行译法采"待继承的遗产"这个意译。——译者注

怕,这就好比一个具有宗教本性的人害怕"没有上帝的宇宙"一样。"人格永存"这种观念的崇高之处在于,掘墓者用铁锹挖出来的东西既不是灵魂,也不是法律上的人格。因为法律上的人格在人死后就变成了容光焕发的精神,它自由了,它已经摆脱了尘世上的一切束缚,登上了一个就其存在而言更新、更高的阶段。当然,对于那些本性更加粗俗、只相信自己亲眼所见的人来说,这种精神是不存在的;但是,这些人本身对于法律科学来说也是不存在的。

正是借助了"人格"的概念,现代法律科学才完成了它最大胆、最崇高的思想革命。在法律科学家们理解了这个概念之后,运用起来就得心应手了,他们就是利用这个概念将无生命的物质彻底精神化并使之在法学中活化的。席勒在《希腊的群神》[19]中歌颂过的那种状态又在法学领域重现了:那些在我们看来是无生命的物体,比如泉水、树木和山峰,其实里头都栖息着鲜活的众神! 我只是缺少了像席勒那样的天赋来恰当地歌颂这种状态。即便是到了散文中,这种状态的效果也并没有丧失!

您看到那个旧屋顶了吗? 雨水从那个屋顶滴到了邻居的土地上。您为什么还要留着它呢? 因为它很旧了? 的确没错,可是您难道看不见有一束法学人格的荣光正像电灯一样照在那个屋顶上吗? 您还是让它自己说说它是什么吧——旧屋顶是一个法人,[20]因为屋顶是合法滴水权的主体。

看见您经纪人那里装满国债、股票等等的抽屉了吗? 您可能会再次以为它们是所有权的客体。又错了! 让我们的理论家来教教您吧,这些都是法人![21]对于不记名证券来说,证券的主体是证券自己。它就是民法世界里的明希豪森,[22]拽着自己的头发把自己从泥潭里拉了出来——拉的人和被拉的人是相同的,主体和客体是相同的。当您走进剧院时,请向我建构一下整个法学过程。您回答说,您买了一张

---

〔19〕《希腊的群神》(Die Götter Griechenlands)是德国文学家席勒(Friedrich Schiller,1759—1805)于1788年创作的一首诗,1800年另有一个改写后的版本。钱春绮先生的译本可参见张玉书选编:《席勒文集1:诗歌小说卷》,人民文学出版社2005年版,第38—44页。

〔20〕 Böcking, Pandekten Bd. 2, S. 212.

〔21〕 Bekker (Jahrb. des gem. Rechts von Bekker und Muther Bd. 1, S. 292):"证券本身是一个有争议的权利主体,债权人……和每个证券持有人都拥有作为法律占有的相同权能,即可以向债务人主张这个不会成为该主体之权利的权利。如果愿意的话,人们可以说成:证券持有人将成为证券的代表,有权收回属于该证券的债权。"

〔22〕 明希豪森(Baron Münchhausen,1720 - 1797),18世纪德国汉诺威的一名乡绅,早年曾在俄罗斯、土耳其参加过战争,退役后为家乡父老讲述其当兵、狩猎时的一些趣事,从此名噪一时。后来出版了一部故事集《明希豪森奇遇记》,其中一则故事讲到他有一次不幸掉进了一个泥潭,周围没有任何东西可以依傍,于是他就用力抓住自己的头发,把自己从泥潭中拉了出来。——译者注

票,然后拿了出来,以示有权入内。这不是建构！建构只能是像这个样子：票使得
"一个像这样的持有人"有权入内,"一个像这样的持有人"才是某种抽象的东西,才
是一个被想象出来的人格,才是一个法人。因此,当您凭着这张票走进剧院时,仅仅
是因为您代表了这个法人,您才有权进入的。其实,本该入场的是这些票本身,本该
坐在座位上的是所有的这些票。您要感谢剧院经理,正是他允许您在此代表这些票！

　　现在,当您看到以下结论时,您也就同样不会再感到惊讶了：为了建构婚姻财产
共同体,那一对从外观上看是一男一女的夫妻被和谐地融合成了一个法人。为了在
一定情况下补偿妇女被牺牲掉的人格,近来有一位法学家[23]还把胎儿提升为法
人。[24] 由于罗马法上并未对同时存在三个胎儿的情形作出规定,所以他当然也就
没说这三个胎儿是各自拥有人格,还是共享一个人格。无论如何,根据这一观点,人
的生命被以最美妙的方式置于了胎儿和待继承的遗产这两个法人的中间。据此,我
们可以将法人描述为"原始本体"(Ursubstanz)。人类的人格从它那里得以成形、在
它之中再度消散。人类在物理上的存在只是一个暂时的过渡状态,它介于更高的存
在形式之间,这种更高的存在形式就是纯精神且无实体的法律人格。

　　在旧屋顶、国债等等都挤进了"人"的领域之后,我们确实不能怪罪那些渴望离
开这个社会、不得已时甚至不惜放弃自己人格尊严的人们。事实上,近来有一位法
学家[25]已向人类指明了一条道路。他把"自由"看成是"在人身体之上的所有权"。
这样一来,因客体是无生命体而被鄙视的"所有权"概念就在人类身上找回了尊严。
为什么人的身体不能成为所有权的客体呢？无论是大自然还是牙医给我安上的牙,
这牙都处在我的所有权之下。卷发的人把自己的头发卖给理发师,死刑犯把自己将
来的尸体卖给解剖学家,在这两种情况下,为了将客体上的所有权转移给另外一方,
两个出卖人都必须自己先拥有所有权。因此,"一个完整的人"跟"所有身体部位的
总和"又有何不同呢？"人格权"跟"在整个身体之上的所有权"又有何不同呢？曾经

---

　　[23]　鲁多夫(Rudorff)在他修订的《学说汇纂教科书》里就是这么写的(Puchta's Pandekten
§ 114)。

　　[24]　罗德尔(Röder)已经让胎儿成为一个真正的人和一个真正的权利主体了,像这样的一个
权利主体在子宫里、在母亲怀孕之初就已经可以主张生命权了(Röder, Grundzüge des Naturrechts
oder der Rechtsphilosophie Abth. II, Aufl. 2, S. 23)。"因为跟生命本身一样,要求活下去的权利
不仅属于已经出生的人,而且也属于快要出生的人,这是为了防止任何渎神的堕胎、在头颅上钻孔
等行为。"作为一位法哲学家,罗德尔居然对实践中的法律问题避而不谈,这个问题就是,根据法
律,子宫里孕育的受精卵应当以何种方式在法庭上主张这一权利。对于这个问题,在"缺少诉讼代
理人"这一点上,我们可以这样来补救：给每个结了婚的妇女和所有有怀孕嫌疑的女人们都指定一
名胎儿保佐人(curator ventris)。

　　[25]　von Vangerow, Über die Latini Juniani, S. 67 ff.

有个奥地利法学家〔26〕就持这种看法,凭借这一观念,他推演出了那个波萨侯爵向菲利普二世求而不得的权利:思想自由。〔27〕在他看来,人类拥有"在语言工具上的所有权"。为了使用该所有权,也就是为了能够说话,人必须思考(顺便一提,他所谓的"思考"不完全适用于写作,尤其是写书)。所以他的结论就是,人也有思考的权利。自从我得知了施纳贝尔的理论,我才感觉到,我的思想站在了一个坚实的法律基础之上;我知道了,"思想自由"不再是在事实的基础上,而是在法律的基础上产生的;从那时起,我也同样知道了,我有出汗的权利、消化的权利,要是我痒的话,我还有挠痒痒的权利……就此,我不过是行使了在我身体上的所有权罢了。只有一窍不通的人才会继续对著作权的法律基础产生疑问,它的基础不过是在语言工具上的所有权。

为了再度制造平衡,在所有权的概念从"物"扩用到"人"之后,这些法律科学家们又反过来对债的概念做了同样的事。按照自然而然的看法,债的概念本来是必须以人作为承担债务的主体的,然而他们却把这个概念套用到质物上,并将质权定义为"物的债务"。随着法学建构时代的来临,一种躁动不安、喜爱到处游荡的情绪涌进了法学概念,没有一个概念还想继续待在自己几百年来所处的位置上。这不免让人觉得它们像是在玩"小房间出租"游戏。对于"在物上的完全支配力"这个定义,所有权不再感到满意,它要求成为"决定物的权利",〔28〕于是空出来的位置就被役权给占据了,从此它就以这样的定义自居:"在被拟制成独立之物的他人有体物的具体特征之上的所有权。"〔29〕

正是由于这个人工仿造的"物",真正的物也开始捉弄我们,它不愿再以"直接客体"的身份来侍奉所有权了。相反,所有权的直接客体存在于所有非权利人的消极义务之中。换句话说,所有权的直接客体变成了"不侵害他人的所有权"这一义务。〔30〕

类似地,质权也突然开始对着干了。在最近的一本关于质权的著作中,〔31〕质权摆脱了权利的形式,并躲到了质押之诉的身后,据说在盖尤斯和乌尔比安的时代里

〔26〕 已经去世很久的施纳贝尔(Schnabel)在其《自然法学》(Naturrecht)一书中表达了这样的看法。

〔27〕 波萨侯爵、菲利普二世均为席勒戏剧《唐·卡洛斯》(Don Carlos)里的人物,耶林此处提到的情形出现在该剧的第3幕第10场。——译者注

〔28〕 参见吉塔纳(Girtanner)在《教义学年刊》第3卷上发表的那篇论文(Jahrbücher für Dogmatik Bd. 3, S. 83)。

〔29〕 Elvers, die römische Servitutenlehre.

〔30〕 Kierulff, Theorie des gem. Civilrechts Bd. 1 S. 155.

〔31〕 Bachofen, das römische Pfandrecht Bd. 1.

就出现过这样的情形。甚至某些本没有必要服从法学建构的概念,也变得自愿地服从它了,这一点确实让人感到欣慰。对于下面这一点,我再怎么夸都不过分:上天赐予凡人的最宝贵财产之一"希望"在某种程度上也被证实是可驯服的。因为我们不仅承认了"希望的买卖"(emtio spei)——其实古罗马人早已承认了这种买卖——而且在最近还承认了"在希望之上的权利"。〔32〕此外,我们甚至还建构出了"在希望之上的质权"。〔33〕这样一来,针对那些觉得自己拥有"美好希望"的妇女们,我们也能够提供准确的法律建议了;针对她们的胎儿,上文已经提出过很好的建议了(参见第14页的脚注)。——编者注:译文脚注为〔24〕。

综上所述,这第一封信的结论也就出来了,它是如此具有和解性,〔34〕以至于我已经没有兴致再继续往下写了。

第二封信〔35〕　　法学中的思辨方法:胡施克、拉萨尔

由于我的名字在您这儿被多次问及,我想您的确忠实地保守了这个秘密,这是值得尊敬的。尽管我希望您一如既往地为我保守秘密,但我也不怕主动揭开一点儿这匿名的面纱:在下文中,我将向您描述我的法学经历。或许我的一两个熟人会从中猜出我是谁。

那是我生命中多么美妙的一段时光啊! 那时,我还怀着年轻人的激情,深深地迷恋着科学的胸脯和普赫塔〔36〕老师的双唇。〔37〕经由普赫塔的嘴,盖尤斯、保罗、乌尔比安以及其他大大小小的《国法大全》先知每天都来到我面前说话。对我来说,他们要比当代所有的法学家都更加有名——除了普赫塔。带着那份热情和执着,他每

---

〔32〕 W. Sell, bedingte Traditionen, S. 18, Note 2.

〔33〕 Puchta, Pandekten § 210, Nr. 2.

〔34〕 原文如此,即"ein so versöhnender Abschluss"(一个如此具有和解性的结论)。根据耶林在第二封信末尾脚注里的抱怨,可以推测他原本想说的话应该是"ein so verhöhnender Abschluss"(一个如此具有嘲笑性的结论),但是由于排字工人的疏忽,"verhöhnend"(嘲笑的)一词中的第一个"h"被错印成了"s",使得"verhöhnend"(嘲笑的)变成了"versöhnend"(和解的)。——译者注

〔35〕 Deutsche Gerichtszeitung 1861, Nr. 85.

〔36〕 格奥尔格·弗里德里希·普赫塔(Georg Friedrich Puchta,1798—1846),德国罗马法学家、历史法学派代表人物,主要著作有两卷本的《习惯法》(Das Gewohnheitsrecht,1827—1838),三卷本的《法学阶梯教程》(Cursus der Institutionen,1841—1847)和单卷本的《学说汇纂教科书》(Lehrbuch der Pandekten,1838)。——译者注

〔37〕 这是虚构的,我从来没有听过普赫塔的课,但是他的著作给我的影响要比任何一个人的都大。

天都为我们这些听众讲授《学说汇纂》里的片段,至少是那些要我们事后查阅的片段。我要感谢普赫塔,他让我很早就钻进了《国法大全》的天地,他让我克服了年轻时的羞涩和内心对这本猪皮古籍的神秘恐惧,他让我干劲十足地闯进了民法智慧的晦暗层。在那时,学说汇纂课就已经因为其与实践脱节而在我同学那儿声名狼藉了。与其和他们一起谈论曼提乌斯的旋律,[38]我宁可去找一间没人的教室,静静地享受要式口约和遗嘱,当然还少不了提提乌斯、麦维乌斯、奥卢斯·阿格利乌斯以及其他在《学说汇纂》和《盖尤斯法学阶梯》里出现过的戏剧人物所提起的诉讼——我用来汲水和解渴的泉源(Quellen)正是这些法律渊源(Rechtsquellen)。[39] 我去的不是克罗尔歌剧院,而是图书馆;回来时,我的同伴是《乌尔比安残篇》《盖尤斯法学阶梯》等这些超重量级人物的作品。我越来越感觉到,这些伙伴更多的是为我而来,而不是为我的同学而来;我越来越被罗马法的魔力所吸引,直到有一天,我的内心突然清晰起来:法律科学才是我的未来。“将来,我要成为一名理论家!”这个念头就这样形成了。

我燃起了理论创作的欲望。就像香槟在酒杯里起泡那样,我的心中也泛起了“干一番理论事业”的观念气泡:《对损害法的解释》《昆图斯·穆基乌斯·斯凯沃拉的生平与著作》《要式现金借贷》《关于狗的佩苏拉尼乌斯法》《出庭保证》《保证人》《采光役权》……有这么多极具诱惑的问题在等着我!但由于我天资愚笨,我一直被困在一个问题上,这对我来说确实是致命的。一个本该让我丧失全部理智的任务,但最后只给我带来了小小的损失。然而,这个损失却让我痛心疾首,因为我失去的是未来的理论事业。

Nemo proparte testatus, pro parte intestatus decedere potest.
［没人能够在死亡时(将其)一部分(遗产按)有遗嘱(处理),一部分(遗产按)无遗嘱(处理)。］

就是这小小的一句话构成了我生命的转折点。假如没有它,如今我的名字或许已经被写进了不朽的理论著作中,而不是被印在易逝的、有时甚至还会被封存的档案中。作为一个普通且平庸的法律人,我的心灵完全无法理解这个句子中所蕴含的

---

〔38〕 埃杜瓦特·曼提乌斯(Eduard Mantius,1806－1874),德国作曲家。“曼提乌斯”这个名字里所带有的“乌斯”跟罗马法法源里经常出现的人物名称“提提乌斯”(Titius)、“麦维乌斯”(Maevius)等相同。——译者注

〔39〕 在德文中,“Quelle”一词既有“泉水”“泉源”的意思,也有“文献来源”“法律渊源”的意思。——译者注

高深问题。必须要等到黑格尔出生,再等到他的学生甘斯〔40〕将这句话的意义写出来,我们这些法学庸才才能够理解。作为黑格尔辩证法的传道者,甘斯走进法律人之中,为的是向我们布道:只有哲学思辨才能穷究那句话,因为"当涉及如何理解具有本体性的精神时,理智的一切努力都是徒劳的"〔41〕。那个句子里包含了"罗马继承法的全部思想",而这种思想根本就是罗马史的思想,也就是抽象的普遍性与具体人格之间的对立,严格与自由原则之间的斗争,"它们的命运就是彼此诅咒——家庭与个人的权利拥有相互敌对的势力,每一方都必须去压倒另一方,它们的一致与和解只是彼此松懈的结果。"

在理解了这一思想的崇高性之后,通过阅读胡施克〔42〕关于该主题的一篇论文,〔43〕我对它的认识又达到了比之前高得多的程度。就是因为这篇论文,我才开始感受到罗马法的观点所能达到的那种高度;就是因为这篇论文,我才体会到自己的能力是多么有限。由于这篇论文对我的人生有着决定性的影响,因此请允许我说说其中的主要内容。

"在一个人死后,他的人身以及与人身有关的权利就转变为神圣的权利,成为冥界之神(Dii Manes);相反,他的财产法人格却仍然停留在人法之中,并构成遗产。因此,跟活着的人相比,遗产仅仅在这一点上与之不同,即它将财产法上的人格从现实的人之中分离出来,并将其塑造成一个像遗产一样的物。"

在说这段话的时候,我们这位作者还有一只脚是踩在地上的。然而接下来,他剩下的那只脚也脱离了地面。就像一个勇敢的热气球,他把自己拽离了地球,将自己提升到越来越抽象的领域。在那里,沉醉的精神再也记不起尘世了,它在纯粹、清澈的思维苍穹里遨游。继承,这个在尘世里相当朴实的过程,此时在精神眼中已经成为"家庭的财产法延续,正如生育是在对人格或物种存在的扬弃中形成了新的物种个体,对仅在财产中还有效的个体存在的扬弃则形成了另一个个体。前者进入了极期(Akme),后者则进入了人类生命的终期。生育是将死的物种,遗产则是将死的个体。正如前者是在儿子中死亡的,后者同样是在继承人之中死亡的。由于财产法

---

〔40〕 埃杜瓦特·甘斯(Eduard Gans,1797 - 1839),德国法哲学家,主要著作有四卷本的《在世界史发展中的继承法》(Das Erbrecht in weltgeschichtlicher Entwicklung,1824—1835)和《论占有的基础》(Über die Grundlage des Besitzes,1839)。

〔41〕 Gans, Erbrecht in weltgeschichtlicher Entwicklung, Bd. 2, S. 451 ff.

〔42〕 菲利普·埃杜瓦特·胡施克(Philipp Eduard Huschke,1801 - 1886),德国罗马法学家、古典学家,主要著作有《塞尔维乌斯·图利乌斯王的宪法》(Die Verfassung des Königs Servius Tullius,1838)和《盖尤斯:对其〈法学阶梯〉的批判和理解之论文集》Gaius: Beiträge zur Kritik und zum Verständnis seiner Institutionen,1855)。

〔43〕 Huschke, Über die Rechtsregel: Nemo pro parte etc. Rhein. Museum VI, Nr. 8.

上的存在并不比普通的存在更缺少生命力,因此继承也不能被想象成别的样子,而只能想象成这样:当一个像这样的财产法上的存在,也就是一种类似于精子的存在从自己身上分离之时,在这一刻,它就被纳入了一个新的人格之中;因为两者彼此分离了,所以它不再像人们所谓的那样是有生命的,它就好比一颗已经分离的,但却尚未受精的精子,还不具备生育能力。继承只能与家产相关,而不是与遗产相关,因为后者是以一个已经去世的人为前提的,因而是没有生命的"。

然而,当他给自己提出这样一个问题时,我对他此前的印象就被彻底破坏了,这个问题是"遗产究竟应当如何被接受"。之所以胡施克会提出这样的问题,是因为他还飞得不够高,否则他早已将充满实践问题的真实世界抛到九霄云外了;假如他完全否认接受遗产的可能性,那么我们本可以承认他所做出的是一个英勇无畏的哲学业绩。对于上述问题,他回答道:"被继承人所遗留的作为家产的东西,在继承人这方面看来是遗产。"

从现在起,请允许我引用胡施克的一些长篇大论,尤其是不带引号的那种。因为在我看来,"加引号"听上去就是有失体统的,更何况在如此深刻的观念面前,我更是要拒绝对其"加引号":家产与遗产是同一个物,但它们并非是人们看起来那样的物。根据其客体,它们是相同的;但根据其方向,它们却有所区别。它们的客体都是被继承人的财产自由,但是正如"当前"必须被同时看作是"过去的终结"和"未来的开始",这种财产自由也与它的过去时刻一起过渡到未来,也就是"彻底地"过渡到未来。因此,被继承人留下的作为家产的财产自由也就可以被继承人作为遗产来理解;当继承人接受遗产时,他也就同时将其作为家产接受了。所以,遗产不是没有生命力的东西,而只是跟其背后更具生命力的家产相比,它不是那么有生命力罢了,它在渴望着被复活。

这最后几句话就是上文提到的那个影响了我一生的东西。胡施克论文里的这几句话给我设了一个路障,通往理论道路的入口永远地被它给堵死了。就是为了穷究这几句话,就是为了理解那个谜一般的遗产构造,我的智力产生了强烈的痉挛。根据胡施克的论述,遗产的一半是活的,一半则是死的,之前是遗产,之后则是被继承人。这可真是一个十足的斯芬克斯:早晨四条腿,傍晚两条腿,晚上三条腿。如果说在白天,生活中的常见物品对我的想象力还算有点帮助的话(正如我认为的那样)——我用不同的物品代表事物的不同方面,比如用一个勺子代表这一面,用一把叉子代表另一面——那么到了夜晚,在我梦里出现的遗产幻象就是在嘲笑这一切的比画和感官上的相似之处。站在这幅幻象背后的正是那个高深莫测的幻象制造者,他完全就是一副斯芬克斯的模样:假如我不能解开这道题,他就会把我抛向深渊。这正是斯芬克斯的惯用手段。有一次,在一个令人恐惧的夜晚,我以为自己已经解开了这道谜题,我以为自己已经把握住了"遗产"——它摸起来是冰冷潮湿、毫无生机的。然而,正当我想庆祝胜利的时候,它却在我的手里跳动起来。这个幽灵变得有生命了！它直起身来，猛地一跃，就从我的手里跳了回去，并且说道："可怜的傻瓜！你以为用手就能抓住遗产的本质吗？在你摧毁理智的枷锁前，你永远也别想看透我。"

第二天早上，处于疯狂幻想状态的我躺在病床上，因为剧烈高烧而颤抖不已。医生们不确定这是单纯的脑膜炎还是神经错乱，对于侵袭我的这种特殊疾病——"典型的法学性谵妄"，他们仍一无所知。但他们知道的是，那时的我曾遭受了多么大的痛苦，作为康复期病人的我是如何在仅仅听到"遗产"或"家产"这几个词就开始冒冷汗的。即便医生们认为我已经康复，可他们还是永久禁止我继续动笔写博士论文。他们劝我："要是你珍惜自己的理智，就不要成为理论家。"当我以这种惊心动魄的方式体会了甘斯所主张的真理之后，我就更要遵医嘱了。甘斯说得没错，"当涉及如何理解具有本体性的精神时，理智的一切努力都是徒劳的"。

就这样，我同"遗产"和"理论"说了再见。在上述论文中，胡施克对"没有人能够在死亡时……"这一规则的解释是多么有说服力啊："若某人将他自己设立为继承人，那么同样还是这个人实施了这个行为。也就是说，在设立继承人这个行为中，主体和客体是同一的，家产希望将自己转移给继承人，它自己继承自己。当立遗嘱人和遗产并无差别时，结果就是，既然遗产在客观上是不可分割的，那么与之相同的主观意志也是不可分割的。因此，与该意志相冲突的另一个意志也就被排除了。"可惜在学习的过程中，我连这点皮毛都没有认识到。

那个令人痛苦的时期已经过去很久了，我以为我再也不会想起它了。但就在最近，当我读到维林(Vering)的《罗马继承法》(Röm. Erbrecht in historischer und dogmatischer Entwicklung，Heidelberg 1861)时，我的记忆又再次被唤醒，这让我倍加痛苦。

我必须得给自己多大的勇气才能读得下去这本书，恐怕只有扔完彩票却发现自己中奖的人才能体会了。这位作者所表达的想法，我也曾经有过。要不是因为害怕理性受损，我肯定也已经写下这些想法并将其付梓了，假如我这么做了的话，那么现在这部作品的封面上就会印着我的名字，而不是他的。在我看来，这位作者描述遗产的方式恰恰跟我在那种亢奋的精神状态下所想的完全一样——医生肯定会把我的病诊断为"发烧幻想症"。假如那时有速记员在病床边记下我自言自语的内容，那么这位作者本可以省下他写这本书的力气。

这位作者的正确做法是，他并未使用那个已经被完全用坏了的"遗产"概念，而是继续使用了胡施克在用的时候还略带羞涩的"家产"概念。既然事物仍一成不变，所以这位作者就给它取了个新名字，这的确让它变了个样，就跟把"正餐"这个名字用到寒酸"午餐"上的效果差不多。通过这种方式，事物就变得更加高贵，从普通观念和市民生活的底层跃升到了上流社会，连一无所知的人都不由自主地感受到了自己的无知以及对科学进步的惊讶。"根据罗马法，债与主体是不可分离的。"法学家要怎么向外行人解释这句话呢？如果他把它解释成"债与其主体的结合是不可分的"，那么这一同义反复就会难以使听者肃然起敬。然而，当这位作者以如下方式解释这句话时，那就显然产生了完全不同的效果，他把它解释为"正是通过债，家产这个法律人格才被包裹起来，享有权利并负担义务"（该书第101页注释2）。现在，家产这个"不死之物"（该书第89页）为继承人谋得了"与被继承人的交易权"（该书第88页）和"私法上的权利能力"（该书第103页）。遗产的好处在我们这样的人看来不过是"获得财产"，但是在维林看来，其中的利好简直是难以估量的：它丝毫不会缩减，尤其是对一个拥有较少权利能力的继承人来说，因为他以此换取了被继承人较多的权利能力。这一人格是不可分的，正如"一切自由、每种生物以及所有在法律上拥有人格特征的东西"，乃至像"一个将光芒照向不同方向（却并不使自己四分五裂）的不可分的太阳"一样，它必须用它的光芒照亮"家产"不可分性的黑暗（该书第108页）。因而，这一表述出色的双重含义（同时指"遗产"和"家产"）就让以下举证变得非常容易（该书第105页），即"一旦继承人接受了死者的家产并因此开始了与被继承人最紧密的联系，他就被视为是被继承人的家庭成员"。此外，这种双重含义也让以下发现变得极为轻松：从继承法的概念和本质中可以得出待继承遗产的拟制人格具有"天然的必要性"，以及全部罗马继承法的关键就在于罗马家庭法的特殊性。

在之后的实践生涯中，当我感到自己已不再受遗产的任何诱惑时，命运又幻化成一位书商，将一部新奇的著作送到了我的手上。正是这部著作才真正地终结了我一直在向您描述的这个人生阶段。读着它，我就能感受到不祥的命运游戏有多么恐怖，认识到我的生命是多么神秘。这部著作是最近在莱比锡出版的《既得权体系》[44]一书的第二卷，标题为《在历史哲学发展中的罗马与日耳曼继承法的本质》，作者的笔名是斐迪南特·拉萨尔。[45]

我从未亲眼见过这位作者，但我是如此熟悉他，就像对我自己那么熟悉，因为我

---

〔44〕　该书的全名为《既得权体系：实证法学与法哲学的和解》(Das System der erworbenen Rechte：Eine Versöhnung des positiven Rechts und der Rechtsphilosophie)，第一卷的标题是《既得权理论与制定法的冲突》(Die Theorie der erworbenen Rechte und der Collision der Gesetze)，第二卷的标题是《在历史哲学发展中的罗马与日耳曼继承法的本质》(Das Wesen des Römischen und Germanischen Erbrechts in historisch-philosophischer Entwicklung)。下文耶林还将提及该书的副标题，故在此详细注出。——译者注

〔45〕　斐迪南特·拉萨尔(Ferdinand Lassalle，1825—1864)，普鲁士政治家、哲学家和法学家，全德工人联合会的创立者，主要著作有《弗兰茨·冯·济金根》(Franz von Sickingen，1859)、《既得权体系》(Das System der erworbenen Rechte，1861)以及《费希特的哲学与德意志民族精神的意义》(Die Philosophie Fichte's und die Bedeutung des deutschen Volksgeistes，1862)。因此，"拉萨尔"实际上这是一个真名，而非笔名。由下文可知，耶林之所以在这里称其为一个笔名，是因为他将拉萨尔当作自己的分身。——译者注

的身体里住着他，我的心血哺育了他——他就是我自己，他就是我的分身！您是知道霍夫曼[46]在《魔鬼的迷魂汤》里所论述过的这个恐怖主题的，也就是那个心理学上如此深刻的想法：人类有两种本性，其中一种从另一种那儿挣脱出来，作为分身而具备了肉身的形态，为的是使其中一个灵魂中仅仅作为念头浮现的邪恶冲动成为现实。精神错乱的修道士，他的那种堕落的冲动，以及他的兄弟梅达杜斯的那种鬼魂形态，还有那种同一个人的双重形态相遇时的毛骨悚然。现在我终于知道，为什么这五年来我的内心充满了难以抗拒的恐惧。在我自己身上，这场分身的悲剧又再次上演！在我此前描述过的那个恐怖夜晚，当我因纯粹理智思维的失败而气馁并躺回我的病床时，我感到一阵持续的疼痛，就好像我的软脑膜或者大脑被硬生生地从脑壳中拉出来似的。那个时候，从我身上分离出来的正是"思辨思维"；这个分身现在不用我的名字，而是用了"斐迪南特·拉萨尔"这个笔名。还留在我身上的则是贫瘠、朴素以及狭隘的理智。我受到了诅咒，从此独自"过困苦的生活"。我的分身把理智的枷锁留给了我，自己却摆脱了它的束缚，拥有了唯一能够认识事物本质的器官。因此，遗产的预言得以在我的分身身上实现，遗产在他的面前才露出了真面目，这也就不奇怪了。就像一个历经漫漫长夜才获得光明的盲人，他为自己的视力欢呼雀跃，为那个在他看来，在他首先看来的遗产光辉而欢呼雀跃，因为"迄今为止，毫无例外地，人们对罗马继承法的彻底误解和未知之处不仅是在某一点上，而恰恰是在它的所有方面——这是个无法解开的谜"（该书第 8 页）。关于"罗马法上要式买卖遗嘱的本质"，连亚历山大城的革利免[47]都要"比全部法学家加在一起理解得更为深刻，即一个人的精神通过另一个人被延续"（该书第 152 页）。同样，"甘斯也必然误解了继承法的精神，因为他仍未将他对继承法的经验式观念涤除干净"（该书第 11 页）。因此就更别提胡施克了，他的上述论文"是思维着的理智绞尽脑汁的形式中最重要、最值得认可的一种，也就是'不用概念思维来接近概念'。因而它分享了最费力的理智反思所拥有的永恒宿命：概念恰恰一直都在那里，就在理智反思似乎最接近它的时候，理解却又一次与它擦身而过——理智最后所拥抱的不过是概念的影子"（该书第 448 页）。这篇论文"就好比人类坚持不懈地尝试不用翅膀飞翔，他必然会一次又

---

〔46〕　恩斯特·特奥多尔·阿马德乌斯·霍夫曼（Ernst Theodor Amadeus Hoffmann，1776—1822），德国浪漫主义作家、作曲家、音乐评论人，主要的文学作品有《魔鬼的迷魂汤》（一译"魔鬼的万灵药水"，Die Elixiere des Teufels，1815—1816）和《雄猫穆尔的生活观》（Lebensansichten des Katers Murr，1819—1821），前者的中译本是［德］霍夫曼：《魔鬼的迷魂汤》，张荣昌译，上海译文出版社 1999 年版。——译者注

〔47〕　提图斯·弗拉维乌斯·革利免（Titus Flavius Clemens，150—215），常被称为"亚历山大城的革利免"，基督教神学家（而非罗马法学家），基督教早期教父，亚历山大学派的代表人物。——译者注

一次摔在地上,越摔越痛。这是理智不知所措的撞击,它撞向的是那个束缚它的铁笼。然而,这种撞击只能引起砰砰的嘈杂声,却不能撼动这个铁笼"(该书第 495 页)。如果这位作者还保留着这种回忆,也就是回忆起他在和我分离之前所要承受的痛苦,那么谁还能比他更好地了解这种状态呢? 当我读到他说,随着自家继承人被给定的"(继承人与被继承人之间)存在着的意志统一性能够作为直接被给定的意志统一性穿透到子宫,直达人类存在的起点而把握住人格"(该书第 240 页),我就越来越相信我的判断是正确的。因此,这就解释了作者为何强烈地憎恨理智,为何绝对地蔑视理智。当然,这也解释了他为何对理智的本质有着那样确切的认识(但是在认识理智时,他却失败了)。通过对胡施克论文的分析,他"为理智的生理学作出了贡献,相比于其他学科,这一贡献仅仅在法学领域造成破坏,并且从以前开始,也就是自从罗马衰亡之后就已经在造成破坏了"(该书第 514 页)。他的器官是多么发达啊,连分散在广袤空间里的微小法学气息都能察觉到。这切实地说明了他正好挑选了胡施克的文章,以便在它身上实施"解剖过程";正是胡施克的理智在他看起来最为"高级,其洞察力是最具天赋、最为合格的"。换言之,他将胡施克的理智归入后者自己发现的三种理智类型中的第三种,也就是最高级的那一种。"胡施克认为,理智一共有三种类型。第一种类型永远只能看到事物的一面——这是受限的理智。[48] 第二种类型的理智已经发展得足够完善,以至于能看到事物的两面,但是它所看到的这两面总是只能交替着出现,永远都不是同时的。这是有教养的、高素质的理智。由于他只能交替着看到事物的两面,他就感受不到它们之间的矛盾。因此,他活得很满意,不仅是对上帝和世界,而且主要是对自己很满意。他将事物的每一面都置于一个特定的角度;当他需要观察另一面时,他每次都会完全忘了前一个面长什么样。最稀有、最高级的理智能够同时看到事物的两面,正因如此,它同样可以感受到二者之间的矛盾。由于它感受到了这一矛盾,它才能对此加以逼供。因此,正是在这个最高级的理智之中才能执行这种惩罚。"(这段话所描述的内容是我的这位思辨兄弟还住在我身体里的时候所必须承受的东西,所以他的描述才会如此感人、如此逼真。)"……既然这种理智无法调和事物的这一矛盾,它就希望至少要借助文字去消除它。于是,一场针对文字的疯狂猎捕就开始了。然而,无论它采用多么模糊的措辞形式,这个已被认识到的矛盾都会从理智的良心深处再次发出尖锐的嘲笑声……在来回拉扯的过程中,理智不过是把矛盾的刑讯柱刺进了自己身体的更深处……当它最后因气喘吁吁、满头大汗、浑身颤抖而不得不放弃这场美妙的猎捕时,剩下的就只有对这一任务的绝望了,因为指派给它的这个任务是不可能完成的……"简而言之,以上内容完全就是他和我在之前的那个夜晚所遭受的苦难。

　　多亏了对理智的精确生理学知识,这位作者才成功地将此种毒物拒之书外,以

---

〔48〕 这个类型中的一种是"受限的低级理智",它只能从正确的一面来观察事物。

至于我在整整608页的书里连一点痕迹都没发现。当他否认实证法学家拥有真正理解继承法的任何器官时，我的这个结论就更加确定无疑了，尽管他"觉得可以打包票，所有人都会在读了前20章之后就感受到一种必然的确信向自己袭来，这种确信将会越来越发展为一种不可动摇的实证性"。照他这么说，一开始被宣布为瞎了眼的实证法学家以后一定会重见光明的！

现在，您可以在自己身上测试一下，看看自己是否拥有这样的器官去理解这种"实证法与法哲学的和解"[49]——这部著作的副标题正是如此。

"在历史上，基督教昭示的主体永恒性是先于另一个更加外在的主体永恒性的，即主体意志的永恒性（根据该书第223页的论述，这是指这样一种可能性，即把另一个人设定为自我意志的存在，也就是所谓的"意志的同一性"或"主体意志的不灭"）；这才是罗马继承法和罗马精神的意义所在。罗马不灭的原因在于遗嘱（该书第23页），后者是这样一种方式：在它之中，主体的永恒性被罗马的精神所容纳、所征服。这一纯粹意志自由与抽象内在性的胜利，使得罗马风貌这一辨证的直接预备阶段能够发展为更深入、更抽象的基督教精神的内在性。精神不灭在罗马人看来是基督不灭的直接预备阶段（该书第223页）。意志是这样来超越有限性的：它使另一个人成为它的延续者和承载者（该书第25页）。遗嘱的真正意义并不仅仅在于可以对遗产加以处分，而且还在于创造了一个意志的继承者，也就是在于产生出意志的连续性"（该书第28页）。对于我们的这位作者来说，财产是多么不重要，因为"遗嘱人不是把他的财产，而仅仅是把他的意志传给继承人，即便这两者是同时发生的（但前者仅仅是后者的附属）"，而根据相反的观点，"财产和人格是交织在一起的"（该书第17页）。正因如此，在要式买卖遗嘱的场合下，这位作者同样认为，"被要式转移给继承人的既不是财产，也不是物，而是被继承人的意志主体性"（该书第116页）；正因如此，他还认为，法律之所以要禁止被遗嘱设立的最先顺位的无遗嘱继承人拒绝遗产（为的是根据无遗嘱继承而获得遗产，从而无须对遗赠物承担责任），这并非在考虑受遗赠人——"这又是一个错觉、一种假象"——而是在考虑遗嘱人，以使他获得对他来说最为合适、被他明确设定的意志维持形式（该书第245页）。因为，对无遗嘱继承法和遗嘱继承法之关系的通常看法其实是完全错误的，这种观点将前者视为原则，将后者视为例外，这是"最极端、最重大的错误"（该书第27页）。二者的真实关系正好与此相反：最初的、通常的情形是遗嘱，"无遗嘱继承法仅仅作为一个与个人意志相同的东西，作为这一前提性质的意志而加入的，是作为对个人并未明确表达出来的自

---

〔49〕 在这个词上，您的排字工人并没有用"h"来代替"s"！（"Versöhnung"在德文中是"和解"的意思，若把这里的"s"改成"h"，就变成了另一个词"Verhönung"，即"嘲笑"。耶林在这里玩了一个文字游戏，暗指排字工人有可能将该书的副标题理解为"实证法学和法哲学对彼此的嘲笑"。——译者注）

我意志的补充（沉默的意愿）"（该书第 386 页）。自家继承人并不属于无遗嘱继承人，他兼具遗嘱继承人和无遗嘱继承人的特征，但又并非这两者；他是意志同一性的直接体现（该书第 251 页），或者"从概念上来说，他是活着的遗嘱"（该书第 403 页）。若最近的宗亲拒绝遗产，就不会出现按照亲等和顺位的继承，这是一个思辨的必然性，因为"不是个人在继承，而是这个意志分支的观念在继承，个人只不过是具备了代表这一观念的资格"（该书第 421 页）。根据古代法，将属于自家继承人的家子排除在遗嘱继承之外与将家孙或家女排除在遗嘱继承之外的效果是有区别的，这一区别同样是"关于古代民法不可思议的思辨结果的最明显证据之一"（该书第 261 页），因为就拿家女来说，她尽管同样"处于家长权之下，并与家长共享同一意志，即在这一关系中，这种意志的同一性是无须中介的、直接的同一性，但是它的确不像家子与家长的同一意志那样具备完全的同一性"（该书第 257 页）。

就试到这里吧！或许我们做得有点太过了。最后，请允许我从上述内容中总结出一些教训，我将其归纳为这样两句话：

1. 古罗马继承法是已实现的思辨思维之帝国。无论古罗马继承法上有没有相应的规定，所有的一切都可以通过思辨的方式推导出来。假如我们不能从文字中获知，拉萨尔也可以通过先验的方式发现它。性成熟之后即拥有遗嘱能力["在立遗嘱和生育时均产生了自身的我，在前者是通过精神的任意而产生的，在后者是通过自然而产生的"（该书第 165 页），这就是为什么"睾丸"（testiculi）和"立遗嘱"（testari）之间有着这样的亲和性]，[50]自家继承人["因此，若那个有助于理解迄今为止最为神秘的关于自家继承人之规定的意义本身能够轻而易举从思辨概念中被推导出来，那么这就是思辨概念的胜利"（该书第 226 页）]，将家子、家女和家孙排除出遗嘱继承的后果，最近宗亲的继承权，按照亲等和顺位的继承之排除，等等。一句话：除了那些在后来的法律中才出现的制度，只要是您能说出名字来的东西，都可以用思辨的方法推导出来。对于这些后来才出现的制度，人们当然要做好这样的准备，即看到"全部的思辨性继承法概念都走向了灭亡，消失在了人类的公平之中"（第 158 页）。对于曾经成功地"撕下覆盖在继承法上的感官面纱，穿透了物质性而使继承法的纯粹灵魂变得清晰可见的"人而言（该书第 5 页），这一切都太小儿科了。

2. 理智是完全无法理解这些最崇高的思辨启示的。以两个没有父母，尚处于哺乳阶段的双胞胎为例：当其中的一个婴儿死亡，其遗产由另一个婴儿根据无遗嘱继承时，理智要怎么才能理解这一继承过程的思辨构造呢？在思辨观点看来，渴望意志不灭或意志连续性的被继承人通过沉默的意志行为（沉默的意愿，见上文）把他的兄弟"设定为自己意志的存在"。在他以这种方式（尽管借助的是"一般意志"）"超越

---

〔50〕　在拉丁文中，"睾丸"（testiculi）和"立遗嘱"（testari）这两个词都带有共同的词素"test-"，所以拉萨尔有这样的说法。——译者注

了有限性"之后,他还要感激地看上一眼自己旁边那位正在被哺乳,由一位代理人来作证的意志承受者,然后他才安详地死去,满足地退回到本体性的原始质料之中!

　　最后,如果我这样来表述,我相信这位作者肯定是会赞同的:健全的人类理智在哪里停止,思辨就在哪里开始;为了能献身于思辨,要么从未有过理智,要么必须丢掉理智。我们的这位作者符合哪一种情形呢? 通过我所描述的"他与我最初的同一性",答案是显而易见的。现在您该知道了,为什么在思辨的那半个我作为斐迪南特·拉萨尔分离了出去,理智的那半个我仍留在我身上之后,我就不得不放弃了理论,转而投身于实践了吧! 关于我在实践中的所见所闻,我将在下一封信里为您揭晓。

图书在版编目（CIP）数据

中德法学论坛. 第 18 辑. 下卷 / 宋晓主编. —南京：
南京大学出版社，2022.2
ISBN 978 - 7 - 305 - 25276 - 1

Ⅰ. ①中…　Ⅱ. ①宋…　Ⅲ. ①法律—文集　Ⅳ.
①D9 - 53

中国版本图书馆 CIP 数据核字（2022）第 001778 号

出版发行　南京大学出版社
社　　址　南京市汉口路 22 号　　　　邮　编　210093
出 版 人　金鑫荣

书　　名　中德法学论坛　第 18 辑.下卷
主　　编　宋　晓
责任编辑　潘琳宁

照　　排　南京紫藤制版印务中心
印　　刷　南京玉河印刷厂
开　　本　787mm×1092mm　1/16　印张 18.25　字数 398 千
版　　次　2022 年 2 月第 1 版　2022 年 2 月第 1 次印刷
ISBN　978 - 7 - 305 - 25276 - 1
定　　价　78.00 元

网　　址：http://www.njupco.com
官方微博：http://weibo.com/njupco
官方微信：njupress
销售咨询热线：(025)83594756